Udo Bungert

Aktuelles Gemeinnützigkeitsrecht in der Praxis

Handbuch mit rechtssicheren
Erläuterungen und
zeitsparenden Arbeitshilfen

FORUM

Stand:
Juni 2009

FORUM VERLAG HERKERT GMBH
Mandichostraße 18
86504 Merching
Tel. 08233 / 381-123
Fax 08233 / 381-222
service@forum-verlag.com

Aktuelle Informationen über unser Verlagsprogramm
erhalten Sie auch auf unserer Homepage:
www.forum-verlag.com

Bibliografische Information der Deutschen Bibliothek

Die Deutsche Bibliothek verzeichnet diese
Publikation in der Deutschen Nationalbibliografie;
detaillierte bibliografische Daten sind im Internet
über http://ddb.de abrufbar.

Umschlaggestaltung: Maria Reichenauer
Satz: Fotosatz Hartmann · 86441 Zusmarshausen
Druck: Offsetdruckerei Pohland · 86165 Augsburg
Printed in Germany 2009

Grundwerk inkl. 4. Aktualisierung
ISBN 978-3-86586-172-6

Aktualisierungsprotokoll

Dieses Loseblattwerk wird durch Ergänzungslieferungen aktualisiert und erweitert. Wir empfehlen Ihnen, die gelieferten Aktualisierungen entsprechend der Einsortieranleitung möglichst zeitnah einzuordnen. Nur so bleiben der hohe Praxisnutzen und die Aktualität dieses Werkes auf Dauer erhalten. Dieses Aktualisierungsprotokoll soll Ihnen dabei als Hilfestellung dienen.

Akt.-Nr.:	Stand:	einsortiert am:	von:

Akt.-Nr.:	Stand:	einsortiert am:	von:

Sollten Sie auf den Aktualisierungsservice irgendwann verzichten wollen, können Sie den Service völlig problemlos beenden: Eine Mitteilung genügt, und wir streichen Sie aus dem Verteiler.

Vorwort

Unter dem Begriff „Gemeinnützigkeit“ wird umgangssprachlich der gesamte „Non-Profitbereich“ gefasst, der von unserem Gesetzgeber gefördert werden soll und daher steuerlich begünstigt wird. Demgegenüber definiert der Gesetzgeber den Begriff der Gemeinnützigkeit in § 52 AO enger und stellt mit der Mildtätigkeit in § 53 AO und dem Kirchlichen Zweck in § 54 AO weitere Fallgruppen auf, die eine entsprechende Begünstigung erfahren sollen. Alle drei Gruppen unterliegen in der Abwicklung ähnlichen Spielregeln. Da die gesetzlichen Abgrenzungen in unserer Gesellschaft nicht nachvollzogen werden und die Unterschiede auch bei den agierenden Personen häufig nicht bekannt sind, werden wir uns in diesem Handbuch mit dem Thema „Gemeinnützigkeit“ im umgangssprachlichen Sinne befassen.

Mit der Reform im Jahr 2007 hat der Gesetzgeber § 52 Abs. 2 AO geändert unter 25 Nummern einen breiten Strauß von geförderten Zwecken aufgelistet. Jeder dieser Zwecke hat seine Besonderheiten, die die Vorstände und Geschäftsführer der gemeinnützigen Organisationen in ihrer täglichen Arbeit beachten müssen. Das Handbuch soll diese Bandbreite der sich aus den unterschiedlichen Aufgaben ergebenden Fragestellungen abdecken. Neben dem jetzt erschienenen Grundwerk, das den Themenbereich „Gemeinnützigkeit“ allgemein abarbeitet, werden die Nachlieferungen zum einen die allgemeinen Texte aktualisieren, sich aber in einem möglichst weiten Umfang mit speziellen Fragestellungen zu den einzelnen Tätigkeitsbereichen beschäftigen.

Ebenso bunt wie die Aufgaben sind auch die Rechtsformen der gemeinnützigen Organisationen. Der Klassiker ist sicherlich immer noch der Verein. Daneben ist die Stiftung eine altbekannte Rechtsform.

Stiftungsrecht ist Landesrecht. Daher hat jedes Bundesland ein anderes Stiftungsrecht. Je nach Strenge der Vorschriften, z. B. über die Stiftungsaufsicht, gibt es in den einzelnen Bundesländern eine andere Stiftungskultur. Potenzielle Stifter weichen auf andere Rechtsformen wie z. B. die handelsrechtlichen Gesellschaften der GmbH oder der AG aus. In Deutschland werden in der letzten Zeit „Bürgerstiftungen" in der Rechtsform der AG gegründet. Alleine aus der Bezeichnung „Stiftung" im Namen kann nicht mehr darauf geschlossen werden, dass es sich tatsächlich um eine Stiftung handelt.

Jede dieser Rechtsformen hat wiederum ihre Besonderheiten, Vor- und Nachteile. Teilweise kann man durch eine geschickte Kombination aus mehreren Körperschaften die Vorteile aus den einzelnen Rechtsformen vereinigen. Ich arbeite derzeit an einem Konzept für einen großen Museumsbetrieb in der Rechtsform einer gemeinnützigen GmbH als Betreibergesellschaft mit einem straffen Führungsgremium und einer kleinen Anzahl von interessierten Gesellschaftern. Daneben steht ein Förderverein, der die breite Masse von potenziellen Spendern aufnimmt, ohne durch eine Veränderung der Mitgliederstruktur das eigentliche Konzept der BetreiberGmbH aufheben zu können.

Ziel des Handbuchs ist es, die Vor- und Nachteile aufzuzeigen und auch demjenigen, der sich im Bereich Gemeinnützigkeit engagieren will, ein möglichst breites Spektrum von Möglichkeiten aufzuzeigen.

Unterhält man sich mit Personen, die sich im öffentlichen Leben engagieren, merkt man, dass sich das durch unseren Gesetzgeber geforderte und geförderte ehrenamtliche Engagement immer weiter verbreitet. Diskutiert man als Fachmann, der über Jahre gemeinnützige Organisationen betreut, auf Veranstaltungen gewisse Vorgänge aus den Vereinen oder anderen Organisationen, merkt man sehr schnell, dass es sich in vielen Fällen bei den Handelnden um ein (un-)gesundes Halbwissen handelt. Es werden Begriffe vertauscht, steuerliche Sachverhalte vermischt und letztendlich ein hohes Risiko der Steuerpflicht bei der Organisation und ein Haftungsrisiko für die handelnden Vereinsorgane geschaffen.

Daher wollen wir einen einfach verständlichen Leitfaden für das Handeln engagierter Personen von der Gründung über die tägliche Arbeit bis zur Abwicklung der gemeinnützigen Organisation schaffen. Den größten Umfang wird dabei die tägliche Arbeit einnehmen. Der Vorstand erhält grundlegende Informationen, was ein echter Mitgliedbeitrag ist und wann es sich ggf. bereits um einen gemischten Beitrag handelt, der steuerpflichtig ist, wann der Beitrag als Spende abgezogen werden kann und wann nicht und wann zusätzlich noch Probleme mit der Umsatzsteuer auftreten können.

Wann handelt es sich um eine Spende? In welchen Fällen kann ich Aufwand, z. B. Fahrtkosten, als Spende geltend machen? Welche Formalien sind einzuhalten?

Wann zahlt der Unternehmer steuerlich „drauf“, wenn er aus Gefälligkeit mit seinen Maschinen und seinen Leuten den Weg für den Kindergarten pflastert oder den Sportplatz saniert? Oder auch nur das Bier für das Vereinsfest billiger oder unentgeltlich liefert?

Es gibt ca. 1000 veröffentlichte Entscheidungen der Finanzgerichte und des Bundesfinanzhofs, in denen Sachverhalte entschieden wurden, die sich auf Fragen der Gemeinnützigkeit beziehen. Neben den deutschen Gerichten mischt sich immer mehr der Europäische Gerichtshof in das deutsche Steuerrecht ein und „kippt“ seit Jahrzehnten in Deutschland bestehende steuerrechtliche Grundsätze als europarechtswidrig.

Das sich ständig schneller ändernde Rechtssystem erfordert eine umfassende, für den Praktiker leicht verständliche Darstellung der Rechtsgebiete. Darüber hinaus müssen ihm die erforderlichen Formulare und die ihn betreffenden Entscheidungen der Gerichte an die Hand gegeben werden. Mit den vierteljährlichen Nachlieferungen werden wir stets um Aktualität bemüht sein.

Ich hoffe, dass dieses Werk die von uns gestellten Ansprüche erfüllt. Ich kann nur die Themen aufnehmen, die ich aus meiner beruflichen Praxis für eine breite Leserschaft für interessant und aktuell erachte. Dabei muss ich aber nicht gerade Ihr Problem oder Ihre aktuelle Fragestellung treffen. Über Anregungen, welche Themen und Fragestellungen aus Ihrer Sicht als Anwender in einer der nächsten Nachlieferungen aufgenommen oder vertieft werden sollten, würde ich mich freuen.

Recklinghausen, im Juni 2008

Udo Bungert
Herausgeber

Vorwort zur 1. Ergänzungslieferung

Nachdem wir das Grundwerk termingerecht im Juni ausliefern konnten, haben wir jetzt die zwischenzeitlich eingetretenen Änderungen erarbeitet und das Grundwerk um einige Themenbereiche ergänzt. Dabei haben wir sowohl von uns für die Ergänzungslieferung ursprünglich geplante Themen aufbereitet als auch ein Thema aufgenommen, was über Anfragen über den Expertenservice an uns herangetragen wurde und uns so interessant erschien, dass wir es bereits jetzt mit in die laufende Ergänzungslieferung aufgenommen haben. Insofern fordere ich Sie nochmals auf, sich mit Ihren konkreten Fragen an uns zu wenden und damit auch die Entwicklung des Werkes mit zu gestalten.

Wir wollen mit dem Buch Praktikern in gemeinnützigen Organisationen das nötige Wissen für die tägliche Praxis liefern und kein wissenschaftliches Werk abliefern. Mit den gesetzlichen Änderungen im letzten Jahr hat der Gesetzgeber auch einige Begriffe im Zusammenhang mit dem Gemeinnützigkeitsrecht ausgetauscht. Da sich diese Änderungen der Begrifflichkeiten in der Praxis bislang nicht durchgesetzt haben und es aus meiner Sicht auch noch einige Jahre brauchen wird, bis sich diese durchsetzen werden, werden wir auch weiterhin die gebräuchlichen Begriffe verwenden und auf die gesetzlichen Begriffe hinweisen.

Für die drucktechnische Bearbeitung benötigen wir nach Fertigstellung der Manuskripte einen Zeitraum von ca. acht Wochen bis zur Versendung. Daher können in diesem Zeitraum eintretende größere Änderungen nicht berücksichtigt werden und werden in der nächsten Ergänzungslieferung verarbeitet. In dieser 1. Ergänzungslieferung sind daher die Änderungen der

Finanzverwaltung im Anwendungserlass zur Abgabenordnung verarbeitet. Dieser enthielt auch die auf den neuesten Gesetzesstand gebrachte Mustersatzung der Verwaltung.

Neben diesen Änderungen beschäftigt sich die Nachlieferung mit Fördervereinen (neu heißt es: Mittelbeschaffungskörperschaften), der Bereich Rechnungslegung wird mit den Kapiteln Jahresabschluss und Steuererklärungen abgerundet und das immer aktuelle Thema Sponsoring wird jetzt auch umsatzsteuerlich behandelt. Zu diesem Thema gibt es zwei Entscheidungen des Bundesfinanzhofs aus diesem Jahr, die sicherlich bei einigen Lesern akuten Handlungsbedarf hervorrufen.

Hinzu kommen die Anforderungen, die gemeinnützige Körperschaften beim Schreiben von Rechnungen zu erfüllen haben und die Sie beachten müssen, wenn Sie die Vorsteuer aus Rechnungen vom Finanzamt haben wollen. Hinzu kommen im Bereich Arbeitsmittel Vorlagen zu den angesprochenen Themen sowie die an den Anwendungserlass angepassten Mustersatzungen.

Im Bereich Rechtsprechung runden eine Entscheidung des Bundesgerichtshofs zur Haftung und zwei Entscheidungen des Bundesfinanzhofs zu unterschiedlichen Steuerarten, aber zur gleichen Problematik, die Themen ab.

Vorwort zur 3. Ergänzungslieferung

Wie jedes Jahr hat der Gesetzgeber kurz vor Ende des Jahres wieder ein umfangreiches Jahressteuergesetz erlassen. Auch wenn wir uns gerade erst an das neue Gemeinnützigkeitsrecht gewöhnt haben, sind bereits wieder die ersten umfangreichen Änderungen im Gesetzestext vorgenommen worden.

Allerdings dürfte die praktische Relevanz der Änderungen für die meisten Körperschaften eher gering sein. Dennoch erfordern die Vorgaben des Gesetzgebers eine durchgehende Aktualisierung in diesem Buch.

Als wesentliche Veränderungen ist dem § 52 AO ein Absatz 2 angefügt, der sich mit einem Teilbereich der Verwirklichung des gemeinnützigen Zwecks im Ausland befasst, und zwar mit der Frage, wann eine Deutsche Körperschaft im Ausland steuerbegünstigt tätig werden darf. Damit ist noch nicht die Frage nach der Spendenabzugsfähigkeit bei deutschen Spendern für Spenden an ausländische Organisationen gesetzlich geregelt.

Der neue § 52 AO Absatz 3 regelt nach menschlichem Grundverständnis eigentlich eine Selbstverständlichkeit. Es wird jetzt festgeschrieben, dass gemeinnützige Organisationen keine Bestrebungen ausüben dürfen, die § 4 des Bundesverfassungsschutzgesetzes und dem Gedanken der Völkerverständigung zuwider laufen. Darüber hinaus ist hier eine Sondervorschrift eingefügt worden, die das Steuergeheimnis nach § 30 AO aufhebt, nämlich eine Mitteilungspflicht der Finanzbehörden an die Verfassungsschutzbehörden für solche Organisationen.

Zusätzlich werden jetzt die Mustersatzungen, die bislang nur noch im Anwendungserlass zur AO enthalten waren, wieder als Anlage zu § 60 AO ins Gesetz aufgenommen.

Neben den Gesetzesänderungen in AO, EStG, KStG, und den auf Basis der Änderungen erforderlichen Aktualisierungen enthält diese Ergänzungslieferung eine umfassende Darstellung

- zu den Spenden im Zusammenhang mit Auslandssachverhalten,
- und zur Systematik des Spendenabzugs in der Einkommensteuer. Dieser Teil wird in der nächsten Ergänzungslieferung mit den Fragen zum Verhältnis von Abgeltungssteuer und Spendenabzug fortgesetzt.

Wegen des Umfangs der Änderungen wird der Gesetzestext zur Umsatzsteuer mit der nächsten Ergänzungslieferung nachgereicht.

Nach der letzten Ergänzungslieferung ist die GmbH-Reform jetzt endgültig verabschiedet worden, so dass die tatsächlichen Neuregelungen jetzt feststehen.

Da neben den aktuellen Themen auch bei Ihnen als unseren Abonnenten immer wieder Themen auftreten, die speziell und uns daher aus den von uns betreuten Körperschaften nicht geläufig sind, möchte ich Sie nochmals animieren, Fragestellungen, die für Sie von Interesse sind, an uns heranzutragen.

Der Herausgeber

Vorwort zur 4. Ergänzungslieferung

Zum Beginn des Jahres 2009 haben sich viele Vorschriften geändert.

Mit dieser Ergänzungslieferung erhalten Sie den zweiten Teil der geänderten Gesetzestexte, sodass Ihr Handbuch wieder auf dem aktuellen Stand ist.

Neben den mehr redaktionellen Änderungen, die wir ja bereits im Wesentlichen in der letzten Ergänzungslieferung durchgeführt haben, haben die Änderungen der Besteuerung von Zinsen und Dividenden mit der Abgeltungssteuer massive Auswirkungen auf die Abzugsfähigkeit von Spenden. Daher beschäftigt sich diese Lieferung intensiv mit den Auswirkungen des neuen Rechts auf die für gemeinnützige Organisationen wichtige Fragestellung der Abzugsfähigkeit von Spenden. Letztendlich kann das Spendenaufkommen ja nur gehalten werden, wenn dem Spender aufgezeigt werden kann, dass er auch nach der Reform im gleichen Rahmen steuerbegünstigt spenden kann.

Zu den Auslandsspenden gibt es eine wesentliche neue Entscheidung, die auch hier die bisherigen Regelungen grundsätzlich verändert. Daher haben wir uns zur Abrundung auch mit diesem Bereich beschäftigt.

Im Bereich der Rechtsprechung liefern wir im Zusammenhang mit den Spenden zwei wichtige Urteile:

- einmal über die Frage von Spende und verdeckter Gewinnausschüttung
- sowie die Neuregelung von Spendenvortrag und Erbschaft.

Darüber hinaus haben wir zwei Urteile für die Vereinspraxis aufgenommen, und zwar zu den Formalien der Einzugsermächtigung für Mitgliedsbeiträge sowie über die Insolvenzhaftung der Vorstände.

Für die tägliche Abrechnung haben wir als Arbeitshilfen eine Reisekostenabrechnung und einen Bewirtungsbeleg aufgenommen.

Nachdem jetzt die vom Gesetzgeber neu gestellten Aufgaben abgearbeitet sind, können wir uns in der nächsten Ergänzungslieferung schwerpunktmäßig wieder interessanten Sachthemen widmen.

Darüber hinaus erhalten Sie mit der nächsten Ergänzungslieferung eine überarbeitete CD-ROM mit Mustervorlagen und Checklisten.

Wie immer möchte ich Sie auch heute wieder bitten, Ihre speziellen Wünsche für die Ergänzung des Handbuchs an uns heranzutragen, damit wir insbesondere auch die Themen aufnehmen können, die Sie zusätzlich für die Ihre tägliche Arbeit benötigen.

Der Herausgeber

1 Service und Verzeichnisse

1

Inhaltsverzeichnis

Symbolerklärung

Zusammenfassung

Achtung

Rechtsprechung

1.1 Gesamtinhaltsverzeichnis

1

Inhaltsverzeichnis

1

1

1

1

1.2 Autorenverzeichnis

Herausgeber:

Udo Bungert

Herr Udo Bungert ist Jahrgang 1959. Nach dem parallelen Studium von Wirtschaftswissenschaft mit Abschluss Diplom-Ökonom im Jahr 1982 und Jura mit 1. Juristischen Staatsexamen 1985 legte er 1989 das zweite Juristische Staatsexamen und die Steuerberaterprüfung ab. Herr Bungert ist seit dem sowohl als Rechtsanwalt wie auch als Steuerberater zugelassen. Seit 1991 hat er seine eigene Kanzlei in Recklinghausen, Nordrhein-Westfalen.
Er arbeitet im Wesentlichen im Steuer-, Steuerstraf- und Wirtschaftsrecht und betreut Mandanten aus dem unternehmerischen Bereich. In diesem Zusammenhang berät er auch seit Mitte der 90er Jahre gemeinnützige GmbHs, die als „Stiftungsersatz“ für größere Mittelständische Unternehmen fungieren. Hinzu kommt eine Vielzahl von Aktivitäten beruflicher und privater Art im Zusammenhang mit Vereinen. So ist das Thema Gemeinnützigkeit, insbesondere in der Gestalt der GmbH zu seinem „beruflichen Hobby“ geworden.

Autoren:

Roland P. Weber

Roland P. Weber ist seit 1988 als Rechtsanwalt (www.kanzleiweber.com) und Verbandsgeschäftsführer in München tätig. Er ist spezialisiert auf die Beratung von Vereinen und Verbänden im Vereins-, Verbands- und Gemeinnützigkeitsrecht.

1

Joachim Dettmann
Selbstständig als Berater und Trainer (DVCT) für Fundraising und Organisationsentwicklung; Gemeindeberater in der Evangelischen Kirche Berlin-Brandenburg-schlesische Oberlausitz (EKBO);
Tätigkeitsschwerpunkte: Entwicklung und Umsetzung von Fundraising- und Organisationskonzeptionen; Stiftungs- und Vereinsgründung; Gemeinnützigkeit; Gestaltung und Begleitung von Struktur- und Veränderungsprozessen (z. B. Fusion von Kirchengemeinden); Coaching und Weiterbildung von Führungskräften; Publikationen; Lehrbeauftragter für Fundraising und wissenschaftliches Arbeiten an der Evangelischen Fachhochschule Berlin;
Internet: www.fundraising-dettmann.de

Alexander Putz
Jahrgang 1974. Studium der Rechtswissenschaft in Mannheim und Amsterdam sowie der Verwaltungswissenschaft in Speyer. Postgraduiertenstudium der Rechtsvergleichung (Master of Comparative Law) in Mannheim und Adelaide. Referendariat im OLG-Bezirk Karlsruhe und Lausanne. Seit 2004 als Rechtsanwalt zugelassen. Den Schwerpunkt der Kanzlei bildet die Beratung im Steuerrecht sowie im Zivil- und Wirtschaftsrecht. Betreut werden vorwiegend kleine und mittlere Unternehmen sowie Organisationen, im nationalen und internationalen Bereich.

1

1.3 Stichwortverzeichnis

1

1

1.4 Abkürzungsverzeichnis

A

AO	Abgabenordnung
AEAO	Anwendungserlass zur Abgabenordnung
Abs.	Absatz
AG	Aktiengesellschaft

B

BGB	Bürgerliches Gesetzbuch
BFH	Bundesfinanzhof
BStBl.	Bundessteuerblatt
bzw.	beziehungsweise

C

ca.	circa

D

d. h.	das heißt

E

EStG	Einkommensteuergesetz
EStDV	Einkommensteuer-Durchführungsverordnung
e. G.	Genossenschaften
EuGH	Europäischer Gerichtshof

G

GmbH	Gesellschaft mit beschränkter Haftung
GbR	Gesellschaft bürgerlichen Rechts
GewStG	Gewerbesteuergesetz
GrStG	Grundsteuergesetz

H

HGB	Handelsgesetzbuch

1

I

i. d. R. in der Regel
i. S. d. im Sinne des / der

K

KG Kommanditgesellschaft
KStG Körperschaftsteuergesetz

L

LStDV Lohnsteuer-Durchführungsverordnung

N

Nr. Nummer

O

OHG Offene Handelsgesellschaft
OFD Oberfinanzdirektion

R

Rdnr. Randnummer

U

usw. und so weiter
UStG Umsatzsteuergesetz

Z

z. B. zum Beispiel

1.5 Kostenloser Expertenservice für Sie!

Hier erhalten Sie kompetente Antworten auf Ihre speziellen Fragen rund um das Gemeinnützigkeitsrecht:

Der Herausgeber dieser Publikation steht für Ihre speziellen Fragen rund um das Thema „Gemeinnützigkeitsrecht“ zur Verfügung. So erhalten Sie schnell und einfach alle individuellen Informationen, die Sie für Ihre Arbeit benötigen.

Und so funktioniert es:

Senden Sie einfach Ihre Frage

⇨ per E-Mail an
fb-ab@forum-verlag.com

oder

⇨ per Fax an die
Fax-Nr.: 08233/381-9934 unter dem
Stichwort „Expertenservice Gemeinnützigkeitsrecht“.

Bitte beachten Sie: Diesen Zusatznutzen können Sie jederzeit im Rahmen des Abonnementservice nutzen. Er ist kostenlos und exklusiv für die aktiven Abonnenten dieser Publikation (Art.-Nr. 1406).
Eine Rechtsberatung können wir wegen des Rechtsberatungsgesetzes nicht erbringen. Jegliche Haftung für den Verlag und die Experten wird ausgeschlossen.

1

1

1.6 Dokumente zum Ehrenamt

Sie benötigen die richtigen Formulare und Merkblätter für die Vereinsarbeit?

Wir bieten Ihnen die perfekte Arbeitshilfen an:

Online-Sortimentsmappe Ehrenamt
– Sofort einsetzbare Vorlagen zur Gemeinnützigkeit –

Ihre Vorteile:

- Zeitsparend: Sie können alle wichtigen Formulare sofort einsetzen – lange Recherchen sind nicht mehr nötig!
- Rechtssicher: durch die Unterschrift Ihrer Mitglieder sichern Sie die Gemeinnützigkeit Ihres Vereins ab!
- Einfache Handhabung: zusätzliche Sicherheit bieten Ihnen relevante Merkblätter und Erläuterungen zu den Pauschalen und jeweiligen Bescheinigungen!

Die Inhalte der Dokumentenmappe finden Sie auf der Rückseite!

1

Bescheinigung Ehrenamtspauschale + Erläuterung zur Bescheinigung
- So stellen Sie sicher, dass die Pauschale nur einmal in Anspruch genommen wird!

Merkblatt Ehrenamtspauschale
- Informieren Sie Ihre Mitglieder schnell und einfach über die persönlichen finanziellen Vorteile der Reform!

Antrag auf freiwillige Anmeldung des Vorstands zum Versicherungsschutz
+ Erläuterung zur Unfallversicherung
- So besteht Versicherungsschutz gegen Unfälle!

Merkblatt Übungsleiterfreibetrag
- Informieren Sie Ihre Übungsleiter mit diesem Aushang!

Checkliste Übungsleiterfreibetrag + Informationen für den Vorstand
- Wichtig für Trainer, Betreuer, und Leiter!

Die Online-Sortimentsmappe können Sie bei der Forum Verlag Herkert GmbH bestellen!

www.forum-verlag.com

(Bestell-Nr. 5454)

Zusätzlich haben Sie die Möglichkeit, die neuen Spendenbescheinigungen zu bestellen.
So gehen Sie auf Nummer sicher!

1.7 Arbeiten mit der CD-ROM

Mit der CD-ROM „Arbeitshilfen zum Gemeinnützigkeitsrecht“ haben Sie ein Produkt erworben, das Ihnen den Zugriff auf ein weites Feld unterschiedlicher Dokumentvorlagen in einfacher Weise ermöglicht und Ihnen zusätzlich das individuelle Abändern der Dokumente am eigenen Computer erlaubt. Das Programm ist einfach bedienbar, weil alle Funktionen auf einer Oberfläche vereinigt wurden und Sie die Dokumente in Ihrem gewohnten Textverarbeitungsprogramm öffnen und bearbeiten können.

Wir wünschen Ihnen viel Erfolg mit Ihrem neuen Programm „Arbeitshilfen zum Gemeinnützigkeitsrecht“.

1.7.1 Systemanforderungen

Um das Programm auf Ihrem Computersystem ausführen zu können, sollten folgende Systemvoraussetzungen erfüllt sein:

- Betriebssystem Windows 98, ME, NT 4.0, 2000, XP oder Vista
- Prozessor ab 500 Megahertz empfohlen
- mindestens 64 MB RAM Arbeitsspeicher
- ca. 70 MB freier Festplattenspeicher bei Installation auf Festplatte
- Grafikkarte True Color, Auflösung mindestens 800 x 600 Pixel
- Schriftgrad: Kleine Schriftarten
- Adobe Reader®
- Microsoft Excel®
- Microsoft Internet Explorer 5.5®
- RTF-kompatibles Textverarbeitungsprogramm zur Bearbeitung der Dokumente

---

MS Windows®, Microsoft Internet Explorer 5.5® und Microsoft Excel® sind eingetragene Marken der Firma Microsoft®. Adobe Reader® ist eine eingetragene Marke der Firma Adobe®. Alle anderen in diesem Werk erwähnten Produktnamen sind möglicherweise eingetragene Marken der jeweiligen Hersteller.

1.7.2 Ausführen des Programms

1.7.2.1 Möglichkeiten der Ausführung

Legen Sie die CD-ROM in das CD-ROM-Laufwerk Ihres PCs ein.

Es erscheint folgendes Fenster:

1

Hinweis:

Sollte sich das Fenster nicht automatisch öffnen, gehen Sie wie folgt vor:

- *Wählen Sie im Windows-Startmenü den Punkt „Ausführen".*
- *Geben Sie „D:autostart.exe" ein.*
  (Sollte Ihr CD-Laufwerk einen anderen Laufwerksbuchstaben haben, setzen Sie diesen anstatt „D" ein.)
- *Bestätigen Sie die Eingabe, indem Sie „OK" anklicken.*

Sie haben nun folgende Möglichkeiten zur Auswahl:

- „Adobe Reader installieren"
  Zur Anzeige der Dokumente wird ein PDF-Reader benötigt, den Sie über diese Schaltfläche installieren können.

- „Programm installieren"
  Wenn Sie das Programm auf Ihrem Computer installieren möchten, klicken Sie auf die Schaltfläche „Installieren" (weitere Vorgehensweise siehe unter „Installation des Programms" Kapitel 1.7.4.2).

- „Programm von CD starten"
  Wenn Sie das Programm nicht auf Ihren PC installieren möchten, können Sie es durch Anklicken der Schaltfläche „Starten" auch direkt von der CD-ROM ausführen.

- Fenster schließen
  Klicken Sie auf die Schaltfläche „Schließen", um das Dialogfeld zu beenden.

1

1.7.2.2 Installation des Programms

a) Installation

Zur Installation des Programms wählen Sie den Punkt „Programm installieren“ aus und folgen bitte den Bildschirmanweisungen.

Hinweis:
Nutzen Sie das Betriebssystem Windows NT, 2000, XP oder Vista, benötigen Sie zur Installation Administratorenrechte.

b) Deinstallation

Wenn Sie das Programm des Forum Verlages deinstallieren wollen, klicken Sie einfach unter „Start/Programme/Forum Verlag/Arbeitshilfen Gemeinnützigkeitsrecht“ auf den Eintrag „DEINSTALLIEREN Arbeitshilfen Gemeinnützigkeitsrecht – ...“. Anschließend folgen Sie den Anweisungen am Bildschirm.

1.7.3 Bedienung des Programms

1.7.3.1 Programm starten

Sie haben folgende Möglichkeiten, um das Programm zu starten:

- Klicken Sie auf das Programmsymbol auf Ihrem Desktop
- Über das Startmenü:
  Start/Programme/Forum Verlag/Arbeitshilfen Gemeinnützigkeitsrecht auf den Eintrag „Arbeitshilfen Gemeinnützigkeitsrecht – ...“

1

1.7.3.2 Benutzeroberfläche und Funktionen

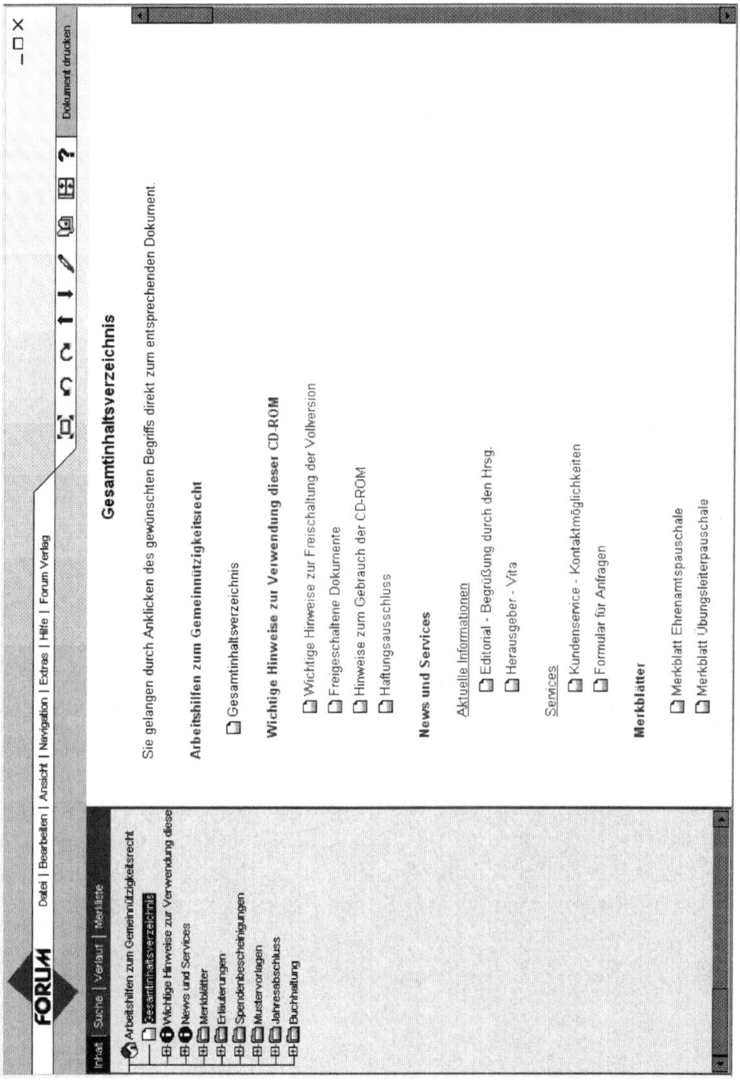

1

Die Benutzeroberfläche besteht aus folgenden Bereichen:

1) Navigationsbereich/Registerleiste

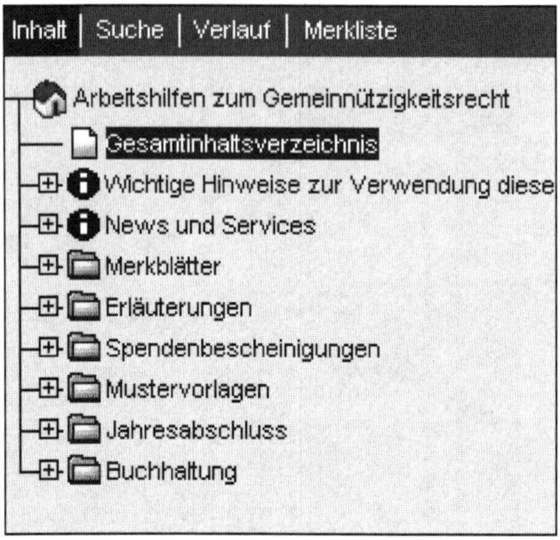

In diesem Bereich können Sie folgende Register auswählen:

- **Inhalt**
  Die Verzeichnisse und Dokumente werden in einer ähnlichen Struktur wie z. B. auch im Windows Explorer angezeigt. Durch Anklicken des „+"- oder „–"-Symbols vor einem Eintrag kann man untergeordnete Verzeichnisse öffnen bzw. wieder schließen. Durch einmaliges Anklicken eines Verzeichnisses erscheint im rechten Fensterteil die Inhaltsübersicht des Verzeichnisses. Durch einen Klick auf einen Eintrag erscheint das Dokument im Vorschaufenster. Um das Dokument zu öffnen bzw. zu bearbeiten, siehe Punkt 4 „Symbolleiste – Dokument öffnen".

1

- **Suche:**

Allgemeine Hinweise zur Volltextsuche

Es kann mit Vor- oder Nachtrunkierung (mit *) gearbeitet werden. Um Begriffe wie „Jahresgespräch" oder „Zielvereinbarungsgespräch" usw. zu finden, geben Sie also „gespräch*" ein. Mit „*gespräch" erhalten Sie Ergebnisse wie z. B. „Mitarbeitergespräch" oder „Personalentwicklungsgespräch".

a) Standardsuche

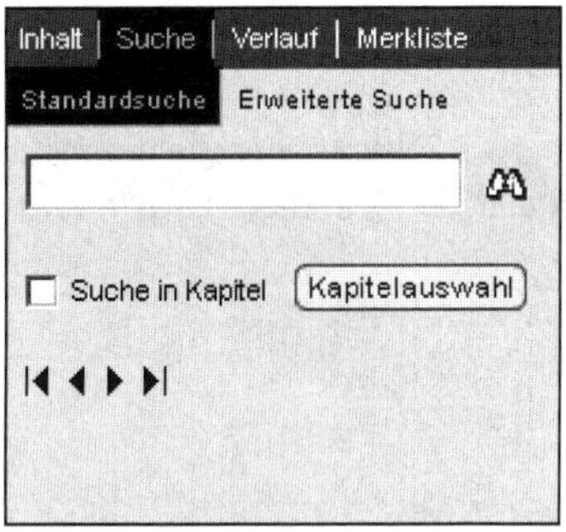

Sie können ein bestimmtes Wort im Volltext aller Dokumente suchen. Geben Sie einen Suchbegriff in das Suchfeld ein und klicken Sie auf den Button . Nun wird in allen Dokumenten nach Ihrem Begriff gesucht.

Um die Volltextsuche einzugrenzen, können Sie das Feld „Suche in Kapitel" oder den Button Kapitelauswahl anklicken. Hier können Sie dann einzelne Kapitel auswählen, in welchen gesucht werden soll. Die Suche wird dann nur in diesen Kapiteln (= Überordner) durchgeführt.

Die Trefferliste mit einer Angabe der Trefferzahl wird unterhalb der Suchangaben angezeigt. In diesem Navigationsbaum werden nur die Dokumente angezeigt, die den gesuchten Begriff enthalten.

Mit den Pfeilen in der Suchmaske „Erster Treffer“, „Vorheriger Treffer“, „Nächster Treffer“ und „Letzter Treffer“ können Sie innerhalb der Suchergebnisse navigieren.

Um in einem bestimmten Dokument die Stelle zu finden, an der der gesuchte Begriff steht, können Sie die Suchfunktion des Adobe Readers nutzen. Klicken Sie hierzu auf den Treffer aus der Suchergebnisliste, der näher durchsucht werden soll. Das Dokument erscheint in der Vorschau. Klicken Sie jetzt auf den Button  in der Adobe-Reader®-Symbolleiste und geben Sie dort den Suchbegriff noch einmal ein.

Daraufhin werden alle Suchergebnisse neben dem Dokument als „Link“ angezeigt. Durch Anklicken dieser „Links“ können Sie durch das Dokument zu den jeweiligen im Text markierten Treffern navigieren.

Es empfiehlt sich, den Text hierbei zu vergrößern.

b) Erweiterte Suche

Hier kann eine Suchanfrage aus mehreren Begriffen mit [und] oder [oder] kombiniert werden. Um zwei in Verbindung miteinander auftretende Worte zu finden, z. B. „leitende Angestellte“, geben Sie bitte „leitende“ UND (Drücken des UND-Buttons) „Angestellte“ in das Suchfeld ein.

Um die Volltextsuche einzugrenzen, können Sie auch hier die Suche auf bestimmte Kapitel begrenzen.

Um Ihre erstellten Notizen ggf. mit zu durchsuchen, setzen Sie bitte einen Haken im Feld neben „Suche in Notizen“. Ihr eingegebener Suchbegriff wird dann im gesamten Text und in den Notizen gesucht.

Weiterhin können Sie entscheiden, ob Sie eine Volltextsuche oder eine exakte Suche durchführen wollen. Geben Sie z. B. den Suchbegriff „Beurteilung“ ein und klicken das Feld „exakte Suche“ an, erhalten Sie alle Treffer, in der nur das Wort „Beurteilung“ vorkommt. Klicken Sie aber das Feld „Volltextsuche“ an, erhalten Sie auch Treffer wie z. B. „Beurteilungssystem“.

Sie können eine Sucheingabe speichern, indem Sie auf den Button „Suchanfrage speichern“ klicken. Diese gespeicherte Suche lässt sich mithilfe des Buttons „Suchanfrage öffnen“ wiederherstellen.

Hinweis zu der Suche in Notizen:

Die Suche in den Notizen ist nicht so komplex wie die normale Suche. Wenn Sie mehrere Begriffe mit UND oder ODER angeben, werden nur Treffer gefunden, die den ersten Suchbegriff enthalten. Die Notizsuche wird auch nicht auf einzelne Kapitel begrenzt. Nähere Informationen zur Verwendung von Notizen erhalten Sie bei der Erklärung der Menüfunktionen.

- **Verlauf**

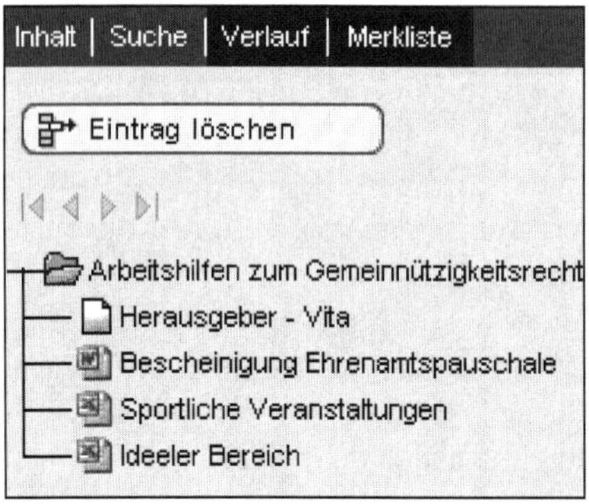

Unter „Verlauf" finden Sie alle Dokumente, die Sie seit dem letzten Programmstart aufgerufen haben. Gleiche Dokumente, die mehrfach hintereinander aufgerufen wurden, sind im Verlauf auch mehrfach aufgelistet. Mit einem Mausklick auf die Dokumente in der Verlauf-Liste können Sie diese nochmals aufrufen.

Mit den Pfeilen in der Suchmaske „Erster Eintrag", „Vorheriger Eintrag", „Nächster Eintrag" und „Letzter Eintrag" können Sie innerhalb der Verlaufsliste navigieren.

Mit dem Button 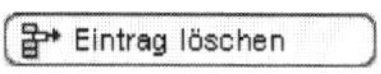

können Sie einzelne Einträge löschen.

- **Merkliste**

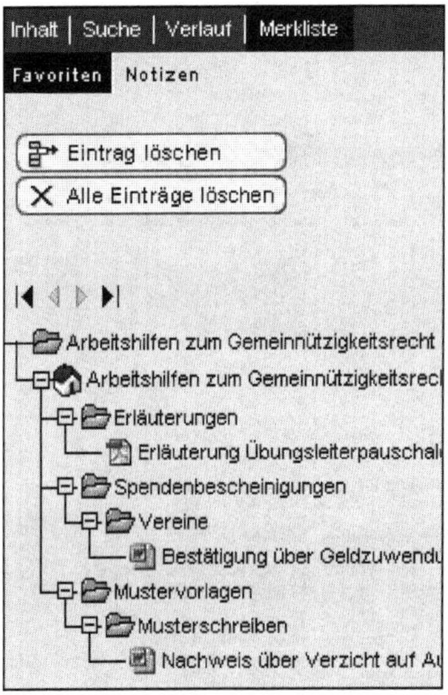

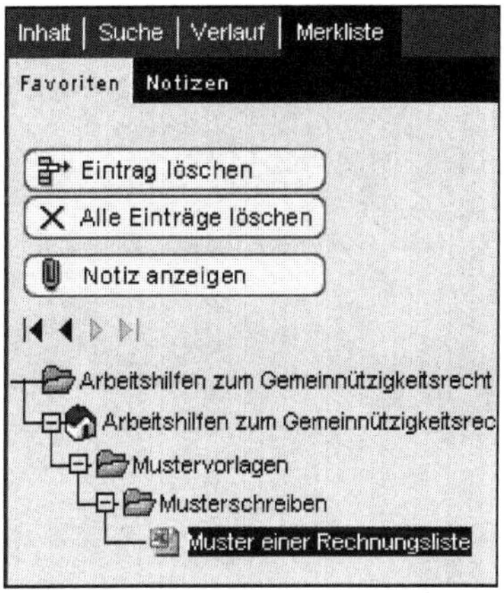

Sie können durch Auswahl der Symbole für Notizen und Favoriten in der Symbolleiste (siehe Punkt 4 „Symbolleiste") einzelne Dokumente als Favoriten markieren oder Notizen dazu abspeichern. Notizen und Favoriten bleiben beim Update erhalten. Unter „Merkliste" werden alle Dokumente mit Notizen und Favoriten angezeigt, sodass man diese Dokumente schnell wieder aufrufen kann. Zum Löschen einzelner Notizen und Favoriten benutzen Sie den Button „Eintrag löschen" [Eintrag löschen] unterhalb der Auswahl. Um alle Notizen oder Favoriten zu löschen, betätigen Sie den Button [Alle Einträge löschen].
Bitte beachten Sie: Dieser Vorgang kann nicht wieder rückgängig gemacht werden.

Haben Sie sich zu einem Dokument eine Notiz angelegt, wird der Button [Notiz anzeigen] sichtbar. Klicken Sie auf das Dokument, zu welchem Sie sich die Notiz anzeigen lassen möchten, und dann auf den Button „Notiz anzeigen" um die Notiz einzublenden.

2) Darstellungsbereich

Im rechten Teil des Arbeitsbildschirms wird das von Ihnen ausgewählte Dokument im Inhaltsfenster angezeigt.

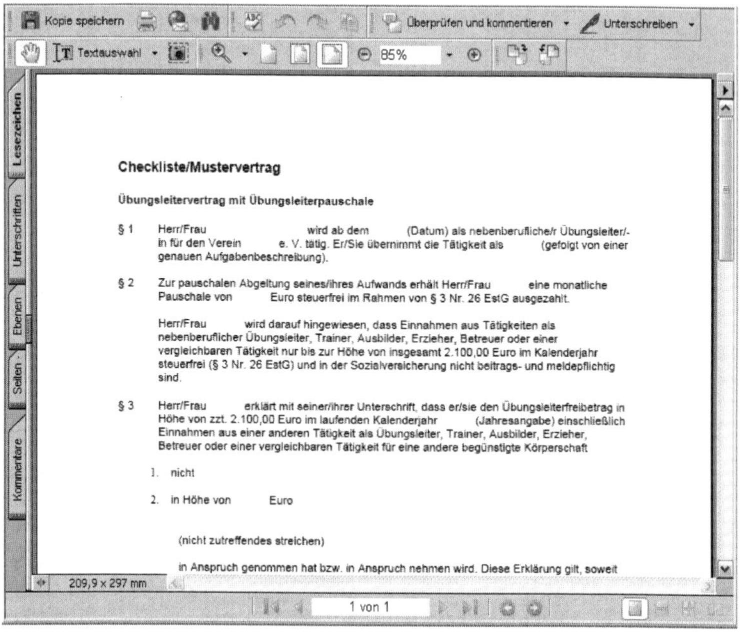

Hier können Sie über die Symbole die wichtigsten Adobe-Reader®-Funktionen nutzen.

3) Menüleiste

Datei | Bearbeiten | Ansicht | Navigation | Extras | Hilfe | FORUM Verlag

- **Menüpunkt „Datei“**

Öffnen
Beenden

Klicken Sie auf die Schaltfläche „Öffnen“, um angezeigte Dateien im entsprechenden Anwendungsprogramm zu öffnen und ggf. auf Ihrer Festplatte abzuspeichern.

Betätigen Sie die Schaltfläche „Beenden“, um das Programm zu schließen.

- **Menüpunkt „Bearbeiten“**

Notiz anlegen
Zu Favoriten hinzufügen

Sie können zu jedem ausgewählten Dokument Notizen abspeichern. Das geschieht über die Schaltfläche „Notiz anlegen“. Geben Sie die Notiz im entsprechenden Fenster ein.

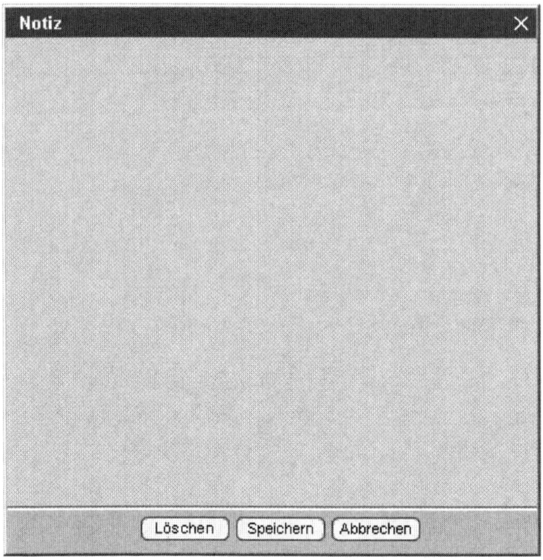

Klicken Sie auf „Speichern“, um die Notiz zu speichern, oder klicken Sie auf das Kreuz oben rechts, um Ihren Eintrag zu verwerfen und das Notiz-Fenster zu schließen.

Um eine Notiz zu löschen, entfernen Sie den Text aus dem Dialogfenster (durch Klicken des Buttons „Löschen“) und beenden Sie die Aktion mit dem Button „Speichern“.

Ihre abgespeicherten Notizen werden im Register „Merkliste“ verwaltet.

Über die Schaltfläche „Zu Favoriten hinzufügen“ wird das aktuelle Dokument, das Sie in der Vorschau geöffnet haben, als Favorit gespeichert. Die Favoriten können ebenfalls unter dem Register „Merkliste“ über das Auswahlfeld abgerufen werden.

- **Menüpunkt „Ansicht“**

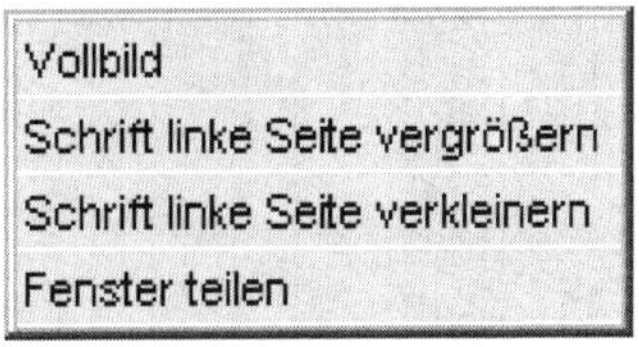

Durch die Funktion „Vollbild“ ist es möglich, die Ansicht des Inhaltsfensters so zu vergrößern, dass es den ganzen Bildschirm bis auf die Menü- und Symbolleiste abdeckt.

Ist der Vollbildmodus aktiviert, erscheint stattdessen die Option „Zweigeteiltes Fenster“, mit der man den Vollbildmodus wieder rückgängig machen kann.

Beim Klick auf die Schaltfläche „Schrift linke Seite vergrößern“ können Sie die Schrift des Inhaltsbaumes vergrößern. Mit der Schaltfläche „Schrift linke Seite verkleinern“ können Sie die Schrift wieder verkleinern.

Über die Schaltfläche „Fenster teilen“ können Sie das Inhaltsfenster in zwei horizontale Ausschnitte teilen, um z. B. einen Vergleich durchzuführen. Klickt man im Inhaltsbaum eine andere Datei an, wird diese in dem unteren Fenster angezeigt. Im oberen Fenster bleibt die Datei sichtbar, bei der man den Button „Fenster teilen“ betätigt hat.

Um die Teilung rückgängig zu machen, klicken Sie unter dem Menüpunkt „Ansicht“ auf die Option „Fensterteilung aufheben“ (erscheint erst nach vorheriger Aktivierung des Buttons „Fenster teilen“).

1

- **Menüpunkt „Navigation“**

Durch Anklicken der „Zurück“-Schaltfläche gelangen Sie zur zuletzt angezeigten Seite. Durch Anklicken der „Vorwärts“-Schaltfläche gelangen Sie zum nächsten bereits einmal angezeigtem Dokument. Sollte kein Dokument für die „Vorwärts“-Funktion vorhanden sein, wird das aktuelle Dokument wieder angezeigt.

Durch einen Klick auf „Vorheriges Dokument“ gelangen Sie zurück zum vorherigen Dokument im Inhaltsbaum. Durch Anklicken der Schaltfläche „Nächstes Dokument“ gelangen Sie zum folgenden Dokument im Inhaltsbaum. Sollte kein Dokument für die „Nächstes Dokument“-Funktion vorhanden sein, wird das aktuelle Dokument wieder angezeigt.

Beim Klick auf die Schaltflächen „Inhalt“, „Suche“, „Verlauf“ und „Merkliste“ springen Sie zum jeweiligen Menüreiter. Deren Funktion wurde bereits unter dem Punkt „Navigationsbereich/Registerliste“ näher beschrieben.

- **Menüpunkt „Hilfe“**

Beim Klick auf den Menüeintrag „Benutzerhandbuch“ wird die Programmhilfe gestartet.

Wenn Sie die Option „Kontakt“ betätigen, können Sie direkt über eine E-Mail Kontakt zum FORUM Verlag aufnehmen.

Um weitere Informationen über den FORUM Verlag und das Produktportfolio zu erhalten, klicken Sie bitte auf den Menüeintrag „Info“.

- **Menüpunkt „FORUM Verlag“**

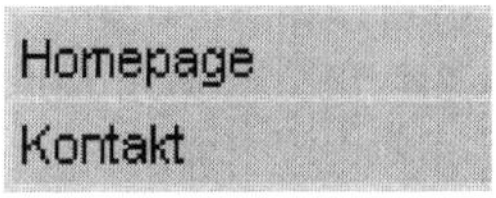

Um auf die Internetseite des FORUM Verlages zu gelangen, klicken Sie bitte auf den Eintrag „Homepage“.

Wenn Sie auf „Kontakt“ klicken, öffnet sich eine E-Mail, mit der Sie direkt Kontakt zum FORUM Verlag aufnehmen können.

4) Symbolleiste

Im Folgenden werden die einzelnen Schaltflächen der Symbolleiste erläutert.

Vollbild

Schaltet die Anwendung in den Vollbildmodus. Die Normalansicht wird wiederhergestellt, indem die Schaltfläche „Zweigeteiltes Fenster" betätigt wird.

Zurück und Vorwärts

Durch Anklicken der „Zurück"-Schaltfläche gelangen Sie zum zuletzt angezeigten Dokument. Durch Anklicken der „Vorwärts"-Schaltfläche gelangen Sie zum nächsten bereits einmal angezeigten Dokument.

Vorheriges und Nächstes Dokument ansehen

Durch Anklicken der „Vorheriges Dokument"-Schaltfläche gelangen Sie zum unmittelbaren Vorgänger im Inhaltsbaum. Durch Anklicken der „Nächstes Dokument"-Schaltfläche gelangen Sie zum unmittelbar folgenden Dokument im Inhaltsbaum.

Notiz anlegen

Erstellen Sie eine Notiz zu dem ausgewählten Dokument. Bei Texten, zu denen bereits eine Notiz angelegt worden ist, wird im Rahmen oberhalb des Dokuments anstelle des Buttons „Notiz anlegen" das Symbol „Notiz anzeigen" angezeigt. Klicken Sie auf diesen Button, um sich die Notiz anzusehen, sie zu ändern oder zu löschen.

Zu Favoriten hinzufügen

Mit dem Button „Zu Favoriten hinzufügen" wird ein Favorit auf die aktuelle Seite gesetzt. Es wird optisch ein geschlossenes Buch mit heraushängendem Leseband angezeigt, wenn bereits ein Favorit zu dem Dokument vorhanden ist.

Fenster teilen

Mithilfe des Buttons „Fenster teilen" können Sie sich das Inhaltsfenster in zwei horizontale Ausschnitte teilen. Klickt man auf den Button „Fensterteilung aufheben", wird die Normalansicht wiederhergestellt.

Hilfe ?

Um die Hilfe im Programm aufzurufen, betätigen Sie den „Hilfe"-Button.

Dokument öffnen/Dokument drucken

Dokument öffnen | Dokument drucken

Je nachdem, welcher Dokumenttyp gerade im Inhaltsfenster angezeigt wird, ändert sich die Beschriftung der Schaltfläche.

Klicken Sie auf den Button „Dokument öffnen“, um die Dateien im entsprechenden Anwendungsprogramm zu öffnen und ggf. zu bearbeiten und auf Ihrer Festplatte abzuspeichern.

PDF-Dateien sind in der Verzeichnisstruktur mit einem entsprechenden Symbol gekennzeichnet.
Der Button „Dokument öffnen“ steht hier nicht zur Verfügung, da PDF-Dateien bereits in der Voransicht im Adobe Reader® angezeigt werden, wo alle wichtigen Programmfunktionen zur Verfügung stehen.

Bei der Anzeige von Inhaltsübersichten ändert sich der Button „Dokument öffnen“ zu „Dokument drucken“. Durch Anklicken des Buttons können Sie so die Inhaltsübersichten ausdrucken.

1.7.3.3 Programm beenden

Klicken Sie im Menü „Datei“ auf „Beenden“.

2 Überblick und Aktuelles in Kürze

Inhaltsverzeichnis

2

Überblick und Aktuelles
in Kürze

2

2 Überblick und Aktuelles in Kürze

2.1 Alle Neuerungen auf einen Blick

Udo Bungert

Im Oktober 2007 hat der Gesetzgeber mit dem „Gesetz zur weiteren Stärkung des bürgerlichen Engagements" nach der letzten Reform des Gemeinnützigkeitsrechts 1990 wesentliche Änderungen in das Gemeinnützigkeitsrecht eingeführt. Die veränderten Regelungen gelten ab dem Veranlagungszeitraum 2007, wirken teilweise aber erst ab dem Veranlagungszeitraum 2008.

Mit diesem Gesetz ist die notwendige Reform aber noch nicht abgeschlossen.

Für die laufende Legislaturperiode sind noch folgende Änderungen in weiteren Gesetzen vorgesehen:

- Verbesserung der steuerlichen Rahmenbedingungen für gemeinnützige Einrichtungen und die Anpassung der Gemeinnützigkeitsvorschriften an das Europarecht
- Einführung von Publizitätspflichten
- Verbesserung der außersteuerlichen Haftung
- EU-taugliche Vorschriften zur Umsatzsteuer bei Mitgliedsbeiträgen

2

Die Neuerungen

- Der Spendenabzug für unterschiedlichen gemeinnützigen Zweck und andere förderungswürdige Zwecke wird in der Abgabenordnung vereinheitlicht.
- Der Katalog der gemeinnützigen Zwecke wird abschließend geregelt.
- Das „bürgerliche Engagement“ wird als neuer gemeinnütziger Zweck erfasst.
- Für steuerpflichtige wirtschaftliche Geschäftsbetriebe wird die Umsatzfreigrenze auf 35.000 Euro erhöht.
- Gleichzeitig steigt die Obergrenze der Umsatzsteuerpauschalierung auf 35.000 Euro
- Der Übungsleiterfreibetrag erhöht sich auf 2.100 Euro jährlich.
- Einführung der „Ehrenamtspauschale“ in Höhe von 500 Euro jährlich.
- einheitlicher Spendenabzug in Höhe von 20 % des Einkommens bzw. 4 ‰ der Summe der Umsätze und der im Kalenderjahr gezahlten Löhne und Gehälter für alle förderungswürdigen Zwecke
- Zuwendungen in den Vermögensstock von Stiftungen können bis zu 1 Mio. Euro abgezogen werden. Die Beschränkung auf neue Stiftungen entfällt.
- Wegfall der Großspendenregelung. Dafür können Spenden, die die 20 % überschreiten, in die Zukunft vorgetragen werden.
- Verbesserung bei den Mitgliedsbeiträgen von Kulturfördervereinen
- Beschränkung der Spendenhaftung auf 30 %
- vereinfachter Zuwendungsnachweis bis 200 Euro

2.2 Synopse altes Recht / neues Recht

Udo Bungert

Förderungswürdige Zwecke

Der Gesetzgeber hat über Jahrzehnte alle Änderungen und Ergänzungen dort eingefügt, wo es vom Zusammenhang gerade sinnvoll erschien. Daher waren die einzelnen Zwecke, die zum Spendenabzug berechtigten, in der Abgabenordnung (AO), im Einkommensteuergesetz (EStG) und in der Einkommensteuerdurchführungsverordnung (EStDV) verstreut. Durch die Reform sind die steuerlich förderungswürdigen Zwecke in den §§ 52ff. AO zusammengefasst worden.

§ 52 AO erhält jetzt den folgenden abschließenden Katalog der gemeinnützigen Zwecke:

1. die Förderung von **Wissenschaft** und **Forschung**

2. die Förderung der **Religion**

3. die Förderung des öffentlichen **Gesundheitswesens** und der öffentlichen **Gesundheitspflege**, insbesondere die Verhütung und Bekämpfung von übertragbaren Krankheiten, auch durch Krankenhäuser im Sinne des § 67, und von Tierseuchen

4. die Förderung der **Jugend-** und **Altenhilfe**

5. die Förderung von **Kunst** und **Kultur**

6. die Förderung des **Denkmalschutzes** und der **Denkmalpflege**

7. die Förderung der **Erziehung, Volks-** und **Berufsbildung** einschließlich der Studentenhilfe

8. die Förderung des **Naturschutzes** und der **Landschaftspflege** im Sinne des Bundesnaturschutzgesetzes und der Naturschutzgesetze der Länder, des Umweltschutzes, des Küstenschutzes und des Hochwasserschutzes

9. die Förderung des **Wohlfahrtswesens**, insbesondere der Zwecke der amtlich anerkannten Verbände der freien Wohlfahrtspflege (§ 23 der Umsatzsteuer-Durchführungsverordnung), ihrer Unterverbände und ihrer angeschlossenen Einrichtungen und Anstalten

10. die Förderung der Hilfe für **politisch, rassisch** oder **religiös Verfolgte**, für **Flüchtlinge, Vertriebene, Aussiedler, Spätaussiedler, Kriegsopfer, Kriegshinterbliebene, Kriegsbeschädigte** und **Kriegsgefangene, Zivilbeschädigte** und **Behinderte** sowie Hilfe für Opfer von Straftaten; Förderung des Andenkens an Verfolgte, Kriegs- und Katastrophenopfer; Förderung des Suchdienstes für Vermisste

11. die Förderung der **Rettung aus Lebensgefahr**

12. die Förderung des **Feuer-, Arbeits-, Katastrophen-** und **Zivilschutzes** sowie der Unfallverhütung

13. die Förderung **internationaler Gesinnung**, der **Toleranz** auf allen Gebieten der Kultur und des Völkerverständigungsgedankens

14. die Förderung des **Tierschutzes**

15. die Förderung der **Entwicklungszusammenarbeit**

16. die Förderung von **Verbraucherberatung** und **Verbraucherschutz**

17. die Förderung der Fürsorge für **Strafgefangene** und ehemalige Strafgefangene

18. die Förderung der **Gleichberechtigung** von Frauen und Männern

19. die Förderung des Schutzes von **Ehe und Familie**

20. die Förderung der **Kriminalprävention**

21. die Förderung des **Sports** (Schach gilt als Sport)

22. die Förderung der **Heimatpflege** und **Heimatkunde**

23. die Förderung der **Tierzucht**, der **Pflanzenzucht**, der **Kleingärtnerei**, des **traditionellen Brauchtums** einschließlich des Karnevals, der Fastnacht und des Faschings, der **Soldaten-** und **Reservistenbetreuung**, des **Amateurfunkens**, des **Modellflugs** und des **Hundesports**

24. die allgemeine Förderung des **demokratischen Staatswesens** im Geltungsbereich dieses Gesetzes; hierzu gehören nicht Bestrebungen, die nur bestimmte Einzelinteressen staatsbürgerlicher Art verfolgen oder die auf den kommunalpolitischen Bereich beschränkt sind

2

25. die Förderung des **bürgerschaftlichen Engagements** zugunsten gemeinnütziger, mildtätiger und kirchlicher Zwecke

Während die textlichen Änderungen der einzelnen Zwecke im Wesentlichen redaktioneller Art waren, ist das „bürgerschaftliche Engagement" unter Position 25 neu aufgenommen worden.

Der abschließende Katalog unter § 52 AO gilt für neue Organisationen. Sind bestehende Organisationen mit anderen Zwecken als gemeinnützig anerkannt, treten für Sie durch die Neufassung keine Änderungen ein.

Spendenabzug

Der Spendenabzug

Während in der Vergangenheit der prozentuale Spendenabzug gestuft war nach Art des geförderten Zwecks (5 bzw. 10 % des Gesamtsbetrags der Einkünfte) und darüber hinaus nur die Möglichkeit bestand, bei Großspenden (über 25.565,00 Euro) den überschießenden Betrag ähnlich einem Verlust jeweils bis zu diesem Höchstbetrag ein Jahr zurück und dann unbeschränkt vorzutragen, ist jetzt der Abzugsbetrag auf 20 % des Gesamtbetrags der Einkünfte erhöht worden. Unabhängig von der Höhe der Spende kann der überschießende Betrag jetzt in die Zukunft vorgetragen werden.

Mit dem Jahressteuergesetz 2009 ist rückwirkend ab dem 01.01.2007 für Mitgliedsbeiträge an Kunst- und Kulturvereine der Spendenabzug gewährt worden, auch wenn dem Mitglied eine Vergünstigung gewährt wird, soweit es sich nicht um Freizeitgestaltung handelt.

Die Tätigkeitsvergütungen

Übungsleiterpauschale

Während das bisherige Recht nur die „Übungsleiterpauschale“ mit 1.848,00 Euro jährlich kannte, soll nach dem neuen Recht das ehrenamtliche Engagement durch finanzielle Anreize gefördert werden.

Die „Übungsleiterpauschale“ ist von 1.848,00 Euro auf 2.100,00 Euro jährlich erhöht worden.

Ehrenamtspauschale

Neu ist die „Ehrenamtspauschale“ mit 500,00 Euro, die für Tätigkeiten für gemeinnützige Organisationen und juristische Personen des öffentlichen Rechts gewährt wird, die nicht unter die Übungsleiterpauschale fallen. Die Voraussetzungen entsprechen ansonsten denen der „Übungsleiterpauschale“.

Entgegen den heftigen Diskussionen während des Gesetzgebungsverfahrens ist der Steuerfreibetrag von 300,00 Euro für ehrenamtliche Tätigkeiten, wie die freiwillige kostenlose Betreuung hilfsbedürftiger Menschen, nicht ins Gesetz gekommen.

Die wirtschaftlichen Tätigkeiten

Umsatzgrenzen

Der Gesetzgeber hat einheitlich die Umsatzgrenzen, die die steuerliche Behandlung wirtschaftlicher Tätigkeiten gemeinnütziger Organisationen bestimmen, von 30.678,00 Euro auf 35.000,00 Euro angehoben.

Hierbei handelt es sich um die Grenze für die Umsatzsteuerpauschalierung, die Zweckbetriebsgrenze und die Grenze für Sportveranstaltungen nach § 67a I AO.

2

Freibetrag

Ab 01.01.2009 gilt für Körperschaften, die diese Grenzen überschreiten, eine weitere Neuregelung: Die Freibeträge bei der Körperschaftsteuer (bisher 3.835,00 Euro) und bei der Gewerbesteuer (bisher 3.900,00 Euro) werden einheitlich auf 5.000,00 Euro erhöht.

Die steuerliche Haftung

Spendenhaftung

Die Spendenhaftung für die Einkommen- und Körperschaftsteuer wurde von 40 auf 30 % gesenkt.
Hingegen wurde die Spendenhaftung für die Gewerbesteuer von 10 auf 15 % erhöht.

Das Jahressteuergesetz 2009 stellt darüber hinaus klar, dass die für die Körperschaft handelnde Person nur dann in Anspruch genommen werden kann, wenn der Anspruch nicht erloschen ist und auch nicht von der empfangenden Körperschaft beigetrieben werden kann.

Sonderregelungen für Stiftungen

Stiftungen

Zuwendungen in den Vermögensstock von Stiftungen können jetzt in Höhe von 1 Mio. Euro statt bisher 307.000,00 Euro erfolgen. Die Beschränkung auf neue Stiftungen entfällt.

Andererseits ist die Befreiung von der Aufnahme der Vermögensbindung in die Satzung weggefallen. Das gibt sachlich jedoch wohl keine Änderungen, da Stiftungen auch in der Vergangenheit wie jede andere steuerbegünstigte Organisation der Vermögensbindung unterlagen.

2.3 Angleichung des Spendenrechts von Stiftungen und anderen gemeinnützigen Organisationen?

Udo Bungert

Am 04.09.2006 hatte das Finanzgericht Hamburg (2 K 109/05) die Privilegierung der Spenden an Stiftungen für gem. § 10b Abs. 1 Satz 1 EStG mit Art. 3 GG vereinbar erklärt. Begründet hat das Gericht dies damit, dass der Gesetzgeber zum einen die Stiftungskultur in Deutschland fördern wolle, zum anderen habe die Stiftung keinen Mitgliederbestand und sei daher besonders von Spenden Dritter abhängig.

Auch durch die gesetzliche Neuregelung mit dem „Gesetz zur weiteren Stärkung des bürgerlichen Engagements“ hat sich vom Grundsatz her an dieser Zweiteilung nichts geändert, sodass die Frage, ob diese unterschiedliche Behandlung verfassungsgemäß ist, auch nach der neuen Rechtslage noch die gleiche Bedeutung hat.

Hinzu kommt, dass es den Spendern häufig gar nicht bewusst ist, welche Rechtsform die begünstigte Organisation hat. Immer mehr Organisationen, die sich nicht durch die Zwänge des Stiftungsrechts einengen lassen wollen und daher eine andere Rechtsform haben, führen „Stiftung“ in ihrem Namen, und sei es nur in einem Namenszusatz. So kann eine GmbH z. B. „Gemeinnützige Stiftung der Familie ...... GmbH“ heißen. Will ein Spender hier eine „Zustiftung“ in den Vermögensstock machen, hat er ggf. Probleme, diesen Betrag in voller Höhe berücksichtigt zu bekommen.

Unter diesem Gesichtspunkt erlangt die aktuelle Zwischenentscheidung des Bundesfinanzhofs besondere Bedeutung.

Der Bundesfinanzhof hat auf Rechtsmittel des Steuerpflichtigen die Revision zu den Rechtsfragen

- Verfassungsmäßigkeit der unterschiedlichen Regelungen für den Sonderausgabenabzug von Spenden an Stiftungen einerseits und an Vereine und Kapitalgesellschaften andererseits und
- Rechtfertigungsgründe für die steuerliche Privilegierung von Stiftungen

zugelassen (III R 18/08).

Wegen der Zulassung der Revision muss man noch nicht davon ausgehen, dass der BFH die Entscheidung des Finanzgerichts aufhebt. Es zeigt jedoch, dass unser bisheriges Spendenabzugsrecht vor einer Überprüfung durch das höchste deutsche Steuergericht steht.

Nach der Entscheidung kann es durchaus zu einer Änderung des Spendenrechts kommen.

Sollte es bei Spenden an Ihre Organisation auch zu nicht abzugsfähigen Spenden kommen, die bei Stiftungen abzugsfähig wären, so sollten diese unter Hinweis auf das Urteil ihren Einkommensteuerbescheid durch einen Einspruch offenhalten.

2.4 Wichtige Änderungen im Anwendungserlass zu AO

Udo Bungert

Mit Schreiben vom 21.04.2008 hat das Bundesministerium der Finanzen den Anwendungserlass zur Abgabenordnung überarbeitet und die Änderungen im Hinblick auf die neue Rechtslage bekannt gegeben.

Daraus ergeben sich folgende wesentliche Änderungen:

Regionale Untergliederungen

- Regionale Untergliederungen können als nicht rechtsfähige Vereine selbstständige Steuersubjekte sein, wenn Sie satzungsmäßige Organe haben, auf Dauer im eigenen Namen auftreten und eine eigene Kassenführung haben. (zu § 51 Nr. 2 AO)

Fehlende satzungsmäßige Betätigung

- Gemeinnützigkeit trotz fehlender satzungsmäßiger Betätigung bei Vereinen in der Aufbauphase, wenn sie mit der Mittel- oder Ausstattungsbeschaffung ausgelastet sind. (zu § 51 Nr. 5 AO)

Insolvenzverfahren

- Die Gemeinnützigkeit endet mit der Eröffnung des Insolvenzverfahrens, weil die Begleichung der Schulden aus laufenden Geschäften der ideellen Tätigkeit kein gemeinnütziger Zweck ist. (zu § 51 Nr. 6 AO)

Aufnahmebeiträge

- Aufnahmebeiträge dürfen nicht mehr als 1.534 Euro betragen. Ein daneben gezahlter Betrag für den Erwerb eines Anteils an einer Betreibergesellschaft z. B. für Sportanlagen gilt nicht als Aufnahmebeitrag. Wird das Neumitglied nur bei Zeichnung des

2

Anteils aufgenommen, führt dies zum Verlust der Gemeinnützigkeit. (zu § 52 AO)

- Erläuterung einzelner gemeinnütziger Zwecke (zu § 52 AO)

Freiwilligenagenturen

- Freiwilligenagenturen sind gemeinnützig. Demgegenüber werden andere Zwecke ausdrücklich ausgeschlossen.

- Geprüfte Satzungen genießen Vertrauensschutz, auch wenn sich im Nachhinein herausstellt, dass die Satzung fehlerhaft ist.

Vermögensanfall

- Bei neuen Körperschaften muss die Satzung eine Regelung enthalten, welche Körperschaft das Vermögen erhalten soll. Zumindest muss in der Satzung ein Zweck angegeben sein, für den das Vermögen verwendet werden soll. (zu § 61 Nr. 2 AO)

Vereinseigene bezahlte Sportler

- Zahlungen an vereinseigene Sportler sind bis zu einem Betrag von durchschnittlich monatlich 400 Euro unschädlich. (zu § 67a AO)

2.5 Geplante Änderungen im Vereinsrecht (Vorstandshaftung)

Udo Bungert

Vorstandshaftung

Auf Initiative des Bundesrats ist ein Gesetzentwurf auf den Weg gebracht worden, der ehrenamtlich tätige Vereinsvorstände zukünftig von erheblichen Haftungsrisiken befreien wird.

Steuern und Sozialabgaben

Haftung gegenüber dem Verein

Hintergrund ist der Umstand, dass bislang jeder Vorstand, auch bei Aufgabenteilung, insbesondere für die Abführung von Steuern und Sozialabgaben haftet. Hinzu kommt die Haftung des Vorstands gegenüber dem Verein für Schäden, die er verursacht hat. Verzichtet der Verein auf die Geltendmachung von Schadenersatz, kann dies nach heutiger Rechtslage sogar zum Verlust der Gemeinnützigkeit führen.

Vorgesehen sind im Wesentlichen folgende Änderungen:

Im BGB Einfügen eines § 31 a:

Haftung ehrenamtlicher und unentgeltlich tätiger Vorstandsmitglieder

„(1) Ist der Vorstand **ehrenamtlich und unentgeltlich** tätig, so haftet er dem Verein für einen in Wahrnehmung seiner Vorstandspflichten verursachten Schaden nur bei Vorliegen von **Vorsatz oder grober Fahrlässigkeit**. Satz 1 gilt auch für die Haftung gegenüber den Mitgliedern des Vereins.

(2) Ist der ehrenamtlich und unentgeltlich tätige Vorstand einem anderen zum Ersatz eines in Wahrnehmung seiner Vorstandspflichten verursachten Schadens verpflichtet, so kann er von dem Verein die Befreiung von den Verbindlichkeiten verlangen. Satz 1 gilt nicht, wenn der Schaden vorsätzlich oder grob fahrlässig verursacht wurde."

Nach § 28e Abs. 1 Satz 1 des SGB IV soll als Ausnahme folgender Text eingefügt werden:

Vorweg schriftlich festgelegter Aufgabenverteilung

„... Für ein ehrenamtlich und unentgeltlich tätiges Mitglied des Vorstandes eines nach § 5 Abs. 1 Nr. 9 des KStG steuerbefreiten Vereins gilt dies nicht, wenn das Mitglied nach **vorweg schriftlich festgelegter Aufgabenverteilung** für die Einhaltung der Zahlungspflicht nicht verantwortlich ist."

In der Abgabenordnung soll hinter § 34 Abs. 1 folgender Satz angefügt werden:

„Für ein ehrenamtlich und unentgeltlich tätiges Mitglied des Vorstandes eines nach § 5 Abs. 1 Nr. 9 KStG steuerbefreiten Vereins gilt dies nicht, wenn das Mitglied nach **vorweg schriftlich festgelegter Aufgabenverteilung** für die Erfüllung steuerlicher Pflichten nicht verantwortlich ist."

Und § 69 AO soll wie folgt geändert werden:

Ausnahme: Kenntnis von der Pflichtverletzung

„(2) Vorstandsmitglieder eines nach § 5 b Abs. 1 Nr. 9 des KStG steuerbefreiten Vereins, die gem. § 34 Abs. 1 Satz 3 keine Steuerpflichten zu erfüllen haben, haften, soweit sie Kenntnis von der Pflichtverletzung im Sinne des Absatz 1 haben."

Die Bundesregierung hat sich zu dem Entwurf positiv geäußert. Daher ist davon auszugehen, dass die Änderungen in der vorgesehenen Form erfolgen werden. Ein Termin steht noch nicht fest.

Der Entwurf begünstigt einseitig die Vorstände von Vereinen, während die Geschäftsführer oder Vorstände von anderen gemeinnützigen Körperschaften weiterhin voll in der Haftung sind.

Weiterhin ist der Wortlaut m. E. nicht ganz klar. Begünstigt werden danach ehrenamtlich und unentgeltlich tätige Vorstände. In der Zeit vor der Ehrenamtspauschale hat man unter Ehrenamt ein Amt verstanden, das einem zwar Ehre, aber kein Geld gebracht hat. Ob auch Vorstände, die eine kleine Vergütung erhalten, bei der gesetzlichen Neuregelung von der Freistellung mit erfasst sein sollen, wird sich in der praktischen Anwendung nach den ersten Urteilen zeigen.

Klar ist, dass derjenige, der vor den Verstößen des Mitvorstands seine Augen verschließt und nicht tätig wird, auch weiterhin in der Haftung bleiben wird.

Nach heutiger Rechtslage befreit eine klare Regelung der Aufgaben zwar nicht von der Haftung, kann aber zu einer erheblichen Verringerung des Risikos der Inanspruchnahme führen. Im Vorgriff auf die Neuregelung sollte daher im Vorstand bereits heute eine konkrete schriftliche Aufgabenverteilung vorgenommen werden.

2

2

2.6 Auswirkungen des „MoMiG“ auf gemeinnützige Körperschaften

Udo Bungert

Gesetz zu Modernisierung des GmbH-Rechts und zur Bekämpfung von Missbräuchen“ (MoMiG)

Nach mehrjährigen Diskussionen trat am 23.10.2008 das „Gesetz zu Modernisierung des GmbH-Rechts und zur Bekämpfung von Missbräuchen“ (MoMiG) in Kraft. Das Gesetz ist die Reaktion des Gesetzgebers auf das Urteil des EuGH zur Zulassung von Auslandsgesellschaften in Deutschland. Danach wurde die Gründung von Auslandsgesellschaften mit geringem Stammkapital und ausschließlicher Tätigkeit in Deutschland immer beliebter.

Da auch GmbHs gemeinnützig sein können, sind diese Gesellschaften von den Änderungen des GmbH-Rechts direkt betroffen. Hinzu kommt, dass eine Reihe nach den neuen Regeln gegründeter Gesellschaften als Geschäftspartner auf dem Markt sein werden. Daher sollten auch in anderen Rechtsformen betriebene Körperschaften wissen, welche Auswirkungen die Neuerungen auf Haftung etc. haben werden.

Zukünftig wird es zwei Arten von GmbHs geben:

„Normale“ GmbH

Einmal wird es weiterhin die „normale“ GmbH (§ 5 GmbHG) geben, für die aber teilweise vereinfachte Vorschriften gelten werden.

„Unternehmergesellschaft (haftungsbeschränkt)“ UG

Neu eingeführt wird die „Unternehmergesellschaft (haftungsbeschränkt)“ UG (§ 5a GmbHG).

2

Änderungen bei der „normalen" GmbH

Um die Wettbewerbsfähigkeit der normalen GmbH insbesondere im Verhältnis zu den ausländischen beschränkt haftenden Kapitalgesellschaften zu erhalten, gibt es eine ganze Reihe von Vereinfachungen gegenüber dem jetzigen Gesetzesstand:

- Bei der Gründung wird auf die Stellung von besonderen Sicherheiten (§ 7 Abs. 2 Satz 3 und § 19 Abs. 4 GmbHG) verzichtet.
- Bei der Bargründung kann das Registergericht nur noch bei erheblichen Zweifeln an der Richtigkeit der Versicherung über die Einzahlung den Einzahlungsbeleg verlangen (§ 8 Abs. 2 Satz 2 GmbHG).
- Bei der Sachgründung kann die Eintragung nur dann abgelehnt werden, wenn die Sacheinlagen „nicht unwesentlich“ überbewertet sind (§ 9c Abs. 1 Satz 2 GmbHG).
- Das Verbot, mehrere Teile von Geschäftsanteilen an einen Erwerber zu übertragen (§ 17 GmbHG), soll abgeschafft werden.
- Die Registereintragung wird von der verwaltungsrechtlichen Genehmigung der Tätigkeit der Gesellschaft getrennt. Kann die Genehmigung innerhalb einer bestimmten Frist nicht erlangt werden, ist die Gesellschaft von Amts wegen zu löschen.

Darüber hinaus wurde die Möglichkeit geschaffen, bei Bargründungen bis zu drei Gründern die Gründung in einem vereinfachten Verfahren mit einer Mustersatzung durchzuführen. Dies soll zur Ersparnis von Gründungskosten führen. Dann entfällt die Beurkundung und es müssen nur die Unterschriften beglaubigt werden. Diese Lösung kommt für gemeinnützige GmbHs nicht in Betracht, da in der Mustersatzung zwingend nur drei Unternehmensgegenstände vorgesehen sind, nämlich

- Handel mit Waren,
- Produktion von Waren und
- Dienstleistung,

die alle für eine gemeinnützige GmbH nicht passen.

Ansonsten bleibt es entgegen der ursprünglichen Ankündigung bei einem Mindeststammkapital von 25.000,00 Euro. Auf jede Einlage muss mindestens ein Viertel, bezogen auf das gesamte Stammkapital mindestens die Hälfte eingezahlt sein (§ 7 Abs. 2 GmbHG).

Die Unternehmergesellschaft (haftungsbeschränkt) UG

Die Unternehmergesellschaft (haftungsbeschränkt) UG

Mit der Unternehmergesellschaft (§ 5a GmbHG) wird eine GmbH ohne festes Stammkapital geschaffen. Theoretisch kann eine Gesellschaft mit einem Stammkapital von 1,00 Euro entstehen, das dann bei der Gründung voll eingezahlt sein muss. Sind mehrere Gründer beteiligt, so muss jeder einen Anteil von 1,00 Euro übernehmen. Für diese Gesellschaften sollen grundsätzlich alle Vorschriften des GmbH-Gesetzes entsprechend gelten.

Abgesehen von dem ständigen Risiko der Insolvenz, nach deutschem Insolvenzrecht ist der Verbrauch des Stammkapitals (Überschuldung) zwingender Insolvenzantragsgrund, das sich umso schneller realisieren kann, je geringer das Stammkapital ist, erscheint diese Rechtsform für die meisten gemeinnützigen Körperschaften ungeeignet. Das fehlende Stammkapital soll durch Verzicht auf Gewinnausschüttungen bis zum erreichen der 25.000,00 Euro angesammelt werden.

Gerade gemeinnützige Körperschaften sind aber darauf ausgelegt, Gelder herauszugeben und tendenziell eher ein Minus statt ein Plus zu erwirtschaften.

Sofern kein wirtschaftlicher Geschäftsbetrieb betrieben wird, sind die Mittel, die zu gemeinnützigen Zwecken hereinkommen (Zuwendungen), tendenziell auch wieder kurzfristig auszukehren und nicht langfristig im Stammkapital der Gesellschaften zu binden. Die Ausnahmen sind im Gesetz (§ 58 AO) klar geregelt. Darüber hinaus sind nur Fälle denkbar, bei denen die steuerliche Mittelverwendung in der Anschaffung von Anlagevermögen besteht, idealerweise ohne Abschreibung (z. B. Grund und Boden), damit sich die Gesellschaft um die gesellschaftsrechtliche Erhaltung des Stammkapitals keine Sorgen machen muss.

Im Geschäftsverkehr sollte man solche Gesellschaften genauso argwöhnisch betrachten wie die Limited.

Da die Gesellschaften wegen der geringen Kapitalausstattung sehr schnell insolvenzantragspflichtig werden können, kann auch der Kunde oder Lieferant mit in ein Insolvenzverfahren hineingezogen werden. Der Insolvenzverwalter entscheidet in vielen Fällen, inwieweit er auf die Erfüllung von Verträgen besteht bzw. welche Zahlungen er zur Masse zurückfordert, obwohl die Leistung durch den Partner erbracht worden ist. Dies kann zu erheblichen Schäden beim Geschäftspartner führen.

Für gemeinnützige GmbHs ergeben sich durch die GmbH-Reform in der Praxis keine wesentlichen Änderungen.

3 Gemeinnützigkeitsrecht

– Wie Sie die Haftung vermeiden und alle Voraussetzungen an die Gemeinnützigkeit erfüllen –

Inhaltsverzeichnis

3

3 Gemeinnützigkeitsrecht

3.1 Grundlagen des Gemeinnützigkeitsrechts

Roland Weber

Die Voraussetzungen für die steuerlichen Begünstigungen von gemeinnützigen Körperschaften sind in der Abgabenordnung geregelt.

Körperschaften

Diese Vergünstigungen werden nur Körperschaften, d. h. juristischen Personen, gewährt. Einzelpersonen und Personengesellschaften sind grundsätzlich von der Gemeinnützigkeit ausgeschlossen.

Der Gesetzgeber fördert mit der Anerkennung als gemeinnützig (genauer gesagt: der Gewährung von Steuerbegünstigungen) Einrichtungen, deren Tätigkeit „wertvoll" für die Allgemeinheit ist.

Um zu verhindern, dass die Steuerbegünstigungen gewerblich tätigen Unternehmen zugutekommen und steuerpflichtige Unternehmen durch Konkurrenz von wirtschaftlich tätigen gemeinnützigen Einrichtungen benachteiligt werden – gemeinnützige Unternehmen können die gleichen Leistungen wegen des Steuervorteils günstiger erbringen –, sind die Begünstigungen an bestimmte Voraussetzungen geknüpft:

Tatsächliche Geschäftsführung

- Die tatsächliche Geschäftsführung der Einrichtung muss den gemeinnützigen Satzungszwecken entsprechen.

Gepräge

- Nicht begünstigte wirtschaftliche Betätigungen dürfen dem Unternehmen nicht das Gepräge geben.

Satzungsgemäße gemeinnützige Zwecke

- Überschüsse müssen für die satzungsgemäßen gemeinnützigen Zwecke eingesetzt werden und dürfen nicht an Mitglieder bzw. Gesellschafter ausgeschüttet werden.
- Die Mittel der Einrichtung müssen zeitnah eingesetzt und es darf kein Vermögen angesammelt werden.
- Es muss getrennt werden zwischen den Einnahmen und Ausgaben des gemeinnützigen Bereichs und der sonstigen wirtschaftlichen Betätigung.

Gemeinnützige Einrichtungen unterliegen aus diesem Grund erheblichen Aufzeichnungs- und Nachweispflichten.

3.1.1 Rechtliche Voraussetzungen der Gemeinnützigkeit

Die Regelungen zur Gemeinnützigkeit finden sich in den §§ 51 bis 68 der Abgabenordnung. Erläutert werden diese Vorschriften im Anwendungserlass zur Abgabenordnung (AEAO).

Diese Vorschriften regeln die von einer Körperschaft verfolgten Zwecke, für die eine Steuerbegünstigung gewährt wird, die Auflagen für die Verwendung des Vermögens für Körperschaft, eine Reihe von Ausnahmen von diesen Auflagen und die Begrenzung wirtschaftlicher Betätigung.

Die steuerlichen Vorteile wie Steuerbegünstigungen und Ermäßigungen sind im Körperschaft-, Gewerbe-, und Umsatzsteuergesetz geregelt.

Weitere Begünstigungen werden in verschiedenen Gesetzen und Verwaltungsvorschriften aufgeführt, z. B. im Arbeitsförderungsgesetz und der Strafprozessordnung hinsichtlich der Zahlung von Bußgeldern an gemeinnützige Einrichtungen.

3.1.2 Anerkennung als gemeinnützig

In § 51 der Abgabenordnung ist geregelt, dass die Steuerbegünstigung ausschließlich für Körperschaften, Personenvereinigungen und Vermögensmassen im Sinne des Körperschaftsgesetzes gilt.

Organisationsformen

Nach § 1 des Körperschaftsteuergesetzes fallen darunter Kapitalgesellschaften (Aktiengesellschaft, GmbH), Genossenschaften (e. G.), nicht rechtsfähige (d. h. nicht ins Vereinsregister eingetragene) Vereine, rechtsfähige (eingetragene) Vereine, Stiftungen sowie Betriebe gewerblicher Art von juristischen Personen des öffentlichen Rechts.

Dach- und Spitzenverbände

Körperschaften, in denen steuerbegünstigte Körperschaften zusammengefasst sind, werden unmittelbar steuerbegünstigten Körperschaften gleichgestellt. Dach- und Spitzenverbände (Wohlfahrtsverbände), die nicht selbst gemeinnützige Zwecke verfolgen, sind gemeinnützig, wenn sie ihre satzungsgemäßen Leistungen ausschließlich für gemeinnützige Mitglieder erbringen.

Untergliederungen

Steuerbegünstigungen sollen nicht mehrfach in Anspruch genommen werden. Aus diesem Grund werden funktionale Untergliederungen wie Abteilungen von Körperschaften nicht als gemeinnützig anerkannt, da sie nach § 51 der Abgabenordnung nicht als selbstständige Steuerobjekte gelten.

Regionale Untergliederungen

Regionale Untergliederungen wie Kreisverbände und Ortsverbände gelten als eigene Körperschaften, wenn sie unabhängige Organe wie Vorstand und Mitgliederversammlung und ein eigenes Vermögen haben. Einzelpersonen, Personengesellschaften (GbR, OHG, KG, Partnerschaftsgesellschaften), Berufsverbände (außer mit besonderen Zwecken wie z. B. Bildung), politische Parteien und Körperschaften, die ihren Sitz nicht im Inland haben, erhalten keine Steuerbegünstigung.

Als gemeinnützig werden selbstständige regionale Untergliederungen anerkannt, wenn sie eine eigene Satzung haben, die ihrerseits den Anforderungen an die Gemeinnützigkeit entspricht.

Zweck, Aufgaben und Organisation der Untergliederungen können sich auch aus der Satzung des Hauptvereins ergeben.

3.2 Grundlagen des Spendenrechts

Roland Weber

Freiwillige Vermögensopfer

Eine Spende ist die freiwillige und unentgeltliche Zuwendung von Mitgliedern oder Dritten an eine steuerbegünstigte Körperschaft zur Förderung der gemeinnützigen Zwecke der Körperschaft. Es kann sich dabei um Geld- oder Sachzuwendungen handeln. Das freiwillige Vermögensopfer kann sowohl aus dem Einkommen als auch aus dem Vermögen des Spenders geleistet werden. Bei einer Sachspende kann der Spendenabzug grundsätzlich nur in Höhe des sogenannten gemeinen Wertes des Wirtschaftsguts gemacht werden. Dafür hat der Spender im Zweifelsfall die Beweislast.

Nutzungen und Leistungen

Nutzungen und Leistungen sind nur unter bestimmten Voraussetzungen als Spenden abziehbar. Dienstleistungen der freien Berufe oder die kostenlose Nutzung von Gegenständen wie Räumen, Fahrzeugen etc. gelten nur als Spenden, wenn von vornherein keine Unentgeltlichkeit vereinbart wurde. Anders ist es nur dann, wenn durch Satzung oder Vertrag zunächst eine Vergütung für diese Nutzung oder Leistung vereinbart wurde und im Nachhinein auf die Vergütung verzichtet wird. Es handelt sich dann um eine sogenannte abgekürzte Geldspende an die steuerbegünstigte Körperschaft.

Mitgliedsbeiträge

Mitgliedsbeiträge gemeinnütziger Vereine sind eine besondere Art von Spenden. Als solche gelten alle Geld- und Sachleistungen, die Mitglieder eines Vereins erbringen, um den gemeinnützigen Zweck zu fördern.

Eine Spende liegt nur dann vor, wenn sie freiwillig und ohne Gegenleistung zur Förderung des gemeinnützigen Zwecks erfolgt. Entscheidend dafür ist die Motivation beim Spender. Der Spender muss den Vorteil an die Körperschaft um der Sache willen und ohne die Erwartung eines besonderen Vorteils seitens der Körperschaft erbringen.

3.2.1 Abzugsfähigkeit beim Spender

Liegen die Voraussetzungen für die Einordnung als Spende vor, so kann sie im Rahmen der in § 10b EStG genannten Höchstbeträge beim Spender vom Gesamtbetrag der Einkünfte abgezogen werden. Bei der steuerbegünstigten Körperschaft sind Zuwendungen schenkungs- und körperschaftsteuerfrei, solange für die Zuwendungen keine direkte Gegenleistung erbracht wird.

3.2.2 Ausstellung von Spendenbescheinigungen

Spendenbescheinigung

Als gemeinnützig anerkannte Körperschaften dürfen Spendenbescheinigungen / Zuwendungsbestätigungen ausstellen. Die Vorschriften für den Spendenabzug bei Körperschaften für Ausgaben zur Förderung mildtätiger, kirchlicher, religiöser und wissenschaftlicher Zwecke und der als besonders förderungswürdig anerkannten gemeinnützigen Zwecke blieben unverändert.

Spendenbescheinigungen dürfen nur dann erteilt werden, wenn der Freistellungsbescheid des Finanzamts bei bestehenden Körperschaften nicht älter als fünf Jahre und bei neu gegründeten Körperschaften nicht älter als drei Jahre ist. Körperschaften mit steuerpflichtigem wirtschaftlichen Geschäftsbetrieb sind berechtigt, Zuwendungen zu bestätigen, wenn der letzte Körperschaftsteuerbescheid vor nicht mehr als drei Jahren ergangen ist. Steuerlich begünstigte Körperschaften müssen erst die vorläufige Gemeinnützigkeitsbestätigung von ihrem Finanzamt erhalten haben, bevor sie Zuwendungsbestätigungen ausstellen dürfen.

Zuwendungsbestätigung

Gemeinnützige Körperschaften sind verpflichtet, für zehn Jahre eine doppelte Ausfertigung der ausgestellten Zuwendungsbestätigung aufzubewahren. Der von der Finanzverwaltung vorgeschriebene Text für die Ausstellung von Zuwendungsbestätigungen muss wörtlich verwendet und in die eigenen Spendenvordrucke übernommen werden. Einzelnen Spendern, die laufend spenden, kann hierfür eine besondere Sammelzuwendungsbestätigung ausgestellt werden.

Ordnungsgemäße Mittelverwendung

Bei Überprüfung durch das Finanzamt ist der Nachweis über die ordnungsgemäße Mittelverwendung zu führen. Die zweckwidrige Verwendung von Spenden für den steuerpflichtigen wirtschaftlichen Geschäftsbetrieb kann zur Haftung und Aberkennung der Gemeinnützigkeit führen.

3

3.2.3 Prüfung der Spendenleistung

Vermögensabfluss

Die gemeinnützige Körperschaft ist verpflichtet zu prüfen, ob tatsächlich eine echte Spende vorliegt und diese beim Spender zum nachweisbaren Vermögensabfluss geführt hat. Im Rahmen der Überprüfung der Geschäftstätigkeit von gemeinnützigen Körperschaften untersuchen die Finanzämter immer auch den Umgang mit Spenden.

3.2.4 Spendenhaftung

Nach § 10b Abs. 4 EStG haftet, wer vorsätzlich oder grob fahrlässig eine unrichtige Zuwendungsbestätigung ausstellt oder veranlasst, dass Zuwendungen nicht zu dem in der Bestätigung angegebenen steuerbegünstigten Zweck verwendet werden.

Haftender

Als Haftender kommen sowohl die Körperschaft als auch die für ihn handelnde natürliche Person in Betracht.

Missbräuche

Missbräuche im Zusammenhang mit dem Ausstellen von Zuwendungsbestätigungen können neben der Haftung zum Verlust der Gemeinnützigkeit führen.

Das Haftungsrisiko wurde durch die Reform des Spenderechts etwas reduziert. Seit 01.01.2007 beträgt die Haftungssumme 30 % des gespendeten Betrags.

3.2.5 Verzicht auf Vergütungen

Für eine steuerlich wirksame Spende mit dem Anspruch auf Erteilung einer Spendenbescheinigung und der steuerlichen Berücksichtigung der Zuwendung als Sonderausgabe muss beim Spender ein Vermögensabfluss vorliegen.

Die Möglichkeit, auf die Auszahlung von Vergütungen zu verzichten und diese an eine steuerbegünstigte Körperschaft zu spenden, besteht nur, wenn der Spender einen rechtswirksamen Vergütungsanspruch gegenüber der Körperschaft hat. Der Anspruch muss vor der Ausübung der zu vergütenden Tätigkeit eingeräumt worden sein und nicht vor Verrichtung der Tätigkeit der Verzicht auf die Auszahlung vereinbart wurde.

Für eine Zuwendungsbestätigung der Aufwandsspende ist der Vordruck „Geldzuwendung" der Finanzverwaltung zu verwenden. Auf der Zuwendungsbestätigung muss der Vermerk enthalten sein, dass es sich um einen Aufwandsverzicht handelt. Die Körperschaft muss sich den Verzicht schriftlich vom Vergütungsempfänger bestätigen lassen. Der Verzicht kann bei allen Zahlungsansprüchen aus Rechnungen erklärt werden.

3.2.6 Sachspenden

Auch hier gilt, dass die Spenden ausschließlich für den steuerbegünstigten Bereich zu verwenden sind und nicht für den steuerpflichtigen Bereich des wirtschaftlichen Geschäftsbetriebs.

Sachbespenden

Bei Sachbespenden muss in der Spendenbestätigung der Wert der Spende genau angegeben sein. Wegen der Haftung der Körperschaft für unrichtige Zuwendungsbestätigungen muss die Bewertung sorgfältig vorgenommen werden.

3.2.7 Spenden in Katastrophenfällen

Ohne Betragsobergrenze als Spende abzugsfähig sind Zuwendungen zur Linderung der Not in Katastrophenfällen, die auf ein für den Katastrophenfall eingerichtetes Sonderkonto eines inländischen anerkannten Verbands der freien Wohlfahrtspflege einschließlich seiner Mitgliedsorganisationen eingezahlt werden.

3.2.8 Aufzeichnungspflicht für Spenden

Die Aufzeichnungen der gemeinnützigen Körperschaften müssen Folgendes beinhalten:

Vereinnahmung

Zweckentsprechende Verwendung

- Zeitpunkt der Vereinnahmung der Zuwendung
- Nachweis über die zweckentsprechende Verwendung
- Doppel der Spendenbestätigung

Wenn keine Bestätigung ausgestellt wird, sind Namen und Anschrift des Spenders, der gespendete Betrag, das Datum der Zahlung und die Kennzeichnung als Spende festzuhalten.

3.3 Grundlagen des Stiftungsrechts

3.3.1 Grundstruktur einer Stiftung

Roland Weber

3

Eine Stiftung ist eine rechtsfähige, nicht verbandsmäßig organisierte Einrichtung, die die Aufgabe hat, auf Grundlage des der Stiftung gewidmeten Vermögens den vom Stifter festgelegten Stiftungszweck dauernd zu verfolgen. Maßgeblich für die Tätigkeit der Stiftung ist der Wille des Stifters, der den Zweck der Stiftung bei Gründung für die Zukunft – eine Stiftung wird „für die Ewigkeit" gegründet – unabänderlich festlegt. Hier liegt der entscheidende Unterschied zu anderen Körperschaften, die vom Willen der Mitglieder getragen werden, wie z. B. einem Verein. Die Stiftung als reine Verwaltungsorganisation und Vermögensmasse hat keine Mitglieder.

Stiftungszweck

„Für die Ewigkeit"

Zum Stiftungsbegriff gehören

- der Stiftungszweck,
- das Stiftungsvermögen und
- die Stiftungsorganisation.

Maßgeblich ist der Stiftungszweck, in dem der Wille des Stifters zum Ausdruck kommt. Der Stiftungszweck kann nach Anerkennung der Stiftung durch die zuständige Behörde weder vom Stifter noch von den Stiftungsorganen geändert werden. Änderungen des Stiftungszwecks sind nur unter Berücksichtigung des Stifterwillens bei Errichtung der Stiftung und mit staatlicher Genehmigung zulässig.

Stiftungsvermögen

Eine Stiftung benötigt zur Erfüllung ihres Zwecks ein ausreichendes Stiftungsvermögen. Unter dem Stiftungsvermögen versteht man das Vermögen im engeren und im weiteren Sinne.

Stiftungsvermögen im weiteren Sinne sind alle der Stiftung zur Verfügung stehenden Mittel.

Stiftungsvermögen im engeren Sinne sind nur das Stiftungskapital und das Grundstockvermögen, das der Stiftung durch den oder die Stifter zur Verfügung gestellt wurde. Das Stiftungsvermögen im engeren Sinne muss grundsätzlich in seinem Bestand erhalten bleiben. Deshalb können nur die Erträge des Stiftungskapitals zur Verwirklichung des Stiftungszwecks genutzt werden. Zustiftungen in das Grundstockvermögen sind möglich und von den sonstigen Zuwendungen des Stifters oder von Dritten (z. B. Spenden) zu unterscheiden.

Zustiftungen

Stiftungsorganisation

Die Stiftungsorganisation verlangt lediglich einen Vorstand, der die Geschäfte führt. Es können aber auch sonstige Organe eingerichtet werden wie z. B. ein Kuratorium oder ein Beirat, die beratende oder kontrollierende Funktion übernehmen.

Gesetzlich geregelt ist die rechtsfähige Stiftung des privaten Rechts in § 80 ff. BGB.

3.3.2 Rechtsformen der Stiftung

Nach der Rechtsform lassen sich selbstständige und unselbstständige Stiftungen unterscheiden.

Selbstständige Stiftung

Die selbstständige Stiftung ist eine juristische Person. Die Errichtung erfordert das vom Stifter verfasste Stiftungsgeschäft, eine Satzung und die Anerkennung durch die zuständige Stiftungsbehörde, die bestätigt, dass die Stiftung den gesetzlichen Anforderungen genügt.

Unselbstständige Stiftung

Die unselbstständige Stiftung ist keine juristische Person. Sie ist nicht Träger von Rechten und Pflichten. Zur Errichtung einer unselbstständigen Stiftung bedarf es einer Vereinbarung zwischen dem Stifter und dem vorgesehenen Träger und der Übertragung des gestifteten Vermögens auf ihn. Vor allem für die Stiftung kleinerer Vermögen bietet sich diese Rechtsform an. Unselbstständige, treuhänderische oder fiduziarische Stiftungen besitzen im Gegensatz zur rechtsfähigen Stiftung des privaten Rechts keine eigene Rechtspersönlichkeit. Der Träger handelt im Rechtsverkehr im eigenen Namen und nicht als Organ der unselbstständigen Stiftung. Die unselbstständige Stiftung ist nicht genehmigungs- bzw. anerkennungspflichtig.

Vorteile der unselbstständigen Stiftung sind die leichtere Handhabbarkeit und Flexibilität sowie der geringere Gründungsaufwand.

Nachteile

Gegenüber der selbstständigen Stiftung besitzt sie aber auch eine Reihe von Nachteilen. Eine unselbstständige Stiftung ist mangels Rechtsfähigkeit selbst nicht handlungsfähig. Die Gefahr, dass der Stifterwille nicht beachtet wird, ist größer als bei der rechtsfähigen Stiftung. Im Gegensatz zur rechtsfähigen Stiftung ist die unselbstständige Stiftung nicht gesetzlich geregelt und sie unterliegt nicht der Aufsicht durch die Stiftungsbehörde. Entscheidende Bedeutung hat also die Auswahl des Treuhänders.

3.3.3 Kapital-, Vorrats- und Einkommensstiftungen

Kapitalstiftung

Am häufigsten sind Kapitalstiftungen. Die Kapitalstiftung wird vom Stifter mit einem Vermögensgrundstock ausgestattet, aus dessen Erträgen die Stiftung ihre Zwecke verfolgt.

Vorratsstiftung

Der Stifter kann auch eine Vorratsstiftung errichten, die mit einem Kapital ausgestattet wird, das ausreicht, um erste Erfahrungen bei der Zweckverfolgung zu machen. Später kann das Grundstockvermögen vom Stifter oder Dritten durch Zustiftungen aufgestockt werden oder der Stifter setzt die Stiftung als Erben- oder Vermächtnisnehmer ein.

Einkommensstiftung

Bei der Einkommensstiftung weist der Stifter der Stiftung regelmäßig bestimmte Geldbeträge zur Erfüllung des Stiftungszwecks zu.

3.3.4 Privatnützige und gemeinnützige Stiftung

Privatnützige Stiftung

Die privatnützige Stiftung ist regelmäßig eine Familienstiftung. Die Stiftung soll das vom Stifter gewidmete Vermögen vor Zersplitterung beim Erbfall bewahren und das Vermögen soll der Familie insgesamt erhalten bleiben.

Unternehmensselbstzweckstiftung

Die Unternehmensselbstzweckstiftung ist auf Erhaltung und Förderung eines Wirtschaftsunternehmens sowie seiner Beschäftigten und deren Angehörigen gerichtet. Unter den Kapitalstiftungen weit verbreitet ist die Beteiligungsträgerstiftung, die als Grundstockvermögen Beteiligungen an Personen oder Kapitalgesellschaften hält.

Unternehmensträgerstiftung

Die Unternehmensträgerstiftung ist hauptsächlich auf den Betrieb eines Wirtschaftsunternehmens gerichtet.

Bürgerstiftungen

Immer bedeutender werden Bürgerstiftungen. Sie werden von mehreren Personen gegründet, die jeweils kleinere Beträge in die Stiftung einbringen. Es kommt aber auch vor, dass ein Stifter ein größeres Vermögen zur Verfügung stellt und sich weitere Stifter mit kleineren Zustiftungen beteiligen. In der Regel verfolgt die Bürgerstiftung kommunale oder regionale Zwecke.

Wegen der Beschränkungen, die sich aus dem Stiftungsrecht ergeben, tragen Bürgerstiftungen vielfach nur den Begriff „Stiftung" in ihrem Namen, haben aber eine andere Rechtsform, z. B. eine AG als Grundlage.

3

3.3.5 Errichtung einer Stiftung unter Lebenden

Stiftungsgeschäft

Im Stiftungsgeschäft stellt der Stifter für von ihm bestimmte Zwecke Vermögen bereit und trifft Vorkehrungen, die sicherstellen, dass diese Zwecke auch nach seinem Ableben auf unbegrenzte Zeit aus den Erträgen des Stiftungsvermögens weiter verfolgt werden können. Für die Stiftung muss eine Satzung erstellt werden. Stiftungsgeschäft und Satzung sind mit der

Stiftungsbehörde

Stiftungsbehörde und mit dem Finanzamt abzustimmen und danach bei der Stiftungsbehörde mit dem Antrag auf Anerkennung einzureichen. Mit der Anerkennung entsteht die Stiftung als selbstständige Rechtsperson.

Im Stiftungsgeschäft und in der Satzung sind Name und Sitz der Stiftung, ihr Zweck, das vom Stifter zugewendete Vermögen und die Bildung des Vorstands zu regeln.

Stifter können sowohl natürliche als auch juristische Personen sein.

3.3.6 Stiftungsgeschäft

Stiftungsgeschäft

§ 81 BGB regelt die Anforderungen an das Stiftungsgeschäft. Dieses Geschäft muss die verbindliche Erklärung des Stifters enthalten und der Stiftung ein Vermögen zur Erfüllung eines von ihm vorgegebenen Zwecks widmen.

Vermögenswerte

Im Stiftungsgeschäft müssen die Vermögenswerte genau bezeichnet werden, die der Stifter auf die Stiftung überträgt. Das Stiftungsgeschäft enthält nur die Verpflichtung des Stifters zur Übertragung des Vermögens. Die Übertragung des Vermögens selbst erfolgt nicht im Stiftungsgeschäft, sondern später nach den allgemeinen Vorschriften für Eigentumsübertragungen (§§ 873, 929 BGB). Verpflichtet zur Übertragung ist der Stifter erst, wenn die Stiftungsbehörde die Stiftung als rechtsfähig anerkannt hat.

Eigentumsübertragung

Im Stiftungsgeschäft müssen nach § 81 BGB folgende Bestimmungen enthalten sein:

- die verbindliche Erklärung des Stifters, ein Vermögen zur Erfüllung des von ihm vorgegebenen Zwecks zu widmen
- die Erklärung des Stifters, eine selbstständige rechtsfähige Stiftung gründen zu wollen
- die grundsätzliche Zweckbestimmung der Stiftung
- die konkrete Angabe der Vermögenswerte, die auf die Stiftung übertragen werden sollen sowie die Festlegung einer Satzung, die mindestens Regelungen über den Namen, den Sitz, den Zweck, das Vermögen und die Bildung des Vorstands der Stiftung enthält

Anerkennungsverfahren

Wenn das Stiftungsgeschäft den gesetzlichen Erfordernissen nicht genügt, kann der Stifter es jederzeit während des Anerkennungsverfahrens ändern oder ergänzen.

Verstirbt der Stifter vor Anerkennung durch die Stiftungsaufsichtsbehörde, kann die Behörde im Rahmen des Anerkennungsverfahrens die Satzung ändern, falls diese nicht den gesetzlichen Erfordernissen entspricht.

Grundstücke

Gehören zu dem Vermögen auch Grundstücke, darf die Auflassung erst nach Anerkennung der Stiftung erfolgen.

3.3.7 Satzung der Stiftung

Die Satzung der Stiftung ist nicht Teil des Stiftungsgeschäfts, sondern enthält ergänzende Bestimmungen. Sie regelt die Verfassung der Stiftung.

Mindestinhalt

In § 81 BGB wird lediglich der Mindestinhalt der Satzung festgelegt. Zweckmäßig ist es, in der Satzung mindestens folgende weitere Regelungen aufzunehmen:

- Art und Rechtstellung der Stiftung
- Verwendung des Stiftungsvermögens und der Erträge daraus
- Regelungen über weitere Organe wie Kuratorium oder Beirat
- Aufgaben und Befugnisse der einzelnen Organe und die Abgrenzung dieser Aufgaben
- Vergütung der Organmitglieder
- Geschäftsjahr der Stiftung;
- Bestimmungen zu Satzungsänderungen
- Anpassung der Stiftung an veränderte Verhältnisse

Name der Stiftung

Der Stifter ist in der Namenswahl grundsätzlich frei. Ein Rechtsformzusatz Stiftung ist nicht vorgeschrieben, aber üblich und empfehlenswert.

Der Sitz der Stiftung

Der Sitz der Stiftung muss einen sachlichen Bezug zur Stiftung aufweisen. Als Sitz kann der Ort bestimmt werden, an dem die Stiftung verwaltet wird bzw. verwaltet werden soll oder der Wohnsitz des Stifters und die Belegenheit des Stiftungsvermögens bzw. die Ansässigkeit von Stiftungsorganen. Die Sitzverlegung muss von den zuständigen Stiftungsorganen beschlossen und von der Stiftungsaufsichtsbehörde genehmigt werden.

Stiftungszweck

Stiftungszweck

Das Gesetz erlaubt jeden Stiftungszweck, der nicht gegen die Rechtsordnung verstößt und das Gemeinwohl nicht gefährdet. Soll die Stiftung steuerbegünstigt sein, muss der Stiftungszweck einem der in den §§ 52 bis 54 AO aufgeführten begünstigten Zwecke entsprechen.

Stiftungsvermögen

Grundstockvermögen

Das Stiftungsvermögen besteht aus dem Grundstockvermögen und den daraus zu erzielenden Beträgen. Vermögensbestand und Verwendung der Erträge müssen in der Satzung klar geregelt sein. Eine bestimmte Mindesthöhe des Stiftungsvermögens ist nicht vorge-

Dauernde und nachhaltige Erfüllung

sehen. Eine Stiftung ist aber nur dann als rechtsfähig anzuerkennen, wenn die dauernde und nachhaltige Erfüllung des Stiftungszwecks gesichert erscheint (vgl. § 80 Abs. 2 BGB). Dies setzt eine **dem Stiftungszweck angemessene Vermögensausstattung** voraus.

Grundstockvermögen können alle Vermögenswerte sein, z. B. Bargeld, Immobilien, Wertpapiere, Unternehmensbeteiligungen, Kunstsammlungen und Kunstgegenstände, Urheberrechte und gewerbliche Schutzrechte und Forderungen. Neben der Einbringung von reinen Sachwerten müssen daneben noch Vermögenswerte übertragen werden, mit denen die zur Erfüllung des Stiftungszwecks erforderlichen Erträge erzielt werden.

Stiftungsorgane

Die Stiftung muss einen Vorstand haben. Dieser hat die rechtliche Stellung eines gesetzlichen Vertreters. Der Vorstand kann aus einer oder mehreren Personen bestehen.

Vorstand auf Lebenszeit

Der Stifter kann sich selbst zum Vorstand auf Lebenszeit bestellen. Allerdings ist auch der Stifter als Vorstand lediglich Vollstrecker des ursprünglichen Stifterwillens.

Die ersten Organmitglieder werden üblicherweise vom Stifter selbst bestellt. Die spätere Bestellung der Vorstandsmitglieder kann sich der Stifter zu seinen Lebzeiten ebenfalls vorbehalten. Die Satzung kann auch vorsehen, dass die Bestellung durch ein anderes Stiftungsorgan (z. B. ein Kuratorium) im Wege der Selbstergänzung (Kooptation) erfolgt.

3.3.8 Gründung durch Stiftungsgeschäft von Todes wegen

Das Stiftungsgeschäft von Todes wegen wird in einem Testament oder in einem Erbvertrag vorgenommen. Es gelten hierfür die allgemeinen Vorschriften des Erbrechts. Die Vermögenszuwendung kann durch Erbeinsetzung, Vermächtnis oder Auflage erfolgen.

Das Stiftungsgeschäft von Todes wegen muss inhaltlich im Wesentlichen dieselben Anforderungen erfüllen wie das Stiftungsgeschäft unter Lebenden.

Die Anerkennung einer Stiftung durch Stiftungsgeschäft von Todes wegen erfolgt nach dem Tod des Stifters. Ein Antrag ist bei Stiftungen von Todes wegen nicht zwingend erforderlich, da dem Nachlassgericht das Stiftungsgeschäft der zuständigen Stiftungsbehörde zur Anerkennung mitzuteilen ist. Die Stiftungsbehörde muss dann auch ohne Antrag die Stiftung anerkennen, wenn die formalen Voraussetzungen vorliegen.

3.4 Voraussetzungen zur Anerkennung der Gemeinnützigkeit

Roland Weber

3.4.1 Rechtsgrundlagen der Gemeinnützigkeit

Steuerbegünstigte Zwecke

Voraussetzung für die Anerkennung einer Körperschaft als gemeinnützig ist, dass ein steuerbegünstigter Zweck verfolgt wird. Neben den gemeinnützigen Zwecken gem. § 52 AO gehören zu den steuerbegünstigten Zwecken auch die mildtätigen und die kirchlichen Zwecke (§§ 53 und 54 AO). Mildtätige Zwecke werden gefördert, wenn die Tätigkeit der Körperschaft darauf gerichtet ist, Personen selbstlos zu unterstützen, die entweder infolge ihres körperlichen, geistigen oder seelischen Zustands auf die Hilfe anderer angewiesen sind oder die wirtschaftlich hilfsbedürftig sind. Kirchliche Zwecke werden gefördert, wenn eine Religionsgemeinschaft, die eine juristische Person des öffentlichen Rechts ist, gefördert wird. Andere religiös ausgerichtete Vereinigungen fallen nicht darunter.

Mildtätige Zwecke

Kirchliche Zwecke

Durch die Gewährung von Steuerbegünstigungen (d. h. der Anerkennung als gemeinnützig) fördert der Gesetzgeber Organisationen, deren Tätigkeit von „allgemeinem Wert" für die Gesellschaft ist.

Um zu verhindern, dass die Steuerbegünstigungen gewinnorientiert arbeitenden Einrichtungen zugutekommen und steuerpflichtige Unternehmen durch die gemeinnützige Konkurrenz benachteiligt werden, ist die

Steuerbegünstigung an eine Reihe von Auflagen gebunden.

Dazu gehören:

- Die Satzungszwecke müssen tatsächlich betrieben werden und dürfen nicht nur in der Satzung stehen.
- Die nicht begünstigte wirtschaftliche Betätigung darf nicht in den Vordergrund treten.
- Überschüsse dürfen nicht an Mitglieder/Gesellschafter ausgeschüttet werden, sondern müssen für die gemeinnützigen Zwecke eingesetzt werden.
- Mittel der Körperschaft müssen „zeitnah" eingesetzt werden.
- Zwischen den Einnahmen und Ausgaben der gemeinnützigen und sonstigen wirtschaftlichen Betätigung muss strikt getrennt werden.

Gemäß § 60 AO müssen die Satzungszwecke und die Art ihrer Verwirklichung in der Satzung so genau bestimmt sein, dass aufgrund der Satzung geprüft werden kann, ob die satzungsmäßigen Voraussetzungen für die Steuervergünstigung gegeben sind. Diese Erfordernisse müssen bei der Körperschaft während des ganzen Veranlagungs- oder Bemessungszeitraums vorliegen.

Mustersatzung

Die Satzung muss so genau gefasst sein, dass aus ihr unmittelbar entnommen werden kann, ob die Voraussetzungen der Steuerbegünstigung vorliegen (formelle Satzungsmäßigkeit). Die bloße Bezugnahme auf Satzungen oder andere Regelungen genügt nicht. § 60 AO in der Fassung des Jahressteuergesetzes 2009 verlangt zwingend, dass die Bestimmungen der als Anlage 1 dem Gesetz beigefügten Mustersatzung aufgenommen werden. In der Mustersatzung sind die aus steuerlichen Gründen notwendigen Bestimmungen ohne Berücksichtigung der vereinsrechtlichen Vorschriften des BGB enthalten.

Auflösung des Vereins

Die Satzung muss zwingend eine Regelung darüber enthalten, an welche gemeinnützige Einrichtung oder Körperschaft des öffentlichen Rechts das Vermögen bei Auflösung der Körperschaft oder bei Wegfall steuerbegünstigter Zwecke fällt.

Vor Errichtung der Satzung der Körperschaft sollte der Entwurf der Satzung an das zuständige Finanzamt für Körperschaften mit der Bitte um Stellungnahme geschickt werden, ob einer Anerkennung als gemeinnützig Hinderungsgründe entgegenstehen. Dadurch wird vermieden, dass die Gründungsversammlung wiederholt werden muss, wenn die errichtete Satzung nicht den Anforderungen der Vorschriften über Gemeinnützigkeit entspricht. Die Finanzämter geben i. d. R. konkrete und ausführliche Hinweise, wenn die Satzung ggf. geändert werden muss.

Tatsächliche Geschäftsführung

Die gemeinnützigen Satzungszwecke müssen auch wirklich betrieben werden, d. h., die tatsächliche Geschäftsführung der Körperschaft muss auf die ausschließliche Erfüllung der steuerbegünstigten Zwecke gerichtet sein und den Bestimmungen entsprechen, die die Satzung über die Voraussetzungen für Steuerbegünstigungen enthält. Der Nachweis, dass die Geschäftsführung der Körperschaft den Anforderungen an die Gemeinnützigkeit entspricht, muss durch ordnungsgemäße Aufzeichnungen über Einnahmen und Ausgaben geführt werden.

Aufzeichnungen über Einnahmen und Ausgaben

Förderung der Allgemeinheit

Förderung der Allgemeinheit

Unter Förderung der Allgemeinheit versteht die Finanzverwaltung die Bevölkerung der Bundesrepublik Deutschland oder zumindest eines Ausschnitts davon. Die Verwirklichung der steuerbegünstigten Zwecke im Ausland wird dadurch nicht ausgeschlossen. Dies zeigen die gemeinnützigen Zwecke „Förderung der Entwicklungszusammenarbeit“ oder „Hilfe in Katastrophenfällen“. Die Tätigkeit der gemeinnützigen Körperschaft im Ausland muss aber zumindest positive Rückwirkungen auf die Bevölkerung in Deutschland haben.

Ausland

3

Europäischer Gerichtshof

Dem Europäischen Gerichtshof war dieses Verständnis des Begriffs Förderung der Allgemeinheit zu eng gefasst. Daraus wurden allerdings noch keine Konsequenzen durch den deutschen Gesetzgeber gezogen. Auch das Gesetz zur weiteren Stärkung des bürgerschaftlichen Engagements enthält keine Änderung der Rechtslage. Sollten Zweifel hinsichtlich der eventuellen Gemeinnützigkeitsschädlichkeit von Tätigkeiten einer gemeinnützigen Körperschaft im Ausland entstehen, empfiehlt es sich, insoweit eine verbindliche Auskunft des zuständigen Finanzamts für Körperschaften einzuholen.

Begünstigte Zwecke

Selbstlos und unmittelbar gemeinnützige, mildtätige oder kirchliche Zwecke

Steuerbegünstigungen werden nach § 51 AO gewährt, wenn eine Körperschaft ausschließlich, selbstlos und unmittelbar gemeinnützige, mildtätige oder kirchliche Zwecke verfolgt.

Eine Körperschaft kann sowohl gemeinnützige als auch mildtätige oder mehrere gemeinnützige Zwecke verfolgen.

Gemeinnützige Zwecke

§ 52 AO enthält eine Auflistung konkreter gemeinnütziger Zwecke.

Förderung der Allgemeinheit

Die Förderung der Allgemeinheit bedeutet zunächst, dass die Tätigkeit der Körperschaft nicht gegen Recht und Gesetz und gegen die guten Sitten verstoßen darf. Gemeinnützige Körperschaften müssen sich im Rahmen ihrer Betätigung an die verfassungsgemäße Ordnung halten. Wenn der Kreis der Personen, dem die Förderung zugutekommt, fest abgeschlossen ist oder infolge seiner Abgrenzung dauernd nur klein sein kann, wird die Allgemeinheit nicht gefördert.

Nicht alle Bewerber aufnehmen

Ein gemeinnütziger Verein muss allerdings nicht alle Bewerber aufnehmen. Sind die Kapazitäten sowohl hinsichtlich der Zahl der Mitglieder als auch der Mittel des Vereins erschöpft, ist ein Aufnahmestopp zulässig. So kann ein Sportverein seine Anlagen nur einer begrenzten Zahl von Mitgliedern zur Verfügung stellen. Es können auch bestimmte Kriterien an die Aufnahme in den Verein angelegt werden. Diese dürfen aber nicht willkürlich sein und generell bestimmte Personengruppen ausschließen.

Hohe Mitgliedsbeiträge

Hohe Mitgliedsbeiträge verstoßen gegen den Grundsatz der Förderung der Allgemeinheit. Als Höchstgrenzen gelten bei steuerbegünstigten Vereinen deren Tätigkeit in erster Linie ihren Mitgliedern zugute kommt, laut Ausführungserlass zur Abgabenordnung für Mitgliedsbeiträge 1.023 Euro pro Jahr und für Aufnahmegebühren 1.534 Euro.

Spenden fallen nicht darunter. Die Höchstgrenzen gelten nur für natürliche Personen und nicht für Körperschaften als Mitglieder.

3

Beitrittsspenden und freiwillige Umlagen

Kritisch wird von den Finanzbehörden die Zahlung von sogenannten Beitrittsspenden oder freiwilligen Umlagen betrachtet. Die Finanzbehörden gehen i. d. R. davon aus, dass es sich hier nicht um freiwillige Spenden, sondern um Zahlungen handelt, für die eine Gegenleistung erbracht wird.

In manchen Vereinen (z. B. Golfclubs) werden Mitglieder verpflichtet, eine Einlage in eine Gesellschaft einzuzahlen, von der die Sportanlage betrieben wird.

Der notwendige Erwerb von Geschäftsanteilen an einer Gesellschaft, die neben dem Verein besteht und die die Anlage errichtet oder betreibt, ist keine zusätzliche Aufnahmegebühr. Die Gemeinnützigkeit des Vereins ist dadurch nicht gefährdet. Für Zu- und Abschläge bei Kauf und Verkauf der Anteile gilt dies allerdings nicht.

Dürfen die Mitglieder die Anlagen des Vereins nur bei Erwerb einer Berechtigung durch eine neben dem Verein bestehende Gesellschaft nutzen, ist ein Verein wegen Verstoßes gegen den Grundsatz der Unmittelbarkeit nicht als gemeinnützig zu behandeln.

Können nur Mitarbeiter eines bestimmten Betriebs Mitglied werden oder kommt die Tätigkeit des Vereins nur solchen Mitgliedern zugute, ist eine Förderung der Allgemeinheit nicht gegeben.

Ist die Mitgliedschaft grundsätzlich frei zugänglich, widerspricht es nicht dem Gebot der Förderung der Allgemeinheit, wenn ein Verein ausschließlich seine Mitglieder fördert.

Die Aufzählung der gemeinnützigen Zwecke in § 52 Abs. 2 AO ist nicht abschließend.

Folgende Zwecke sind in § 52 AO aufgeführt:

Förderung von Wissenschaft und Forschung

Die Körperschaft fördert die Wissenschaft und Forschung, wenn sie auf dem Gebiet der Geistes- und Naturwissenschaften, der theoretischen und der angewandten Wissenschaft selbst forscht, wissenschaftliche Lehrveranstaltungen durchführt und Vorträge organisiert, Bücher oder Schriften zu wissenschaftlichen Themen herausgibt oder wissenschaftliche Bibliotheken und Sammlungen unterhält. Die Ergebnisse der Forschung müssen für die Allgemeinheit zugänglich sein. Auftragsforschung für Unternehmen und Behörden ist grundsätzlich nicht gemeinnützig.

Förderung der Religion

Nicht nur christliche Kirchen, sondern auch nicht christliche Religionsgemeinschaften und Sekten fördern die Religion. Religionsähnliche Weltanschauungen und Atheistenvereine können als gemeinnützig anerkannt werden. Bei Religionsgemeinschaften, deren Lehren nicht allgemein anerkannt sind, muss der geförderte Zweck und die Art seiner Verwirklichung in der Satzung genau beschrieben sein.

Öffentlich-rechtliche Kirchen sind nur mit ihren Betrieben gewerblicher Art körperschaftsteuerpflichtig. Ansonsten bedarf ihre religiöse Tätigkeit keiner Steuerbefreiung.

Förderung des öffentlichen Gesundheitswesen und der öffentlichen Gesundheitspflege, insbesondere die Verhütung und Bekämpfung von übertragbaren Krankheiten, auch durch Krankenhäuser im Sinne von § 67 AO und von Tierseuchen

Es wurde nun klargestellt, dass auch die Förderung der gesundheitlichen Präventionen und der gesund-

3

heitlichen Selbsthilfe unter den gemeinnützigen Zweck fällt.

Krankenhäuser fördern sowohl das öffentliche Gesundheitswesen als auch mildtätige Zwecke. Darunter fällt auch die Bekämpfung von Drogen- und Alkoholsucht. Die Bekämpfung von Tierseuchen wurde wegen ihrer Auswirkungen auf die Gesundheit des Menschen aufgeführt.

Förderung der Jugend- und Altenhilfe

Jugendhilfe ist die Wahrnehmung von Erziehungs- und Jugendfürsorgeaufgaben. Kindergärten, Jugendheime und Jugendherbergen werden i. d. R. als gemeinnützig anerkannt.

Die Altenhilfe soll dazu beitragen, altersbedingte Probleme zu verhüten oder zu mildern. Alten Menschen soll ermöglicht werden, am Leben der Gemeinschaft teilzunehmen. Darunter fällt u. a. die Hilfe bei der Beschaffung und Erhaltung des angemessenen Wohnraums und Hilfe zur Teilnahme am öffentlichen Leben.

Förderung von Kunst und Kultur und Förderung des Denkmalschutzes in der Denkmalpflege

Die Förderung kultureller Zwecke ist die ausschließliche und unmittelbare Förderung der Kunst, die Förderung der Pflege und Erhaltung von Kulturwerten sowie die Förderung der Denkmalpflege.

Die Förderung der Kunst umfasst die Bereiche der Musik, der Literatur, der darstellenden und bildenden

Kunst und schließt die Förderung von kulturellen Einrichtungen wie Theater und Museen sowie von kulturellen Veranstaltungen wie Konzerten und Kunstausstellungen ein.

Kulturwerte sind Gegenstände von künstlerischer und sonstiger kultureller Bedeutung, künstlerische Nachlässe, Bibliotheken sowie andere vergleichbare Einrichtungen.

Die Förderung der Denkmalpflege bezieht sich auf die Erhaltung und Wiederherstellung von Bau- und Bodendenkmälern, die nach den jeweiligen landesrechtlichen Vorschriften anerkannt sind. Die Anerkennung ist durch eine Bescheinigung der zuständigen Stelle nachzuweisen.

Förderung der Erziehung, Volks- und Berufsbildung einschließlich der Studentenhilfe

Die Förderung der Bildung wird v. a. durch das Unterhalten oder Fördern von Schulen unterstützt. Viele öffentlich-rechtliche oder private Schulen haben einen Förderverein. Diese Fördervereine fördern die Bildung zwar nicht unmittelbar, sind aber wegen der Ausnahmeregelung in § 58 Nr. 1 AO gemeinnützig. Auch wenn die Betroffenen überwiegend Erwachsene sind, die z. B. in einer Volkshochschule oder für eine berufliche Tätigkeit ausgebildet werden, wird die Bildung gefördert.

Die Erziehung wird gefördert, wenn junge Menschen zu richtigem Verhalten in ihrem sozialen Umfeld veranlasst werden. Unerheblich ist, wenn die Erziehungseinrichtung eine bestimmte religiöse oder allgemein politische Ausrichtung hat. Im Wesentlichen wird die Erziehung durch die Unterhaltung und Unterstützung von Kindergärten gefördert.

Förderung des Naturschutzes und der Landschaftspflege im Sinne des Bundesnaturschutzgesetzes, der Naturschutzgesetze der Länder, des Umweltschutzes, des Küstenschutzes und des Hochwasserschutzes

Förderung des Umweltschutzes ist die Erhaltung, Wiederherstellung und Verbesserung natürlicher und lebensgerechter Umweltbedingungen für Mensch, Tier und Pflanzen. Typische Tätigkeiten von Umweltschutzvereinen sind deren Einsatz für Lärmschutz, die Erhaltung von Wasser und Luft und das Anlegen von natürlichen Biotopen.

Atomkraftgegner fördern Umweltschutz, wenn sie sich für eine Verringerung der Strahlenbelastung durch Kernkraftwerke und für die Sicherheit solcher Anlagen einsetzen. Auch der Einsatz für die Stilllegung von Kernkraftwerken ist gemeinnützig.

Für einen Umweltschutzverein reicht es aus, wenn seine Tätigkeit darauf ausgerichtet ist, das Umweltbewusstsein der Bevölkerung zu stärken oder Behörden und Unternehmen dazu anzuhalten, Lärmschutzmaßnahmen durchzuführen oder ein Naturschutzgebiet einzurichten.

Förderung des Wohlfahrtswesens, insbesondere der amtlich anerkannten Verbände der freien Wohlfahrtspflege, ihrer Unterverbände und ihrer angeschlossenen Einrichtungen und Anstalten

Wohlfahrtspflege ist die Sorge für notleidende oder gefährdete Menschen auf gesundheitlichem, sittlichem und wirtschaftlichem Gebiet.

Förderung der Hilfe für politisch, rassisch oder religiös verfolgte Flüchtlinge, Vertriebene, Aussiedler, Spätaussiedler, Kriegsopfer, Kriegshinterbliebene, Kriegsbeschädigte und Kriegsgefangene, Zivilbeschädigte und Behinderte sowie Hilfe für Opfer von Straftaten; Förderung des Andenkens an Verfolgte, Kriegs- und Katastrophenopfer; Förderung des Suchdienstes für Vermisste

Förderung der Rettung aus Lebensgefahr

Förderung des Feuer-, Arbeits-, Katastrophen- und Zivilschutzes sowie der Unfallverhütung

Förderung internationaler Gesinnung, Toleranz auf allen Gebieten der Kultur und des Völkerverständigungsgedankens

Förderung des Tierschutzes

Förderung von Verbraucherberatung und Verbraucherschutz

Förderung der Fürsorge für Strafgefangene und ehemalige Strafgefangene

Förderung der Gleichberechtigung von Mann und Frau

Förderung des Schutzes der Familie

Diese Zwecke waren bisher nicht in der Abgabenordnung geregelt, sondern in der Anlage 1 zu § 48 Abs. 2 EStDV.

Durch die Aufnahme dieser Zwecke in die Abgabenordnung ändert sich für Körperschaften, die schon bisher nach der EStDV als gemeinnützig anerkannt waren, nichts.

Förderung des Sports

Trotz gegenteiliger gutachtlicher Stellungnahmen blieb die Förderung des Sports nach der Verabschiedung des Gesetzes zur weiteren Stärkung des bürgerlichen Engagements gemeinnützig.

Die sportliche Betätigung muss der körperlichen Ertüchtigung dienen. Die Finanzverwaltung unterscheidet nicht nach Sportarten. Sportliche Betätigungen, die auch negative Auswirkungen, wie z. B. Lärm und Abgase auf die Umwelt oder auch auf die Gesundheit, haben können, stehen der Gemeinnützigkeit nicht entgegen.

Wird die Geselligkeit neben der sportlichen Betätigung gefördert, kann fraglich sein, ob die sportliche Betätigung gemeinnützig ist. Beispiele dafür sind Tanzsport, Billard, Kegeln, Bowling oder Dart. Steht die Förderung der Geselligkeit nicht im Vordergrund und betreibt der Verein den Sport turnier- und wettkampfmäßig, ist die sportliche Betätigung gemeinnützig. Dies gilt grundsätzlich nur für den Amateursport. Daneben kann der Verein auch den bezahlten Sport fördern. Steuervergünstigungen werden allerdings nur gewährt, wenn die Bruttoeinnahmen des Vereins aus sportlichen Veranstaltungen nicht mehr als 35.000 Euro im Jahr betragen.

Förderung der Heimatpflege und Heimatkunde

Gemeinnützig ist die Pflege der Verbundenheit mit der Heimat als sozialen Erfahrungs- und Zugehörigkeitsraum, mit seinen geschichtlichen, kulturellen Traditionen und Lebensformen. Beispiele dafür sind die Pflege der regionalen Mundart, Musik und Tracht, die Heimatforschung, das Erhalten des Stadtbilds oder der Betrieb eines Heimatmuseums.

Förderung der Tierzucht, der Pflanzenzucht, der Kleingärtnerei, des traditionellen Brauchtums einschließlich des Karnevals, der Fastnacht und des Faschings, der Soldaten- und Reservistenbetreuung, des Amateurfunkens, des Modellflugs und des Hundesports

Die Beibehaltung der Gemeinnützigkeit bei diesen Zwecken war im Gesetzgebungsverfahren umstritten. Der Gesetzgeber ist den Gutachtern, die die Abschaffung dieser gemeinnützigen Zwecke empfohlen haben, allerdings nicht gefolgt.

3

Obst- und Gartenbauvereine fördern i. d. R. die Pflanzenzucht.

Die Anerkennung von Tierzuchtvereinen als gemeinnützig gilt nicht nur für Pferderennvereine und Hundezuchtvereine, sondern auch für alle anderen Tierarten. Nicht gemeinnützig ist die Förderung der gewerbsmäßig ausgeübten Tierzucht.

Karnevalssitzungen und die Teilnahme an Rosenmontagszügen werden als steuerbegünstigte Zweckbetriebe angesehen. Andere Veranstaltungen einschließlich der Maskenbälle sind allerdings steuerpflichtige wirtschaftliche Geschäftsbetriebe. Bei gemischten Veranstaltungen ist entscheidend, welche Betätigung überwiegt.

Ist die Durchführung von Festveranstaltungen Satzungszweck, verstößt der Verein gegen das Gebot der Ausschließlichkeit und ist nicht gemeinnützig. Es ist also besonders darauf zu achten, dass die Förderung der Geselligkeit nicht im Vordergrund steht.

Allgemeine Förderung des demokratischen Staatswesens im Geltungsbereich der Abgabenordnung

Die Förderung dieses Zwecks war auch bisher gemeinnützig, hatte aber mangels Anerkennung als besonders förderungswürdig und damit als nicht spendenbegünstigt keine praktische Bedeutung. Körperschaften haben ihre Satzung so gestaltet, dass sie wegen der Förderung der Bildung als gemeinnützig und damit auch als spendenempfangsberechtigt anerkannt worden sind.

Zur allgemeinen Förderung des demokratischen Staatswesens gehören allerdings nicht Bestrebungen, die nur bestimmte Einzelinteressen staatsähnlicher Art verfolgen oder die auf den kommunalpolitischen Bereich beschränkt sind.

Förderung des bürgerschaftlichen Engagements zugunsten gemeinnütziger, mildtätiger und kirchlicher Zwecke

Dieser Zweck dient lediglich der Hervorhebung der Bedeutung, die ehrenamtlicher Einsatz für die Gesellschaft hat. Die gemeinnützigen Zwecke werden dadurch nicht erweitert. Die Aufnahme dieses Zwecks in die Aufzählung der gemeinnützigen Zwecke erfolgte, weil sie zusammen mit dem Titel des Gesetzes herausstellt, worum es dem Gesetzgeber gegangen ist.

Neue gesellschaftliche Zwecke

Die Aufzählung der gemeinnützigen Zwecke wurde um Folgendes ergänzt:

Sofern der mit der Körperschaft verfolgte Zweck nicht unter Satz 1 fällt, aber die Allgemeinheit auf materiellen, geistigen oder sittlichen Gebiet selbstlos gefördert wird, kann dieser Zweck für gemeinnützig erklärt werden. Die obersten Finanzbehörden der Länder haben jeweils eine Finanzbehörde im Sinne des Finanzverwaltungsgesetzes zu bestimmen, die für Entscheidungen nach Satz 2 zuständig ist.

Diese Vorschrift soll eine Anpassung der gemeinnützigen Zwecke an gesellschaftliche Veränderungen ohne Gesetzesänderung ermöglichen.

Die Finanzminister der Länder haben sich darauf geeinigt, dass sie die Anerkennung neuer gemeinnütziger Zwecke einheitlich ausüben werden. Koordiniert wird dies vom Bundesministerium der Finanzen.

Gemeinnützige Zweckverfolgung

Die Steuergesetzgebung stellt folgende Anforderungen an Satzung und tatsächliche Geschäftsführung:

Selbstlosigkeit
- Selbstlosigkeit (§ 55 AO)

Ausschließlichkeit
- Ausschließlichkeit (§ 56 AO)

Unmittelbarkeit
- Unmittelbarkeit (§ 57 AO)

Für die Gewährung der Steuerbegünstigung reicht es nicht aus, dass eine Körperschaft einen der gemeinnützigen, mildtätigen oder kirchlichen Zwecke fördert. Darüber hinaus muss sie dies in der gesetzlich vorgeschriebenen Art und Weise tun.

Selbstlosigkeit

Zentrale Vorschrift des Gemeinnützigkeitsrechts ist § 55 (Selbstlosigkeit).

Die Voraussetzungen für die Selbstlosigkeit einer gemeinnützigen Körperschaft müssen deshalb in der Satzung festgelegt sein.

Selbstlosigkeit bedeutet:

- Es dürfen nicht in erster Linie eigenwirtschaftliche Zwecke verfolgt werden.
- Mittel der Körperschaft dürfen nur für die satzungsmäßigen Zwecke verwendet werden.
- Mitglieder oder Gesellschafter dürfen keine Gewinnanteile aus ihrer Eigenschaft als Mitglieder auch keine anderen Zuwendungen aus Mitteln der Körperschaft erhalten.
- Mittel der Körperschaft dürfen nicht für die Unterstützung politischer Parteien verwendet werden.
- Mitglieder dürfen bei ihrem Ausscheiden oder bei Auflösung der Körperschaft nicht mehr als ihre eingezahlten Kapitalanteile und den Wert ihrer geleisteten Sacheinlagen zurückerhalten.
- Es dürfen keine Personen durch Ausgaben, die dem Zweck der Körperschaft fremd sind, oder durch unverhältnismäßig hohe Vergütungen begünstigt werden.
- Bei Auflösung oder Aufhebung der Körperschaft oder bei Wegfall ihres bisherigen Zwecks darf das Vermögen der Körperschaft nur für steuerbegünstigte Zwecke verwendet werden.

Eigenwirtschaftliche Betätigung

Wirtschaftlich tätig ist eine Körperschaft dann, wenn für die Leistung eine Gegenleistung oder Leistungen gegen Entgelt erbracht werden. Jede gegen Vergütung erbrachte Tätigkeit einer Körperschaft ist wirtschaftlicher Natur. Nicht darunter fallen Mitgliedsbeiträge, Spenden und Fördergelder. Bei Spenden ist darauf zu achten, dass diese ohne Gegenleistung erbracht werden.

Eigennützige Motive

Eigennützige Motive der Vereinstätigkeit sind nicht unbedingt gemeinnützigkeitsschädlich. So kann ein Sportverein die Nutzung seiner Hallenplätze oder Geräte nur seinen Mitgliedern zur Verfügung stellen. Wichtig ist in diesen Zusammenhang, dass der Kreis der Personen, dem die Förderung zugutekommt, nicht fest abgeschlossen oder dauernd nur klein ist.

Die Tätigkeit einer gemeinnützigen Körperschaft darf nicht in erster Linie auf die Vermehrung eigenen Vermögens oder auf die Erwerbstätigkeit seiner Mitglieder gerichtet sein. Wirtschaftliche Betätigung darf also nicht der Hauptzweck der Körperschaft sein.

Steuerbegünstigter Zweckbetrieb

Ergibt sich die wirtschaftliche Betätigung unmittelbar aus den gemeinnützigen Satzungszwecken und ist sie zum Erreichen dieser Satzungszwecke notwendig, so handelt es sich um einen steuerbegünstigten Zweckbetrieb. Darunter fallen z. B. Eintrittsgelder für Veranstaltungen, Teilnahmegebühren, Vermietung von Sportgeräten und -anlagen.

Eine eigenwirtschaftliche Betätigung wird angenommen, sofern diese Betätigung den satzungsgemäßen ideellen Bereich überwiegt. Entscheidend ist dabei, ob die wirtschaftliche Betätigung die Körperschaft „prägt".

Berufsverbände

Gegen den Grundsatz der Selbstlosigkeit verstößt die Körperschaft auch, wenn sie die wirtschaftlichen Zwecke ihrer Mitglieder fördert. Beispiele dafür sind Berufsverbände.

Verwendung der Mittel für satzungsmäßige Zwecke

Alle Mittel

Die Mittel der Körperschaft dürfen nur für die satzungsmäßigen Zwecke verwendet werden. Satzungsmäßige Zwecke einer steuerbegünstigten Körperschaft können nur gemeinnützige, mildtätige oder kirchliche Zwecke sein. Alle Mittel, also auch Einnahmen aus wirtschaftlicher Betätigung, müssen für diese Zwecke verwendet werden.

Freie Rücklagen

Außer freien Rücklagen dürfen Mittel der Körperschaft nicht in wirtschaftlichen Geschäftsbetrieben eingesetzt werden. Ein Ausgleich von Verlusten im wirtschaftlichen Geschäftsbetrieb durch sonstige Mittel der Körperschaft ist unzulässig. Auch die Bildung von Rücklagen und von Vermögen ist nur eingeschränkt möglich.

Vermögensbindung

Vermögensbindung

Vermögensbindung bedeutet, dass bei Auflösung der Körperschaft oder beim Wegfall des gemeinnützigen Zwecks das Vermögen der Körperschaft nur für steuerbegünstigte Zwecke verwendet werden darf.

Die Vermögensbindung muss bereits in der Satzung festgelegt werden und ist unabdingbare Voraussetzung für die Anerkennung der Gemeinnützigkeit durch das Finanzamt. Es muss also aus der Satzung hervorgehen, an welche andere gemeinnützige oder öffentlich-rechtliche Körperschaft das Vermögen fallen soll und es muss die Auflage erhalten sein, das Vermögen ebenfalls nur für steuerbegünstigte Zwecke zu verwenden. Wird gegen diesen Grundsatz verstoßen kann das Finanzamt nachträglich die Gemeinnützigkeit aberkennen. Eine Aberkennung der Gemeinnützigkeit führt zu einer Nachversteuerung von Umsätzen und Erträgen rückwirkend bis zu zehn Jahre.

Ausschließlichkeit

Eine gemeinnützige Körperschaft darf nur ihre steuerbegünstigten satzungsmäßigen Zwecke verfolgen. Die Verfolgung mehrerer gemeinnütziger Zwecke ist erlaubt. Das Betreiben eines wirtschaftlichen Geschäftsbetriebs ist nicht grundsätzlich untersagt, wenn der wirtschaftliche Geschäftsbetrieb der Körperschaft nicht das Gepräge gibt.

Unmittelbarkeit

Körperschaften müssen ihre in der Satzung festgelegten Tätigkeiten i. d. R. selbst betreiben. Hilfspersonen können eingeschaltet werden, wenn auch die Hilfsperson die satzungsgemäßen Zwecke verfolgt.

Ausnahmen für Dachverbände

Dach- und Spitzenverbände

Dach- und Spitzenverbände, in denen andere steuerbegünstigte Körperschaften zusammengefasst sind, werden unmittelbar gemeinnützigen Körperschaften gleichgestellt. Dies gilt aber nur, wenn alle Mitglieder des Dach- oder Spitzenverbands gemeinnützig sind.

Ausnahmen für Fördervereine

Fördervereine

Fördervereine beschränken sich darauf, Mittel für andere Vereine oder Körperschaften des öffentlichen Rechts zu beschaffen und zur Verfügung zu stellen. Die beschafften Mittel müssen vollständig für gemeinnützige Zwecke eingesetzt werden.

Hilfspersonen

Hilfspersonen sind juristische oder natürliche Personen und Personenvereinigungen, die nach den Weisungen des Vereins einen konkreten Auftrag ausführen. Gemeinnützig müssen diese selbst nicht sein.

Weisungen der Körperschaft

Die Körperschaft muss durch Vorlage entsprechender Vereinbarungen nachweisen, dass sie den Umfang der Tätigkeit der Hilfsperson bestimmten konnte. Im Innenverhältnis muss die Hilfsperson an die Weisungen der Körperschaft gebunden sein. In der Regel werden Arbeits-, Dienst- oder Werkverträge abgeschlossen.

Die Tätigkeit der Hilfspersonen muss nachweislich vertragsgemäß erfolgt sein, die Hilfsperson muss überwacht und die weisungsgemäße Verwendung der Mittel muss sichergestellt werden und überprüfbar sein.

Um diese Überprüfung zu ermöglichen, sollte ein schriftlicher Vertrag zwischen Körperschaft und Hilfsperson geschlossen werden, in dem die Tätigkeit, die die Hilfsperson erbringen muss bzw. was sie für die Körperschaft auszuführen hat, wie sie Rechnung zu legen hat und in welcher Weise sie Bericht zu erstatten hat beschrieben ist.

Ist der Nachweis nicht möglich, dass es sich um eine Hilfsperson handelt, erfolgt nur ein bloße Mittelweitergabe. Dies ist gemeinnützigkeitsschädlich, da eine Mittelweitergabe nur an gemeinnützige oder öffentlich-rechtliche Körperschaften erlaubt ist.

Zeitnahe Mittelverwendung

Zeitnahe Mittelverwendung

Für alle gemeinnützigen Körperschaften gilt das Gebot der zeitnahen Mittelverwendung.

Die Einnahmen der Körperschaft aus Spenden, Mitgliedsbeiträgen, gewerblicher Tätigkeit müssen grundsätzlich spätestens ein Jahr nach Zufluss an die Körperschaft verwendet werden.

Rücklagen nur in Ausnahmen

Die Bildung von Rücklagen ist nur in Ausnahmefällen erlaubt. Dies ist dann der Fall, wenn ein konkretes Vorhaben wie z. B. der Bau eines Vereinsheims in absehbarer Zeit geplant ist und dafür über einen längeren Zeitraum Mittel angesammelt werden müssen.

3.4.2 Anerkennung der Gemeinnützigkeit

Die Steuerbegünstigung wird auf form- und fristlosen Antrag vom zuständigen Finanzamt für Körperschaften gewährt. Grundlage für die Entscheidung des Finanzamts ist die Satzung der Körperschaft.

Freistellungsbescheid

Sofern das Finanzamt eine Steuerbegünstigung gewährt, wird ein Freistellungsbescheid über die Körperschaftsteuer ausgestellt. Damit wird die Gemeinnützigkeit anerkannt. Der Freistellungsbescheid gilt auch als Nachweis der Gemeinnützigkeit.

Wird eine vorläufige Bescheinigung über die Gemeinnützigkeit erteilt oder die Steuerbegünstigung anerkannt, bei einer späteren Überprüfung der Körperschaft durch das Finanzamt aber festgestellt, dass die Satzung nicht die Anforderungen des Gemeinnützigkeitsrecht erfüllt, dürfen von den Finanzbehörden hieraus keine nachteiligen Folgerungen für die Vergangenheit gezogen werden. Die Körperschaft ist trotz der fehlerhaften Satzung für abgelaufene Veranlagungszeiträume und für das Kalenderjahr, in dem die Satzung beanstandet wird, als steuerbegünstigt zu behandeln.

Das Finanzamt fordert in diesem Fall die Körperschaft auf, die Satzung so zu ändern, dass die Voraussetzungen für die Steuervergünstigung vorliegen.

Vereinen soll dabei i. d. R. eine Beschlussfassung in der nächsten ordentlichen Mitgliederversammlung ermöglicht werden.

Wird die Satzung innerhalb der gesetzten Frist entsprechend den Vorgaben des Finanzamts geändert, ist die Steuervergünstigung für das Kalenderjahr, das auf die Beanstandung folgt, auch dann anzuerkennen, wenn zu Beginn des Kalenderjahres noch keine ausreichende Satzung vorgelegen hat.

Dies gilt nicht, wenn die Körperschaft die Satzung geändert hat und eine geänderte Satzungsvorschrift zu

3

beanstanden ist, da es dann an einer Grundlage für die Gewährung von Vertrauensschutz fehlt.

Vorläufige Bescheinigung

Neu gegründete Körperschaften können auf Antrag eine vorläufige Bescheinigung erhalten, die höchstens 18 Monate gilt. Die Freistellung ist neben der Steuerbefreiung mit einer Reihe weiterer Vergünstigungen verbunden, (so z. B. die Abzugsfähigkeit von Spenden, öffentlichen Zuschüssen, ABM-Stellen).

Es reicht für die Steuerbegünstigung einer Körperschaft aus, dass die steuerbegünstigten Satzungszwecke nur vorbereitet werden. Die Tätigkeiten müssen aber ernsthaft auf die Erfüllung eines steuerbegünstigten satzungsmäßigen Zwecks gerichtet sein. Die bloße Absicht, zu einem ungewissen Zeitpunkt einen der Satzungszwecke zu verwirklichen, genügt nicht.

Häufig wird die Gemeinnützigkeit bereits beantragt, bevor die Tätigkeit von der Körperschaft aufgenommen wird. Verzögerungen dabei sollen nicht zum Entzug der vorläufig gewährten Gemeinnützigkeit führen.

Vom Finanzamt wird mit dem vorläufigen Freistellungsbescheid eine Spendenempfangsberechtigung erteilt. Wichtig ist, dass Spendenbescheinigungen erst nach Vorliegen des Freistellungsbescheids ausgestellt werden dürfen.

3.4.3 Verlust der Gemeinnützigkeit

Gründe für den Verlust der Gemeinnützigkeit gibt es viele.

Änderungen der Satzungsbestimmungen

Genannt seien Rechtsverstöße wie Steuerhinterziehung, Aufruf zu Gewalttaten, rassistische Zwecke u. Ä., aber auch gemeinnützigkeitsschädliche Änderungen der für die Anerkennung der Gemeinnützigkeit bedeutsamen Satzungsbestimmungen. Nicht nachprüfbare tatsächliche Geschäftsführung, Nichtabgabe der Steuererklärungen und fehlende Kooperation mit dem Finanzamt können ebenfalls zum Verlust der Gemeinnützigkeit führen. Auch durch eher geringfügige Unregelmäßigkeiten wie Geschenke und Begünstigungen für Vereinsmitglieder oberhalb der zulässigen Grenze (40 Euro im Jahr) und gefälligkeitshalber zu hoch ausgestellte Zuwendungsbestätigungen kann die Gemeinnützigkeit in Gefahr geraten.

Geschenke und Begünstigungen für Vereinsmitglieder

Änderungen des Vereinszwecks

Insbesondere bei Änderungen des Zwecks der Körperschaft und der Mittelverwendung sollte vor etwaigen Beschlüssen das Finanzamt konsultiert und um eine Stellungnahme gebeten werden, ob durch die Satzungsänderung die Gemeinnützigkeit gefährdet ist.

3.4.4 Folgen des Verlusts der Gemeinnützigkeit

Die Folgen können fatal sein, weil der Verlust rückwirkend erfolgt. Wenn die Gemeinnützigkeit wegen Änderung der Satzungsbestimmungen zur Vermögensbindung verloren geht oder die tatsächliche Geschäftsführung gegen die Vermögensbindung verstößt, wird die Körperschaft gem. § 61 Abs. 3 AO so behandelt, als hätten die Voraussetzungen für die Steuerbegünstigung nie vorgelegen. Die Steuern werden rückwirkend für bis zu zehn Jahre festgesetzt und die

Körperschaft wird so behandelt, als ob sie von Anfang an uneingeschränkt steuerpflichtig gewesen wäre.

Auch andere Verstöße der tatsächlichen Geschäftsführung können so schwerwiegend sein, dass sie einer Verwendung des gesamten Vermögens für satzungsfremde Zwecke gleichkommt und die Steuern bis zu zehn Jahre rückwirkend festgesetzt werden.

3.4.5 Ausstieg aus der Gemeinnützigkeit

Wegen der zahlreichen Auflagen des Gemeinnützigkeitsrechts erwägen manche Körperschaften einen absichtlichen Ausstieg aus der Gemeinnützigkeit.

Ein Verzicht auf die Gemeinnützigkeit ist grundsätzlich ausgeschlossen.

Der Verlust der Gemeinnützigkeit kann – von Gesetzesverstößen abgesehen – dadurch provoziert werden, dass die Körperschaft die Satzungsklauseln zur Vermögensbindung streicht. Dann wird ebenso wie beim ungewollten Verlust der Gemeinnützigkeit eine Nachversteuerung durchgeführt.

Eine Spendenhaftung entsteht dann nicht, wenn die Spendenmittel ordnungsgemäß verwendet und die Zuwendungsbescheinigungen richtig ausgestellt wurden. Wurden die Mittel der Körperschaft für steuerbegünstigte Zwecke verwendet, besteht auch insoweit kein Risiko.

3.4.6 Fördervereine (Mittelbeschaffungskörperschaften)

Udo Bungert

In den Änderungen des Anwendungserlasses zur AO wechselte die Finanzverwaltung die Formulierung „Fördervereine und Spendensammelvereine“ zu „Mittelbeschaffungskörperschaften“.

3

Da sich der Begriff Förderverein jedoch eingebürgert hat und im Namen vieler Vereine auch enthalten ist, soll er hier auch weiter verwendet werden.

Der Förderverein war in der Vergangenheit unter unterschiedlichen Gesichtspunkten immer wieder problematisch.

Unmittelbarkeit

Hauptproblem war die Frage der Unmittelbarkeit. Grundsätzlich verlangt die Abgabenordnung in § 57 die unmittelbare Förderung des Zwecks durch die Körperschaft. Der Förderverein sammelt i. d. R. gerade Mittel, um diese einer anderen Organisation zuzuwenden, die dann die Mittel wieder verwendet. Dass Fördervereine mit den Mitteln selbst Anschaffungen tätigen und diese dann einer anderen Organisation zur Verwendung überlassen, ist eher die Ausnahme.

Hinzu kam die Fragestellung, ob die Empfängerkörperschaft selbst wieder steuerbegünstigt sein musste oder nicht. Diese Zweifel sind inzwischen alle durch den Gesetzgeber beseitigt worden.

Die Mittelbeschaffungkörperschaft muss nach der Neuregelung des Anwendungserlasses zu § 59 AO

Satzung

noch nicht einmal mehr das Gebot der Unmittelbarkeit in der Satzung enthalten.

In der Satzung muss auch nicht mehr eine Körperschaft angegeben sein, zu deren Gunsten die Mittel beschafft werden. Es muss lediglich der steuerbegünstigte Zweck benannt sein, der mit der Beschaffung der Mittel gefördert werden soll.

Damit sind den Fördervereinen erheblich mehr Freiheiten gegeben worden.

Fördervereine werden in zwei unterschiedlichen Arten zur Mittelbeschaffung eingesetzt:

- als Organisation, die Mittel beschafft, die der Hauptorganisation unmittelbar oder mittelbar dienen, wie z. B. der Förderverein einer Schule, der entweder Materialien für die Schule bezahlt, für die keine Mittel vorhanden sind, oder bedürftige Schüler unterstützt, die z. B. an Klassenfahrten sonst nicht teilnehmen können
- als Organisation die über das Vehikel der Gemeinnützigkeit Zahlungen an die Hauptorganisation als Spenden (Zuwendungen) steuerlich abzugsfähig machen soll

Während die erste Form dem Sinn des Gesetzes entspricht, für die Allgemeinheit sinnvolle Ausgaben zu unterstützen und steuerlich zu fördern, ist die zweite Form nur insoweit anzuerkennen, wie damit **keine** Leistungen bezahlt werden, die üblicherweise anderweitig vergütet werden.

Der BFH hat bzgl. eines Fördervereins einer Schule wie folgt entschieden (BFH v. 12.08.1999, XI R 65/98):

1. Eine Spendenbestätigung ist unrichtig, wenn sie Zuwendungen ausweist, die Entgelt für Leistungen sind.

2. Setzt ein Schulträger das Schulgeld so niedrig an, dass der normale Betrieb der Schule nur durch Zuwendungen der Eltern an einen Förderverein aufrechterhalten werden kann, die dieser satzungsgemäß an den Schulträger abzuführen hat, so handelt es sich bei dieser Zuwendung um Leistungsentgelt, nicht um Spenden.

In einer weiteren Entscheidung hat der BFH diese Aussage noch ergänzt (BFH v. 20.07.2006, XI B 51/05 (NV):

Ob Beiträge der Eltern für den Schulbesuch der Kinder als Spende oder als Entgelt für den Schulbesuch anzusehen sind, richtet sich nicht danach, ob sie freiwillig oder unfreiwillig geleistet wurden; entscheidend ist vielmehr, ob die Leistungen der Eltern dazu dienen, die Kosten des normalen Schulbetriebs zu decken und deshalb als Entgelt zu werten sind oder ob sie darüber hinausgehen und deshalb als Spende abzuziehen sind.

Aus diesen Urteilen ist ersichtlich, dass ein Förderverein immer dann das von seinen Gründern angestrebte Ziel nicht erreichen kann, wenn das, was die Hauptorganisation üblicherweise als Leistungsentgelt erhalten müsste, auf dem Umweg eines Fördervereins in eine Spende umgewandelt werden soll. Neben dem Förderverein der Privatschule kann es genauso gut der Förderverein des privaten Kindergartens sein, über den die Eltern auch Leistungen erhalten.

Ebenfalls denkbar ist dieses Problem, wenn neben dem Sportverein ein Förderverein zur Deckung der Kosten der teuren Sportanlage eingesetzt wird, die üblicherweise sonst über die nicht als Spende abzugsfähigen Mitgliedsbeiträge getragen werden müssten.

Da im Bereich der Kultur die verbilligte Überlassung von Eintrittskarten inzwischen unschädlich geworden ist, wäre es in diesem Bereich für Konzerte, Theater und Museen denkbar, dass der vorstehende Grundsatz der Trennung von Leistung und Spende über einen Förderverein durchbrochen wird.

Sinnvoll ist die Gründung eines Fördervereins überall da, wo der eigentliche Betrieb in einer schmalen Struktur mit wenigen Personen geführt werden soll und die schwerfällige Vereinsstruktur mit dem Risiko von wechselnden Mehrheiten über geänderte Mitgliederbestände vermieden werden soll. Hier kommt als eigentliche Trägergesellschaft eine gemeinnützige Kapitalgesellschaft in Betracht, in der sich die Hauptinitiatoren zusammenschließen. Daneben steht ein Förderverein, der von den Mitgliedern und darüber hinaus von Dritten Mittel beschafft, die dann der Hauptorganisation zur Verfügung stehen. Durch eine entsprechende Informations- und Mitsprachepolitik der Hauptorganisation ohne Entscheidungsmöglichkeit kann im Rahmen des Fördervereins das „Wir-Gefühl" gefördert und der Zweck der Mittelbeschaffung und der Verbreiterung der Basis aufgebaut werden, ohne dass Eingriffe aus dem Mitgliederbestand das eigentliche Ziel gefährden können.

Da die Fördervereine nicht nur Spenden einsammeln, sondern zum einen aktiv bei der Beschaffung von Geld tätig werden (Kuchenverkauf, Tombola etc.) und zum anderen selbst auch ggf. steuerpflichtige fördernde Tätigkeiten (Schulkantine) ausüben, ergeben sich immer wieder Probleme im steuerlichen Bereich.

Auch im Förderverein sind die vier Sphären zu beachten. Alles was über das bloße Einsammeln von Mitgliedsbeiträgen und Spenden hinausgeht, verlässt den ideellen Bereich und kommt in den Zweckbetrieb oder den wirtschaftlichen Geschäftsbetrieb. Bei kleineren Fördervereinen werden dabei die steuerlichen Grenzen für die Freibeträge i. d. R. nicht überschritten. Je weiter die Aktivitäten ausgebaut werden, desto größer ist das Risiko, dass der Verein die Grenzen überschreitet.

Alle Aktivitäten, die der bloßen Geldbeschaffung dienen, sind wirtschaftlicher Geschäftsbetrieb und unterliegen damit der Körperschaftsteuer, Gewerbesteuer und der Umsatzsteuer mit dem vollen Steuersatz.

Betreibt ein Förderverein einer Schule hingegen eine Kantine und versorgt dort die Schüler mit Speisen und Getränken, so erbringt der Förderverein damit umsatzsteuerpflichtige Leistungen im Sinne des § 3 Nr. 9 UStG. Diese Leistungen fallen bei entsprechender Satzungsgestaltung unter den Zweckbetrieb und sind nur ermäßigt zu besteuern nach § 12 Abs. 2 Nr. 8 a UStG.

Im Rahmen der Abgrenzung zwischen Zweckbetrieb und wirtschaftlichem Geschäftsbetrieb kommt es darauf an, ob mit der Aktivität der Zweck gefördert wird, hier der Schulbetrieb oder ob (Büfett auf dem Schul- oder Kindergartenfest), der Verkauf der Einnahmeerzielung dient. Auch wenn die Kinder auch auf dem Schulfest mit versorgt werden, ist weder das Fest für den Schulbetrieb erforderlich noch ist das Büfett notwendig, um das Schulfest überhaupt durchführen zu können.

Rücklagen

Der Förderverein ist bei seiner Tätigkeit genauso wie jede andere Organisation an die zeitnahe Mittelverwendung gebunden. Rücklagen können in einem Förderverein im gleichen Rahmen gebildet werden wie in jedem anderen Verein. Damit ist die Rücklagenbildung auf Mittel für konkrete, in Zukunft anstehende Projekte begrenzt.

Die Ansammlung von Mitteln im steuerfreien Bereich, um aus deren Erträgen erst wieder Anschaffungen zu tätigen, widerspricht, auch beim Förderverein, dem gesetzlichen Grundsatz der zeitnahen Mittelverwendung (BFH v. 13.09.1989, I R 19/85).

3.4.7 Einzelne gemeinnützige Zwecke

3.4.7.1 Förderung der Jugend- und Altenhilfe

Förderung der Jugendhilfe

In § 52 Abs. 2 Nr. 4 AO nennt der Gesetzgeber die Jugend- und Altenhilfe als gemeinnützigen Zweck. Eine genauere Definition, was der Gesetzgeber unter diesem Zweck versteht, gibt es im steuerlichen Bereich nicht. Das SGB VIII ist jedoch mit „Kinder- und Jugendhilfe" überschrieben, sodass es von daher gesetzliche Regelungen gibt, die den Bereich umfassend regeln und an die sich die steuerliche Behandlung anschließt.

SGB VIII

In vielen Satzungen / Gesellschaftsverträgen ist dieser Zweck mit aufgenommen, ohne dass er jedoch in der Körperschaft wirklich gelebt wird. Der nachfolgende Text soll einen Überblick über die Möglichkeiten geben, die der Körperschaft durch diesen Satzungszweck gegeben werden.

Besonders interessant dabei ist, dass es eine Vielzahl von Aktivitäten gibt, die sich nicht nur auf Kinder und Jugendliche beziehen, sondern die ausschließlich auf Eltern, werdende Eltern oder auf ganze Familien gerichtet sind. Damit erweitern sich die Möglichkeiten weit über den üblichen Sprachgebrauch hinaus.

Sollte sich die Körperschaft für die Aufnahme von Aktivitäten in diesem Bereich interessieren, so müssten zum einen die näheren Details anhand der angegebenen Vorschriften des SGB VIII überprüft werden. Zum anderen stehen viele dieser Vorschriften unter dem

Landesrecht

Vorbehalt des Landesrechts, d. h., dass die Regelungen durch den Landesgesetzgeber entweder ausgefüllt wurden, oder aber dass der Landesgesetzgeber spezielle eigenen Vorschriften geschaffen hat. Daher muss die Körperschaft speziell für den geplanten Sitz der Aktivität prüfen, ob hier ggf. abweichende landesrechtliche Vorschriften eingreifen. Auch bei gleichen Aktivitäten einer Körperschaft in zwei Bundesländern müsste für beide Standorte gesondert geprüft werden, ob die landesspezifischen Voraussetzungen erfüllt sind.

Erlaubnis

Die Aktivitäten der Jugendhilfe bedürfen teilweise der Erlaubnis. Die Körperschaft ist im Rahmen des Satzungszwecks nur gemeinnützig tätig, wenn sie die gesetzlichen Vorschriften einhält. Daher ist bei allen Aktivitäten darauf zu achten, ob es einer Erlaubnis bedarf.

Zweckbetriebes

Inzwischen hat sich der Gesetzgeber wieder mit dieser Thematik beschäftigt, allerdings im Bereich der Umsatzsteuer. Während vom § 52 Abs. 2 Nr. 4 AO nur gemeinnützige Körperschaften betroffen sind, handelt es sich bei der Umsatzsteuer um eine reine Besteuerung der Leistung. Dabei kommt es nach der Rechtsprechung des Europäischen Gerichtshofs nicht auf die Rechtsform des Leistenden, sondern nur auf die Leistung an. Der Gesetzgeber hat in § 4 Nr. 25 UStG die Steuerbefreiung für die Jugendhilfe neu geregelt. Soweit der Leistende eine gemeinnützige Körperschaft ist, die die Leistung im Rahmen eines Zweckbetriebes erbringt (und die Leistung nicht bereits ohnehin von der Umsatzsteuer befreit ist), kann die Körperschaft den ermäßigten Steuersatz anwenden.

Die Änderungen / Ergänzungen im Umsatzsteuerrecht mit dem Jahressteuergesetz 2008 geben aber Anlass, über die Bandbreite der möglichen Aktivitäten im Bereich Jugendhilfe nachzudenken.

Begriffsbestimmungen

§ 7 SGB VIII regelt die Begriffsbestimmungen.

Danach ist:

- Kind, wer noch nicht 14 Jahre alt ist,
- Jugendlicher, wer 14, aber noch nicht 18 Jahre alt ist,
- junger Volljähriger, wer 18, aber noch nicht 27 Jahre alt ist,
- junger Mensch, wer noch nicht 27 Jahre alt ist,
- Personensorgeberechtigter, wem allein oder gemeinsam mit einer anderen Person nach den Vorschriften des Bürgerlichen Gesetzbuchs die Personensorge zusteht.
- Erziehungsberechtigter, der Personensorgeberechtigte und jede sonstige Person über 18 Jahre, soweit sie aufgrund einer Vereinbarung mit dem Personensorgeberechtigen nicht nur vorübergehend und nicht nur für einige einzelne Verrichtungen Aufgaben der Personensorge wahrnimmt.

Soweit es nicht auf die vorgenannte Altersstufung ankommt, kann als Kind auch eine Person unter 18 Jahren bezeichnet werden.

Aufgaben

Die Aufgaben der Jugendhilfe sind in § 2 SGB VIII definiert. Danach umfasst die Jugendhilfe Leistungen und andere Aufgaben zugunsten junger Menschen und Familien.

3

Die möglichen Leistungen werden im Folgenden anhand der Gesetzessystematik kurz angesprochen.

Leistungen der Jugendhilfe

Nach Absatz 2 sind **Leistungen der Jugendhilfe**:

1. Angebote der Jugendarbeit, der Jugendsozialarbeit und des erzieherischen Kinder- und Jugendschutzes (§§ 11 – 14)

Jugendarbeit

Jugendarbeit (§ 11):

- Außerschulische Jugendbildung mit allgemeiner, politischer, sozialer, gesundheitlicher, kultureller, naturkundlicher und technischer Bildung
- Jugendarbeit in Sport, Spiel und Geselligkeit
- arbeitswelt-, schul- und familienbezogene Jugendarbeit
- internationale Jugendarbeit
- Kinder und Jugenderholung
- Jugendberatung

Förderung der Jugendverbände (§ 12)

Jugendverbände

In Jugendverbänden und Jugendgruppen wird die Jugendarbeit von jungen Menschen selbst organisiert, gemeinschaftlich gestaltet und mitverantwortet.

Jugendsozialarbeit (§ 13)

Jugendsozialarbeit

Jungen Menschen, die zum Ausgleich sozialer Benachteiligung oder zur Überwindung individueller Beeinträchtigungen in erhöhtem Maße auf Unterstützung angewiesen sind, sollen im Rahmen der Jugendhilfe sozialpädagogische Maßnahmen angeboten werden, die ihre schulische und berufliche

Ausbildung, Eingliederung in die Arbeitswelt und ihre soziale Integration fördern.

Erzieherischer Kinder- und Jugendschutz (§ 14)

Erzieherischer Kinder- und Jugendschutz

Die Maßnahmen sollen junge Menschen befähigen, sich vor gefährdenden Einflüssen zu schützen und sie zu Kritikfähigkeit, Entscheidungsfähigkeit, und Eigenverantwortlichkeit sowie zur Verantwortung gegenüber ihren Mitmenschen führen, sowie Eltern und andere Erziehungsberechtigte befähigen, Kinder und Jugendliche vor gefährdenden Einflüssen zu schützen.

2. **Angebote zur Förderung der Erziehung in der Familie** (§§ 16 – 21)

Angebote der Familienbildung

- **Angebote der Familienbildung**, die auf Bedürfnisse und Interessen sowie auf Erfahrungen von Familien in unterschiedlichen Lebenslagen und Erziehungssituationen eingehen, die Familie zur Mitarbeit in Erziehungseinrichtungen und in Formen der Selbst- und Nachbarschaftshilfe besser befähigen sowie junge Menschen auf Ehe, Partnerschaft und Zusammenleben mit Kindern vorbereiten

Angebote der Beratung

- **Angebote der Beratung** in allen Fragen der Erziehung und Entwicklung junger Menschen
- **Angebote der Familienfreizeit** und der Familienerholung, insbesondere in belastenden Familiensituationen, die bei Bedarf die erzieherische Betreuung der Kinder einschließen

Beratung in der Partnerschaft, bei Trennung und Scheidung

Beratung in der Partnerschaft, Trennung und Scheidung (§ 17)

Die Beratung soll helfen,

- ein partnerschaftliches Zusammenleben in der Familie aufzubauen
- Konflikte in der Familie zu bewältigen
- im Fall der Trennung oder Scheidung die Bedingungen für eine dem Wohl des Kindes oder des Jugendlichen förderliche Wahrnehmung der Elternverantwortung zu schaffen.

Beratung und Unterstützung bei der Ausübung der Personensorge und des Umgangsrechts (§ 18)

Gemeinsame Wohnform für Mütter / Väter und Kinder (§ 19)

Mütter und Väter, die allein für ein Kind unter sechs Jahren zu sorgen haben oder tatsächlich sorgen, sollen gemeinsam mit dem Kind in einer geeigneten Wohnform betreut werden, wenn und solange sie aufgrund ihrer Persönlichkeitsentwicklung in dieser Form der Unterstützung bei der Pflege und Erziehung des Kindes bedürfen.

Betreuung und Versorgung von Kindern in Notsituationen (§ 20)

Unterstützung bei notwendiger Unterbringung zur Erfüllung der Schulpflicht (§ 21)

3

3. Angebote zur Förderung von Kindern in Tageseinrichtungen und in der Tagespflege (§§ 22 - 25)

Tageseinrichtungen sind Einrichtungen, in denen sich Kinder für einen Teil des Tages oder ganztätig aufhalten und in Gruppen gefördert werden.

Kindertagespflege wird von einer geeigneten Tagespflegeperson in ihrem Haus oder im Haushalt des Personensorgeberechtigten geleistet.

4. Hilfe zur Erziehung und ergänzende Leistungen (§§ 27 bis 35, 36, 37, 39, 40)

Erziehungsberatung (§ 28)

Soziale Gruppenarbeit (§ 29)

Erziehungsbeistand, Betreuungshelfer (§ 30)

Sozialpädagogische Familienhilfe (§ 31)

Erziehung in einer Tagesgruppe (§ 32)

Vollzeitpflege (§ 33)

Heimerziehung, sonstige betreute Wohnform

Sie soll entsprechend dem Alter und Entwicklungsstand des Kindes oder des Jugendlichen sowie der Möglichkeiten der Verbesserung der Erziehungsbedingungen in der Herkunftsfamilie

- eine Rückkehr in die Familie zu erreichen versuchen oder

- die Erziehung in einer anderen Familie vorbereiten oder
- eine auf längere Zeit angelegte Lebensform bieten und auf ein selbstständiges Leben vorbereiten

Intensive sozialpädagogische Einzelbetreuung (§ 35)

5. **Hilfe für seelisch behinderte Kinder und Jugendliche und ergänzende Leistungen** (§§ 35a bis 37, 39, 40)

6. **Hilfe für junge Volljährige und Nachbetreuung** (§ 41)

§ 45 SGB VIII regelt das Erfordernis einer Erlaubnis. Grundsätzlich bedarf der Träger einer Einrichtung, in der Kinder und Jugendliche ganztätig oder für einen Teil des Tages betreut werden und Unterkunft erhalten, für den Betreb der Einrichtung der Erlaubnis.

Der Erlaubnis bedarf nicht, wer

- eine Jugendfreizeiteinrichtung, eine Jugendbildungseinrichtung, eine Jugendherberge oder ein Schullandheim betreibt
- ein Schülerheim betreibt, das landesgesetzlich der Schulaufsicht unterseht
- eine Einrichtung betreibt, die außerhalb der Jugendhilfe liegende Aufgaben für Kinder und Jugendliche wahrnimmt, wenn für sie eine entsprechende gesetzliche Aufsicht besteht oder im

Rahmen des Hotel- und Gaststättengewerbes der Aufnahme von Kindern dient

Die Erlaubnis kann nach Absatz 2 mit Nebenbestimmungen versehen und ggf. bei Nichteinhaltung der Vorschriften auch widerrufen werden.

Darüber hinaus kann ein rechtsfähiger Verein gem. § 54 SGB VIII Pflegschaften und Vormundschaften übernehmen, wenn ihm das Landesjugendamt dafür eine Erlaubnis erteilt hat. Voraussetzung ist, dass der Verein eine Anzahl geeigneter und entsprechend fortgebildeter Personen benennen kann.

Für die Körperschaft, die im Rahmen der Jugendhilfe tätig ist, ist es wirtschaftlich interessant, dass viele Leistungen aus den Töpfen der öffentlichen Jugendhilfe vergütet werden.

Jugendhilfe und Umsatzsteuer

Umsatzsteuer

Mit dem Jahressteuergesetz 2008 ist § 4 Nr. 25 UStG neu geregelt worden.

Als Erstes befreit § 4 Nr. 25 UStG die Träger der öffentliche Jugendhilfe und darüber hinaus auch andere anerkannte Träger der Jugendhilfe.

Unter Buchstabe a) werden die anerkannten Träger der freien Jugendhilfen, die Kirche und die Religionsgemeinschaften des öffentlichen Rechts sowie die amtlich anerkannten Verbände der freien Wohlfahrtspflege genannt.

Unter b) aa) fallen die Einrichtungen, die die geforderte Erlaubnis besitzen oder nach § 44 oder § 45 SGB VIII keiner Erlaubnis bedürfen.

Umsatzsteuerbefreit sind für gemeinnützige Körperschaften alle Leistungen, die unter § 2 Abs. 2 SGB VIII fallen. Die einzelnen Leistungen sind oben bereits zusammengefasst. Darüber hinaus sind auch Leistungen aus der Inobhutnahme nach § 42 SGB VIII befreit. Für die Körperschaften bedeutet das, dass das Jugendamt ein Kind in Obhut genommen und dieses Kind dann einer Einrichtung zugewiesen hat.

3

Ausnahmen

Ausgenommen von der Befreiung § 4 Nr. 25 UStG sind jedoch Einrichtungen, die nicht im Hauptfeld einen anderen Zweck als die Jugendhilfe haben. Damit ist aber nicht gesagt, dass nicht ggf. eine andere Befreiungsvorschrift eingreift.

Ausgenommen sind:

- Einrichtungen nach § 45 Abs. 1 Satz 2 Nr. 3 SGB VIII, die außerhalb der Jugendhilfe liegende Aufgaben für Kinder und Jugendliche wahrnehmen, wenn für sie eine gesetzliche Aufsicht besteht, oder die im Rahmen des Hotel- und Gaststättengewerbes der Aufnahme von Kindern und Jugendlichen dienen. Hierbei handelt es sich z. B. um die Unterbringung in Heimen des Arbeitgebers, in denen die Aufsicht nach §§ 30, 51 Jugendarbeitsschutzgesetz besteht
- **Kinderabteilungen von Krankenhäusern**, das hier die Heilbehandlung und nicht die Jugendhilfe im Vordergrund steht
- Lehrwerkstätten und betriebseigene Ausbildungszentren, in denen Jugendliche Tag und Nacht

Unterkunft erhalten, weil der Schwerpunkt auf der Ausbildung beruht.

Lehrlingsheime und Jugendarbeiterwohnheime sind hingegen **befreit**, weil sie unter § 45 Abs. 1 Satz 1 SGB VIII fallen, da Hauptzwecke Betreuung und Unterkunftsgewährung sind.

Kinderhotels und Reiterhöfe

Nicht befreit sind Kinderhotels und Reiterhöfe, da sie nach § 45 Abs. 1 Satz 2 Nr. 3 SGB VIII keiner Erlaubnis bedürfen.

Die Befreiungstatbestände nach § 4 Nr 25 b bb) und cc) UStG betreffen natürliche Personen und nicht die gemeinnützigen Körperschaften.

Von der Umsatzsteuerbefreiung sind alle Leistungen im Rahmen der Jugendhilfe erfasst. Die Altersgrenze von 27 Jahren wird nicht mehr genannt. Außerdem fallen z. B. auch die Beratungsleistungen an die Eltern darunter, die zwar die Altersgrenze überschritten haben, deren Ziel aber das Wohl der Kinder ist.

Weitere steuerfreie Leistungen

Kulturelle und sportliche Veranstaltungen

a) Kulturelle und sportliche Veranstaltungen

Ebenfalls befreit nach § 4 Nr 25 Satz 3 a UStG ist die Durchführung von kulturellen oder sportlichen Veranstaltungen, wenn die Darbietung von den von der Jugendhilfe begünstigten Personen selbst erbracht oder die Einnahmen überwiegend zur Deckung der Kosten verwendet werden und diese Leistungen im engen Zusammenhang mit den in Satz 1 bezeichneten Kinder- und Jungendhilfeleistungen stehen.

Beherbergung, Beköstigung und übliche Naturalleistungen

b) Beherbergung, Beköstigung und übliche Naturalleistungen

Befreit sind nach § 4 Nr. 25 Satz 3 b UStG die Beherbergung, Beköstigung und üblichen Naturalleistungen, die Einrichtungen den Empfängern der Jugendhilfeleistungen und Mitarbeitern der Jugendhilfe sowie den bei den Kinder- und Jugendhilfeleistungen tätigen Personen als Vergütung für geleistete Dienste gewähren.

Wenn Mitarbeiter die Verpflegung als Teil der **Vergütung** erhalten, ist diese **steuerfrei**; müssen die Mitarbeiter die Verpflegung aber **selbst bezahlen**, ist die Verpflegung **steuerpflichtig**.

Evtl. können sich weitere Befreiungen nach § 4 Nr. 23 für die Beherbergung und Beköstigung von Jugendlichen ergeben. Diese Vorschrift hat aber nur mittelbar etwas mit der Jugendhilfe zu tun.

Einen Überblick über die Steuerbefreiungen nach § 4 Nr. 25 UStG gibt das nachfolgende Schema.

Jugendhilfe

USt-Freiheit bei gemeinnützigen Körperschaften nach § 4 Nr. 25 UStG

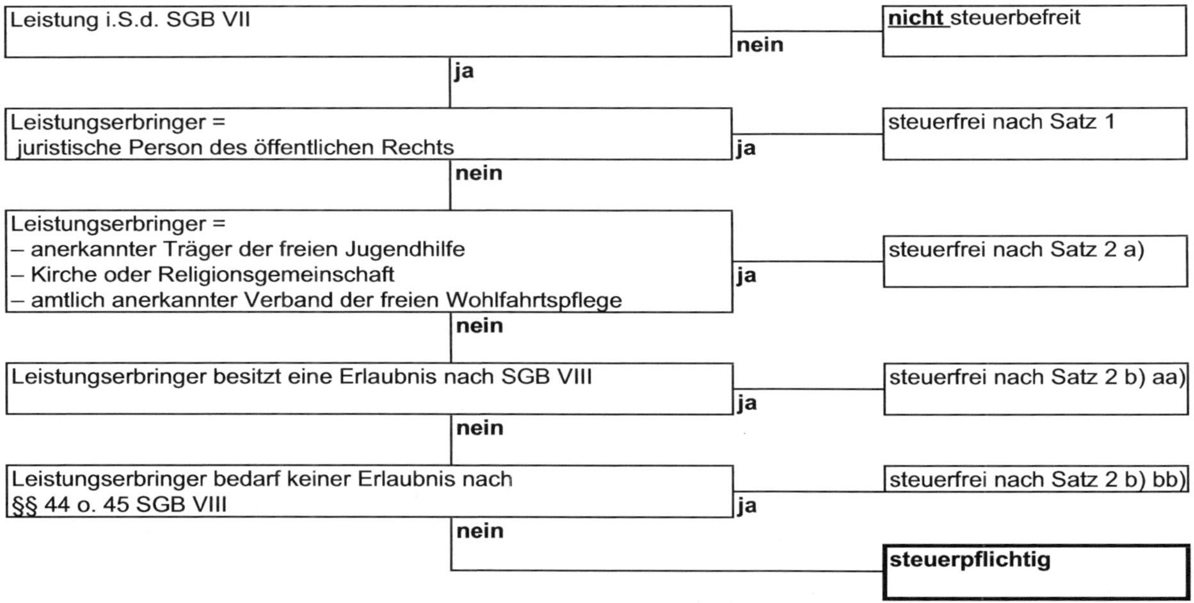

3.5 Vier steuerbegünstigte Sphären einer steuerbegünstigten Körperschaft

Udo Bungert

3.5.1 Der Aufbau der gemeinnützigen Organisationen

So unterschiedlich die Zwecke der steuerbegünstigten Körperschaften sind, so unterschiedlich sind auch die Strukturen innerhalb der Organisation. Da der Gesetzgeber alle diese Strukturen zur steuerlichen Beurteilung in ein einheitliches Raster bringen muss, hat er gewisse Strukturen vorgegeben, die entweder steuerpflichtig oder steuerfrei sind.

Die einfachste gemeinnützige Struktur beginnt mit einem Verein, der mit seinen Mitgliedsbeiträgen zur Erfüllung seiner Zwecke leben kann.

Im nächsten Schritt kommen auch noch in ausreichendem Umfang Spenden hinzu, sodass der Verein selbst nicht tätig werden muss, um seine erforderlichen Mittel zu verdienen.

Ideeller Bereich

All dieses geschieht im inneren Bereich des Vereins, dem sogenannten ideellen Bereich.

Vermögensverwaltung

Hat die Organisation größere Mittel, so werden diese angelegt und es fließen Zinsen. Hat die Organisation Immobilien, dann fließen Mieteinnahmen. Diese Mittel ergeben sich passiv aus dem vorhandenen Vermögen. Diese Organisation hat eine Vermögensverwaltung.

3

Erfüllt die Organisation einen **satzungsmäßigen Zweck** (z. B. Altenhilfe § 52 Nr.4 AO) mit einem Betrieb (Altenheim), mit dem sie auch noch Erträge erwirtschaftet, handelt es sich (unter weiteren eingrenzenden Kriterien) um einen Zweckbetrieb.

Zweckbetrieb

Betreibt die Organisation den Betrieb nur, um Geld zu verdienen, und tritt damit in Konkurrenz zu anderen Marktteilnehmern, handelt es sich um einen wirtschaftlichen Geschäftsbetrieb.

Wirtschaftlicher Geschäftsbetrieb

Die Grenzen zwischen den einzelnen Bereichen sind fließend und werden durch eine Vielzahl von Entscheidungen der Finanzgerichte konkretisiert.

Unabhängig von einer eventuell gleichbleibenden Gesetzeslage ist es in diesen Tätigkeitsbereichen erforderlich, permanent nachzuprüfen, ob die mit Aufnahme der Tätigkeit festgestellte Rechtslage immer noch aktuell ist oder ob Änderungen durch finanzgerichtliche Entscheidungen oder durch Erlasse der Finanzverwaltung eingetreten sind.

3.5.2 Der ideelle Bereich

Der Begriff der Gemeinnützigkeit ist ein rein steuerrechtlicher. Der rechtliche Bestand der Körperschaft ist unabhängig von der Anerkennung der Gemeinnützigkeit. Da es sich um eine steuerliche Abgrenzung handelt, hat die Frage der Anerkennung der Gemeinnützigkeit Auswirkungen auf die Steuerpflicht, insbesondere auf die ertragsbringenden Aktivitäten der Organisation.

3

Körperschaft- und Gewerbesteuer

Soweit in diesem Kapitel von einer Steuerpflicht gesprochen wird, handelt es sich um die Ertragsteuern, d. h. Körperschaftsteuer und die Gewerbesteuer.

Umsatzsteuer

Die Fragen der Umsatzsteuer werden getrennt in Kapitel 5.1 behandelt, da die Umsatzsteuer an andere Voraussetzungen anknüpft.

Die durchzuführende Aufgliederung in die einzelnen Tätigkeitsbereiche hat daher nur steuerliche Gründe. Für eine vereinsinterne, nicht steuerliche Abrechnung käme es auf die Aufteilung in die Tätigkeitsbereiche nicht an.

Mitgliedsbeiträge und Spenden

Im ideellen Bereich im engeren Sinne vereinnahmt die Körperschaft nur die Mitgliedsbeiträge und Spenden. Sie wendet diese Mittel für die satzungsmäßigen Zwecke auf und erhält dafür keine Gegenleistung.

„Echte Mitgliedsbeiträge“

Bei den Mitgliedsbeiträgen handelt es sich auch wiederum nur um die Mitgliedsbeiträge im engeren Sinne (echte Mitgliedsbeiträge). Dies sind die Mitgliedsbeiträge, die dem Mitglied keine besondere Leistung gewähren. Beiträge, mit denen ein konkreter An-

„Unechte Mitgliedsbeiträge“

spruch verbunden ist, sind „unechte Mitgliedsbeiträge“. Problematisch kann eine derartige Zuordnung z. B. bei Beiträgen zu Sportvereinen sein, wenn der Beitrag zugleich zur Nutzung der Sportanlage berechtigt. Noch kritischer wird es, wenn die Beiträge nach der in Anspruch genommenen Leistung gestaffelt sind, z. B. in einem Segelclub Grundbeitrag und erhöhter Beitrag für die Nutzung von Liegeplätzen.

Gemischte Mitgliedsbeiträge

Derartige gemischte Mitgliedsbeiträge müssen aufgeteilt werden. Der Beitragsanteil, der nicht reiner Mitgliedsbeitrag ist, muss dem anderen Tätigkeitsbereich zugeordnet werden, dessen Leistung der höhere Beitrag vergütet.

Mitgliederzeitschrift

Die im Beitrag enthaltene Mitgliederzeitschrift gehört zum ideellen Bereich, wenn diese Zeitschrift nur an Mitglieder bzw. nur unentgeltlich an interessierte Personen abgegeben wird. Können andere Personen die Zeitschrift, wie andere Zeitschriften auch, gegen Entgelt an einem Kiosk kaufen, so hat die Zeitschrift einen Geldwert, den das Mitglied mit dem Beitrag bekommt und der dafür sorgt, dass es sich in Höhe des Preises nicht um den Mitgliedsbeitrag, sondern um den Kaufpreis für die Zeitschrift handelt. Derartige Leistungen lösen regelmäßig auch umsatzsteuerpflichtige Tatbestände aus.

Um nicht in steuerliche Fallen zu tappen, sollte jede Organisation von Zeit zu Zeit die mit den Beiträgen im Zusammenhang stehenden Leistungen prüfen.

Verbilligte Eintrittskarten

Die Überlassung von verbilligten Eintrittskarten für Veranstaltungen eines Vereins sind ebenfalls steuerschädlich.

Ausnahmen Kunst + Kultur

Nach der Reform legt der Gesetzgeber besonderen Wert auf die Förderung von Kunst und Kultur. Nachdem bereits mit dem ersten Schritt der Reform des Gemeinnützigkeitsrechts klargestellt wurde, dass im kulturellen Bereich verbilligte Eintrittskarten unschädlich sind, ist mit dem Jahressteuergesetz 2009 auch in § 106 Absatz 1 Satz 2 aufgenommen worden, dass in diesem Bereich der Spendenabzug für Mitgliedsbeiträge erhalten bleibt, auch wenn den Mitgliedern Vergünstigungen gewährt wurden. Das gilt nur dann <u>nicht</u>, wenn es sich um eine kulturelle Betätigung handelt, die in erster Linie der Freizeitgestaltung dient.

3

3.5.3 Die Vermögensverwaltung

Bei der vermögensverwaltenden Tätigkeit erzielt die Körperschaft Erträge aus der Nutzung des Vermögens durch Dritte. Dabei kann es sich um Zinsen bei Kapitalvermögen, Dividenden bei Aktienvermögen oder um Mieteinnahmen bei Immobilien handeln. Eine entsprechende Definition enthält § 14 Satz 2 AO als Abgrenzung zum wirtschaftlichen Geschäftsbetrieb.

Zinsen

Mieteinnahmen

Da das Ertragsteuerrecht gemeinnützige Organisationen grundsätzlich von Steuern freistellen will, sind diese Erträge im Gegensatz zu gleichartigen Erträgen anderer Körperschaften oder Privatpersonen von der Steuer befreit.

Unter die Vermögensverwaltung fällt die „passive“ Nutzung des Vermögens, die dann zu den Erträgen führt.

Wird die Körperschaft jedoch aktiv tätig, d. h. z. B. Handel mit Aktien, kurzfristige Vermietung eines Hauses an Feriengäste (gewerbliche Vermietung), wird die Grenze zwischen Vermögensverwaltung und gewerblicher Tätigkeit überschritten.

Ob es sich dann um einen steuerfreien Zweckbetrieb oder um einen steuerpflichtigen wirtschaftlichen Geschäftsbetrieb handelt, ist im Einzelfall zu prüfen.

Der Betrieb einer Jugendherberge stellt zwar eine Art kurzfristige Vermietung an Feriengäste dar, ist aber gerade der satzungsmäßige Zweck, der auch nur durch den Betrieb eines solchen „Beherbergungsunternehmens“ erfüllt werden kann (Zweckbetrieb).

3

3.5.4 Der Zweckbetrieb

§ 14 AO (Wirtschaftlicher Geschäftsbetrieb) definiert die einzelnen Tätigkeitsbereiche:

Selbstständige nachhaltige Tätigkeit

„Ein wirtschaftlicher Geschäftsbetrieb ist eine selbstständige nachhaltige Tätigkeit, durch die Einnahmen oder andere wirtschaftliche Vorteile erzielt werden und die über den Rahmen einer Vermögensverwaltung hinausgeht. Die Absicht, Gewinn zu erzielen, ist nicht erforderlich. Eine Vermögensverwaltung liegt i. d. R. vor, wenn Vermögen genutzt, z. B. Kapitalvermögen verzinslich angelegt oder unbewegliches Vermögen vermietet und verpachtet wird."

Gewinn zu erzielen, ist nicht erforderlich

3

Auch Zweckbetriebe sind **wirtschaftliche Geschäftsbetriebe**. Dies ergibt sich aus § 64 Abs. 3 AO: „Überschreiten die Einnahmen aus wirtschaftlichen Geschäftsbetrieben, **die keine Zweckbetriebe sind** ...."

Im praktischen Sprachgebrauch wird zwischen „Zweckbetrieben" und „wirtschaftlichen Geschäftsbetrieben" unterschieden. Wenn hier von wirtschaftlichen Geschäftsbetrieben gesprochen wird, handelt es sich immer um wirtschaftliche Geschäftsbetriebe, die keine Zweckbetriebe sind.

Nach der gesetzlichen Definition des § 65 AO ist ein Zweckbetrieb gegeben, wenn

1. der wirtschaftliche Geschäftsbetrieb in seiner Gesamtrichtung dazu dient, die **steuerbegünstigten satzungsmäßigen Zwecke** der Körperschaft zu verwirklichen,
2. die Zwecke **nur** durch einen solchen Geschäftsbetrieb erreicht werden können und

3. der wirtschaftliche Geschäftsbetrieb zu nicht begünstigten Betrieben derselben oder ähnlicher Art **nicht in größerem Umfang in Wettbewerb** tritt, als es bei der Erfüllung der steuerbegünstigten Zwecke **unvermeidbar** ist.

Der Gesetzgeber listet in den § 66 ff. AO eine Vielzahl von Zweckbetrieben auf.

Dennoch richtet sich für die meisten Betriebe die Frage der Abgrenzung Zweckbetrieb / wirtschaftlicher Geschäftsbetrieb nach der Generaldefinition des § 65.

Nach Nummer 1 ist Voraussetzung, dass der Betrieb dazu dient, die satzungsmäßigen Zwecke zu verwirklichen.

Unmittelbare Zweckverwirklichung

Dabei kommt es nicht darauf an, dass der Zweck unmittelbar verwirklicht wird, sondern nur, dass durch den Betrieb Umstände oder Voraussetzungen geschaffen werden, die Erfüllung des satzungsmäßigen Zwecks fördern.

Ohne den Betrieb einer Skihütte durch einen Skiclub auf einem Berg wäre das Skilaufen nicht möglich, da die Skiläufer nicht versorgt werden können. Damit wird der Zweck „Skisport" des Clubs mittelbar gefördert.

Der Betrieb muss auch nur durch einen solchen Betrieb erreicht werden können.

Bei dem Beispiel der Skihütte lässt sich keine andere Einrichtung finden, die in gleicher Art die Skiläufer versorgen kann.

Wettbewerbssituation

Darüber hinaus darf keine größere Wettbewerbssituation zu anderen Anbietern bestehen.

Da sich die Skihütte auf dem Berg befindet, besteht keine unmittelbare Konkurrenz zu anderer Gastronomie im Ort.

Vereinsgaststätte des Fußballclubs

Demgegenüber ist die Gaststätte des Fußballclubs am Sportplatz nicht erforderlich, um den Sport auszuüben. Sie tritt auch zu den anderen Gaststätten am Ort in unmittelbare Konkurrenz, da sie eine weitere Alternative für Gäste bietet.

Die rechtliche Einordnung kann sich im Laufe der Zeit ändern. Bei einem Reitsportverein ist es zur Ausübung des Sports erforderlich, dass die Mitglieder ihre Pferde bei der Reithalle unterstellen können. Der Verein vermietet daher Pferdeboxen und bietet vom bloßen Einstellen über das Füttern bis hin zur Betreuung durch Bewegen der Pferde Leistungen in unterschiedlichem Umfang an. Diese Leistungen waren über Jahrzehnte als Zweckbetrieb anerkannt. Durch das Urteil des BFH v. 19.02.2004, V R 39/02 (siehe Teil 8) wurde hingegen festgestellt, dass diese Leistungen in unmittelbarer Konkurrenz zu den Einstellmöglichkeiten bei Bauern steht. Damit ist die Voraussetzung nach der Nr. 3 weggefallen. Die Einstellmöglichkeit eines Reitvereins ist daher unter normalen Konkurrenzverhältnissen kein Zweckbetrieb mehr.

Konkurrenzsituation

An diesem Beispiel zeigt sich, dass eine Körperschaft ihren Zweckbetrieb im Hinblick auf eine mögliche Konkurrenzsituation fortwährend überprüfen muss. Dies betrifft sowohl die tatsächliche Konkurrenzsituation vor Ort wie auch die Änderung des wirtschaftlichen Umfelds.

Krankentransporte

Eine weitere aktuelle Entscheidung (BFH v. 18.09.2007, I R 30/06) befasst sich mit dem sozialen Bereich. Während früher Krankentransporte nur von gemeinnützigen Organisationen wie dem Roten Kreuz oder dem Arbeitersamariterbund durchgeführt wurden, führen heute immer mehr Privatunternehmen, wie etwa Taxiunternehmen, Krankentransporte durch und haben sich hierfür teilweise sogar Spezialfahrzeuge angeschafft. Dadurch hat sich das Angebot auf dem Markt der Krankentransporte verändert. Da es jetzt Konkurrenz gibt, kann es sich nicht mehr um einen Zweckbetrieb handeln. Geklagt hat in diesem Fall nicht eine Körperschaft, die den Zweckbetrieb anerkannt bekommen wollte, sondern ein Privatunternehmen, das sich dagegen gewehrt hat, dass die „Gemeinnützigen" nicht steuerpflichtig sind, während er selbst Steuern zahlen muss. Die entsprechenden „Gemeinnützigen" müssen mit der Anwendung des Urteils, ggf. rückwirkend für alle offenen Veranlagungszeiträume rechnen.

Wettbewerb zwischen Zweckbetrieben

Unschädlich ist hingegen der uneingeschränkte Wettbewerb zwischen zwei Zweckbetrieben, die demselben steuerbegünstigten Zweck dienen und ihn in der gleichen oder ähnlichen Form verwirklichen.

3.5.4.1 Gesetzlich geregelte Zweckbetriebe

Über die Generalklausel des § 65 hinaus liefert die AO auch eine umfangreiche Aufzählung von Zweckbetrieben.

Nach § 66 AO sind Betriebe der Wohlfahrtpflege Zweckbetriebe.

Nach § 67 sind Krankenhäuser Zweckbetriebe, wenn sie unter das Krankenhausentgeltgesetz oder die Bundespflegesatzverordnung fallen.

Nach § 67a gehören sportliche Veranstaltungen zu den Zweckbetrieben.

Nach § 68 AO geregelte Zweckbetriebe

Darüber hinaus listet § 68 AO einzelne Zweckbetriebe auf:

Zweckbetriebe sind auch

1. a) **Alten-, Altenwohn- und Pflegeheime, Erholungsheime, Mahlzeitendienste**, wenn sie in besonderem Maß den in § 53 genannten Personen dienen (§ 66 Abs. 3),

   b) **Kindergärten, Kinder-, Jugend- und Studentenheime, Schullandheime und Jugendherbergen**,

2. a) **landwirtschaftliche Betriebe** und **Gärtnereien**, die der **Selbstversorgung** von Körperschaften dienen und dadurch die sachgemäße Ernährung und ausreichende Versorgung von Anstaltsangehörigen sichern,

   b) andere Einrichtungen, die für die **Selbstversorgung** von Körperschaften erforderlich sind, wie **Tischlereien**, **Schlossereien**,

   wenn die Lieferungen und sonstigen Leistungen dieser Einrichtungen an Außenstehende dem Wert nach **20 Prozent** der gesamten Lieferungen und sonstigen Leistungen des Betriebs – einschließlich der an die Körperschaften selbst bewirkten – nicht übersteigen,

3. a) **Werkstätten für behinderte Menschen**, die nach den Vorschriften des Dritten Buches Sozialgesetzbuch förderungsfähig sind und Personen Arbeitsplätze bieten, die wegen ihrer Behinderung nicht auf dem allgemeinen Arbeitsmarkt tätig sein können,

   b) Einrichtungen für **Beschäftigungs- und Arbeitstherapie**, in denen behinderte Menschen aufgrund ärztlicher Indikationen außerhalb eines Beschäftigungsverhältnisses zum Träger der Therapieeinrichtung mit dem Ziel behandelt werden, körperliche oder psychische Grundfunktionen zum Zwecke der Wiedereingliederung in das Alltagsleben wiederherzustellen oder die besonderen Fähigkeiten und Fertigkeiten auszubilden, zu fördern und zu trainieren, die für eine Teilnahme am Arbeitsleben erforderlich sind, und

   c) **Integrationsprojekte** im Sinne des § 132 Abs. 1 des Neunten Buches Sozialgesetzbuch, wenn mindestens 40 Prozent der Beschäftigten besonders betroffene schwerbehinderte Menschen im Sinne des § 132 Abs. 1 des Neunten Buches Sozialgesetzbuch sind,

4. Einrichtungen, die zur Durchführung der **Blindenfürsorge** und zur Durchführung der Fürsorge für **Körperbehinderte** unterhalten werden,

5. Einrichtungen der **Fürsorgeerziehung** und der **freiwilligen Erziehungshilfe**,

6. von den zuständigen Behörden genehmigte **Lotterien und Ausspielungen**, wenn der Reinertrag un-

mittelbar und ausschließlich zur Förderung mildtätiger, kirchlicher oder gemeinnütziger Zwecke verwendet wird,

7. kulturelle Einrichtungen, wie **Museen, Theater, und kulturelle Veranstaltungen, wie Konzerte, Kunstausstellungen**; dazu gehört nicht der Verkauf von Speisen und Getränken,

8. **Volkshochschulen und andere Einrichtungen**, soweit sie selbst Vorträge, Kurse und andere Veranstaltungen wissenschaftlicher oder belehrender Art durchführen; dies gilt auch, soweit die Einrichtungen den Teilnehmern dieser Veranstaltungen selbst Beherbergung und Beköstigung gewähren,

9. **Wissenschafts- und Forschungseinrichtungen**, deren Träger sich überwiegend aus Zuwendungen der öffentlichen Hand oder Dritter oder aus der Vermögensverwaltung finanziert. Der Wissenschaft und Forschung dient auch die Auftragsforschung. **Nicht** zum Zweckbetrieb gehören Tätigkeiten, die sich auf die Anwendung gesicherter wissenschaftlicher Erkenntnisse beschränken, die Übernahme von Projektträgerschaften sowie wirtschaftliche Tätigkeiten ohne Forschungsbezug.

Durch die Vorgaben der Abgabenordnung werden im wesentlichen Betriebe aus dem sozialen und kulturellen Bereich erfasst. Hinzu kommen Betriebe, die der Versorgung der Körperschaften dienen.

3

Bei allen Veranstaltungen ist der Verkauf von **Speisen und Getränken** immer von dem Zweckbetrieb **ausgeschlossen** und wird vom Gesetzgeber dem **wirtschaftlichen Geschäftsbetrieb** zugeordnet.

Dabei handelt es sich aber nur um einen kleinen Teilbereich der möglichen Zweckbetriebe, da die meisten Zweckbetriebe auf der Generalklausel basieren.

3.5.4.2 Sportliche Veranstaltungen als Zweckbetrieb

Für sportliche Veranstaltungen hat der Gesetzgeber in § 67a AO eine Sonderregelung eingefügt.

Zweckbetriebsgrenze

Nach Abs. 1 Satz 1 sind sportliche Veranstaltungen eines Sportvereins immer ein Zweckbetrieb, wenn die Einnahmen einschließlich Umsatzsteuer im Jahr 35.000 Euro nicht übersteigen. Dabei handelt es sich um die reinen Einnahmen aus der Veranstaltung wie Eintritts- und Startgelder. Der Verkauf von Speisen und Getränken sowie die Werbung sind davon ausdrücklich ausgeschlossen und fallen in den wirtschaftlichen Geschäftsbetrieb.

Eintritts- und Startgelder

Sportverein

Sportverein sind alle gemeinnützigen Körperschaften, bei denen die Förderung des Sports Satzungszweck ist. Darunter fallen auch Sportverbände.

Organisatorische Maßnahmen

Sportliche Veranstaltungen sind alle organisatorischen Maßnahmen, die es aktiven Sportlern (die nicht Mitglieder des Vereins zu sein brauchen) ermöglichen, Sport zu treiben (BFH v. 25.07.1996, BStBl. 1997 II, 154).

Keine sportliche Veranstaltung,

Die Unterhaltung von Club-Häusern, Kantinen, Vereinsheimen und Vereinsgaststätten ist keine sportliche Veranstaltung, auch wenn diese Einrichtungen ihr Angebot nur an die Mitglieder richten. Das gilt auch für das bloße Zurverfügungstellen von Sportanlagen an Mitglieder gegen Beitrag (BFH v. 11.10.2007, V R 69/06 (siehe Teil 8)).

Grenze von 35.000 Euro

Zur Berechnung der Grenze von € 35.000 sind alle sportlichen Veranstaltungen innerhalb des Jahres zusammenzurechnen.

Nach § 67a Abs. 2 hat der Verein die Möglichkeit, auf diese Begünstigung gegenüber dem Finanzamt bis zur Unanfechtbarkeit des Körperschaftsteuerbescheids zu verzichten. Diese Erklärung bindet den Verein für fünf Jahre.

Da der Zweckbetrieb im Gegensatz zum wirtschaftlichen Geschäftsbetrieb steuerbegünstigt ist, ist der Verein i. d. R. gut beraten, wenn er die sportliche Veranstaltung als Zweckbetrieb behandeln lässt. Überlegungen, die Sportveranstaltungen dennoch als allgemeinen wirtschaftlichen Geschäftsbetrieb zu behandeln, können sich nur dann ergeben, wenn sich aus dem wirtschaftlichen Geschäftsbetrieb als solchem steuerliche Vorteile ergeben. Denkbar wäre ertragsteuerlich ein solcher Vorteil z. B., wenn abzuschätzen ist, dass wegen der geringen Einnahmen in den ersten Jahren Verluste entstehen und der Verein in den Folgejahren den Betrag von 35.000 Euro überschreitet und damit automatisch in den wirtschaftlichen Geschäftsbetrieb hineinkommt. Dann könnten die Verlus-

3

te aus den ersten Jahren steuerlich mit den Gewinnen aus den Folgejahren verrechnet werden.

Gegebenenfalls könnten Gewinne aus einem wirtschaftlichen Geschäftsbetrieb zur Verrechnung mit einem anderen wirtschaftlichen Geschäftsbetrieb nützlich sein, um keine Mittel aus einem anderen Bereich zur Verlustverrechnung zu verwenden und so eine ordentliche Mittelverwendung darzustellen.

Auch unter umsatzsteuerlichen Gesichtspunkten könnten sich Vorteile ergeben. Wenn für die Sportveranstaltung z. B. hohe Investitionen erforderlich sind, kann der Vorsteuerabzug bei einem wirtschaftlichen Geschäftsbetrieb höher sein als im Rahmen eines Zweckbetriebs.

Selbst wenn der Verein auf die Anwendung des Abs. 1 Satz 1 verzichtet, wird durch Abs. 3 ein Großteil der sportlichen Veranstaltungen eines Sportvereins wieder zu einem Zweckbetrieb.

Absatz 3 lautet:

Bezahlte Sportler

(3) Wird auf die Anwendung des Abs. 1 Satz 1 verzichtet, sind sportliche Veranstaltungen eines Sportvereins ein Zweckbetrieb, wenn

1. **kein Sportler des Vereins** teilnimmt, der für seine sportliche Betätigung oder für die Benutzung seiner Person, seines Namens, seines Bildes oder seiner sportlichen Betätigung zu Werbezwecken von dem Verein oder einem Dritten über eine Aufwandsentschädigung hinaus Vergütungen oder andere Vorteile erhält und

2. **kein anderer Sportler** teilnimmt, der für die Teilnahme an der Veranstaltung von dem Verein oder einem Dritten im Zusammenwirken mit dem Verein über eine Aufwandsentschädigung hinaus Vergütungen oder andere Vorteile erhält.

Andere sportliche Veranstaltungen sind ein steuerpflichtiger wirtschaftlicher Geschäftsbetrieb. Dieser schließt die Steuervergünstigung nicht aus, wenn die Vergütungen oder andere Vorteile ausschließlich aus wirtschaftlichen Geschäftsbetrieben, die nicht Zweckbetriebe sind, oder von Dritten geleistet werden.

Die Regelungen des Abs. 3 grenzen bei den Veranstaltungen im Wesentlichen den bezahlten vom unbezahlten Sport ab. Dabei wird bei der Nr. 1 und der Nr. 2 zwischen Sportlern des Vereins und „fremden" Sportlern unterschieden.

Eigene Sportler

Die **eigenen** Sportler dürfen über eine Aufwandsentschädigung hinaus keine Vergütungen oder Vorteile

- für ihre sportliche Betätigung,
- für die Benutzung
  - ihrer Person,
  - ihres Namens,
  - ihres Bildes oder
  - ihrer sportlichen Betätigung zu Werbezwecken

von dem Verein oder von einem Dritten erhalten.

Fremde Sportler

Der **fremde** Sportler darf von dem Verein oder einem Dritten im Zusammenwirken mit dem Verein keine Vergütung oder andere Vorteile erhalten. Schädlich wird es immer dann, wenn der Verein Zahlungen leistet oder veranlasst, um seine Veranstaltungen durch die Teilnahme von bekannten Sportlern interessanter zu machen.

Kommt es zu Zahlungen im Sinne der Nr. 1 oder der Nr. 2 auf Veranlassung des Vereins, so handelt es sich nach Satz 2 **immer um steuerpflichtige wirtschaftliche Geschäftsbetriebe**.

Umfang der sportlichen Veranstaltung

Bei der Frage, was eine sportliche Veranstaltung ist, kommt es auf die tatsächlichen Umstände an. Wird ein einheitlicher Eintritt für ein ganzes Turnier erhoben, handelt es sich bei dem Turnier um eine sportliche Veranstaltung. Wird hingegen der Eintritt für jedes Spiel einzeln erhoben, wird i. d. R. jedes Spiel einzeln zu beurteilen sein.

Ist ein Sportler in einem Jahr als bezahlter Sportler anzusehen, sind **alle Veranstaltungen des Vereins, an denen der Sportler** teilnimmt, ein wirtschaftlicher Geschäftsbetrieb. Das gilt auch, wenn der Sportler erst nach der Veranstaltung „bezahlter Sportler" geworden ist.

Auch Sportkurse, an denen ein Auszubildender als „Bezahlter" teilnimmt, werden wirtschaftlicher Geschäftsbetrieb, nicht hingegen Kurse, bei denen der Trainer bezahlt wird.

Nach Abs. 3 Satz 3 bleibt es bei der Steuervergünstigung, wenn die gesamten Kosten für die Veranstaltung aus einem wirtschaftlichen Geschäftsbetrieb oder von einem Dritten getragen werden.

3.5.5 Wirtschaftliche Geschäftsbetriebe in gemeinnützigen Organisationen

3.5.5.1 Art und Umfang der Tätigkeit

Nach § 14 AO ist ein wirtschaftlicher Geschäftsbetrieb eine selbstständige nachhaltige Tätigkeit, durch die Einnahmen oder andere wirtschaftliche Vorteile erzielt werden und die über den Rahmen einer Vermögensverwaltung hinausgeht. Die Absicht, Gewinn zu erzielen, ist nicht erforderlich.

Die Absicht, Gewinn zu erzielen, ist nicht erforderlich.

Nachhaltigkeit

Da es auf die Absicht, Gewinn zu erzielen, nach dem Gesetz ausdrücklich nicht ankommt, entscheidet die Nachhaltigkeit der Ausübung darüber, ob es sich um einen wirtschaftlichen Geschäftsbetrieb handelt. Nach der Rechtsprechung (BFH v. 21.08.1985, BStBl. 1986 II, 88) ist eine Tätigkeit nachhaltig, wenn sie auf Wiederholung angelegt ist. Es genügt, wenn der allgemeine Wille besteht, gleichartige oder ähnliche Handlungen bei sich bietender Gelegenheit zu wiederholen. Wiederholte Tätigkeiten liegen auch vor, wenn der Grund zum Tätigwerden auf einem einmaligen Entschluss beruht, die Erledigung aber mehrere (Einzel-)-Tätigkeiten erfordert.

Einheitlicher Entschluss

So liegt ein einheitlicher Entschluss z. B. vor, wenn ein Sportverein grundsätzlich beschließt, bei sich bietenden Gelegenheiten an Besucher Speisen und Getränke zu verkaufen, aber noch nicht klar ist,

- welche Veranstaltungen überhaupt durchgeführt werden, bei denen ein Verkauf stattfinden kann, oder

- für jede Veranstaltung eine neue Planung über Art und Umfang der Beköstigung getroffen werden muss.

Damit ist bereits die erste Ausübung des Entschlusses ein wirtschaftlicher Geschäftsbetrieb, selbst wenn in der Folgezeit mangels Gelegenheit keine weiteren Aktivitäten mehr ausgeübt werden.

3

Keine Steuervergünstigungen

§ 64 AO regelt die Folgen des wirtschaftlichen Geschäftsbetriebs, der kein Zweckbetrieb ist. Die gemeinnützige Körperschaft verliert die Steuervergünstigungen für die dem Geschäftsbetrieb zuzuordnenden Besteuerungsgrundlagen, d. h. Einkünfte, Umsatz, Vermögen. Betroffen sind insbesondere die Vorschriften des § 5 Abs. 1 Nr. 9 KStG, § 3 Nr. 6 GewStG, § 12 Abs. 2 Nr. 8 Satz 2 UStG und § 3 Abs. 1 Nr. 3b GrStG.

Körperschaftsteuerveranlagung

Ob es sich um einen Zweckbetrieb oder um einen wirtschaftlichen Geschäftsbetrieb handelt, ist bei der Körperschaftsteuerveranlagung der steuerbegünstigten Körperschaft zu entscheiden.

Selbst

Ein wirtschaftlicher Geschäftsbetrieb liegt immer vor, wenn die Körperschaft die Tätigkeit selbst ausübt.

Auslagerung

Betriebsaufspaltung

Er kann aber auch dann vorliegen, wenn die Körperschaft die Aktivitäten auslagert. Grundsätzlich ist die Beteiligung an einer Kapitalgesellschaft bloße Vermögensverwaltung. Das ändert sich aber dann, wenn die steuerbegünstigte Körperschaft auf die Geschäfte der Kapitalgesellschaft entscheidenden Einfluss nimmt oder ein Fall der Betriebsaufspaltung vorliegt (BFH v. 30.06.1971, BStBl. 1971 II, 753). Dient diese Kapitalgesellschaft selbst nur der Vermögensverwaltung, so handelt es sich auch bei Einflussnahme auf die Geschäftsführung bei der steuerbegünstigten Muttergesellschaft nur um Vermögensverwaltung.

3.5.5.2 Einnahmen und Ausgaben

Dem wirtschaftlichen Geschäftsbetrieb sind alle Einnahmen und Ausgaben zuzurechnen, die mit dieser Tätigkeit direkt im Zusammenhang stehen.

Die Einnahmeseite ist dabei recht klar.

Auf der Ausgabenseite sind alle Ausgaben zu berücksichtigen, die mit dem Betrieb veranlasst sind. Dazu gehören die Ausgaben, die dem Betrieb unmittelbar zuzuordnen sind, weil sie ohne den Betrieb nicht oder zumindest nicht in dieser Höhe angefallen wären.

Gemischt veranlasste Kosten

Problematisch sind hingegen die gemischt veranlassten Kosten. Sie sind für zwei oder mehr Bereiche entstanden (z. B. Verwaltungskosten). Sind solche Kosten sowohl für den steuerfreien Bereich wie auch für den steuerpflichtigen Bereich angefallen, dürfen sie bei der Ermittlung des Gewinns im wirtschaftlichen Geschäftsbetrieb nicht abgezogen werden, wenn sie den primären Anlass im steuerfreien Bereich haben.

Werbemaßnahmen

Werden Werbemaßnahmen anlässlich einer sportlichen oder kulturellen Veranstaltung durchgeführt, können Veranstaltungskosten, die auch ohne die Werbung angefallen wären, nicht im wirtschaftlichen Geschäftsbetrieb „Werbung“ als Kosten abgezogen werden (BFH v. 27.03.1991, BStBl. 1992 II, 103).

3

Objektiver Maßstab

Lässt sich jedoch ein objektiver Maßstab für die Aufteilung ermitteln, (der bezahlte Mitarbeiter aus der Vereinsverwaltung hat zehn Stunden für die Vorbereitung einer Veranstaltung benötigt), können die Kosten unabhängig von der primären Veranlassung anteilig nach Anfall in Abzug gebracht werden.

Gemeinnützige Musikvereine können Aufwendungen, die z. T. mit Auftritten ihrer Musikgruppen bei eigenen steuerpflichtigen Festveranstaltungen zusammenhängen, anteilig als Betriebsausgaben beim steuerpflichtigen wirtschaftlichen Geschäftsbetrieb abziehen. Hierbei handelt es sich dann um Kosten für Noten, Uniformen, Verstärkeranlagen, die sowohl bei Auftritten im unentgeltlichen Bereich oder im Zweckbetrieb, als auch im steuerpflichtigen wirtschaftlichen Geschäftsbetrieb eingesetzt werden. Aufteilungsmaßstab ist z. B. die Einsatzzeit einschließlich der Proben für alle Bereiche.

Zeitaufteilung

Soweit Verwaltungskosten (Personal- und Sachkosten) die unterschiedlichen Bereiche betreffen, können die Kosten im wirtschaftlichen Geschäftsbetrieb abgezogen werden, soweit sie darauf entfallen. Maßstab kann hier auch die Zeitaufteilung sein.

Vereinsheime

Für die Kosten der Errichtung und Unterhaltung von Vereinsheimen gibt es i. d. R. keinen objektiven Aufteilungsmaßstab.

3.5.5.3 Mehrere wirtschaftliche Geschäftsbetriebe

Nur ein einheitlicher wirtschaftlicher Geschäftsbetrieb

Unterhält eine Körperschaft mehrere wirtschaftliche Geschäftsbetriebe, so werden diese gem. § 64 Abs. 2 AO als ein einheitlicher wirtschaftlicher Geschäftsbetrieb behandelt.

Buchführungspflicht im Sinne des § 141 Abs. 1

Dies gilt auch für die Frage, ob die Grenzen der Buchführungspflicht im Sinne des § 141 Abs. 1 überschritten sind. Für die Berechnung der Merkmale Einnahmen und Überschuss kommt es auf den „Gesamtbetrieb" an.

Gemeinnützigkeitsschädliche Verluste

Unterhält die Körperschaft mehrere wirtschaftliche Geschäftsbetriebe, kommt es für die Frage, ob gemeinnützigkeitsschädliche Verluste vorliegen, auf die Summe der Ergebnisse aller wirtschaftlichen Geschäftsbetriebe an. Die Gemeinnützigkeit ist gefährdet, wenn die steuerpflichtigen Geschäftsbetriebe insgesamt Verluste erwirtschaften.

Ob es sich bei dem einzelnen Betrieb um einen Zweckbetrieb oder um einen wirtschaftlichen Geschäftsbetrieb handelt, wird erst bei der Körperschaftsteuerveranlagung endgültig festgelegt. Daher müssen die Daten der einzelnen Betriebe im Laufe des Jahres getrennt erfasst werden, damit ein Betrieb im Rahmen der Steuererklärung je nach den dann vorliegenden Erkenntnissen dem Bereich Zweckbetrieb oder wirtschaftlicher Geschäftsbetrieb zugeordnet werden kann.

Bei sportlichen Veranstaltungen kann sich die Zuordnung zum Zweckbetrieb oder zum wirtschaftlichen Geschäftsbetrieb auch im Nachhinein danach verändern, wenn ein teilnehmender Sportler im Laufe des Jahres vom Amateur zum bezahlten Sportler wird. Daher ist nie planbar, ob eine Veranstaltung, die als Zweckbetrieb geplant war, nicht zum Jahresende ein wirtschaftlicher Geschäftsbetrieb wird.

3.5.5.4 Steuerfreigrenze 35.000 Euro

Steuerfreigrenze 35.000 Euro

Bleiben die Einnahmen einschließlich Umsatzsteuer aus wirtschaftlichen Geschäftsbetrieben, die keine Zweckbetriebe sind, insgesamt unter 35.000 Euro im Jahr, so unterliegen die diesen Geschäftsbetrieben zuzuordnenden Besteuerungsgrundlagen gem. § 64 Abs. 3 AO nicht der Körperschaftsteuer und der Gewerbesteuer.

Steuerliche Gewinnermittlung

Bei der Berechnung der Höhe der Einnahmen gelten die Grundsätze der steuerlichen Gewinnermittlung.

Bei Körperschaften, die den Gewinn durch Bilanzierung nach § 4 Abs. 1 oder § 5 EStG ermitteln, kommt es nicht auf den Zufluss, sondern auf das Entstehen der Forderungen an. Bei den anderen Körperschaften sind die zugeflossenen Einnahmen nach § 11 EStG maßgeblich.

Die Prüfung, ob die Besteuerungsgrenze überschritten ist, ist jedes Jahr neu durchzuführen.

Leistungsbezogene Einnahmen

Zu den Einnahmen i. S. d. § 64 Abs. 3 gehören die leistungsbezogenen Einnahmen einschließlich Umsatzsteuer aus dem laufenden Geschäft einschließlich Anzahlungen.

Nicht leistungsbezogene Einnahmen

Nicht zu den leistungsbezogenen Einnahmen gehören z. B.:

- Erlöse aus der Veräußerung von Wirtschaftsgütern des Anlagevermögens des steuerpflichtigen wirtschaftlichen Geschäftsbetriebs
- Betriebskostenzuschüsse sowie Zuschüsse für die Anschaffung und Herstellung von Wirtschaftsgütern des steuerpflichtigen wirtschaftlichen Geschäftsbetriebs
- Investitionszulagen
- der Zufluss von Darlehen
- Entnahmen i. S. d. § 4 Abs. 1 EStG
- Auflösung von Rücklagen
- erstattete Betriebsausgaben, z. B. Umsatz- und Gewerbesteuer
- Versicherungsleistungen mit Ausnahme des Ersatzes von leistungsbezogenen Einnahmen

Ist der wirtschaftliche Geschäftsbetrieb eine Beteiligung an einer **Personengesellschaft**, so kommt es nicht auf den Gewinnanteil, sondern auf den anteiligen Umsatz an.

Wird eine Beteiligung an einer **Kapitalgesellschaft** im wirtschaftlichen Geschäftsbetrieb gehalten oder handelt es sich bei der Beteiligung um den wirtschaftlichen Geschäftsbetrieb, so sind die Bezüge im Sinne des § 8b Abs. 1 KStG und bei der Veräußerung die Veräußerungsgewinne nach § 8b Abs. 2 KStG als Einnahmen anzusetzen.

Sportliche Veranstaltungen

Sportliche Veranstaltungen, die nach § 67a Abs. 1 Satz 1 AO oder bei Option § 67a Abs. 3 AO keine Zweckbetriebe sind, zählen bei der Berechnung der Umsatzgrenze mit.

Keine Schlussbesteuerung

Unterschreiten die wirtschaftlichen Geschäftsbetriebe die Besteuerungsgrenze, so verlieren sie nicht den Charakter eines steuerpflichtigen wirtschaftlichen Geschäftsbetriebs. Daher ist bei späterem Unterschreiten der Umsatzgrenze auch keine Schlussbesteuerung durchzuführen.

Auch wenn die Umsatzgrenze unterschritten wird, handelt es sich weiterhin um einen wirtschaftlichen Geschäftsbetrieb. Daher dürfen Verluste aus dem wirtschaftlichen Geschäftsbetrieb auch nach Unterschreiten der Besteuerungsgrenze nicht aus dem gemeinnützigen Bereich ausgeglichen werden.

Jahre, bei denen die Besteuerungsgrenze unterschritten sind, bleiben bei der Berechnung eines Verlustrück- und Vortrags nach § 10d außer Betracht.

3.5.5.5 Aufteilung von Geschäftsbetrieben

Missbrauch der rechtlichen Gestaltungsmöglichkeiten i. S. d. § 42 AO

Gemäß § 64 Abs. 4 AO stellt die Aufteilung einer Körperschaft in mehrere Körperschaften zum Zweck der mehrfachen Inanspruchnahme der Steuerbegünstigungen einen Missbrauch der rechtlichen Gestaltungsmöglichkeiten i. S. d. § 42 AO dar.

Diese Regelung gilt nach Auffassung der Finanzverwaltung jedoch nicht für regionale Untergliederungen steuerbegünstigter Körperschaften wie z. B. Landes-, Bezirks- und Ortsverbände.

3.5.5.6 Sonderformen der Besteuerung

§ 64 Abs. 5 und 6 AO regeln Sonderformen der Gewinnberechnung für spezielle Geschäftsbetriebe.

Altmaterial

Gemäß Abs. 5 können die Überschüsse aus der Verwertung unentgeltlich erworbenen **Altmaterials** außerhalb einer ständig vorgehaltenen Verkaufsstelle, die der Körperschaftsteuer und Gewerbesteuer unterliegen, in Höhe des branchenüblichen Reingewinns geschätzt werden.

Gemäß Abs. 6 kann bei folgenden steuerpflichtigen wirtschaftlichen Geschäftsbetrieben der Besteuerung ein Gewinn in Höhe von 15 % der Einnahmen zugrunde gelegt werden:

- Werbung für Unternehmen, die im Zusammenhang mit der steuerbegünstigten Tätigkeit einschließlich Zweckbetrieb stattfindet
- Totalisatorbetriebe
- zweite Fraktionierungsstufe der Blutspendedienste

Diese Sonderformen der Besteuerung erfolgt auf Antrag der Körperschaft. Der Antrag gilt für alle gleichartigen Tätigkeiten, entfaltet aber keine Bindungswirkung für die Zukunft.

Werbemaßnahmen

Die Begünstigung für **Werbemaßnahmen** gilt nur insoweit, als es sich um Maßnahmen im Zusammenhang mit der steuerbegünstigten Tätigkeit oder einem Zweckbetrieb handelt. Dabei handelt es sich z. B. um Werbung in Programmheften oder auf Plakaten zu kulturellen Veranstaltungen. Darüber hinaus kann es sich auch um Trikot- oder Bandenwerbung im Rahmen von

3

Sportveranstaltungen handeln, soweit diese Zweckbetriebe sind.

Handelt es sich hingegen um Werbung im Zusammenhang mit einem Vereinsfest oder bezahltem Sport sowie bei Überschreiten der Zweckbetriebsgrenze bei anderen sportlichen Veranstaltungen, ist die begünstigende Vorschrift des § 64 Abs. 6 nicht anzuwenden.

3.5.5.7 Spezielle wirtschaftliche Geschäftsbetriebe

Sponsoring

Sponsoring

Sponsoring ist die Gewährung von Geld oder geldwerten Vorteilen durch Unternehmen zur Förderung von Personen, Gruppen und / oder Organisationen in sportlichen, kulturellen, kirchlichen, wissenschaftlichen, sozialen, ökologischen oder ähnlichen gesellschaftspolitischen Bereichen, mit der regelmäßig auch eigene unternehmensbezogene Ziele der Werbung oder Öffentlichkeitsarbeit verfolgt werden. Die Leistungen des Sponsors beruhen häufig auf einem Vertrag zwischen dem Sponsor und dem Empfänger der Leistungen (Sponsoring-Vertrag), in dem Art und Umfang der Leistungen des Empfängers festgelegt sind.

Je nach Art und Umfang können die Zahlungen des Sponsors bei der empfangenden Körperschaft steuerfreie Einnahmen aus dem ideellen Bereich, steuerfreie Einnahmen aus der Vermögensverwaltung oder Einnahmen aus dem steuerpflichtigen wirtschaftlichen Geschäftsbetrieb sein.

Kein wirtschaftlicher Geschäftsbetrieb

- Gestattet die Körperschaft dem Sponsor nur, den Namen der Körperschaft zu verwenden und mit seinem Engagement für die Körperschaft Imagepflege zu betreiben oder zu werben, handelt es sich **nicht** um einen wirtschaftlichen Geschäftsbetrieb.

Kein wirtschaftlicher Geschäftsbetrieb

- Weist die Körperschaft umgekehrt lediglich auf die Unterstützung hin, z. B. durch den Druck des Logos auf Plakaten, handelt es sich ebenfalls nicht um einen wirtschaftlichen Geschäftsbetrieb. Die Nennung darf jedoch nicht mit einer besonderen Hervorhebung verbunden sein.

Wirtschaftlicher Geschäftsbetrieb

- Dagegen liegt ein wirtschaftlicher Geschäftsbetrieb vor, wenn die Körperschaft an den Werbemaßnahmen aktiv mitwirkt. Fallen die Werbeeinnahmen in Zusammenhang mit einem anderen wirtschaftlichen Geschäftsbetrieb an, sind sie diesem zuzurechnen.

Vermögensverwaltung

- Entgegen der Rechtsprechung des BFH v. 13.03.1991 (I R 8/88) geht die Finanzverwaltung auch weiterhin davon aus, dass es sich bei einheitlicher Verpachtung der Werbeflächen in einem Stadion an ein Werbeunternehmen um steuerfreie Vermögensverwaltung handelt. (OFD Cottbus v. 19.11.1991)

Die Werbemaßnahmen auf Sponsoringbasis hat der BFH auf Basis der bereits ergangenen Rechtsprechung im Urteil v. 07.11.2007, I R 42 /06 zusammen gefasst:

- Anzeigengeschäft als Teil einer Vereinszeitung ist immer wirtschaftlicher Geschäftsbetrieb. Das gilt auch, wenn kein Einfluss auf den Inhalt und die Gestaltung der Anzeigen genommen wird. Es ist keine

Fruchtziehung, sondern eine wirtschaftliche Tätigkeit (BFH v. 28.11.1961, I 34/61, Urteil v. 10.12.2001, GrS 1/98).

Artikel

- Wird einem Unternehmen gestattet, statt Anzeigen auch in Artikeln zu werben, stellt dies wirtschaftlichen Geschäftsbetrieb dar.

Verpachtung von Werberechten

- Vermögensverwaltung liegt nur dann vor, wenn das Anzeigengeschäft oder sonstige Werberechte im Ganzen oder in abgrenzbaren Teilen einer Werbeagentur verpachtet werden (BFH v. 08.03.1967, I 145/64, v. 25.03.1997, I B 20/96, Schreiben des BMF v. 10.09.2002, BStBl. I 2002, 867), denn die Verpachtung von wirtschaftlichen Geschäftsbetrieben ist wie die Verpachtung von Gewerbebetrieben der Vermögensverwaltung zuzurechnen (BFH v. 04.04.2007, I R 55/06, v. 23.04.1969, I R 54/67).

Veranstaltung

- Auch die Möglichkeit, auf einer Veranstaltung Produkte darzustellen, ist ein wirtschaftlicher Geschäftsbetrieb. Das Dulden von Werbung auf einer Sportveranstaltung ist ein wirtschaftlicher Geschäftsbetrieb (BFH v. 13.03.1991, I R 88/88, FG München v. 30.07.1996, 15 K 353/95). Die Zahlung wird nicht erbracht, um eine abgrenzbare Raumfläche zu nutzen, sondern dafür, dass man auf der Sportveranstaltung werben durfte. Ohne Sportveranstaltung wäre der Werbestand nutzlos.

- Da die Sportveranstaltung auch ohne Werbung durchgeführt werden könnte, ist die Werbung nicht dem Zweckbetrieb Sportveranstaltung zuzurechnen, sondern dem wirtschaftlichen Geschäftsbetrieb.

Namensrechte

- Die bloße Überlassung von Namensrechten ist nach Auffassung der Finanzverwaltung alleine kein wirtschaftlicher Geschäftsbetrieb (AEAO Nr. 9 zu § 64). Ob das Gericht dem folgen würde, hat es in der Entscheidung offengelassen.

Einheitlicher Vertrag

- Werden in einem einheitlichen Vertrag mehrere Leistungen „verkauft", z. B. Anzeigenwerbung, Veranstaltung und die Nutzung des Namensrechts, ohne dass diese Leistungen konkretisiert und die finanzielle Gegenleistung für die einzelnen Leistungen festgelegt sind, so ist von einer einheitlichen Leistung auszugehen, die automatisch dem steuerpflichtigen wirtschaftlichen Geschäftsbetrieb zugerechnet wird.

Um eine Steuerpflicht zu vermeiden, sollten bei Sponsoringverträgen alle Werbeleistungen einzeln aufgeführt und die Zahlungen/Sachleistungen für diese einzelnen Leistungen einzeln benannt werden. Aus meiner Sicht wäre es noch sinnvoller, wenn für jede Leistung ein gesonderter Vertrag abgeschlossen würde, da die Zahlungen den einzelnen Sphären zugeordnet werden und unterschiedliche Auswirkungen auf die Umsatzsteuer (zu den Einzelheiten siehe Kapitel 5.1.8) haben.

3.5.5.8 Besteuerung größerer wirtschaftlicher Geschäftsbetriebe

Da der Gesetzgeber verhindern will, dass gemeinnützige Körperschaften über die wirtschaftlichen Geschäftsbetriebe regulären Gewerbebetrieben die Kunden abwerben, sind die Umsatzgrenzen, innerhalb derer die gemeinnützigen Körperschaften gefördert werden, relativ eng begrenzt.

Überschreitet der wirtschaftliche Geschäftsbetrieb, der kein Zweckbetrieb ist, die Umsatzgrenze von 35.000,00 Euro (brutto einschließlich Umsatzsteuer), so unterliegt er grundsätzlich den allgemeinen Regelungen der Gewinnbesteuerung bei der Körperschaft und der Gewerbesteuer.

Dennoch waren die wirtschaftlichen Geschäftsbetriebe der gemeinnützigen Körperschaften immer insofern begünstigt, als ihnen ein Freibetrag zustand, ab dem die Gewinne erst steuerpflichtig werden.

Bis einschließlich 2008 war der Freibetrag für die Körperschaftsteuer 3.835,00 Euro (§ 24 Körperschaftsteuergesetz) und für die Gewerbesteuer 3.900,00 Euro (§ 11 Absatz 1 GewStG). Diese Freibeträge sind ab 2009 einheitlich auf 5.000,00 Euro angehoben worden.

Werden mehrere wirtschaftliche Geschäftsbetriebe unterhalten, so gibt es den Freibetrag nur ein Mal und die Gewinne werden zusammengerechnet.

3.6 Rechnungslegung bei steuerbegünstigten Körperschaften

Udo Bungert

3.6.1 Auswirkungen der Rechtsform

Gemeinnützige Körperschaften existieren i. d. R. in der Rechtsform des Vereins, der Stiftung und der Kapitalhandelsgesellschaften, d. h. der GmbH oder der AG.

Soweit für die Rechtsform besondere Vorschriften für die Buchhaltung und den Jahresabschluss bestehen, müssen diese auch bei der Rechnungslegung der gemeinnützigen Körperschaft in dieser Rechtsform eingehalten werden. Das betrifft insbesondere die Vorschriften des HGB für die Kapitalhandelsgesellschaften, die einen vollständigen Jahresabschluss nach den Vorschriften des HGB sowie den jeweiligen Spezialvorschriften des GmbHG und des AktG aufstellen müssen.

Darüber hinaus muss der Abschluss einer gemeinnützigen Körperschaft alle relevanten Aussagen enthalten, die sich aus der Rechnungslegung unter Gemeinnützigkeitsgesichtspunkten ergeben.

Da es für Vereine keine besonderen Vorschriften über die Rechnungslegung gibt, wird die Rechnungslegung der gemeinnützigen Körperschaften im Folgenden zunächst am Beispiel des Vereins aufgezeigt und in weiteren Kapiteln auf die Besonderheiten der anderen Rechtsformen eingegangen.

3

3.6.2 Rechnungslegung des Vereins

3.6.2.1 Rechtsgrundlagen der Vereinsbuchführung

Die rechtlichen Grundlagen des Vereins ergeben sich aus dem BGB. Der Verein ist die Grundlage der körperschaftlichen Struktur nach deutschem Recht. Die Organe des Vereins sind verpflichtet, Rechenschaft über die Geschäftsführung abzulegen (§ 27 Abs. 3 i. V. m. § 666 BGB). Die Pflicht zur Rechnungslegung aus der Geschäftsführung wird nach § 259 BGB bereits durch die vollständige Aufzeichnung und die geordnete Zusammenstellung erfüllt.

Über die Vorschriften der Geschäftsführung hinaus kann die Vereinssatzung Näheres zu Art und Umfang der Abrechnung der Organe bestimmen. Diese Regelungen sollen bessere Informationen für den vereinsinternen Bereich liefern, als dies nach den allgemeinen gesetzlichen Vorschriften der Fall ist.

Die Vereinsbuchhaltung hat folgende Zwecke:

Rechenschaftsbericht

- **Rechenschaftsbericht** gegenüber der **Mitgliederversammlung**
- Gewinn-Überschussermittlung und Nachweis der Einhaltung der **Gemeinnützigkeitsvorschriften** für das Finanzamt

Verwendungsnachweis

- **Verwendungsnachweis** gegenüber eventuellen **Zuschussgebern**

Für den internen Bereich lassen sich aus der Buchhaltung nachfolgende Informationen ziehen:

- Eingang und Höhe der Mitgliedsbeiträge
- Höhe des Spendenaufkommens
- eventuell Höhe der Zuschüsse
- Höhe und Verteilung der Aufwendungen

Bei steuerbegünstigten Vereinen muss sich aus den Aufzeichnungen ergeben, dass der Verein die Vorschriften über die Mittelverwendung nach § 63 Abs. 4 AO eingehalten hat. Danach muss die tatsächliche Geschäftsführung auf die ausschließliche und unmittelbare Erfüllung der steuerbegünstigten Zwecke gerichtet sein und den Bestimmungen entsprechen, die die Satzung über die Voraussetzungen für die Steuerbegünstigung enthält. Dieses Handeln muss in der Buchhaltung dokumentiert werden.

Gesetzliche Vorgaben über die Art der Aufzeichnungen bestehen bei Vereinen nicht. Dennoch sind die allgemeinen Grundsätze, die an eine Buchhaltung zu stellen sind, einzuhalten.

Aufzeichnungen müssen

- wahr, vollständig, zeitnah sein.
- ausreichende Erläuterungen zu den Einnahmen und Ausgaben enthalten.
- für die unterschiedlichen steuerbegünstigten und nicht steuerbegünstigten Bereiche getrennt sein.
- einen Überblick über die Vermögenslage geben.
- für zulässige Rücklagen jeweils den Bestand, die Zuführungen und den Verbrauch darstellen.

Soweit die vorgenannten Punkte aus den Aufzeichnungen ersichtlich sind, kann die Buchhaltung einfach erfolgen. Auch der Bereich, in dem der Verein einen wirtschaftlichen Geschäftsbetrieb unterhält, kann in der Buchhaltung grundsätzlich durch die Aufzeichnung der Einnahmen und Ausgaben dargestellt werden, ohne dass es einer doppelten Buchhaltung bedarf.

- Einnahmen und Ausgaben müssen zeitnah, fortlaufend und lückenlos aufgezeichnet sein.
- Einnahmen dürfen nicht mit Ausgaben verrechnet werden.
- Jeder Betrag ist mit einem Erläuterungstext zu versehen. Daraus muss erkennbar sein, woher der Betrag stammt.

Jede Zahlung muss durch einen **Beleg** nachgewiesen sein. Grundsätzlich hat der Empfänger des Geldes den Beleg auszustellen. Soweit es keine Belege von Dritten gibt (Reisekosten), muss ein Eigenbeleg erstellt werden, der die Ordnungsmäßigkeit des Aufwands nachweist.

3.6.2.2 Handelsrechtliche Buchführungspflicht

Soweit der Verein im wirtschaftlichen Geschäftsbetrieb ein Handelsgewerbe betreibt und in diesem Teilbereich nach handelsrechtlichen Vorschriften buchführungspflichtig ist, muss der Verein in diesem Geschäftsbetrieb eine kaufmännische Buchhaltung führen und auch Jahresabschlüsse nach Handelsrecht erstellen. Diese Verpflichtung gilt dann aber nur für den wirtschaftlichen Geschäftsbetrieb, nicht für den ganzen Verein.

Im restlichen Verein bleibt es bei der Buchhaltung bei den Grundsätzen der Geschäftsführung.

3.6.2.4 Steuerliche Buchführungspflichten

Soweit ein Steuerpflichtiger nach außersteuerlichen Gesetzen verpflichtet ist, Aufzeichnungen zu führen, ist er nach § 140 AO auch unter steuerlichen Gesichtspunkten hierzu verpflichtet. Daher ist der Verein auch unter steuerlichen Gesichtspunkten verpflichtet, die Aufzeichnungen auf Basis der Geschäftsführung zu führen.

Soweit sich aus dem Handelsrecht wegen des Betriebs des wirtschaftlichen Geschäftsbetriebs handelsrechtliche Aufzeichnungspflichten ergeben, gelten diese auch für das Steuerrecht.

Darüber hinaus gibt es eine Vielzahl von Vorschriften, die für bestimmte Branchen spezielle Aufzeichnungspflichten vorschreiben. Um dem Finanzamt eine ordnungsmäßige Führung des Vereins über die Buchhaltung nachzuweisen, müssen für diese besonderen wirtschaftlichen Geschäftsbetriebe auch diese Aufzeichnungen nachgewiesen werden.

Darüber hinaus schreibt § 141 AO selbst Grenzen vor, ab denen die Aufzeichnungen der Einnahmen und Ausgaben nicht mehr ausreichen und eine Buchhaltung erstellt werden muss.

Diese Grenzen beziehen sich nur auf den Bereich **wirtschaftlichen Geschäftsbetrieb**. Gemäß § 64 Abs. 2 AO werden alle wirtschaftlichen Geschäftsbetriebe, die keine Zweckbetriebe sind, zusammengerechnet. Für die Berechnung der Buchführungsgrenzen sind die Umsätze und Gewinne des Gesamtbetriebs zusammenzurechnen.

Die aktuellen Grenzen des § 141 Abs. 1 sind:

Nr. 1 Umsatz von mehr als 500.000 Euro

Nr. 4 Gewinn von mehr als 50.000 Euro

Die Buchhaltungspflicht beginnt gem. § 141 Abs. 2 AO nicht sofort bei Überschreiten der Grenzen. Sie beginnt erst in dem Jahr, das dem Jahr folgt, in dem das Finanzamt die Buchführungspflicht feststellt.

Der Verein muss die Pflicht nicht selbst überwachen. Er muss auch nur tätig werden, wenn er aufgefordert wurde.

Die Pflicht zur Buchhaltung enthält auch gleichzeitig die Pflicht, für die wirtschaftlichen Geschäftsbetriebe einen Jahresabschluss zu erstellen. Da der Kassierer als Laie i. d. R. nicht die Kenntnisse der handelsrechtlichen Buchhaltung und des Jahresabschlusses hat, entstehen dem Verein erhebliche zusätzliche Kosten für den Jahresabschluss durch einen Steuerberater oder Wirtschaftsprüfer.

3.6.2.5 Besondere steuerliche Aufzeichnungspflichten

Auch wenn keine Buchführungspflicht besteht, hat der Verein bei einer Abrechnung nach den Grundsätzen der Geschäftsführung folgende besonderen steuerlichen Aufzeichnungspflichten zu erfüllen:

- § 143 AO gesonderte Aufzeichnung des **Wareneingangs**
- § 144 AO gesonderte Aufzeichnung des **Warenausgangs**
- § 4 Abs. 7 EStG gesonderte Aufzeichnung von **Geschenken** und **Bewirtungsausgaben** im nichtideellen Bereich
- § 6 Abs. 2 EStG gesonderte Aufzeichnung der **geringwertigen Wirtschaftsgüter**
- § 7a Abs. 8 EStG gesonderte Aufzeichnung bei Inanspruchnahme von **erhöhten Absetzungen**

Bei **Umsatzsteuerpflicht**:

- § 22 Abs. 2 Nr. 7 UStG besondere Aufzeichnung von **innergemeinschaftlichen Erwerben** und **Lieferungen**
- § 22 UStG Aufzeichnung der **Entgelte für umsatzsteuerpflichtige Leistungen** (nicht erforderlich bei Pauschalierung der Vorsteuer § 66a UStDV)

Bei Beschäftigung von **Arbeitnehmern**:

- § 41 EStG Führung von **Lohnkonten** von Arbeitnehmern
- § 4 Abs. 2 Nr. 8 Satz 2 LStDV besondere Aufzeichnung bei **pauschal versteuertem Arbeitslohn**

3.6.2.6 Aufzeichnung der einzelnen Vereinssphären

Wie unter 3.2 dargelegt, hat der Verein bis zu vier Sphären, die steuerlich unterschiedlich zu behandeln sind.

Im ideellen Bereich und der Vermögensverwaltung, die keine wirtschaftlichen Bereiche sind, kommt der Verein immer mit einer Abrechnung nach den Grundsätzen der Geschäftsführung aus.

Im wirtschaftlichen Bereich bestehen erhöhte Aufzeichnungspflichten.

Der Zweckbetrieb kann zumindest umsatzsteuerpflichtig sein. Da die endgültige Festlegung zwischen Zweckbetrieb und „wirtschaftlichem Geschäftsbetrieb“ erst im Rahmen der Körperschaftsteuerveranlagung erfolgt, sollte der Verein bei den Aufzeichnungen die steuerlichen Verpflichtungen einhalten. Soweit es sich bei dem Zweckbetrieb um ein Handelsgewerbe handelt, kann es auch hier zu handelsrechtlichen Aufzeichnungspflichten kommen.

Für den wirtschaftlichen Geschäftsbetrieb gelten die höchsten Aufzeichnungspflichten. Hier muss der Verein alle steuerlichen Pflichten einhalten.

Die Einnahmen und Ausgaben aus den einzelnen Bereichen sind jeweils getrennt aufzuzeichnen und müssen aus der Abrechnung der Gesamtvereins ersichtlich sein.

Vorsicht ist insoweit geboten, als Einnahmen oder Ausgaben sich auf mehrere Bereiche beziehen. So können sich in den Mitgliedsbeiträgen Entgelte für die Vermögensverwaltung oder einen Zweckbetrieb verstecken.

Die Verwaltungskosten (Personalkosten) beziehen sich sowohl auf die Mitgliederverwaltung als auch auf den wirtschaftlichen Geschäftsbetrieb. In diesen Fällen sind die Kosten aufzuteilen. Zur zulässigen Aufteilung siehe 3.3.5.2.

3.6.2.7 Buchhaltungsverfahren

Für die Aufzeichnung reicht bei einem Verein eine manuelle Buchhaltung. Das ist i. d. R. ein „Journal". Dabei handelt es sich um eine Aufstellung, in der in den ersten Spalten die Bank und die Kasse (jeweils Einnahmen und Ausgaben) aufgetragen sind, um alle Geschäftsvorfälle chronologisch zu erfassen.

Werden mehrere Bankkonten oder mehrere Kassen geführt, so sind dafür jeweils zwei zusätzliche Spalten einzuführen.

Die folgenden Spalten sind wie folgt anzuordnen:

- Einnahmen ideeller Bereich
  - Mitgliedsbeiträge
  - Spendeneingänge
  - Zuschüsse der öffentlichen Hand etc.
- Ausgaben ideeller Bereich
- Zweckbetrieb
  - Einnahmen
  - Ausgaben
- steuerpflichtiger wirtschaftlicher Geschäftsbetrieb
  - Einnahmen
  - Ausgaben
- Vermögensverwaltung
  - Einnahmen
    - Zinsen
    - Mieten
    - Pachten

  - Ausgaben
- Umsatzsteuer (jeweils eine pro Steuersatz 19 %, 7 % etc.)
- Vorsteuer (jeweils getrennt pro Steuersatz 19 %, 7 % etc.)

Der jeweilige Betrag wird fortlaufend in die Spalten Bank / Kasse eingetragen. In der gleichen Zeile wird der Betrag in der jeweiligen Position eingetragen.

Aus der Addition der einzelnen Spalten ergibt sich dann das jeweilige Jahresergebnis. Steuerliche Korrekturen, wie etwa Abschreibungen statt des Gesamtbetrags bei Investitionen, werden erst im Rahmen des Jahresabschlusses berücksichtigt.

Die angepassten Zahlen können dann in die Körperschaftsteuererklärung oder in die Anlage „Gem“ übertragen werden.

3.6.3 Der Jahresabschluss

Udo Bungert

Während in der Buchhaltung alle Zahlungsvorgänge erfasst werden, wird im Jahresabschluss nach den einzelnen Sphären des Vereins getrennt. Das Jahresergebnis wird nach den einzelnen Tätigkeitsbereichen des Vereins getrennt als Einnahme-Ausgabe-Rechnung berechnet. Bestehen innerhalb der einzelnen Tätigkeitsbereiche mehrere Aktivitäten oder Betriebe, so wird für jeden Teilbereich eine getrennte Abrechnung erstellt.

Während in der Buchhaltung die vollen Beträge erfasst werden, muss im Rahmen des Jahresabschlusses festgelegt werden, ob bei Anschaffungen der volle Betrag eine Ausgabe ist oder ob hier nur die Abschreibung für den zeitanteiligen Wertverlust angesetzt und die Restbeträge nach steuerlichen Gesichtspunkten über die Restlaufzeit verteilt werden muss.

Für das Jahr der Ausgabe verringert sich damit der Betrag auf den zeitanteiligen Betrag (Monate) und für die Folgejahre erhöhen sich die Ausgaben um die jeweilige auf das Jahr entfallende Abschreibung, obwohl keine Ausgabe getätigt wurde. Um die Entwicklung der einzelnen Gegenstände nachhalten zu können, muss ein Verzeichnis der Anlagegegenstände erstellt werden, in dem der Anschaffungszeitpunkt, der Preis und die jeweilige Abschreibung für die einzelnen Jahre enthalten ist.

Schwierigkeiten bereitet auch die Aufteilung von Gütern des Anlagevermögens auf die einzelnen Teilbereiche, wenn diese für mehrere Teilbereiche verwendet werden. Hier muss die anteilige Nutzung in den einzelnen Teilbereichen berücksichtigt und die Abschreibung dann anteilig den Teilbereichen zugeordnet werden. Ändert sich im Laufe der Jahre die anteilige Nutzung, so muss die Abschreibung innerhalb der Teilbereiche prozentual verändert werden.

Die Aufteilung gilt auch für alle Ausgaben, soweit sie im Rahmen der Buchhaltung als ein Betrag erfasst und nur einem Teilbereich zugeordnet wurden.

Soweit ein Leistungsaustausch innerhalb der Teilbereiche stattgefunden hat, ist dieser im Rahmen des Jahresabschlusses zu berücksichtigen und ggf. sind entsprechende steuerliche Konsequenzen zu ziehen.

Beispiel:

Ein Verein kauft für die Vereinsgaststätte Getränke ein.

Der Vereinsvorstand holt aus der Gaststätte die Getränke und bewirtet in den Büroräumen Gäste aus dem ideellen Bereich. In diesem Fall sind die Kosten Wareneinkauf für die Gaststätte zu hoch und müssen (ggf. einsschließlich Vorsteuer) korrigiert werden. Andererseits hat der ideelle Bereich des Vereins Aufwand für die Bewirtung von Gästen.

Andererseits ist im Rahmen des Jahresabschlusses auch zu prüfen, ob ein Leistungsaustausch stattgefunden hat, für den kein Geld geflossen ist und der daher im Journal nicht erfasst wurde.

Beispiel:

Im Rahmen des Sponsorings stellt die Werbefirma das Werbemobil dem Verein entsprechend einem Werbevertrag unentgeltlich zur Verfügung.

Je nach Vertragsgestaltung gehört das Werbemobil zum wirtschaftlichen Eigentum des Teilbereichs Vermögensverwaltung oder zum wirtschaftlichen Geschäftsbetrieb Werbung. Es ist dort abzuschreiben.

Nutzt der ideelle Bereich des Vereins das Fahrzeug zu Fahrten von Spielern zu sportlichen Veranstaltungen, stellt dies einen Ertrag im Rahmen des jeweiligen Teilbereichs dar, während der ideelle Bereich einen Aufwand hat.

Zu den Grundfällen sind unter 6.5 Schemata für die Einnahme-Ausgabe-Rechnungen beigefügt. Diese können nur die üblichen Positionen enthalten und sind jeweils an die individuellen Besonderheiten anzupassen.

Insbesondere sind, sofern Anlagevermögen vorhanden ist, Positionen für die Abschreibungen zu ergänzen.

3

3.6.3.1 Anlageverzeichnis und Abschreibung

Im Rahmen des Jahresabschlusses sollen die Gewinne und Verluste möglichst zutreffend erfasst werden. Viele Gegenstände (Fahrzeuge, Maschinen, Einrichtung, Gebäude etc.) bleiben nach der Anschaffung über einen Zeitraum von mehr als einem Jahr dem Betrieb erhalten. Daher wäre es falsch, wenn man den gezahlten Betrag im Anschaffungsjahr im vollen Umfang in Abzug bringen würde. Andererseits würde das Ergebnis verfälscht, wenn der Kaufpreis erst dann als Aufwand erfasst würde, wenn der Gegenstand wieder aus dem Betrieb ausscheidet.

Betriebsgewöhnliche Nutzungsdauer

Daher soll der theoretische Wertverlust pro Jahr als Abschreibung berücksichtigt werden. Hierfür ist die betriebsgewöhnliche Nutzungsdauer zu schätzen. Das ist die Zeit, in der der Gegenstand „verbraucht", d. h., für den Betrieb nicht mehr nutzbar ist. Die Finanzverwaltung gibt regelmäßig Tabellen heraus, aus denen die betriebsgewöhnliche Nutzungsdauer einzelner Gegenstände zu ersehen ist. Teilweise sind diese Nutzungsdauern innerhalb einzelner Branchen unterschiedlich, je nachdem, ob in dieser Branche der Gegenstand einer besonderen Belastung ausgesetzt ist. Üblich sind z. B. für Fahrzeuge sechs Jahre, für Möbel zehn Jahre, für Maschinen fünf Jahre, Wohngebäude 50 Jahre, gewerbliche Gebäude 25 bis 35 Jahre.

Weicht die tatsächliche Nutzungsdauer im Betrieb von den Werten ab und lässt sich das begründen, so kann auch von einer anderen (kürzeren) Nutzungsdauer ausgegangen werden.

Beispiel:

In einer Branche aus dem Logistikbereich ändert sich erfahrungsgemäß die Be- und Entladetechnik der Fahrzeuge alle zehn Jahre so gravierend, dass die Anlagen hierfür komplett erneuert werden müssen.

Das Unternehmen errichtet heute eine Halle mit Rampen, Transportbändern etc., die genau für die heutige Technik optimiert ist. Wenn neue Technik kommt, kann die Halle nur abgerissen und eine neue Halle für die neue Technik gebaut werden.

Obwohl normalerweise die Nutzungsdauer für ein gewerbliches Gebäude mit 25 Jahren anzusetzen ist, kann hier von einer Nutzungsdauer von zehn Jahren ausgegangen werden.

Ähnliches gilt z. B. bei Fahrzeugen, die eine extrem hohe Kilometerleistung haben.

Das Anlageverzeichnis soll das Vermögen des Unternehmens möglichst umfassend darstellen. Daher sind alle Anlagegegenstände zu erfassen. Ausnahmen gibt es nur für Gegenstände von geringem Wert. Gegenstände bis 150 Euro können sofort als Aufwand erfasst werden. Zwischen 150 Euro und 1000 Euro gelten Sonderregelungen.

Verlässt ein Gegenstand das Anlagevermögen, führt dies ebenfalls zu einem Abfluss, der erfasst werden muss. Hier gibt es zwei Möglichkeiten:

12/08

- Der Gegenstand wird verschrottet ohne Zahlung eines Preises von einem Dritten

  In diesem Fall ist zu prüfen, ob der Gegenstand noch innerhalb der betriebsgewöhnlichen Nutzungsdauer liegt und damit noch ein Restwert vorhanden ist. In diesem Fall muss der Restwert als Aufwand für Anlagenabgänge erfasst werden.

- Abgang mit Zahlung von Dritten

  Häufig werden Anlagegegenstände verkauft. In diesem Fall kann der Preis über dem Restwert (Veräußerungsgewinn) oder unter dem Restwert (Veräußerungsverlust) liegen.

  Auch in diesem Fall muss der Gewinn oder Verlust beim wirtschaftlichen Ergebnis der Körperschaft berücksichtigt werden.

  Als Verkauf gilt auch die Abgabe an einen Schrotthändler, der nur noch einige Euro für den Gegenstand gibt.

Der Anlagegegenstand verbleibt, auch wenn er „abgeschrieben" ist (Restwert = Erinnerungswert = 1 Euro) so lange im Anlagevermögen, bis er den Betrieb verlässt.

Prüfen Sie bei der Aufstellung des Jahresabschlusses, ob die Gegenstände, die im Anlageverzeichnis stehen, tatsächlich vorhanden sind.

Wenn auch andere als die mit der Buchhaltung betrauten Personen über den Abgang von Gegenständen entscheiden, entwickeln Sie ein System, mit dem die Buchhaltung informiert wird, um den Abgang zu erfassen und die buchhalterischen Konsequenzen für den Jahresabschluss zu ziehen.

Wird der Gegenstand verkauft, gibt es eine Rechnung. Wird der Gegenstand verschrottet (ohne Entgelt), findet meist nur ein tatsächlicher Abgang statt und es wird kein Papier für die Buchhaltung produziert.

Das Anlageverzeichnis im Rahmen der Gemeinnützigkeit

Gemeinnützige Körperschaften sind steuerlich aufgeteilt in den eigentlichen gemeinnützigen Bereich, die Vermögensverwaltung, den / die Zweckbetrieb(e) und den / die wirtschaftlichen Geschäftsbetrieb(e).

Da das Jahresergebnis sowohl unter vereins-/Gesellschaftsrechtlichen wie auch unter steuerrechtlichen Gesichtspunkten ermittelt werden muss, ist es sinnvoll, die Anlageverzeichnisse jeweils getrennt nach den einzelnen Bereichen anzulegen. Dann lassen sich für jeden Bereich das Vermögen und insbesondere auch die im Jahresabschluss zu erfassende Abschreibung direkt ablesen.

Bei sehr stark abweichenden Wirtschaftsgütern (Immobilien und bewegliche Wirtschaftsgüter) bietet es sich an, diese in unterschiedliche Listen aufzunehmen. Dies gilt verpflichtend, wenn die Körperschaft über Vorschriften (z. B. Gliederungsschema der Bilanz nach HGB) an gewisse Aufteilungen gebunden ist.

12/08

Probleme bei gemeinnützigen Körperschaften bereitet auch der Wechsel zwischen den einzelnen steuerlichen Bereichen.

Beispiel:

Der Sportverein hat vor einigen Jahren eine kleine Vereinsgaststätte errichtet. Das Gebäude ist dem Bereich „Wirtschaftlicher Geschäftsbetrieb" zugeordnet.

Bei dem Bau hat der Verein die Vorsteuer aus den Rechnungen anderer Unternehmer geltend gemacht. Das Gebäude steht mit dem Nettobetrag der Baurechnungen abzüglich Abschreibung im Anlageverzeichnis „Wirtschaftlicher Geschäftsbetrieb".

Inzwischen hat sich herausgestellt, dass die Gaststätte nicht wirtschaftlich zu betreiben ist und der Verein will den Betrieb aufgeben. An dem Sportplatz fehlen jedoch Umkleidekabinen für die Jugendmannschaften. Es bietet sich an, die Räume der Gaststätte in Umkleidekabinen umzubauen und dem ideellen Bereich zuzuführen.

Konsequenzen:

Im wirtschaftlichen Geschäftsbetrieb gelten die steuerlichen Spielregeln, die für alle Unternehmen gelten. Der Verein entnimmt das Gebäude aus dem steuerpflichtigen Bereich in den „Privatbereich". Das Gebäude verlässt den Bereich wirtschaftlicher Geschäftsbetrieb zum Teilwert (Verkehrswert = tatsächlicher Wert). Da der Wert in der Regel höher ist, als der Restbuchwert, macht der Verein einen (steuerpflichtigen) Gewinn. Da der Verein im wirtschaftlichen Geschäftsbetrieb keine Verluste machen darf, hier aber die Verluste aus dem laufenden Betrieb ausgleichen kann, ist der Gewinn positiv und wird darüber hinaus voraussichtlich auch keine Steuern auslösen.

Die Verwendung eines Gegenstandes, für den Vorsteuerabzug bestanden hat, für außerunternehmerische Zwecke wird einer sonstigen Leistung gleichgestellt (§ 9a Nr. 1 UStG). Die Leistung ist umsatzsteuerfrei nach § 4 Nr. 9a UStG als Grundstücksgeschäft. Die Vorsteuer ist gem. § 15a Abs. 1 UStG zu korrigieren (Korrekturzeitraum zehn Jahre).

In den ideellen Bereich geht das Gebäude dann mit dem Entnahmewert ein. Es wird im Anlageverzeichnis „Ideeller Bereich" erfasst und auf die Restnutzungsdauer abgeschrieben.

Praktisches Arbeiten mit dem Anlageverzeichnis

Unter 6.6.2 (auch auf der CD-ROM) ist ein Muster für ein Anlageverzeichnis beigefügt. Das Muster ist für kleinere Vermögen durchaus ausreichend. Für sehr große Anlagevermögen gibt es auch EDV-Lösungen.

Das Anlageverzeichnis listet das vorhandene Vermögen auf. Um die Gegenstände identifizieren zu können, sollte ihnen eine eindeutige laufende Nummer zugeordnet werden. Im Text sollte eine Bezeichnung gewählt werden, aus der sich der Gegenstand eindeutig ergibt.

Insbesondere bei wechselnden Zuständigkeiten und wechselndem Personal ist es wichtig, dass der Gegenstand auch später noch eindeutig zugeordnet werden kann. Wenn ein größeres Büro mit mehreren Arbeitsplätzen betrieben wird, bringt die Bezeichnung „Drucker“ oder „PC“ keine klare Zuordnung. Hier müssten zumindest der Hersteller und der Typ angegeben werden. Sind mehrere gleichartige Drucker vorhanden, die zu unterschiedlichen Zeitpunkten angeschafft wurden, kann mit dem Typ alleine auch keine Identifizierung vorgenommen werden. Hier müsste zumindest die Seriennummer mit aufgenommen werden.

In vielen Fällen lässt sich die Identifizierung vereinfachen, wenn ein Aufkleber mit der Inventarnummer auf den Gegenstand geklebt wird. Dies gilt insbesondere da, wo eine Vielzahl von gleichartigen Gegenständen laufend gekauft und bei zu starkem Verschleiß ausgemustert wird.

Beispiel:

Eine gemeinnützige Körperschaft betreibt ein Altenheim. Zu Beginn der Tätigkeit war zwar ein großes Gebäude zur Verfügung gestellt worden, die Körperschaft hat aber mit einer beschränkten Anzahl von Bewohnern angefangen und ist über mehrere Jahre gewachsen und nutzt inzwischen das ganze Gebäude für den Betrieb. Entsprechend der Entwicklung des Betriebs sind immer gleichartige Krankenhausbetten für die Pflege der Bewohner zugekauft worden.

Inzwischen müssen Betten wegen Verschleiß ausgemustert werden. Da die Beanspruchung der Betten unterschiedlich war, handelt es sich um Betten aus unterschiedlichen Anschaffungsjahren.

Wichtig ist die korrekte Erfassung der tatsächlich abgegangenen Gegenstände, da sich jeweils unterschiedliche Restwerte ergeben, die das Ergebnis beeinflussen.

Berechnung der Abschreibung

Während bis vor einigen Jahren bei allen beweglichen Wirtschaftsgütern ein Vereinfachungsprinzip für die AfA im Anschaffungsjahr galt (Anschaffung im 1. Halbjahr = Jahres-AfA, Anschaffung im 2. Halbjahr = halbe Jahres-AfA), verlangt der Gesetzgeber jetzt die Berechnung anteilig nach Monaten. Begründet wird das damit, dass wegen des Einsatzes von EDV der Mehraufwand zumutbar wäre.

Dementsprechend ist im Jahr der Anschaffung nur die anteilige Abschreibung anzusetzen. Solange der Gegenstand im Anlagevermögen verbleibt, wird die ursprünglich berechnete Jahres-AfA weitergeführt. Im letzten Jahr der betriebsgewöhnlichen Nutzungsdauer wird die Differenz zwischen der Jahresafa und der im Anschaffungsjahr anteilig abgezogenen Afa bis auf 1 Euro abgezogen. Solange der Gegenstand dann noch im Betrieb verbleibt, wird er mit 1 Euro weitergeführt (Erinnerungswert). Bei Abgang wird dann dieser 1 Euro abgezogen.

Das Muster des Anlageverzeichnisses ermöglicht es, die Abschreibung für die Gegenstände des Anlagevermögens für alle Gegenstände aufzulisten und zu addieren. Die Gesamt-AfA wird dann in den Jahresabschluss übernommen.

Sonderbestimmungen für GWG

Während in der Vergangenheit (bis 2007) geringwertige Wirtschaftsgüter mit Anschaffungskosten zwischen 100 und 410 Euro im Jahr der Anschaffung sofort abzugsfähig waren (oder wahlweise auf bis zu fünf Jahre abgeschrieben werden konnten), hat der Gesetzgeber ab 2008 eine Neuregelung geschaffen.

Ab 2008 ist für alle Wirtschaftsgüter zwischen 150 und 1000 Euro, die im Jahr angeschafft werden, ein Sammelposten zu bilden (§ 6 Abs. 2a EStG). Dieser ist im Jahr der Anschaffung und den vier folgenden Jahren gleichmäßig gewinnmindernd aufzulösen.

Das hat für die Praxis die Konsequenz, dass diese Wirtschaftsgüter in jedem Jahr in einer Liste zu erfassen sind. Die Abschreibung wird gleichmäßig auf fünf Jahre verteilt. Es kommt nicht darauf an, wann das Wirtschaftsgut im Jahr angeschafft worden ist.

Muss ein Wirtschaftsgut bereits vor Ablauf von fünf Jahren verschrottet werden, hat dies auch keine Konsequenzen. Es bleibt trotzdem bei der Verteilung auf die fünf Jahre.

Gerade bei technisch schnell abgenutzten Gegenständen, wie z. B. Notebooks, führt diese Regelung zu einer Verzerrung des wirtschaftlichen Ergebnisses.

3.6.4 Steuererklärungen

Udo Bungert

Wie jeder andere Steuerpflichtige müssen auch gemeinnützige Organisationen Steuererklärungen abgeben.

Vordruck Gem 1

Soweit keine Aktivitäten betrieben werden, die zu einer Steuerpflicht (kein wirtschaftlicher Geschäftsbetrieb oberhalb der Freigrenzen) führen, reicht die Abgabe des Vordrucks Gem 1 aus, um die Verpflichtung zu erfüllen. Die Anlage Gem 1 und die Erläuterungen der Finanzverwaltung hierzu befinden sich in Kapitel 6.3.2.2.

Innerhalb eines Überprüfungszeitraums von drei Jahren wird jeweils festgestellt, ob die Voraussetzungen für die Gemeinnützigkeit noch gegeben sind oder ob die Gemeinnützigkeit aberkannt werden muss.

Wirtschaftlicher Geschäftsbetrieb

Wird ein wirtschaftlicher Geschäftsbetrieb geführt, der die Grenzen zur Steuerfreiheit überschreitet, kommt es zur jährlichen Körperschaftsteuer und Gewerbesteuerpflicht. Da dieser Betrieb wie jeder andere Betrieb seine Steuererklärungen abzugeben hat, sind hier auch die entsprechenden Erklärungen abzugeben. Der steuerpflichtige Betrag (zu versteuerndes Einkommen) richtet sich hier nicht unbedingt nach dem Betrag, der sich aus der Einnahme-Ausgabe-Rechnung ergibt. Insbesondere bei der Gewerbesteuer gibt es eine Vielzahl von Hinzurechnungen und Abzügen, die den Betrag verändern. Auch bei der Körperschaftsteuer können sich z. B. im Bereich von Beteiligungen, soweit diese zu wirtschaftlichen Geschäftsbetrieben ge-

Gewerbesteuer

Körperschaftsteuer

hören, Steuerbefreiungen oder andere Berechnungsmaßstäbe ergeben.

Umsatzsteuererklärung

Soweit die Körperschaft umsatzsteuerpflichtige Leistungen erbringt, hat sie jährlich die Umsatzsteuererklärung abzugeben. Im Gegensatz zur Körperschaftsteuer und Gewerbesteuer, die nur im wirtschaftlichen Geschäftsbetrieb anfällt, betrifft die Umsatzsteuer alle Bereiche und kann, wenn Mitgliedsbeiträge Entgelt für Leistungen sind, sogar im ideellen Bereich anfallen. In der Regel verlangt die Finanzverwaltung hierzu eine Einnahmen-Ausgaben-Rechnung, aus der ersichtlich ist, wie sich die Gesamtumsätze und die Aufteilung der Umsätze nach steuerfrei / steuerpflichtig bzw. auch den einzelnen Steuersätzen berechnet.

Vorsteuer

Da nur die Vorsteuern geltend gemacht werden können, die mit den steuerpflichtigen Umsätzen im Zusammenhang stehen, wird es hier zu einer Überprüfung kommen, ob auch nur diese Vorsteuern geltend gemacht wurden.

3.7 Vermeindung von privater Haftung

Udo Bungert

Rechtsfähig

Gemeinnützige Körperschaften sind grundsätzlich rechtsfähig und haften mit dem Vermögen der Körperschaft.

Darüber hinaus kann es aber auch zu einer persönlichen Haftung der geschäftsführenden Organe und sogar der Mitglieder oder Gesellschafter kommen.

Dabei ist zwischen der zivilrechtlichen und der steuerlichen Haftung zu unterscheiden.

3.7.1 Haftung bei Vereinen

Grundform für die Körperschaften

Der eingetragene Verein ist eine rechtsfähige Körperschaft. Da der Verein die Grundform für die Körperschaften ist, wird die Haftung zunächst allgemein am Beispiel des Vereins dargestellt. Die Grundregeln gelten für alle Körperschaften. Soweit sich für die jeweiligen Rechtsformen rechtsformspezifische Abweichungen ergeben, wird darauf in gesonderten Kapiteln eingegangen.

Unerlaubte Handlungen

Der rechtsfähige Verein kann eigenes Vermögen erwerben und haftet mit seinem Vermögen. Die Vereinsmitglieder haften persönlich grundsätzlich nur für unerlaubte Handlungen.

3

3.7.1.1 Zivilrechtliche Haftung

Überschreiten der Vertretungsmacht

Nach dem BGB ist auch die persönliche Haftung der Vorstände als Organe ausgeschlossen. Der Vorstand hat mit seiner Tätigkeit einen vorgegebenen Auftrag zu erfüllen. Ein Anspruch gegen den Vorstand kann daher dann entstehen, wenn der Vorstand seine Vertretungsmacht überschreitet. Das ist insbesondere dann der Fall, wenn der Vorstand gegen einen Mitgliederbeschluss oder gegen die Vorschriften der Satzung verstößt. In diesem Fall ist das Geschäft nicht für den Verein wirksam und der Vertreter ohne Vertretungsmacht hat den Vertrag selbst zu erfüllen.

Bei rechtsfähigen Vereinen darf der Hauptzweck nicht eine wirtschaftliche Tätigkeit sein. Ansonsten muss die Eintragung verweigert, kann später ggf. sogar widerrufen werden.

Vereinsmitglieder

Mit Urteil vom 09.08.2005 (Az.: 2 U 879 /04) hat das OLG Dresden noch entschieden, dass die Vereinsmitglieder persönlich für die Schulden des Vereins haften, weil sie geduldet haben, dass der Verein entgegen der Satzung in erheblichem Umfang am Markt tätig war und der Verein seine Rechtsform missbräuchlich genutzt hat. Mit Urteil vom 10.12.2007 hat der Bundesgerichtshof im Revisionsverfahren entschieden, dass die geduldete wirtschaftliche Betätigung des Vereins allein nicht zu einer Haftung der Mitglieder führt, da es andere gesetzliche Möglichkeiten gibt, darauf zu reagieren, etwa durch Löschung. Andererseits lässt das Urteil offen, ob es nicht auch Fälle gibt, in denen es zu einer Haftung kommt.

Dennoch sollten die **Vereinsmitglieder** kritisch die Aktivitäten des Vorstands überwachen.

Zivilrechtlicher Rückgriff

Mittelverwendungsverbot

Im Rahmen der Steuerhaftung kann das Finanzamt den Verein selbst als Haftungsschuldner in Anspruch nehmen. Unterlässt der Verein einen zivilrechtlichen Rückgriff im Innenverhältnis gegen den verantwortlichen Vorstand, kann das zu einem Verstoß gegen das Mittelverwendungsverbot des § 55 AO führen, so dass der Verein damit gegen die Grundsätze der Gemeinnützigkeit verstoßen würde. Damit wird der Rückgriff gegen den Vorstand zu einem „Muss".

Um eine zivilrechtliche Haftung als **Vorstand** zu vermeiden, sollte sich dieser penibel an die Satzung und an Beschlüsse der Gesellschafterversammlung halten. Ob eine Erteilung der Entlastung im Rahmen der Mitgliederversammlung zu einem endgültig wirksamen Haftungsverzicht führt, ist zweifelhaft. In diesem Fall müsste für die Mitglieder offensichtlich sein, dass der Vorstand einen Schaden verursacht hat, auf den der Verein dann auch verzichtet.

3.7.1.2 Steuerliche Haftung

Allgemeine steuerliche Haftung

Vorsätzliche oder grob fahrlässige Pflichtverletzung

Gemäß § 69 AO haften die Vertreter, soweit Ansprüche aus dem Steuerschuldverhältnis infolge vorsätzlicher oder grob fahrlässiger Verletzung der ihnen auferlegten Pflichten nicht oder nicht rechtzeitig festgesetzt oder erfüllt oder soweit infolgedessen Steuervergütungen oder Steuererstattungen ohne rechtlichen Grund gezahlt wurden. Die Haftung umfasst auch die infolge der Pflichtverletzung zu zahlenden Säumniszuschläge.

Unter diesem Gesichtspunkt muss sich jeder Vorstand eines Vereins darüber im Klaren sein, dass ihn steuerlich die gleichen Haftungsrisiken treffen, die auch ein Unternehmer trägt.

Umsatzsteuer und Lohnsteuer

Hierbei handelt es sich im laufenden Tagesbetrieb insbesondere um die Umsatzsteuer und die Lohnsteuer. Auch wenn der Verein nur im gemeinnützigen Bereich tätig ist, kann Umsatzsteuer und Lohnsteuer anfallen. Dies hat der Vorstand zu überprüfen. Insbesondere ein Überschreiten von bestehenden Freibeträgen muss laufend überwacht werden.

Verspätete Abgabe

Allein die verspätete Abgabe einer Voranmeldung führt zu einem Einstieg in die Haftungsvorschrift. Wenn dem Vorstand nicht bekannt ist, wann die Voranmeldung abzugeben ist, ist es bereits grob fahrlässig, wenn er sich nicht erkundigt. Die verspätete Überweisung führt zu Säumniszuschlägen, für die er auch in die Haftung kommt.

Verteilung der Aufgaben

Die steuerliche Pflicht trifft jedes Vorstandsmitglied, auch wenn es vornehmlich die Aufgabe des Kassierers sein dürfte, sich um die steuerlichen Angelegenheiten zu kümmern. Durch eine Verteilung der Aufgaben wird die Pflicht zwar begrenzt, aber nicht aufgehoben. Vielmehr tritt die Pflicht nur so lange und insoweit zurück, wie für sie unter den Maßstäben der Sorgfalt eines ordentlichen Geschäftsmanns kein Anlass besteht, anzunehmen, die steuerlichen Pflichten der Gesellschaft (Körperschaft) würden nicht exakt erfüllt. (BFH v. 26.04.1984, V R 128/79, BStBL. 1984 II, 776 zur Mehrheit von GmbH-Geschäftsführern)

Spendenhaftung

Spendenbescheinigungen dienen der Minderung der Ertragsteuern, d. h. der Einkommensteuer, der Körperschaftsteuer und der Gewerbesteuer.

Unlautere Mittel oder falsche Angaben

Gleichlautend weisen die §§ 10b Absatz 4 EStG und 9 Absatz 3 KStG darauf hin, dass der Steuerpflichtige auf die Richtigkeit der Bestätigung über Spenden und Mitgliedsbeiträge vertrauen darf. Dies ist nur dann nicht der Fall, wenn er die Bestätigung durch unlautere Mittel oder falsche Angaben erwirkt hat oder dass ihm die Unrichtigkeit der Bestätigung bekannt oder infolge grober Fahrlässigkeit nicht bekannt war.

Da der Empfänger die Beträge abziehen darf, muss eine falsche Bescheinigung durch den Verein bzw. dessen Vertreter kompensiert werden.

Daher lautet die Vorschrift weiter:

Wer vorsätzlich oder grob fahrlässig eine unrichtige Bestätigung ausstellt oder wer veranlasst, dass Zuwendungen nicht zu den in der Bestätigung angegebenen steuerbegünstigten Zwecken verwendet werden, haftet für die entgangene Steuer. Diese ist mit 30 % des zugewendeten Betrags anzusetzen.

Für die Gewerbesteuer entsteht eine Haftung in Höhe von 15 % gem. § 9 Nummer 5 Satz 8 Gewerbesteuergesetz.

Mit dem Jahressteuergesetz 2009 hat der Gesetzgeber § 106 Absatz 4 EStG erweitert und regelt jetzt die Veranlasserhaftung neu. Danach ist zunächst auf die empfangende Körperschaft zuzugreifen, dann erst auf die handelnde Person.

Damit ist der handelnde Vorstand aus meiner Sicht zwar geschützt, soweit es sich um einzelne kleinere Spenden handelt, die aus dem Vermögen des Vereins zurückgezahlt werden können.

Da der Vorstand über die Mittelverwendung entscheidet, ist er immer im Risiko, dass die Mittel nicht richtig eingesetzt werden.

Spendensammeln

Große „Fallen“ sind dabei die Abgrenzung Zweckbetrieb und wirtschaftlicher Geschäftsbetrieb. Hier wird es immer Diskussionsstoff geben, ob der vom Verein als Zweckbetrieb angesehene Betrieb ein „unentbehrlicher Hilfsbetrieb“ ist (BFH v. 23.02.1999, XI B 128/98).

Verwaltungskosten

Weiterhin ist fraglich, in welchem Umfang Verwaltungskosten entstehen dürfen und in welchem Umfang Spendenmittel als Kosten für das Spendensammeln eingesetzt werden dürfen. Dies ist eine Frage des Einzelfalls. In der Summe dürfen jedenfalls nicht mehr als 50 % in das Spendensammeln und die übrigen *Verwaltungskosten* gehen. (BFH wie vor.)

Beispiel:
Der Vorstand geht davon aus, dass es sich bei dem defizitären wirtschaftlichen Betrieb um einen Zweckbetrieb handelt und füllt über drei Jahre die Verluste des Betriebs aus den eingehenden Spenden auf. Bei der folgenden Betriebsprüfung stellt der Prüfer fest, dass der Vorstand durch einfache Nachfrage hätte wissen können, dass der BFH derartige Betriebe nicht als Zweckbetriebe, sondern als wirtschaftliche Geschäftsbetriebe behandelt (z. B. Pferdepension in einem Reitverein). Das Vereinsvermögen reicht nicht aus, den erheblichen Steuerschaden zu decken.

Dieser Fall wird auch nach der Neuregelung zur persönlichen Haftung führen.

Insbesondere für die Organe des Vereins besteht das Risiko, in eine persönliche Haftung hineingezogen zu werden.

Diesem Risiko kann der Vorstand nur entgehen, wenn er sich an die Satzung hält und penibel darauf achtet, dass die steuerlichen Zwecke eingehalten und keine Mittel aus dem ideellen Bereich in den wirtschaftlichen Geschäftsbetrieb abfließen.

3.8 Gemeinnützige Körperschaften

3.8.1 Der gemeinnützige Verein im System des Vereinsrechts

Roland P. Weber

3.8.1.1 Allgemeine Grundlagen des Vereinsrechts

Grundtyp

Die weit überwiegende Zahl der gemeinnützigen Körperschaften sind Vereine. Man schätzt, dass es etwa 300.000 gemeinnützige Vereine gibt. Der gemeinnützige Verein ist der Grundtyp der gemeinnützigen Körperschaft.

Das Vereinsrecht ist in den §§ 21 bis 79 BGB geregelt. Das Verhältnis zwischen Vorstand und Verein regeln die §§ 664 ff. BGB (Auftragsrecht).

Zwischen dem eingetragenen und dem nicht eingetragenen Verein besteht steuerlich grundsätzlich kein Unterschied. Beide sind Zusammenschlüsse von einer gewissen Anzahl von Personen zur Erreichung eines bestimmten Zwecks und körperschaftlich organisiert. Der nicht rechtsfähige Verein ist Subjekt der Körperschaftsteuer, wenn die Mitglieder beim Ausscheiden keinen Anspruch auf Vermögensanteile haben und das Vermögen damit verselbstständigt ist.

3.8.1.2 Gründung eines Vereins

Satzung

Die Gründung eines Vereins erfolgt durch die Errichtung einer Satzung durch die Gründungsmitglieder in der Gründungsversammlung.

Drei – natürliche oder juristische – Personen

Ein Verein kann von mindestens drei – natürlichen oder juristischen – Personen begründet werden. Für die Eintragung ins Vereinsregister und der damit verbundenen Rechtsfähigkeit muss der Verein mindestens sieben Mitglieder haben.

Vereinsname

Bei der Eintragung prüft der Registerrechtspfleger, ob der Vereinsname noch frei ist und in der Satzung Bestimmungen zum

- Namen,
- Sitz,
- Zweck und
- darüber enthalten sind, dass der Verein ins Register eingetragen werden soll.

Weiter wird geprüft, ob die Satzung Regelungen enthält zum

- Eintritt und Austritt der Mitglieder,
- zur Beitragspflicht,
- zum Vorstand gemäß § 26 BGB,
- zur Form der Berufung der Mitgliederversammlung und
- zur Beurkundung der Beschlüsse.

Laut Satzung müssen Minderheitenrechte gewahrt werden. Der Tag der Errichtung der Satzung muss sich aus den eingereichten Unterlagen ergeben und die

Mindestens sieben Mitglieder

Satzung muss von mindestens sieben Mitgliedern unterschrieben sein.

Notariell beglaubigte Form

Die Satzungsurschrift, eine Satzungsabschrift und die Urkunde über die Vorstandsbestellung müssen in notariell beglaubigter Form beim Registergericht eingereicht werden.

Gesetzliche Regelungen

Die gesetzlichen Regelungen über die Bestellung und Geschäftsführung des Vorstands, die Beschlussfassung im Vorstand, Aufgaben der Mitglieder, Beschlussfassung der Mitgliederversammlung, Satzungsänderungen und Übertragbarkeit der Mitgliedschaftsrechte können in der Satzung geändert werden. Für Vereine gibt es einen erheblichen Gestaltungsspielraum, sich durch die Satzung eigene verbindliche Regeln zu geben. Nur für den Fall, dass eine Regelung in der Satzung fehlt, gelten die gesetzlichen Vorschriften.

3.8.1.3 Name des Vereins

Name des Vereins

Unter dem Namen des Vereins versteht man die Bezeichnung, unter der der Verein im Rechtsverkehr auftritt. Die Satzung des Vereins muss den Namen enthalten. Der Vereinsname ist namensrechtlich geschützt. Er darf von anderen nicht unbefugt übernommen werden. Bei Eintragung des Vereins in das Register wird nur geprüft, ob eine Verwechslungsgefahr mit anderen Vereinen am Sitz des Gerichts besteht. Der Name kann aus einem Fantasienamen bestehen. Er muss bis auf den Zusatz e. V. nicht deutsch sein.

Verwechslungsgefahr

Der Vereinsname darf nicht täuschen

Der Vereinsname darf nicht über Art, Zweck, Größe, Alter oder sonstige Verhältnisse des Vereins täuschen. Irreführend sind insbesondere Bezeichnungen, die den Eindruck einer öffentlich-rechtlichen Organisation erwecken. Ein Verein, der sich als Verband bezeichnet, muss eine entsprechend große Zahl von Mitgliedern haben oder einen Zusammenschluss mehrerer Vereine darstellen. Begriffe wie Stiftung, Kammer, Akademie etc. dürfen nur dann verwendet werden, wenn ein entsprechender Vereinszweck gegeben ist. Der Namenszusatz „Institut" ist nur zulässig, wenn es sich bei dem Verein um eine Einrichtung mit wissenschaftlich geschultem Personal handelt. Eine Jahreszahl im Vereinsnamen oder ein geografischer Zusatz dürfen nicht über das Gründungsdatum bzw. über das Gebiet, auf das sich die Tätigkeit des Vereins erstrekkt, täuschen.

Der Name des Vereins soll sich von anderen am selben Ort oder in derselben Gemeinde eingetragenen Vereinen unterscheiden.

Die Änderung des Vereinsnamens ist eine Satzungsänderung und erfordert entsprechende Mehrheiten der Mitgliederversammlung. Die Änderung muss zum Vereinsregister angemeldet werden.

Der Zusatz e. V. ist bei eingetragenen Vereinen fester Namensbestandteil und muss im Vereinsnamen geführt werden.

3.8.1.4 Mitgliedschaft im Verein

Mitglieder

Mitglieder eines Vereins können natürliche Personen, Personengesellschaften (auch die GbR) sowie juristische Personen des privaten und des öffentlichen Rechts sein.

In der Satzung kann festgelegt werden, dass nur natürliche oder juristische Personen Vereinsmitglied werden können. Auch an bestimmte Eigenschaften wie Beruf, Alter, Betriebszugehörigkeit kann die Mitgliedschaft gebunden werden. Dabei ist aber darauf zu achten, dass Einschränkungen hinsichtlich der Mitgliedschaft im Verein gegen Vorschriften über die Gemeinnützigkeit verstoßen können.

Eine Begrenzung der Mitgliederzahl kann die Gemeinnützigkeit ebenfalls gefährden.

Die Pflichten eines Mitglieds bestehen vor allem darin, den Beitrag zu bezahlen, den Vereinszweck zu fördern sowie sonstige, in der Satzung festgelegte Pflichten zu erfüllen.

Alle Mitglieder sind gleich zu behandeln. Für unterschiedliche Mitgliedergruppen können verschiedene Rechte und Pflichten bestimmt werden (z. B. Fördermitglieder, Ehrenmitglieder, passive Mitglieder). Die Sonderstellung von Mitgliedern muss in der Satzung verankert werden.

Eintritt von Mitgliedern

Die Satzung muss Bestimmungen über den Eintritt von Mitgliedern enthalten. Dies gilt für die Beitrittserklärung und die Aufnahme in den Verein. Die Form des Beitritts ist gesetzlich nicht geregelt, in der Satzung können also beliebige Aufnahmeverfahren festgelegt werden.

Nicht empfehlenswert

Nicht empfehlenswert ist eine Regelung, wonach die Mitgliedschaft bereits mit Beitrittserklärung zustande kommt. Der Verein verliert damit die Kontrolle über den Beitritt von Mitgliedern.

Es sollte ein Aufnahmeverfahren gewählt werden, das dem Verein die Kontrolle über die beitretenden Mitglieder ermöglicht und durch das der Verein dokumentieren kann, wann die Mitgliedschaft entstanden ist.

Der Verein kann Beitrittsgesuche immer zurückweisen. Ein gemeinnütziger Verein darf allerdings, weil er Interessen der Öffentlichkeit fördert, Mitglieder nicht grundsätzlich ausschließen, und auch der Mitgliederkreis von gemeinnützigen Vereinen darf nicht abgeschlossen oder dauerhaft nur sehr klein sein. Ein Anspruch einer Einzelperson auf Beitritt zum Verein besteht dadurch allerdings nicht.

Nur wenn die Satzung es vorschreibt, ist die Ablehnung eines Aufnahmeantrages zu begründen.

Hat ein Verein eine Monopolstellung oder eine erhebliche wirtschaftliche und soziale Machtstellung, kann ein Anspruch einer Einzelperson auf Aufnahme in den Verein bestehen. Dies gilt z. B. für Wirtschafts- und Berufsverbände sowie Gewerkschaften.

Ausübung der Mitgliedsrechte

Grundsätzlich müssen Mitgliedsrechte persönlich ausgeübt werden. Nur wenn die Satzung eine Übertragung der Rechte vorsieht, dürfen die Rechte von einem anderen als dem Mitglied ausgeübt werden. Die Mitgliedschaft ist weder übertragbar noch vererblich.

Austritt aus dem Verein

Die Satzung muss Bestimmungen über den Austritt der Mitglieder enthalten. Dieses Recht kann auch durch die Satzung nicht abbedungen werden. Die Satzung kann regeln, dass der Austritt nur zum Ende eines Geschäftsjahres erfolgen darf oder dass eine Kündigungsfrist gilt, die nicht länger als zwei Jahre sein darf. Die Satzung kann bestimmen, dass die Kündigung schriftlich erfolgen muss.

Fristlose Kündigung

Für eine fristlose Kündigung der Mitgliedschaft muss ein wichtiger Grund vorliegen. Ein wichtiger Grund ist gegeben, wenn ein Verbleiben im Verein bis zum Ablauf der Kündigungsfrist unter Berücksichtigung der gesamten Umstände eine unzumutbare Belastung bedeuten würde. Beitragserhöhungen sind in der Regel kein Grund für einen fristlosen Austritt. Anderes gilt, wenn die Beitragserhöhung sehr hoch ausfällt oder keine triftige Begründung für die Erhöhung vorliegt.

Ausschluss aus dem Verein

Fehlt eine Regelung in der Satzung, so ist der Ausschluss nur aus wichtigem Grund möglich. In der Satzung können Ausschlussgründe genannt werden wie

3

z. B. Rückstand mit Beitragszahlungen, vereinsschädigendes Verhalten, grober Verstoß gegen die Vereinsinteressen.

Enthält die Satzung darüber keine Regelung, ist für den Ausschluss grundsätzlich die Mitgliederversammlung zuständig.

Im Ausschlussverfahren ist das auszuschließende Mitglied zu beteiligen und ihm muss rechtliches Gehör gewährt werden. Das Mitglied muss die Möglichkeit erhalten, zu den Vorwürfen Stellung zu nehmen. Dem Mitglied müssen die Ausschlussgründe genannt werden, es erhält Einsicht in das Belastungsmaterial und ausreichend Zeit zur Stellungnahme.

Soll das Mitglied in einer Mitgliederversammlung ausgeschlossen werden, muss der Ausschluss als Tagesordnungspunkt bei der Einladung zur Mitgliederversammlung angegeben werden (unter pauschaler Angabe der Ausschlussgründe) und das Mitglied, das ausgeschlossen werden soll, muss namentlich benannt werden. Diese Angaben verlangt die Rechtsprechung, um den anderen Mitgliedern zu ermöglichen, sich hinreichend auf diesen Tagesordnungspunkt vorzubereiten.

Sind in der Satzung keine Rechtsbehelfe gegen den Ausschluss festgelegt worden, kann das ausgeschlossene Mitglied die allgemeinen Gerichte anrufen. Die Zivilgerichte prüfen den Ausschluss dahingehend, ob der Ausschluss auf Gesetz oder Satzung gestützt ist, ob das vorgeschriebene Verfahren eingehalten wurde und ob der Ausschluss nicht grob unangemessen oder willkürlich ist.

Die Satzung kann auch festlegen, dass die Überprüfung des Ausschlusses einem Vereins- oder Schiedsgericht übertragen wird.

Anrufung der staatlichen Gerichte

Die Anrufung der staatlichen Gerichte ist erst zulässig, wenn die vereinsinternen Rechtsmittel ausgeschöpft sind.

Die Klage auf Feststellung der Unwirksamkeit eines Beschlusses der Mitgliederversammlung ist gesetzlich an keine Frist gebunden, allerdings hat die Rechtsprechung dafür sehr kurze Fristen gesetzt. Aus der Treuepflicht des Mitglieds gegenüber dem Verein wird zum Teil eine Frist von einem Monat nach Bekanntgabe des Beschlusses an das ausgeschlossene Mitglied für angemessen erachtet.

Streichung von der Mitgliederliste

Die Streichung von der Mitgliederliste kann in einfach gelagerten Fällen zulässig sein wie z. B. Zahlungsrückstände, Änderung des Wohnsitzes sowie Wegfall besonderer Voraussetzungen für die Mitgliedschaft (Alter, Ehestand).

3.8.1.5 Mitgliederversammlung

Mitgliederversammlung

Die Mitgliederversammlung ist das oberste Organ des Vereins.

Häufig werden formale Fehler zum Anlass genommen, Beschlüsse der Mitgliederversammlung anzufechten. Es ist deshalb besonders wichtig, dass der Vorstand die gesetzlichen bzw. satzungsgemäßen Regelungen zur Einladung und Beschlussfassung beachtet.

Die Mitgliederversammlung ist grundsätzlich für alle Angelegenheiten zuständig, wenn diese nicht in der Satzung einem anderen Vereinsorgan übertragen wurden.

Sofern in der Satzung nichts anderes geregelt ist, gehört zu den Aufgaben der Mitgliederversammlung u. a. die Bestellung und Kontrolle des Vorstandes, die Beaufsichtigung des Vorstandes, die Beschlussfassung über Satzungsänderungen und Änderungen des Vereinszweck, die Beschlussfassung über die Auflösung des Vereins sowie die Erteilung von Weisungen an den Vorstand.

Die Mitgliederversammlung ist die Zusammenkunft der Mitglieder, wenn diese nach Ort und Zeit festgelegt ist.

Schriftlicher Beschluss

Ein Beschluss der Mitglieder ohne Versammlung ist nur wirksam, wenn alle Mitglieder schriftlich zustimmen. In der Satzung kann geregelt werden, dass auch schriftlich, per E-Mail etc. beschlossen werden kann. Da alle Mitglieder Zugang zum Internet haben müssten, ist eine Beschlussfassung per E-Mail nur bei entsprechender Satzungsregelung zulässig.

Zuständigkeit beim Vorstand

Zuständig für die Einberufung der Mitgliederversammlung ist, wenn die Satzung dies nicht anders regelt, der vertretungsberechtigte Vorstand gem. § 26 BGB.

Nach Beendigung seiner Amtszeit kann der Vorstand die Mitgliederversammlung nicht mehr einberufen. In diesem Zusammenhang gilt die Amtszeit als nicht beendet, solange der Vorstand im Vereinsregister eingetragen ist.

Der zuständige Vorstand kann mit der Einberufung auch einen Dritten beauftragen.

10 % der Mitglieder

Eine Minderheit von 10 % der Mitglieder kann die Einberufung der Mitgliederversammlung verlangen. Sie muss dies schriftlich unter Angabe des Zwecks und der Gründe tun. Die erforderliche Quote kann durch die Satzung abgeändert werden, allerdings darf sie nicht auf 50 oder mehr Prozent festgelegt werden.

Minderheitsverlangen

Kommt das zuständige Organ dem Minderheitsverlangen nicht nach, kann die Minderheit beim zuständigen Amtsgericht beantragen, sie zur Einberufung der Mitgliederversammlung zu ermächtigen. Dies ist in der Regel dann sinnvoll und erforderlich, wenn vom Vorstand Entscheidungen blockiert werden oder die Einberufung einer im Vereinsinteresse notwendigen Versammlung verweigert wird.

Bei der Einberufung der Mitgliederversammlung durch die Minderheit müssen die gesetzlichen und satzungsmäßigen Regelung zur Einberufung beachtet werden. Ist dies nicht der Fall, können auf der Mitgliederversammlung keine gültigen Beschlüsse gefasst werden. Für diese Mitgliederversammlung gelten dieselben Regelungen wie für eine ordentliche Mitgliederversammlung.

Die Form der Einladung zur Mitgliederversammlung kann von der Satzung frei bestimmt werden. Sie kann also mündlich, fernmündlich, per Brief, per E-Mail, durch Veröffentlichung in einer Zeitung oder durch Aushang im Vereinsheim erfolgen.

Die Einladung muss an die zuletzt bekannte Adresse des Mitglieds gehen. Adressänderungen, die dem Verein nicht mitgeteilt wurden, verhindern keine gültige Berufung der Mitgliederversammlung.

Die Frist zur Einladung kann in der Satzung festgelegt werden.

3

An der Mitgliederversammlung darf grundsätzlich jedes Mitglied teilnehmen, also auch Fördermitglieder.

Mitgliederversammlungen sind nicht öffentlich

Mitgliederversammlungen sind nicht öffentlich. Über die Teilnahme von Nichtmitgliedern an der Mitgliederversammlung entscheidet die Versammlung. Die Anwesenheit von Nichtmitgliedern kann auch in der Satzung geregelt werden.

Beschlüsse der Mitgliederversammlung sind nur dann gültig, wenn der Gegenstand der Beschlussfassung bei der Einberufung benannt wurde. Jedem Mitglied soll es vor der Versammlung möglich sein, zu prüfen, ob die anstehenden Beschlüsse seine Anwesenheit in der Versammlung erfordern. Deshalb kann über nachträglich aufgenommene Tagesordnungspunkte nach der gesetzlichen Regelung kein gültiger Beschluss gefasst werden. Durch die Satzung kann dies aber zugelassen werden.

Mit der Einladung zur Versammlung und Bekanntgabe der Tagesordnung sind weitere Beschlussgegenstände nicht mehr möglich.

Tagesordnung

In der Mitgliederversammlung selbst kann die Tagesordnung geändert werden. Die Änderung darf nur durch Beschluss der Mitgliederversammlung und nicht durch den Versammlungsleiters vorgenommen werden.

Gestattet die Satzung keine abweichende Regelung, kann über Dringlichkeitsanträge nur debattiert werden. Ein gültiger Beschluss über den Antrag ist nicht möglich.

Versammlungsleitung

Die Mitgliederversammlung wird von der in der Satzung bestimmten Person geleitet. Enthält die Satzung keine Regelung zur Versammlungsleitung, ist der Vorstand zuständig. Sind der Vorstandsvorsitzende oder sein Vertreter verhindert, können alle anderen Vorstandsmitglieder die Versammlung leiten.

Die Maßnahmen der Versammlungsleitung müssen erforderlich und verhältnismäßig sein und alle Mitglieder gleich behandeln.

Der Versammlungsleiter hat das Hausrecht. Mitglieder können von der Teilnahme an der Mitgliederversammlung ausgeschlossen werden, wenn ein wichtiger Grund vorliegt.

Empfehlenswert zum Ablauf der Versammlung ist folgende Vorgehensweise:

- Förmliche Eröffnung
- Feststellung, dass form- und fristgerecht einberufen wurde
- Feststellung der Beschlussfähigkeit
- Frage, ob Einwände dagegen bestehen
- Feststellung der Zahl der anwesenden Mitglieder
- Bekanntgabe der Tagesordnung, ergänzende Anträge dazu
- Verkündung der Abstimmungsergebnisse

Wird ein Antrag auf Schluss der Debatte gestellt, hat die Versammlung darüber zu entscheiden. Auch eine

Vertagung der Mitgliederversammlung kann nur von den Mitgliedern selbst beschlossen werden.

Werden Sachanträge gestellt, kann darüber nur beschlossen werden, wenn der Antrag in der Tagesordnung enthalten war. Erlaubt die Satzung Beschlüsse zur nachträglichen Ergänzung der Tagesordnung, kann darüber beschlossen werden.

Verfahrensanträge

Verfahrensanträge können ohne Ankündigung in der Tagesordnung gestellt und behandelt werden.

Protokoll

Über die Mitgliederversammlung ist ein Protokoll aufzunehmen. Bestimmt die Satzung nichts anderes, genügt es, wenn die Ergebnisse der Beschlüsse und Wahlen aufgezeichnet werden.

Einsichtnahme ins Protokoll

Für Einzelmitglieder besteht ein Recht auf Einsichtnahme ins Protokoll nur in der Geschäftsstelle. Herausgabe oder Zusendung von Kopien des Protokolls können Mitglieder nur bei entsprechender Satzungsvorschrift verlangen.

Beschlussfassungen der Mitgliederversammlung

Stimmabgabe

Die Stimmabgabe in der Mitgliederversammlung erfolgt grundsätzlich persönlich. Stimmvollmachten können erteilt werden, wenn die Satzung dies vorsieht. Auch Stimmabgaben wie z. B. per E-Mail können nur erfolgen, wenn dies in der Satzung zugelassen ist.

Sofern die Satzung keine Regelung zur Stimmabgabe vorsieht, legt der Versammlungsleiter das Verfahren fest. Im Zweifel sollte der Versammlungsleiter über den Abstimmungsmodus von der Mitgliederversammlung beschließen lassen.

Bei der Berechnung der Mindestzahl für die Beschlussfähigkeit werden alle stimmberechtigten anwesenden Mitglieder berücksichtigt.

Wenn eine bestimmte Mindestzahl von Mitgliedern vorgegeben ist, sollte auch eine Bestimmung zur Abhaltung einer zweiten Mitgliederversammlung bei Beschlussunfähigkeit in der Satzung geregelt sein. Sonst könnte die Beschlussunfähigkeit mangels erschienener Mitglieder zum Dauerzustand werden.

Mehrheitsberechnung

Bei Auszählung der Stimmen werden nur Ja- und Nein-Stimmen berücksichtigt. Enthaltungen und ungültige Stimmen werden nicht in die Mehrheitsberechnung einbezogen. Eine einfache Mehrheit ist gegeben, wenn die Zahl der Ja-Stimmen größer ist als die Zahl der Nein-Stimmen. Für eine einfache Mehrheit ist erforderlich, dass die Zahl der gültigen Ja-Stimmen die der gültigen Nein-Stimmen um wenigstens eine Stimme übertrifft. Absolute Mehrheit bedeutet, wenn in der Satzung nichts anderes definiert wurde, das Gleiche wie eine einfache Mehrheit. Die relative Mehrheit ist erreicht, wenn eine Beschlussalternative die meisten Ja-Stimmen bekam. Eine qualifizierte Mehrheit ist z. B. eine Dreiviertelmehrheit.

Stimmrecht

Grundsätzlich hat jedes Mitglied eine Stimme. In der Satzung kann Abweichendes geregelt werden. Einzelnen Mitgliedern oder Gruppen können erweiterte oder eingeschränkte Stimmrechte geehrt werden.

Eine Übertragung des grundsätzlich persönlich auszuübenden Stimmrechtes ist nur zulässig, wenn die Satzung dies vorsieht.

Juristische Personen üben das Stimmrecht durch ihren gesetzlichen Vertreter aus. In der Satzung kann eine Bevollmächtigung gestattet werden.

3.8.1.6 Der Vorstand

Der Vorstand ist zuständig für die Vertretung des Vereins und die Geschäftsführung.

Vorstand im Sinne der Satzung und im Sinne des § 26 BGB sind nicht immer identisch. Vorstand im Sinne des § 26 BGB ist nur, wer zur gerichtlichen und außergerichtlichen Vertretung des Vereins befugt ist. Der Vorstand im Sinne der Satzung, auch Gesamtvorstand genannt, umfasst auch Personen, die nicht gesetzlicher Vertreter des Vereins sind wie z. B. Kassierer, Schriftführer etc.

Wenn in der Satzung keine besondere Regelung über die persönlichen Voraussetzungen eines Vorstandsmitgliedes enthalten ist, kann auch ein Nichtmitglied in den Vorstand gewählt werden.

Die Bestellung des Vorstandes erfolgt durch Beschluss der Mitgliederversammlung. In der Satzung kann das anders geregelt werden. Die Bestellung des Vorstandes kann auf ein anderes Organ, z. B. einen Beirat, übertragen werden. Die Bestellung zum Vorstand wird wirksam mit der Annahme der Wahl durch den Gewählten. Die Vorstandsbestellung bedarf zur Wirksamkeit nicht der Eintragung ins Vereinsregister.

Vorstand und Verein

Für das Innenverhältnis zwischen dem Vorstand und dem Verein gelten die Regelungen des BGB über den Auftrag. Wenn nicht anderes vereinbart wurde, hat der Vorstand nur Anspruch auf Ersatz seiner Aufwendungen und ist, ehrenamtlich tätig. In der Satzung kann jedoch ein Entgelt für den Vorstand vorgesehen werden.

Die Vertretungsmacht des Vorstands ist grundsätzlich unbeschränkt und bezieht sich auf alle Rechtsgeschäfte, die innerhalb des Vereinszweckes liegen. Soll die Vertretungsmacht des Vorstands mit Wirkung gegenüber Dritten beschränkt werden, muss die Beschränkung im Vereinsregister eingetragen oder dem Dritten bekannt sein.

Geschäftsführung des Vorstands

Unter Geschäftsführung versteht man alle Handlungen, die der Vorstand für den Verein vornimmt. Jede Vertretungshandlung ist zugleich Geschäftsführung.

Der Vorstand darf die Geschäftsführung nicht generell auf eine andere Person übertragen. Für Einzelgeschäfte kann er Vollmacht erteilen und das für die Erledigung der Geschäfte erforderliche Hilfspersonal einstellen.

Sorgfaltspflicht

Der Vorstand muss vor allen Dingen seiner Sorgfaltspflicht genügen. Er haftet dem Verein für ein Verschulden bei Geschäftsführung. Er ist verpflichtet, das Vereinsvermögen zu erhalten. Er muss die fälligen Vereinsbeiträge von den Mitgliedern erheben und für den Erhalt einzelner Vermögensgegenstände sorgen. Bei Überschuldung des Vereins ist der Vorstand verpflichtet, die Eröffnung des Insolvenzverfahrens zu beantragen.

Insolvenzverfahren

Wird die Stellung des Insolvenzantrages schuldhaft verzögert, so sind die Vorstandsmitglieder, denen ein Verschulden anzulasten ist, den Gläubigern des Vereins für den durch die Verzögerung entstandenen Schaden haftbar. Die Pflicht zur Stellung des Insolvenzantrages trifft alle Vorstandsmitglieder, auch wenn Gesamtvertretung besteht. Dies gilt nur für die gesetzlichen Vertreter des Vereins, nicht aber für einen geschäftsführenden Vorstand, der keine Vertretungsmacht hat.

Der Vorstand ist gegenüber der Mitgliederversammlung rechenschaftspflichtig. Er muss dafür sorgen, dass die für eine ordnungsgemäße Rechnungslegung notwendigen Unterlagen vorhanden sind. Die Pflicht zur Buchführung kann er auf en Dritte übertragen, z. B. auf einen Steuerberater. Der Vorstand hat dann aber auch die Pflicht, dessen Tätigkeit in gewissen Zeitabständen zu überprüfen.

Weitere Pflichten des Vorstandes sind:

- Schweigepflicht über vertrauliche Mitteilungen und Vorgänge
- Einberufung der Mitgliederversammlung, wenn es das Interesse des Vereins erfordert
- Vornahme von Anmeldungen zum Vereinsregister

Vorstand und Mitgliederversammlung

Der Vorstand muss die Beschlüsse der Mitgliederversammlung mit der nötigen Sorgfalt ausführen. Gibt es keine anderen satzungsgemäßen Regelungen, so hat der Vorstand den Weisungen der Mitgliederversammlung nachzukommen.

Rechenschaftsbericht

In einem Rechenschaftsbericht des Vorstandes auf der Mitgliederversammlung wird diese über die Lage des Vereins informiert. Der Bericht ist sorgfältig, unmissverständlich, vollständig und wahr zu erstatten. Der Vorstand muss über alles berichten, was zur Beurteilung der Vereinsverhältnisse nötig ist. Zu berichten ist vor allem über:

- Zu- und Abgang von Mitgliedern
- Einnahmen und Ausgaben
- Besondere Ereignisse im Geschäftsjahr
- Jahresabschluss

Vergütung des Vorstands

Satzung

Anstellungsvertrag

Der Anspruch des Vorstands auf ein Entgelt für seine Arbeit richtet sich zunächst nach der Satzung. Ist in der Satzung eine Vergütung für die Vorstandsarbeit vorgesehen, bestimmt sich deren Höhe nach dem Anstellungsvertrag zwischen dem Verein und dem Vorstand.

Ehrenamtlich

Ist in der Satzung eine Vergütung für die Vorstandsarbeit nicht vorgesehen, ist die Vorstandsarbeit ehrenamtlich ausüben. In diesen Fällen kann der Vorstand lediglich seine Aufwendungen wie z. B. Porto oder Reisekosten geltend machen.

Schließt die Satzung eine Entlohnung des Vorstands aus („der Vorstand ist ehrenamtlich tätig"), gilt diese Regelung auch in steuerlicher Hinsicht. Die Gemeinnützigkeit verbietet eine Entlohnung des Vorstands allerdings grundsätzlich nicht. Äußert sich die Satzung nicht zur Vergütung, kann die Mitgliederversammlung eine Vergütung beschließen.

Schriftlicher Anstellungsvertrag

Die Vergütung muss dem Umfang der Tätigkeit angemessen sein. Zum Nachweis der Angemessenheit ist ein schriftlicher Anstellungsvertrag zu empfehlen.

Auch vereinsrechtlich darf keine Vergütung bezahlt werden, wenn die Satzung eine Vergütung ausschließt. Enthält die Satzung keine Regelung zur Vergütung, kann die Mitgliederversammlung eine Vergütung beschließen. Verbietet die Satzung eine Bezahlung, bedarf es einer entsprechenden Satzungsänderung durch die Mitgliederversammlung, wenn der Vorstand eine Vergütung erhalten soll. Wird ohne entsprechende Regelung eine Vergütung bezahlt, so kann der Verein die Vergütung wegen ungerechtfertigter Bereicherung zurückverlangen, es sei denn, der Vorstand wurde diesbezüglich entlastet.

Dauer des Vorstandsamtes

Grundsätzlich gilt die in der Satzung festgelegte Amtsdauer. Die Amtszeit beginnt mit der Annahme der Wahl.

Enthält die Satzung keine Regelung über die Amtsdauer des Vorstandes, so kann die Mitgliederversammlung über die Amtsdauer des Vorstandes beschließen.

Über das in der Satzung festgelegte Ende der Amtszeit hinaus gibt es keine Verlängerung der Amtsdauer des Vorstands. Vor dem Ende der Amtszeit eines Vorstandsmitglieds muss deshalb eine neue Wahl stattfinden, wenn der Verein mangels gesetzlichen Vertreters nicht handlungsunfähig werden soll.

Nicht handlungsunfähig

Es ist deshalb zu empfehlen, in der Satzung zu bestimmen, dass der Vorstand bis zur Bestellung eines neuen Vorstandes im Amt bleibt.

Abberufung des Vorstandes

Die Abberufung des Vorstandes ohne Amtsdauer ist jederzeit zulässig. Die Satzung kann regeln, dass der Widerruf nur aus wichtigem Grund erfolgen kann. Ein wichtiger Grund ist immer dann gegeben, wenn die Beibehaltung des Vorstands dem Verein bis zum Ablauf seiner Amtszeit nicht mehr zuzumuten ist. Dazu gehören z. B. grobe Pflichtverletzung oder Unfähigkeit zur angemessenen Geschäftsführung. In der Satzung können weitere wichtige Gründe festgelegt werden.

Der ehrenamtlich tätige Vorstand kann jederzeit von seinem Amt zurücktreten. Er darf dies allerdings nicht zur Unzeit tun. Dies bedeutet, dass er dem Verein ausreichend Zeit lassen muss, um das frei werdende Vorstandsamt neu zu besetzen. Wenn der Verein durch den Rücktritt handlungsunfähig wird, liegt immer ein Rücktritt zur Unzeit vor, wenn kein wichtiger Grund für den Rücktritt gegeben ist. Auch die Amtsniederlegung zur Unzeit ist grundsätzlich wirksam, verpflichtet allerdings den ehrenamtlich tätigen Vorstand zum Ersatz des durch den Rücktritt entstandenen Schadens.

3.8.1.7 Der nicht eingetragene Verein

Rechtsfähigkeit

Ein Verein erlangt die Rechtsfähigkeit durch Eintragung ins Vereinsregister. Als rechtsfähiger Verein ist er Träger von Rechten und Pflichten.

Nicht abdingbare Haftung

Auf den nicht eingetragenen Verein finden die auf den rechtsfähigen Verein geltenden Vorschriften entsprechende Anwendung, wenn nicht die fehlende Rechtsfähigkeit und die nicht abdingbare Haftung des für den nicht rechtsfähigen Verein Handelnden entgegenstehen.

Teilrechtsfähigkeit

Auch der nicht rechtsfähige Verein kann Träger von Rechten und Pflichten sein, ihm wird also zumindest Teilrechtsfähigkeit zuerkannt.

Der nicht rechtsfähige Verein ist eine Körperschaft im steuerrechtlichen Sinne und kann damit auch als gemeinnützig anerkannt werden, wenn die Voraussetzungen dafür wie bei jeder anderen Körperschaft auch vorliegen.

Aktiv Prozesse führen

Als Verein verklagt werden

Der nicht rechtsfähige Verein kann aktiv Prozesse führen und auch als Verein verklagt werden. Er ist erbfähig und nach der Rechtsprechung des BGH, wonach die Gesellschaft bürgerlichen Rechts ins Grundbuch eingetragen werden kann, müsste dies auch beim nicht rechtsfähigen Verein möglich sein.

Schuldner von Vereinsverbindlichkeiten

Da der Verein selbst Träger von Rechten und Pflichten sein kann, ist er auch Schuldner von Vereinsverbindlichkeiten und haftet mit seinem Vermögen.

Auch die Mitglieder eines nicht rechtsfähigen Vereins haften für Schulden des Vereins grundsätzlich nicht mit ihrem Vermögen. Hierzu muss ein besonderer Verpflichtungsgrund gegeben sein. Ein solcher Verpflichtungsgrund liegt vor, wenn das Mitglied für den Verein handelt und dann die Handelndenhaftung nach § 54 Satz 2 BGB greift.

Haftung des Handelnden

Handelnder im Sinne des § 54 Satz 2 BGB ist beim nicht eingetragenen Verein jeder, der nach außen für diesen erkennbar in dessen Namen als Teil der Vereinsorganisation rechtsgeschäftlich aufgetreten ist. Dies kann, muss aber nicht, der Vorstand sein. Unerheblich ist es, ob mit oder ohne Vertretungsmacht gehandelt worden ist. § 54 Satz 2 BGB begründet eine selbstständige gesetzliche Verpflichtung des Handelnden, eine Verbindlichkeit des nicht rechtsfähigen Vereins mit seinem Vermögen zu erfüllen. Inhalt und Umfang der Haftung bestimmen sich nach dem Geschäft mit dem Dritten. Der Handelnde wird aber nicht selbst Geschäftspartner. Hat er mit Vertretungsmacht gehandelt, so werden er und der Verein berechtigt und verpflichtet.

Unbeschränkte Haftung

Die Haftung des Handelnden ist unbeschränkt und nicht auf einen etwaigen Anteil am Vereinsvermögen oder nicht eingezahlte Mitgliedsbeiträge begrenzt.

Auch die Vorstände nicht rechtsfähiger Vereine haben deren steuerliche Pflichten zu erfüllen und dafür Sorge zu tragen, dass die Steuern aus dem Vereinsvermögen bezahlt werden.

Der Vorstand eines nicht rechtsfähigen Vereins haftet und, wenn ein solcher nicht vorhanden ist, haftet jedes Vereinsmitglied, wenn Ansprüche aus dem Steuerschuldverhältnis infolge vorsätzlicher oder grob fahrlässige Verletzung der ihnen auferlegten Pflichten nicht oder nicht rechtzeitig festgesetzt oder erfüllt werden.

Die mögliche Haftung der Mitglieder des nicht rechtsfähigen Vereins bedeutet eine Gefahr, die Mitgliedern eingetragener Vereine – von seltenen Ausnahmefällen abgesehen – nicht droht.

3.8.1.8 Der wirtschaftliche Verein

Im Normalfall wird ein Verein als sog. Idealverein ohne größeren Aufwand gegründet. Die Gründer müssen kein Eigenkapital aufbringen und dem Verein ist sogar freigestellt, ob Beiträge zu leisten sind.

Unternehmerische Betätigung

Dies kann Anreiz sein, die Rechtsform des Vereins zur unternehmerischen Betätigung zu missbrauchen. Aus Gründen des Gläubigerschutzes werden wirtschaftliche Vereine auf die dafür zur Verfügung stehenden handelsrechtlichen Gesellschaftsformen verwiesen. Nur wenn der Vereinigung die wirtschaftliche Betätigung in einer Kapitalgesellschaft nicht möglich oder zumutbar ist, kann dem Verein durch die Verwaltungsbehörde die Rechtsfähigkeit nach § 22 BGB verliehen werden.

Es sind drei Grundtypen wirtschaftlicher Vereine zu unterscheiden:

- Der Verein betätigt sich über den vereinsinternen Bereich hinaus unternehmerisch, nimmt wie ein Gewerbetreibender am Marktgeschehen teil und übt eine planmäßig und auf Dauer auf den Abschluss von Umsatzgeschäften gerichtete Tätigkeit

aus, um für sich oder seine Mitglieder Vorteile zu erlangen. Auf Gewinnerzielung muss diese Tätigkeit nicht gerichtet sein.
- Der unternehmerisch tätige Verein beschränkt seine planmäßige entgeltliche Tätigkeit auf einen aus seinen Mitgliedern bestehenden inneren Markt, wobei sich das Mitgliedschaftsverhältnis faktisch auf den Austausch von Waren und Dienstleistungen beschränken kann.
- Der Verein übt eine Tätigkeit aus, die einer Genossenschaft bzw. Kooperation entspricht, und übernimmt ausgelagerte unternehmerische Teilaufgaben seiner Mitglieder.

Die Verleihung der Rechtsfähigkeit durch die Verwaltungsbehörden wird äußerst restriktiv gehandhabt. In aller Regel sollen wirtschaftlich tätige Körperschaften ihre unternehmerischen Aktivitäten in Form einer Kapitalgesellschaft betreiben. Ausnahmen gelten insoweit nur für landwirtschaftliche Erzeugergemeinschaften.

3.8.1.9 Wirtschaftliche Tätigkeit eines Vereins

Nebentätigkeitsprivileg

Trotz einer dem nicht wirtschaftlichen Satzungszweck untergeordneten wirtschaftlichen Tätigkeit kann ein Verein wegen des Nebentätigkeitsprivilegs in das Vereinsregister eingetragen werden.

Das Nebentätigkeitsprivileg gilt, wenn der Verein in seiner Satzung einen nicht wirtschaftlichen Hauptzweck festgelegt hat, diesen auch tatsächlich verfolgt und die wirtschaftliche, d. h.unternehmerische Tätigkeit mit dem Vereinszweck vereinbar und diesem untergeordnet ist. Der Geschäftsbetrieb der Nebentätigkeit muss für die effektive Verfolgung des satzungsmäßigen nicht wirtschaftlichen Gesamtzwecks oder für ein funktionsfähiges Vereinsleben unentbehrlich sein. Eine Bewertung der Betrachtung zwischen Mittel und Zweck muss ergeben, dass die nicht wirtschaftliche Betätigung im Vordergrund steht und die wirtschaftliche Betätigung dem Hauptzweck funktionell untergeordnet ist.

3.8.1.10 Wirtschaftliche Betätigung von gemeinnützigen Vereinen

Gemeinnützige Vereine dürfen wirtschaftlich tätig sein. Die wirtschaftliche Betätigung erfolgt im Rahmen von wirtschaftlichen Geschäftsbetrieben oder durch steuerbefreite Zweckbetriebe (siehe Nr. 3.4.5 ff.).
Der Unterschied zu Wirtschaftsvereinen besteht darin, dass der gemeinnützige Verein satzungsgemäß steuerbegünstigte Zwecke verfolgt und die erzielten Überschüsse grundsätzlich zeitnah für gemeinnützige Zwecke zu verwenden hat, während die Gewinne eines Wirtschaftsvereins nur den Mitgliedern dieses Vereins zugute kommen sollen.

4 Spendenrecht und Stiftungsrecht

– Wie Sie rechtliche Anforderungen erfüllen und den Überblick behalten –

Inhaltsverzeichnis

4

4.1 Der Spendenbegriff

Alexander Putz

Die zentrale Norm des Spendenrechts bildet § 10b EStG. Diese Vorschrift beinhaltet jedoch keine gesetzliche Definition der Spende. Vielmehr verweist sie auf die verschiedenen Voraussetzungen für die steuerliche Anerkennung von Zuwendungen. Dennoch hat sich eine allgemein anerkannte Begriffsbestimmung des Spendenrechts herausgebildet.[1]

Definition der Spende

Spenden im steuerrechtlichen Sinne sind danach **Ausgaben, die freiwillig und unentgeltlich geleistet werden**. Diesen muss zudem ein **steuerbegünstigter Zweck** zugrunde liegen.[2]

4

Spenden werden zudem dem Bereich der privaten Lebensführung zugeordnet.[3] Sie sind grundsätzlich nicht abzugsfähig. Es kommt nur dann eine steuerlich vorteilhafte Auswirkung in Betracht, wenn sie Sonderausgaben darstellen.

Für die richtige Erfassung des Spendenrechts greift die zuvor genannte Definition jedoch zu kurz. Es ist

1) Bis zum Veranlagungszeitraum 2006 führte § 10b Abs. 1 EStG die Begriffe „Ausgaben" und „Zuwendungen" auf. Im Zuge der Reform des Spendenrechts wurden die Begriffe vereinheitlicht. Ab 01.01.2007 spricht das Gesetz übergeordnet von „Zuwendungen", worunter Spenden und Mitgliedsbeiträge verstanden werden. Für die folgende Darstellung wird der Übersichtlichkeit halber vornehmlich auf den sprachlich verbreiteten Begriff der Spende abgestellt. Spende und Zuwendung werden synonym verwendet.
2) Vgl. BFH, Urteil v. 25.11.1987, I R 126/85, BStBl. II 1988, 220
3) Zur „Spende" eines Unternehmens siehe Kapitel 4.5

vielmehr erforderlich, sich das tatsächliche Umfeld der Spende und ihre Beweggründe vor Augen zu halten.

Einordnung der Spende

Das Umfeld der Spende ist dabei üblicherweise durch folgende Interessen gekennzeichnet: Der – einkommensteuerpflichtige – Spender wendet einen Betrag auf oder überreicht Gegenstände, die einer gemeinnützigen Organisation zugutekommen sollen. Diese hat durch die „Einnahme" einen Vorteil, da sie nun über Mittel zur Förderung ihrer Zwecke verfügt. Diese Einnahmen werden im Grundsatz dem ideellen Tätigkeitsbereich der Organisation zugewiesen und nicht besteuert (**Interesse des Empfängers**).

Neben der Unterstützung gemeinnütziger Ziele besteht beim Förderer oftmals die weitere Absicht, den Wert seiner Spende steuerlich geltend zu machen. Da mit seiner Zuwendung an die gemeinnützige Organisation im Normalfall Aufgaben unterstützt werden, die eigentlich der öffentlichen Hand zufallen, gewährt der Staat durch den Spendenabzug solche steuerlichen Vorteile (**Interesse des Spenders**).

Wird so verfahren, so kommt dies auch dem Empfänger der Spende zugute. Denn die steuerliche Abzugsfähigkeit zieht i. d. R. eine höhere Bereitwilligkeit von Personen nach sich, überhaupt zu spenden. Der Spender genießt die steuerlichen Vorteile wiederum nur dann, wenn er sich an den vorgegebenen engen Rahmen des Spendenrechts hält. Ebenso hat der Spendenempfänger, um mit der Zuwendung steuerbegünstigt verfahren zu können, bestimmte rechtliche Vorgaben einzuhalten (**Interesse des Staates**).

Für die richtige Behandlung der Spende müssen sich Spender und Spendenempfänger zum einen an der Definition des Spendenbegriffs ausrichten. Zum anderen sollen die zugrunde liegenden wirtschaftlichen Beziehungen aller drei Seiten nicht unbeachtet bleiben: das Interesse des Spenders, des Spendenempfängers und des Staates.

4.1.1 Ausgaben und Aufwendungen

4

Um eine Spende darzustellen, muss zunächst eine bestimmte Ausgabe bzw. Aufwendung vorliegen. Das Spendenrecht entnimmt den Begriff der Ausgabe aus § 11 Abs. 2 EStG.

Ausgabe

Ausgaben sind alle Güter, die in Geld oder Geldeswert bestehen und beim Steuerpflichtigen abfließen.[1]

Endgültige wirtschaftliche Belastung

Erforderlich ist eine wirtschaftliche Belastung des Spenders, und zwar im Sinne eines endgültigen Vermögensopfers. Das Vermögen des Spenders muss messbar gemindert, das Vermögen des Empfängers der Spende muss messbar vermehrt worden sein. An einer endgültigen Belastung fehlt es, wenn beide Seiten derart in einem bestimmten wirtschaftlichen Zusammenhang stehen, dass von einem wirklichen Ab- und Zufluss keine Rede sein kann. Ein solches Verhältnis nimmt die Rechtsprechung beispielsweise an, falls zwischen beiden Personen eine Einheit im einkommensteuerlichen Sinne vorliegt.[2]

1) Birk / Kister in: Herrmann / Heuer / Raupach: Einkommensteuer- und Körperschaftsteuergesetz, § 11 EStG Rdnr. 101
2) Für Zuwendungen zwischen Eheleuten: BFH, Urteil v. 20.02.1991, X R 191/87, BStBl. II 1991, 690

Unerheblich ist, mit welchen finanziellen Mitteln und aus welchen Quellen der Spender seine Aufwendung bestreitet. Ebenso unerheblich ist grundsätzlich die Motivation des Spenders. Zu der bedeutsamen Abgrenzung der Spende als Sonderausgabe im Gegensatz zum Steuerabzug bei anderen Aufwendungen siehe die Ausführungen in Kapitel 4.3 (Spendenabzug).

4.1.2 Freiwilligkeit

4

Fehlen der rechtlichen Verpflichtung

Das Spendenrecht betrachtet eine Ausgabe als freiwillig, wenn ihr keine rechtliche Verpflichtung gegenübersteht. Sonstige wirtschaftliche oder sittliche Verpflichtungen zählen nicht hierzu und haben auf die spendenrechtliche Freiwilligkeit keinen Einfluss. Ebenso unschädlich ist es, wenn die Verpflichtung freiwillig eingegangen wurde. Rechtliche Verpflichtungen können sich aus vertraglichen Absprachen oder aus sonstigen rechtlichen Obliegenheiten ergeben.

An der Freiwilligkeit einer Spende fehlt es etwa bei:

- Zahlungen des Erben bedingt durch ein testamentarisches Vermächtnis des Erblassers
- Zahlungen an Einrichtungen aufgrund der Erfüllung öffentlich-rechtlicher Lasten

4.1.3 Unentgeltlichkeit

Fehlen einer Gegenleistung

Das Spendenrecht ist vom Fehlen einer Gegenleistung (Unentgeltlichkeit) gekennzeichnet. Sobald der Leistung des Spenders irgendeine Leistung des Spendenempfängers gegenübersteht (oder beide Seiten in einem bestimmten Zusammenhang stehen), erfolgt die Spende nicht mehr unentgeltlich.

Weite Betrachtungsweise: Leistungsaustausch

Maßgeblich ist hierbei weniger eine streng bürgerlichrechtliche als vielmehr eine erweiterte Betrachtungsweise. Es kommt entscheidend darauf an, ob die Zuwendung des Spenders unmittelbar und ursächlich mit einem (teilweisen) Leistungsaustausch zusammenhängt.[1)] Der Vorteil muss dabei nicht unbedingt wirtschaftlicher Natur sein. Eine pauschale Betrachtung verbietet sich jedoch; die Beurteilung bemisst sich stets anhand der Umstände des Einzelfalls.[2)]

Die Qualifizierung als Spende wurde abgelehnt bei:

- Zahlungen anlässlich einer Bewährungsauflage oder sonstigen gerichtlichen Auflage (Geldbuße)
- Mitgliedsbeiträgen oder sonstigen Aufwendungen, die eine geldwerte Nutzungsmöglichkeit beinhalten[3)]
- Ausgaben für Lose anlässlich einer Tombola[4)]
- Aufwendungen für Konzertkarten

1) BFH, Urteil v. 09.08.1989, I R 4/84, BStBl. II 1990, 237; BFH, Ureil v. 19.12.1990, X R 40/86, BStBl. II 1991, 234
2) BFH, Urteil v. 01.04.1960, VI 134/58 U, BStBl. III 1960, 231
3) BFH, Urteil v. 02.08.2006, BFH/NV 2006, 2339. Siehe auch die Ausführungen zum Spendenabzug bei Mitgliedsbeiträgen in Kapitel 4.3.1.3
4) BFH, Urteil v. 29.01.1971, VI R 159/68, BStBl. II 1971, 799

Gewisser Eigennutz ist unschädlich

Die Spende muss grundsätzlich um der Sache willen, also ohne Erwartung eines bestimmten Vorteils vorgenommen werden. Eine gewisse eigennützige Absicht des Spenders ist jedoch unschädlich. Auch einen lediglich mittelbaren wirtschaftlichen Vorteil darf sich der Förderer erhoffen. So ist es für die Qualifizierung als Spende unschädlich, wenn sich der Spender durch seine Zuwendung besonders herausstellt bzw. mit der Spende eine gesellschaftliche Anerkennung einhergeht. Die Grenze des unschädlichen Eigennutzes ist stets dort erreicht, wo mit der Aufwendung ein unmittelbarer Leistungsaustausch verbunden ist. Hauptmotiv für die Spende muss immer die Förderung eines steuerbegünstigten Zwecks bleiben.

Abgrenzung zu Sponsoring

In diesem Zusammenhang bewegt sich auch die Abgrenzung der Spende zum Sponsoring.[1] Sponsoring wird bezeichnet als Gewährung von Geld oder geldwerten Vorteilen durch Unternehmen. Mit dieser Leistung werden jedoch unmittelbar eigene Ziele im Sinne von Werbung und Öffentlichkeitsarbeit verfolgt. Ist durch die Sponsoringleistung etwa beabsichtigt, das positive Image der unterstützten Organisation auf das eigene Unternehmen zu übertragen (Imagetransfer), so liegt hierin der Leistungsaustausch. Sponsoringaufwendungen weisen im Unterschied zu Spendenausgaben Gegenleistungscharakter auf. Sie sind damit Betriebsausgaben.[2]

Auch die unentgeltliche Zuwendung durch ein Unternehmen bewegt sich außerhalb des Spendenrechts im Sinne des Einkommensteuerrechts. Die Abzugsfähig-

1) Mehr zum Sponsoring siehe Bagusat / Marwitz / Vogl (Hrsg.): Handbuch Sponsoring, 2007; Hermanns / Marwitz: Sponsoring, 3. Auflage, 2008

2) Siehe unten Kapitel 4.5.1

keit nach § 10b EStG gilt nur für (un-)beschränkt Steuerpflichtige und berührt allein die private Lebensführung.[1]

4.1.4 Zweck der Spende

Förderung steuerbegünstigter Zwecke

Um in den Genuss eines steuerlichen Vorteils zu kommen (Steuerabzug), muss der Spender mit der freiwilligen und unentgeltlichen Aufwendung zwingend einen besonderen Zweck verfolgen. Im Zuge der Reform des Gemeinnützigkeitsrechts ist dies gem. § 10b Abs. 1 Satz 1 EStG die Förderung steuerbegünstigter Zwecke im Sinne der §§ 52 bis 54 AO, also:

- gemeinnützige Zwecke (§ 52 AO)
- mildtätige Zwecke (§ 53 AO)
- kirchliche Zwecke (§ 54 AO)

Es bestehen jedoch Einschränkungen. Steuerbegünstigte Zuwendungen sind in erster Linie Spenden. Nur unter bestimmten Voraussetzungen sind Mitgliedsbeiträge (Umlagen und Aufnahmegebühren) von der Begünstigung umfasst. Auch das Ausmaß der steuerlichen Anerkennung der Ausgabe, also die Höhe des Spendenabzugs, begegnet Grenzen. Näheres hierzu wird im Kapitel 4.3 ausgeführt.

1) Mehr zur Unternehmensspende siehe Kapitel 4.5

4.1.5 Kategorien von Spenden

Spendenarten

Spenden lassen sich in verschiedene Arten einteilen. Die steuerrechtliche Beurteilung einer Spende hängt davon ab, welcher Kategorie sie zuzuordnen ist. Dabei kommen in Betracht:

- Geldspenden / Sachspenden
- Aufwandsspenden
- Spenden aus Privatvermögen oder aus Betriebsvermögen

Spenden sind freiwillige und unentgeltliche Aufwendungen zur Förderung steuerbegünstigter Zwecke.

Die Spende bewegt sich im Mittelfeld verschiedener Interessen. Nur wenn ihre Voraussetzungen beachtet werden, bringt sie steuerliche Vorteile.

Ausgaben, die wegen einer rechtlichen Pflicht oder im Zusammenhang mit einer Gegenleistung getätigt werden, sind keine Spenden.

Die Spende muss nicht uneigennützig erfolgen.

4.2 Geldspende und Sachspende

Alexander Putz

Ausschluss von Nutzungen und Leistungen

Spenden sind grundsätzlich in Form von Geld- oder Sachspenden möglich. Zuwendungen in Form von unentgeltlichen Leistungen (etwa die ehrenamtliche Tätigkeit oder sonstige freiwillige Arbeitsleistungen für die Organisation) fallen nicht hierunter. Ebenso wenig zählt die Zuwendung einer unentgeltlichen Nutzung als Spende. Damit sind z. B. Nutzungsüberlassungen von Wirtschaftsgütern (Überlassung von Räumen, Fahrzeugen) gemeint.[1]

4.2.1 Geldspende

Geldspende

Die Geldspende ist eine betragsmäßige Aufwendung des Förderers in einer gültigen Währung. Aus dessen Vermögen fließen also Zahlungsmittel ab und werden dem Vermögen des Spendenempfängers in bar oder durch sonstige Transaktionen zugewendet.

Diese Spendenkategorie beinhaltet grundsätzlich keine weiteren Besonderheiten. Bisweilen wird jedoch als eine Unterart der Geldspende die Aufwandsspende bezeichnet (dazu mehr unter Kapitel 4.2.3).

1) Abweichende Behandlungen von unentgeltlichen Überlassungen sind möglich: siehe BFH, Urteil v. 08.08.1990, X R 149/88, BStBl. II 1991, S. 70 betreffend das Leasing

4.2.2 Sachspende

Sachspende

Neben der Zuwendung von Geld kommt auch die Zuwendung von Wirtschaftsgütern infrage (Sachspende). Wirtschaftsgüter im steuerrechtlichen Sinne sind dabei nicht nur Sachen als körperliche Gegenstände, sondern auch Rechte (z. B. Nießbrauch). Dementsprechend kann die Zuwendung eine Abtretung, ein Forderungserlass oder die Übergabe von Gegenständen sein. Durch die Zuwendung einer Sache muss dem Empfänger das Eigentum an dieser nach zivilrechtlichen Grundsätzen verschafft werden. Ob Blut- und Organspenden ebenfalls unter den Begriff der Sachspende fallen, wird nicht einheitlich beantwortet.[1)]

Beispiele für Sachspenden

Beispiele für Sachspenden sind:

- Abgabe von Sportgerät eines Sportgeschäfts an einen Skiverein
- Schenkung eines Grundstücks durch einen Unternehmer an einen Jugendhilfeverein

Wertermittlung nach Herkunft der Sache

Um die Sachzuwendung steuerlich zu erfassen, muss ein bestimmter Betrag angesetzt werden. Der Wert der Sache ist zu ermitteln. Das Spendenrecht unterscheidet hierbei danach, ob das Wirtschaftsgut aus dem Privat- oder Betriebsvermögen des Spenders herrührt.

---

1) Näheres siehe bei *Brandt* in: Hermann/Heuer/Raupach: Einkommensteuer- und Körperschaftsteuergesetz, § 10b Rdnr. 138

4.2.2.1 Sachspende aus Privatvermögen

Gemeiner Wert = Marktwert

Entstammt das zugewendete Wirtschaftsgut dem Privatvermögen des Spenders, so richtet sich sein Wert stets nach dem sogenannten gemeinen Wert (§ 10b Absatz 3 Satz 3 EStG). Der gemeine Wert einer Sache bzw. eines Wirtschaftsgutes ist der Marktwert. Bei mehreren Gegenständen ist der Marktwert jedes Einzelnen davon zu ermitteln, soweit es sich nicht um Massenware handelt. Gemäß § 9 Absatz 2 BewG ist als Marktwert der Preis zu ermitteln, der im gewöhnlichen Geschäftsverkehr nach der Beschaffenheit der Sache bei einer Veräußerung zu erzielen wäre. Dieser beinhaltet auch die anfallende Umsatzsteuer.

Gebrauchte Sachen

Die Wertermittlung kann schwierig werden, wenn es sich bei den Sachen um gebrauchte Wirtschaftsgüter oder besondere Einzelstücke (z. B. Tiere, Kunstgegenstände) handelt. Dann muss der Wert anhand des ursprünglichen Anschaffungspreises der Sache sowie ihrer gegenwärtigen Qualität, ihres Alters und Zustands ermittelt werden. Eventuell ist eine Schätzung notwendig. Die Finanzverwaltung kann dabei in Zweifelsfällen einen Nachweis über die Höhe des angesetzten Wertes verlangen. Bei pauschaler Bewertung kommt ein Spendenabzug nicht in Betracht.[1]

Neue Sachen

Ist Gegenstand der Sachspende ein neues Wirtschaftsgut, welches der Spender unmittelbar zuvor erworben hat, so kann der Einkaufspreis als Wert angesetzt werden. Über die Vorlage der entsprechenden Rechnung

1) So im Falle von gebrauchten Kleidern: OFD Hannover, Verfügung v. 30.12.1997, S 2223 - 212 - StO 242, S 2223 - 308 - StH 215, StEK EStG § 10b Nr. 301. Bei gebrauchter Kleidung stellt sich zudem die Frage, ob sie überhaupt noch einen Marktwert hat.

hinaus muss i. d. R. kein weiterer Marktwert ermittelt werden.

Änderung durch das JStG 2009

Das **Jahressteuergesetz 2009**, das zum 01.01.2009 in Kraft trat, sieht eine gewisse **Änderung bei der Sachspende** vor. Sachspenden sind zwar auch weiterhin grundsätzlich mit dem gemeinen Wert anzusetzen. Dieser ist ab dem Veranlagungszeitraum 2009 jedoch nur noch maßgebend, wenn durch die Spende kein Besteuerungstatbestand vorliegt bzw. wenn keine Gewinnrealisierung eintritt. Andernfalls bestimmt sich die Höhe der Zuwendung nach den fortgeführten Anschaffungs- oder Herstellungskosten.

4.2.2.2 Sachspende aus Betriebsvermögen

Die Wertermittlung gestaltet sich anders, falls das Wirtschaftsgut unmittelbar[1] vor seiner Zuwendung dem Betriebsvermögen entnommen wurde (§ 10b Absatz 3 Satz 2 EStG). Dabei kann es sich um das Betriebsvermögen eines Einzelunternehmens oder das einer Personengesellschaft handeln. „Entnahmen" des Steuerpflichtigen aus dem Betriebsvermögen einer Kapitalgesellschaft kommen begriffsnotwendig nicht infrage, da es bei diesen Unternehmensformen keine Entnahme vom Unternehmens- in den Privatbereich geben kann. Es sind allenfalls Spenden als Betriebsausgabe denkbar, die über die Regeln des Körperschaftsteuergesetzes abziehbar sein können (siehe hierzu Kapitel 4.5).

1) *Brandt* in: Hermann/Heuer/Raupach: Einkommensteuer- und Körperschaftsteuergesetz, § 10b Rdnr. 145 lässt es für die Unmittelbarkeit genügen, wenn Entnahme und Spende im selben Kalenderjahr erfolgen.

Wahlrecht des Spenders

Es kommen zwei verschiedene Bewertungsmaßstäbe in Betracht, zwischen denen der steuerpflichtige Spender ein Wahlrecht hat: die Bewertung nach dem **Teilwert** oder nach dem **Buchwert** der Sache.

Hintergrund des Wahlrechts

Hintergrund des Wahlrechts ist folgender: Stammt das Wirtschaftsgut aus einem Betrieb, so „spendet" nicht der Betrieb. Vielmehr geht das Steuerrecht davon aus, dass der Spender die Sache in einem ersten Schritt dem Betrieb entnimmt, sie also in seine private Sphäre überführt. Anschließend wird er sie in einem zweiten Schritt der gemeinnützigen Organisation zuwenden. Nur so kann er die Spende für seine Einkommensteuer überhaupt ansetzen, denn Spendenrecht betrifft immer den Bereich der privaten Lebensführung.

Die Entnahme ist beim jeweiligen Betrieb zu verbuchen und erhöht grundsätzlich dessen Gewinn. Der Spender hat sich schon bei der Entnahme zu entscheiden, ob er den Teilwert oder den Buchwert des Gegenstands ansetzt. Beide Werte sind regelmäßig unterschiedlich. Der gewählte Entnahmewert hat Auswirkungen auf die steuerliche betriebliche Situation und die Bewertung der Spende.

Ansatz des Teilwertes

Teilwert

Der Teilwert ist der Betrag, den ein fiktiver Erwerber eines Gesamtunternehmens im Rahmen des Gesamtkaufpreises dem jeweiligen Wirtschaftsgut zubilligen würde. Die Umsatzsteuer ist ggf. hinzuzurechnen.

Beispiel: Im betrieblichen Vermögen eines Einzelunternehmens befindet sich ein gebrauchter Pkw, der einem Verein gespendet werden soll. Das Fahrzeug wurde seinerzeit als Neuwagen angeschafft und die gezahlte Umsatzsteuer geltend gemacht. Ein fiktiver Erwerber würde für den Pkw 5.000,00 Euro ansetzen. Zuzüglich der Umsatzsteuer beträgt der Teilwert daher 5.950,00 Euro. Der Unternehmer kann den Pkw zu diesem Wert dem Betriebsvermögen entnehmen. Hierdurch verbucht der Betrieb eine Einnahme. Da der Spender für die Entnahme den Teilwert gewählt hat, überträgt sich dies unmittelbar auf den Wert der Sachspende. In derselben Höhe von 5.950,00 Euro kann er dem Verein den Pkw als Sachspende zukommen lassen. Steuerlich können insgesamt 5.950,00 Euro als Sonderausgabe geltend gemacht werden.[1] Die zugerechnete Umsatzsteuer entfällt aber, wenn der Pkw seinerzeit ohne ausgewiesene Umsatzsteuer angeschafft wurde (etwa als Kauf von privat). Dann beträgt der Teilwert in dem Beispiel 5.000,00 Euro.

Ansatz des Buchwertes

Buchwert

Der Buchwert ist der Betrag, mit dem das Wirtschaftsgut in den Geschäftsbüchern des Betriebs und damit in der Bilanz erfasst ist. Grundsätzlich ist das der Betrag der ursprünglichen Anschaffungskosten, der um die gesetzlichen Abschreibungen vermindert wurde. Der Steuerpflichtige hat alternativ zum Teilwert die Möglichkeit, für die Entnahme diesen Buchwert anzusetzen, wenn das Wirtschaftsgut für steuerbegünstigte Zwecke gespendet werden soll (sogenanntes Buchwertprivileg, § 6 Absatz 1 Nummer 4 Satz 5 EStG). Der

1) Zu den Grenzen des Spendenabzugs siehe Kapitel 4.3.2

Ansatz des Buchwertes für die Sachspende kann jedoch nur dann erfolgen, wenn das Wirtschaftsgut unmittelbar zuvor dem Betriebsvermögen zum Buchwert entnommen wurde. Um das Buchwertprivileg nutzen zu können, muss mit anderen Worten zwischen Entnahme und anschließender Spende ein enger zeitlicher Zusammenhang bestehen.

Beispiel zum Buchwert

Beispiel: Der Pkw wurde seinerzeit als Neuwagen inklusive der Umsatzsteuer angeschafft. In den Geschäftsbüchern des Betriebs wird der Pkw bedingt durch die Abschreibungen noch mit einem Wert von 1.000,00 Euro geführt. Die Entnahme kann dann zuzüglich der Umsatzsteuer erfolgen. Wurde bei Anschaffung keine Umsatzsteuer entrichtet, so entfällt diese auch im Fall der Entnahme. Der jeweils ermittelte Wert wirkt sich wiederum auf den Wert der – unmittelbar folgenden – Sachspende aus, sodass der Spender die Zuwendung in derselben Höhe steuerlich geltend machen kann.

4.2.2.3 Auswirkungen der Entnahme

Entnahmewert als Obergrenze

Die Entnahme kann also entweder zum Teilwert oder zum Buchwert erfolgen. Der Wert der Spende richtet sich dann nach diesem Entnahmewert. Keinesfalls darf der Spendenbetrag jedoch über den Wert hinausgehen, der bei der Entnahme des Wirtschaftgutes aus dem Betrieb angesetzt wurde (§ 10b Absatz 3 Satz 2 EStG). Die Spendenbescheinigung darf insoweit keinen abweichenden Wert angeben. Der Spendenempfänger muss darauf achten, über diesen Entnahmewert Nachweise zu erhalten. Entsprechende Dokumente des Spenders sind zusammen mit der Spendenbescheinigung aufzubewahren.

Ertragsteuerliche Folgen

Jede Entnahme aus dem Betriebsvermögen eines Unternehmens hat steuerliche Folgen. Die Entnahme erhöht den Gewinn des Unternehmens; diesen hat es zu verbuchen. Entsprechend steigt seine Steuerbelastung, denn es fallen um diesen Gewinn erhöhte Gewerbesteuer (falls eine Gewerbesteuerpflicht besteht) und persönliche Einkommensteuer (mit Kirchensteuer und Solidaritätszuschlag) des Unternehmers an. Wird die Spende als Sonderausgabe voll anerkannt, so kann die Einkommensteuerbelastung (mit Kirchensteuer und Solidaritätszuschlag) zwar ausgeglichen werden (siehe zum Spendenabzug Kapitel 4.3). Es verbleibt – bei Gewerbebetrieben – jedoch die Belastung mit der Gewerbesteuer.

Umsatzsteuerliche Folgen

Aus umsatzsteuerlicher Sicht ist mit der Entnahme aus dem Unternehmen an den Privatbereich regelmäßig von einer Wertabgabe (Lieferung) auszugehen. Die Entnahme und damit die Spende unterliegen damit grundsätzlich der Umsatzsteuer. Voraussetzung für die Umsatzbesteuerung ist aber, dass der Gegenstand der Sachspende zum Vorsteuerabzug berechtigt hat. Maßgeblich ist, ob das Wirtschaftsgut bei seiner Anschaffung der Umsatzsteuer unterlag.

Auswirkung des Teilwertes

Aufdeckung stiller Reserven

Wird bei der Entnahme der Teilwert angesetzt, so kann dies nachteilige Folgen für den Betrieb haben. Durch diesen Vorgang werden regelmäßig stille Reserven aufgedeckt, die zu einer erhöhten Steuerlast des Betriebs führen. Stille Reserven bestehen aus der Differenz zwischen dem Buchwert und Verkehrswert des Wirtschaftguts zum Zeitpunkt der Entnahme. Im aufgezeigten Beispiel ist die Differenz zwischen Buchwert

(1.000,00 Euro) und Teilwert (5.000,00 Euro) ein Betrag von 4.000,00 Euro. In Höhe des Betrages von 5.000,00 Euro steigt der Gewinn des Betriebs. Die Differenz unterliegt im Ergebnis der Besteuerung. Andererseits lautet der Wert der Spende auch auf die Höhe des Teilwertes. Macht der Teilwert einen hohen Betrag aus, so kann der Steuerpflichtige einen entsprechend hohen Betrag als Sonderausgabe von der Einkommensteuer abziehen.

Auswirkungen des Buchwertes

Der Vorteil des Buchwertes ist zunächst, dass derartige stille Reserven nicht aufgedeckt werden. Zum Ansatz kommt allein der Buchwert; Differenzen zwischen zwei Werten werden nicht sichtbar. Allerdings fallen auch der Spendenabzug und damit die steuerlichen Vorteile für den Spender geringer aus, da der Buchwert regelmäßig niedriger ist.

Für den Spender ist oftmals fraglich, zu welchen Werten - Buchwert oder Teilwert - er die Sache aus dem Betriebsvermögen entnehmen soll. Dabei geht es regelmäßig um die Frage nach den steuerlichen Auswirkungen. Diese können zwar nicht pauschal beurteilt werden und richten sich immer nach dem Einzelfall. Dennoch soll anhand der nachstehenden Beispiele versucht werden, die Auswirkungen zu verdeutlichen.

4.2.2.4 Konkretisierung der steuerlichen Folgen

Beispiel zum Buchwert

Beispiel zum Buchwert

Im betrieblichen Vermögen eines Einzelunternehmens befindet sich der Pkw zum Wert von 1.000,00 Euro. Umsatzsteuer fiel beim Kauf seinerzeit an. Der Betrag ist nach den Abschreibungen ermittelt und in den

Büchern des Unternehmens aufgeführt (Buchwert). Der Pkw soll als Sachspende aus dem Privatvermögen an einen gemeinnützigen Verein zugewendet werden.

Wird der Buchwert angesetzt und der Pkw „aus dem Betrieb entfernt“, so geschieht dies durch seine Ausbuchung. Die Entnahme wird buchungstechnisch zum einen als Anlagenabgang angesehen und mindert den Gewinn (1.000,00 Euro). Gleichzeitig wird die Entnahme wie ein Erlös aus einem Anlagenverkauf betrachtet und wirkt sich damit gewinnerhöhend aus.

Gewerbesteuerliche Folgen

Im vorliegenden Fall gleichen sich beide Werte aus. Ein steuerbarer Gewinn fällt im Ergebnis nicht an. Auf einen nicht existierenden Gewinn kann auch keine Gewerbesteuer erhoben werden. Sollte der Betrieb generell gewerbesteuerpflichtig sein, hat er bei einer solchen Entnahme zum Buchwert keine Gewerbesteuer zu entrichten. In dieser Hinsicht ist der Buchwert vorteilhaft.

Einkommensteuerliche Folgen

Auf der anderen Seite kann im Rahmen der Einkommensteuer grundsätzlich zwar eine Spende geltend gemacht werden, die sich auf die Einkommensteuerbelastung mindernd auswirkt. Die Umsatzsteuer ist, da sie anfiel, dem reinen Buchwert hinzuzurechnen und erhöht den Spendenwert. Ein höherer Betrag als 1.000,00 Euro zuzüglich des entsprechenden Umsatzsteuerbetrags kommt jedoch nicht in Betracht. Über diesen kann der Spender einen Sonderausgabenabzug geltend machen.[1)]

1) Zu den Grenzen des Spendenabzugs siehe Kapitel 4.3.2

Umsatzsteuerliche Folgen

Bezüglich der Umsatzsteuer ist allerdings zu beachten, dass diese sich für den Entnahmevorgang nicht aus dem reinen Buchwert (1.000,00 Euro), sondern grundsätzlich aus dem sogenannten Wiederbeschaffungswert ermittelt. Dieser kann erheblich höher liegen als der Buchwert. Nimmt man diesen Wiederbeschaffungswert etwa mit 5.000,00 Euro an, so errechnet sich die Umsatzsteuer von 19 % auf 950,00 Euro. Dieser Betrag belastet den Betrieb unmittelbar, da er zeitnah an das Finanzamt abzuführen ist. Demgegenüber kann für eine Spende nur der Buchwert zuzüglich der so ermittelten Umsatzsteuer angesetzt werden. Beträgt dieser wie im Beispiel 1.000,00 Euro, so lautet der für die Spende maßgebliche Betrag auf 1.950,00 Euro. Die mögliche Steuerersparnis im Rahmen der Einkommensteuer erfolgt zu einem wesentlich späteren Zeitpunkt als dem, zu welchem die Umsatzsteuer abzuführen ist.

Fiel beim Kauf seinerzeit überhaupt keine Umsatzsteuer an, so hat sie für die weitere Entnahme und die Spende auch keinerlei Bedeutung. Der Buchwert von 1.000,00 Euro im vorherigen Beispiel erhöht sich daher nicht; entsprechend kann die Spendenquittung auch nur über einen Betrag von 1.000,00 Euro lauten.

Beispiel zum Teilwert

Beispiel zum Teilwert

Im betrieblichen Vermögen eines Einzelunternehmens befindet sich derselbe Pkw zum Buchwert von 1.000,00 Euro. Ein potenzieller Käufer würde für diesen jedoch 5.000,00 Euro ansetzen (Teilwert). Ebenfalls soll der Wagen seinerzeit mit Umsatzsteuer angeschafft worden sein.

Gewerbesteuerliche Folgen

Wird zum Teilwert entnommen, so erfolgt ebenfalls eine Ausbuchung. Es entsteht eine Belastung in Höhe von 1.000,00 Euro, der jedoch ein Gewinn in Höhe von 5.000,00 Euro gegenübersteht. Die Differenz von 4.000,00 Euro unterliegt der Gewerbesteuer. Setzt man diese bei üblichen 15 % fest, so entsteht dem Betrieb eine Gewerbesteuerbelastung von 600,00 Euro.

Einkommensteuerliche Folgen

Im Rahmen der Einkommensteuer kann der private Spender andererseits einen vergleichsweise höheren Spendenabzug als bei der Entnahme zum Buchwert geltend machen. Nach diesem Beispiel beträgt er 5.000,00 Euro zuzüglich der Umsatzsteuerbelastung von 950,00 Euro.

Umsatzsteuerliche Folgen

Bei der Umsatzsteuer ergibt sich, dass der Steuersatz von 19 % auf den Erlös (5.000,00 Euro) anfällt. Dieser ist wiederum umgehend an das Finanzamt zu überweisen. Wie beim Buchwert gilt auch hier, dass die Umsatzsteuerberechnung keine Rolle spielt, wenn die Sache seinerzeit ohne Umsatzsteuer angeschafft wurde.

Fazit

Im Ergebnis lässt sich festhalten: Auch wenn die steuerlichen Ebenen zwischen Privat (Einkommensteuer) und Betrieb (Gewerbesteuer) zwar grundsätzlich zu trennen sind, hat sich der Spender, der zugleich auch Unternehmer ist, bei der Sachspende bzw. vor der Entnahme dennoch sämtliche steuerlichen Konsequenzen auszurechnen. Kommt es ihm auf eine geringere persönliche Einkommensteuerbelastung an oder auf eine geringere Gewerbesteuerbelastung seines Betriebs? Schließlich ist bei sämtlichen Entnahmevorgängen immer die zeitnahe betriebliche Abführungspflicht der Umsatzsteuer im Auge zu behalten.

Letztlich sind für eine steuerliche Beratung weitere Umstände entscheidend, wie etwa der persönliche Steuersatz, die Frage nach der erfolgten Ausschöpfung der Spendenobergrenze oder auch der Umstand, ob der Betrieb generell der Gewerbesteuerpflicht unterliegt.

4.2.3 Aufwandsspende

Aufwandsspende

Im Zusammenhang mit aufgewendetem Geld und zugewendeten Sachen kennt das Spendenrecht eine weitere Spendenart. Ist dem Förderer ein gewisser finanzieller Aufwand entstanden, so kann er gegenüber der gemeinnützigen Organisation auf seine Entschädigung verzichten. Der Betrag, auf den verzichtet wird, kann dann als Spende infrage kommen (Aufwandsspende, § 10b Absatz 3 Satz 4 EStG).

Geldaufwendungen

Der Aufwand kann dabei auf verschiedene Arten entstanden sein. Zunächst kommen direkte **Geldaufwendungen** in Betracht. Dem Förderer können etwa Reisekosten (Fahrt- und Übernachtungskosten) und ein Mehraufwand für Verpflegung erwachsen sein. Auch können (keine unentgeltlichen) Arbeitsleistungen erbracht oder Kosten für Büromaterial übernommen worden sein. Daneben gibt es Fälle, in denen der Förderer **Güter** zuwendet, indem er sie entgeltlich zur Verfügung stellt. So etwa dann, wenn er Räumlichkeiten oder andere Sachen bzw. Wirtschaftsgüter einer Organisation zur entgeltlichen Nutzung überlässt. Da sowohl ein Geldaufwand als auch die Zuwendung eines Wirtschaftsgutes möglich ist, wird die Aufwandsspende allgemein als Unterfall von Geld- und Sachspende angesehen.

Sachzuwendungen

Finanzieller Aufwand

In sämtlichen Fällen muss dem Steuerpflichtigen jedoch rechtswirksam ein Entgeltanspruch, also ein finanzieller Aufwand entstanden sein. Die Spende liegt dann darin, dass der Förderer auf einen ihm zustehenden Aufwendungsersatzanspruch verzichtet.

Voraussetzungen der Aufwandsspende

Um ihre steuerliche Anerkennung herbeiführen zu können, unterliegt die Aufwandsspende jedoch strengen Voraussetzungen. Die Finanzverwaltung verlangt[1)]

- das Bestehen eines satzungsgemäßen oder schriftlich vereinbarten vertraglichen oder durch rechtsgültigen Vorstandsbeschluss herbeigeführten Vergütungs- oder Aufwendungsersatzanspruchs, wobei der Anspruch nicht unter der Bedingung des Verzichts eingeräumt worden sein darf.
- das ernsthafte Bestehen dieses Anspruchs zeitlich vor der Tätigkeit, die zum Aufwand oder der Vergütung geführt hat.
- den bedingungslosen – auch konkludent möglichen – Verzicht des Spenders auf die Vergütung oder den Aufwendungsersatz in einem zeitnahen Zusammenhang.
- eine genaue Aufstellung des Spenders über die Zusammensetzung und Höhe des Anspruchs.
- die damit korrespondierende Aufzeichnung der begünstigten Körperschaft, die diese Aufstellung zu überprüfen und zu verbuchen hat.
- das Vorliegen einer entsprechenden wirtschaftlichen Lage, die es dem Zuwendungsempfänger möglich macht, die Erstattung überhaupt leisten zu können.

1) BMF-Schreiben v. 07.06.1999, BStBl. I 1999, S. 591; OFD Koblenz v. 17.08.2000; OFD Frankfurt am Main v. 21.02.2001, OFD Frankfurt am Main v. 30.03.1995; OFD München v. 17.06.1996

Fahrtkosten

Besonderheiten ergeben sich, wenn der finanzielle Aufwand des Spenders Fahrtkosten betrifft. Üblicherweise wird der Spender sein vorwiegend privat genutztes Fahrzeug für einzelne Fahrten, die mit dem Verein zu tun haben, zur Verfügung stellen.

Ein detailliertes Fahrtenbuch wird aus steuerlichen Gründen privat jedoch selten geführt. Ist dies dennoch der Fall, so kann der Fahrer die für den Verein vorgenommenen Fahrten in sein Fahrtenbuch integrieren und sämtliche Angaben zu Zweck, Strecke usw. entsprechend eintragen.

Wird ein privates vollständiges Fahrtenbuch vom Spender nicht geführt, so hat er dennoch möglichst genaue Angaben zu den einzelnen Vereinsfahrten zu machen. Pauschale Angaben genügen nicht. Besteht keine relevante Verbindung zu den steuerbegünstigten Zwecken der gemeinnützigen Organisation, für die die Fahrt unternommen wurde, so können die Aufwendungen von der Finanzverwaltung nicht anerkannt werden.

Es sind daher Nachweise zu erbringen über:

- Zweck bzw. Anlass jeder Fahrt
- Angaben zu Zeit, Ort und Strecke

Der Spender sollte hierüber genau nachvollziehbare schriftliche Aufzeichnungen, beispielsweise in Form einer monatlichen Liste, führen.

In keinem Falle kann die Erstattung über 0,30 Euro pro gefahrenem Kilometer hinausgehen.

Aufwandsspende bei 1%-Regelung

Rechnet der Spender im Rahmen einer privaten Nutzung des betrieblichen Kfz über die Listenpreismethode („1%-Regelung“) ab, so ist auch hier zur Vorsicht zu mahnen. Nach einer Entscheidung des Bundesfinanzhofs gilt, dass die anderweitige Nutzung eines Pkws zu anderen Einkunftsarten nicht durch die Bewertung der privaten Nutzung nach der 1%-Methode mit abgegolten ist.

Mit anderen Worten: Hat eine Person beispielsweise Einkünfte aus Vermietung und möchte sie die in diesem Zusammenhang gefahrenen Kilometer im Rahmen der 1%-Regelung unterbringen, so wird ihr dies höchstrichterlich untersagt. Denn die abgeltende Wirkung der Bewertung mit 1 % des Bruttolistenpreises bezieht sich nur auf die Kfz-Nutzung zu privaten Zwecken, nicht dagegen zur Erzielung anderer steuerbarer Einkünfte.

Im Rahmen der Aufwandsspende kann sich nun folgende Situation ergeben: Ein Spender möchte die Fahrtkosten, die er für Belange des Vereins mit seinem betrieblichen, jedoch auch privat genutzten Pkw vornimmt, als Aufwandsspende behandeln. Ob erstattete oder als Aufwandsspende gewertete Fahrtkosten ebenfalls als andere Einkunftsart zu werten sind, wurde höchstrichterlich zwar nicht geklärt. Es spricht jedoch sehr viel dafür, die Aufwandsspende bzw. die Einnahmen der erstatteten Fahrtkosten ebenfalls als andere Einkunftsart anzusehen.

Die Folge davon wäre, dass der Spender, der die 1%-Regelung anwendet, derartige Fahrtkosten hier nicht unterbringen kann. Vielmehr sind solche Kosten als andere Einkunftsart zu werten und unabhängig von einer Listenpreismethode zu versteuern.

Anders verhält es sich regelmäßig, wenn der Spender einen rein privaten Pkw nutzt, dessen Nutzung nicht auch betrieblich veranlasst ist bzw. nicht über die Listenpreismethode abgerechnet wird.

Bis zu einer endgültigen Klärung ist in diesem Bereich Vorsicht angebracht. Ein unrichtiger Ansatz der Aufwandsspende kann nachteilige Folgen für Spender und möglicherweise auch den Aussteller der Spendenbescheinigung, also die gemeinnützige Organisation, haben.

Die Spende gibt es als Geld-, Sach- oder Aufwandsspende.

Die Sachspende aus Betriebsvermögen bemisst sich nach dem Entnahmewert (wahlweise Teilwert oder Buchwert). Die Entnahme aus dem Betriebsvermögen hat vielfältige steuerliche Konsequenzen.

Bei Sachspenden aus Privatvermögen ist grundsätzlich der gemeine Wert maßgeblich.

Die Aufwandsspende unterliegt strengen Voraussetzungen. Speziell im Bereich von Fahrtkosten sind erhöhte Anforderungen zu beachten.

4.3 Der Spendenabzug

Alexander Putz

Spende als Sonderausgabe

Die Spende ist eine Sonderausgabe. Sie betrifft damit sämtliche Ausgaben, die nicht im Rahmen der Einkunftserzielung beachtlich sind. Nicht schon bei der Ermittlung der Einkünfte werden diese Ausgaben in Ansatz gebracht (wie etwa im Fall von Werbungskosten und Betriebsausgaben). Die Spende ist vielmehr „gesondert", d. h. erst vom Gesamtbetrag der Einkünfte, abzuziehen. Der steuerpflichtige Spender muss diese Ausgaben in seiner Steuererklärung geltend machen.

Begrenzung der Abzugsfähigkeit

Das Interesse des Staates ist zwar, solche gemeinnützigen Ausgaben des Einzelnen zu fördern. Er erkennt die Aufwendungen des Spenders als Kosten der Lebensführung an und ermöglicht, dass diese vom Gesamtbetrag der Einkünfte des Steuerpflichtigen steuermindernd abgezogen werden können. Gleichzeitig verfolgt er zur Sicherung des Steueraufkommens jedoch auch das weitere Interesse, diese Steuerabzüge nicht ausufern zu lassen. Der Spendenabzug wird daher nur bis zu einer bestimmten Höhe gewährt.

4.3.1 Voraussetzungen des Spendenabzugs

Allgemeine Voraussetzungen

Um als Spende anerkannt zu werden, muss die Ausgabe verschiedenen Anforderungen genügen.

4

4.3.1.1 Zeit und Form des Abflusses

Abfluss im Kalenderjahr

Zunächst gilt, dass Ausgaben für das Kalenderjahr abzusetzen sind, in welchem sie beim Spender abfließen (Abflussprinzip). Grundsätzlich zählt also der Zeitpunkt der Spende innerhalb eines Kalenderjahres. Für regelmäßig wiederkehrende Ausgaben, die kurz vor oder kurz nach dem Jahreswechsel vorgenommen werden, gilt eine abweichende Regelung. Sie sind dem Kalenderjahr zuzurechnen, zu dem sie wirtschaftlich gehören (§ 11 Abs. 2 Satz 2 i. V. m. Abs. 1 Satz 2 EStG). Hiervon betroffen sind z. B. Mitgliedsbeiträge, die zum Jahreswechsel fällig werden.

Abfluss beim Spender

Ferner muss es sich um einen wirklichen wirtschaftlichen Abfluss handeln. Hierzu zählt nicht die Eingehung einer Verbindlichkeit. Verpflichtet sich der Steuerpflichtige in einem Kalenderjahr etwa vertraglich dazu, eine bestimmte Zahlung als Spende zu leisten, die erst im nächsten Kalenderjahr zugehen soll, so gilt das Kalenderjahr der erfolgten Zahlung. Dagegen kann die Spende im Kalenderjahr, in dem die Verpflichtung eingegangen wurde, nicht steuerlich geltend gemacht werden.

Der wirtschaftliche Abfluss muss auch beim Spender selbst eintreten. Leistet dieser etwa eine Ausgabe für einen Dritten (also im Falle einer Spende an eine Organisation im Namen eines Dritten), so liegt darin eine Zuwendung an den Dritten und nicht an die begünstigte Organisation. Erst bei jenem Dritten kann dann ggf. eine Ausgabe im Sinne einer Spende anzunehmen sein.

4.3.1.2 Anforderungen an den Empfänger

Begünstigter Empfänger

Weitere Voraussetzung für die Anerkennung des Spendenabzugs ist, dass der Spendenempfänger alle Anforderungen für die Steuerbegünstigung erfüllt. Die Organisation, der eine Spende zugewendet wird, muss also die Zwecke der §§ 52 bis 54 AO verfolgen (Näheres hierzu siehe in Teil 3: Die Voraussetzungen zur Anerkennung der Gemeinnützigkeit). Darüber hinaus muss sie auch eine ordnungsgemäße Spendenbescheinigung ausstellen (Näheres hierzu siehe in Teil 4: Formale Anforderungen).

4.3.1.3 Regelung der Mitgliedsbeiträge

Mitgliedsbeiträge

Bestimmte Arten von Zuwendungen nimmt das Gesetz vom Steuerabzug heraus. Mitgliedsbeiträge an Körperschaften, die den Sport, bestimmte kulturelle Betätigungen, die Heimatpflege und Heimatkunde sowie sonstige Freizeitzwecke fördern, sind nicht abziehbar (§ 10b Abs. 1 Satz 2 Nr. 1 bis 4). Mitgliedsbeiträge an Körperschaften, die kulturelle Einrichtungen fördern (z. B. Fördervereine für Museen), sind dagegen als Sonderausgaben abziehbar. Es ist dabei unerheblich, ob die geförderte Organisation gewisse Vergünstigungen (wie verbilligten Eintritt für Mitglieder, Jahresgaben etc.) gewährt.

4.3.2 Höhe des Spendenabzugs

Höchstsätze

Mit dem kalenderjährlichen Abflussprinzip eng verbunden ist auch die Höhe des Spendenabzugs. Innerhalb eines Jahreszeitraums gelten bestimmte Höchstsätze, bis zu denen Spenden steuerlich anerkannt werden können. Bedingt durch die Reform des Spendenrechts gelten seit dem 01.01.2007 neue Höchstsätze.

4.3.2.1 Höchstgrenzen für den Abzug

Danach können entweder

- 20 % des Gesamtbetrags der Einkünfte oder alternativ
- 4 ‰ der Summe der gesamten Umsätze und der im Kalenderjahr aufgewendeten Löhne und Gehälter

als Sonderausgaben abgezogen werden.

Beispiel zu den Höchstgrenzen

Beispiel: Ein Steuerpflichtiger verfügt im Jahr 2007 über einen Gesamtbetrag der Einkünfte in Höhe von 40.000 Euro. Bis zu einem Betrag von 8.000 Euro werden seine Spenden an gemeinnützige Organisationen als Sonderausgaben anerkannt. Beträge, die darüber hinausgehen, stellen nicht abzugsfähige private Kosten der Lebensführung dar.

Führt der Steuerpflichtige einen Geschäftsbetrieb, bietet sich eine weitere Gestaltungsmöglichkeit. Für die Ermittlung der Höchstgrenze steht ihm ein Wahlrecht zu. Beispielsweise betragen seine im Jahr 2007 getätigten Umsätze 500.000 Euro, die Summe der betrieblichen Löhne und Gehälter 50.000 Euro und sein Gesamtbetrag der Einkünfte 60.000 Euro. Ihm können zunächst 20 % des Gesamtbetrages der Einkünfte, also maximal 12.000 Euro als Sonderausgabe anerkannt werden. Alternativ hierzu kann er 4 ‰ der Summe von Umsätzen und Personalausgaben (500.000 Euro + 50.000 Euro), mithin einen Höchstbetrag von 2.200 Euro geltend machen. In dem Maße, wie sich das Verhältnis von Gesamtbetrag der Einkünfte und Summe von Umsätzen und Personalausgaben verschiebt, kann die Ausübung des Wahlrechts steuerliche Vorteile bereiten.

4.3.2.2 Grenzen bei Parteispenden

Spenden an Parteien

Zuwendungen an politische Parteien sind im Sinne ihrer Abzugsfähigkeit ebenfalls begrenzt. Ein Steuerpflichtiger kann seine Zuwendungen an Parteien bis zu einer Höhe von 1.650 Euro geltend machen. Im Falle der Zusammenveranlagung bei Ehegatten erhöht sich dieser Betrag auf 3.300 Euro.

4.3.2.3 Behandlung der Großspende

Großspendenregelung

Vor Inkrafttreten des neuen Spendenrechts mit Wirkung zum 01.01.2007 wurde die sogenannte Großspende bezüglich der Höhe des Spendenabzugs gesondert behandelt. Als Großspende bezeichnete man eine einzelne Zuwendung zur Förderung von mildtätigen, wissenschaftlichen und als besonders förderungswürdig anerkannten kulturellen Zwecken, die einen Betrag von 25.565 Euro überschritt. Die Spende musste für sich genommen, also ohne Berücksichtigung weiterer

Spenden, über diese Betragsgrenze hinausgehen. Die Großspende wurde durch ihre Verteilung (Vor- und Rücktrag) steuerlich privilegiert. Überschritt die Großspende die Höchstsätze im Jahr der Zuwendung, so konnte sie vom Spender im vorangegangenen Veranlagungszeitraum bzw. Kalenderjahr und in den fünf Folgejahren abgezogen werden. Ab dem Veranlagungszeitraum 2007 entfällt diese Regelung grundsätzlich.

Wahlweise Anwendung der Großspende

Der Gesetzgeber hat jedoch für Fälle, die in das Jahr 2007 zu rechnen sind, eine Übergangsregelung geschaffen (§ 52 Abs. 24c Satz 2 und 3 EStG). Danach hat der Steuerpflichtige die Wahl, ob er die alten Regelungen zur Großspende in Anspruch nehmen will. Damit ist ein Rücktrag der 2007 geleisteten Großspende in das Vorjahr möglich.

4.3.2.4 Spendenvortrag

Zeitlich unbegrenzter Spendenvortrag

Unabhängig von der zuvor beschriebenen Übergangsregelung des Spendenrücktrags bei Großspenden hat der Steuerpflichtige nunmehr allein die Möglichkeit, seine Spendenausgaben steuerlich auf die kommenden Jahre zu verteilen. Dieser zukünftige Spendenvortrag löst damit die alte Großspendenregelung ab. Der Spender kann Beträge, die die oben bezeichneten Höchstgrenzen überschreiten, zeitlich unbegrenzt vortragen. Sind Spenden in einem Jahr nicht abziehbar, werden sie trotzdem vom Finanzamt festgesetzt und uneingeschränkt auf die zukünftigen Zeiträume vorgetragen. In künftigen Steuererklärungen wirkt sich der unverbrauchte Betrag zusammen mit den neuen Spenden aus. Für jedes vorausliegende Jahr müssen dabei die jeweiligen Höchstgrenzen beachtet werden. Zuwendungen, die im laufenden Veranlagungszeitraum geleistet wurden, und diejenigen aus dem Vortrag sind zur Berechnung des Höchstbetrags zusammenzufassen.

Beispiel zum Spendenvortrag

Beispiel: Ein Steuerpflichtiger wendet im Jahr 2008 verschiedenen gemeinnützigen Organisationen einen Gesamtbetrag von 20.000 Euro zu. Die maximale Abzugsfähigkeit für Sonderausgaben beträgt jährlich 8.000 Euro (im Beispielsfall auch für die weiteren Jahre). Ein Betrag in Höhe von 12.000 Euro muss für den Veranlagungszeitraum 2008 damit unberücksichtigt bleiben. Er kann jedoch auf die kommenden Jahre vorausgetragen werden. Ohne Berücksichtigung weiterer Spenden können im Jahre 2009 weitere 8.000 Euro, für das Jahr 2010 restliche 4.000 Euro vorgetragen werden.

Die Spende ist abzugsfähig, wenn die Ausgabe beim Steuerpflichtigen wirtschaftlich abfließt. Sie muss beim Empfänger für steuerbegünstigte Zwecke verwendet werden.

Bestimmte Zuwendungen (Mitgliedsbeiträge) gelten nicht als Spenden.

Für den Spendenabzug bestehen Höchstgrenzen. Dasselbe gilt für Spenden an politische Parteien.

Bei Überschreiten der Höchstgrenzen ist seit 2007 der zeitlich unbeschränkte Spendenvortrag möglich. Für Großspenden im Jahr 2007 gilt eine Übergangsfrist (Wahlrecht).

4

4.4 Spenden ins Ausland

Das deutsche Einkommensteuerrecht schreibt in § 10b Absatz 1 Satz 1 EStG vor, dass Spenden als Sonderausgaben nur dann anzuerkennen sind, wenn sie einer inländischen begünstigten Einrichtung zugewendet werden. Dies trifft für inländische juristische Personen des öffentlichen Rechts, öffentliche Dienststellen oder gemeinnützige Vereine bzw. Stiftungen zu.

Aktuelle Neuerungen

Sowohl die Betrachtung der persönlichen Spendenseite (Abzugsfähigkeit) als auch die Voraussetzungen für eine Steuerbefreiung der Einrichtungen (Gemeinnützigkeit bzw. Förderung der Allgemeinheit) sind derzeit stark in Bewegung. Grund hierfür sind zum einen europarechtliche Vorgaben bzw. aktuelle Entscheidungen des EuGH. Zum anderen erfolgen grundlegende Änderungen durch das Jahressteuergesetz 2009, welches am 01.01.2009 in Kraft getreten ist.

Wegen dieser gegenwärtigen Mischlage ist den Vereinsvorständen und anderen Verantwortlichen eine vorausschauende Handlungsweise nahezulegen. Besondere Schwierigkeiten bereitet die Tatsache, dass sich Regelungen im Bereich des Gemeinnützigkeitsrechts (KStG, AO) und des Spendenrechts (EStG) vermischen.

Verschiedene Fälle der Auslandsberührung

Im Zusammenhang mit Spenden ins Ausland bzw. im Ausland tätigen Einrichtungen sind dabei folgende Fälle denkbar.

4.4.1 Deutsche Organisation mit Auslandstätigkeit

Deutsche Einrichtung im Ausland tätig

Nach deutschem Recht gegründete Einrichtungen, die ihren Sitz oder ihre Geschäftsleitung im Inland haben, können ihre gemeinnützigen Zwecke auch im Ausland verfolgen.

Beispiel: Ein in Deutschland ansässiger Verein ist als gemeinnützig im Sinne des deutschen Steuerrechts anerkannt. Gemäß seiner Satzung unterstützt er die Entwicklungs- und Katastrophenhilfe im Ausland.

Soweit die Gemeinnützigkeit besteht, ergeben sich derzeit keine besonderen Schwierigkeiten im Bereich des Einkommensteuerrechts. Ein Spender kann seine Aufwendung also steuerlich geltend machen, da es sich um eine Spende an eine inländische Einrichtung handelt.

Frage der Gemeinnützigkeit

Problematisch ist allerdings die vorgeschaltete Frage, inwieweit ein Verein, der seine Tätigkeit im Ausland entfaltet, bezogen auf Deutschland gemeinnützig tätig sein kann. Dieser Umstand betrifft das Merkmal „Förderung der Allgemeinheit". Hierüber bestand seit Längerem Uneinigkeit, denn die Finanzverwaltung verlangte einen gewissen Bezug zum Inland.

Wichtig für neue und bestehende Einrichtungen

Jahressteuergesetz 2009

Die Frage nach der Allgemeinwohlförderung ist zunächst relevant bei aktuellen Neugründungen von gemeinnützigen Organisationen, sollte jedoch auch bei bestehenden Interesse wecken (Erneuerung der Freistellung). Denn der Gesetzgeber verankert durch das JStG 2009 den von der Finanzverwaltung bisher vorausgesetzten „strukturellen Inlandsbezug", um eine weltweite Spendenförderung auszuschließen. Das

Struktureller Inlandsbezug

heißt, dass künftig die Gemeinnützigkeit nur dann anerkannt wird, wenn die Tätigkeit der Körperschaft natürliche Personen mit Wohnsitz oder gewöhnlichem Aufenthalt im Inland fördert oder die **Tätigkeit zumindest zum Ansehen der Bundesrepublik Deutschland im Ausland beitragen kann.**

Worin ein solcher Beitrag zur Förderung des Ansehens Deutschlands konkret besteht und wessen Sichtweise hier ausschlaggebend ist, bleibt zunächst ungeklärt. In Zweifelsfragen dürften sich damit die Gerichte beschäftigen. Eine frühzeitige Zusammenarbeit mit dem betreuenden Finanzamt ist in jedem Falle empfehlenswert.

4.4.2 Ausländische gemeinnützige Organisationen

Neuerungen bei ausländischen Organisationen

Spenden an ausländische Organisationen waren in der Vergangenheit mit Schwierigkeiten versehen. Bezüglich von Zuwendungen an Organisationen im EU-Ausland erfolgte Ende Januar 2009 ein Urteil des EuGH, welches für die rein spendenrechtliche Betrachtung richtungsweisend ist. Gleichfalls haben sich im Bereich der Gemeinnützigkeit, also der Frage nach Steuererleichterungen zugunsten einer Organisation, durch das JStG 2009 Änderungen ergeben.

Im Zusammenhang mit im Ausland tätigen Einrichtungen kommen hierbei drei Konstellationen in Betracht:

Einrichtung im EU-Ausland

Beispiel 1: Eine Organisation hat ihren Sitz und/oder Geschäftsleitung z. B. in Italien (EU-Ausland), ist nach italienischem Recht als gemeinnützig anerkannt und dort entsprechend tätig. Gleichzeitig erwirtschaftet sie jedoch auch Einkünfte aus vermögensverwaltender Tätigkeit, indem sie ein in Deutschland belegenes Grundstück verwaltet.

Rechtssache „Stauffer"

Anders als die deutsche Finanzverwaltung zuvor war der EuGH im Jahre 2006 der Auffassung, dass die Überschüsse, die die italienische Organisation in Deutschland erzielte, nicht besteuert werden dürfen.[1)] Die entsprechende Vorschrift des Körperschaftsteuergesetzes verstieß demnach gegen europäisches Recht.

Frage des Gemeinnützigkeitsrechts

Im Ergebnis durfte die ausländische Einrichtung also von den Steuervorteilen profitieren, die das deutsche Gemeinnützigkeitsrecht bietet. Voraussetzung war und ist jedoch, dass sie steuerbegünstigte Zwecke verwirklicht, wie sie die deutsche Abgabenordnung vorschreibt.

Jahressteuergesetz 2009

Mit dem JStG 2009 hat der deutsche Gesetzgeber seine Regelungen an die europäischen Vorgaben angepasst. Die Finanzverwaltung kann Körperschaften mit Sitz im EU/EWR-Ausland derartige Vorteile des deutschen Körperschaftsteuerrechts nicht mehr verweigern. Dies gilt nach dem Willen des Gesetzgebers auch nicht erst ab 2009, sondern rückwirkend für alle früheren Jahre.

Auswirkungen auf das Spendenrecht

An diesen – zunächst nur die Körperschaftsteuer betreffenden – Vorgaben zur Steuerbefreiung von gemeinnützigen Einrichtungen hätte sich eigentlich auch das Spendenrecht (Einkommensteuer) zu orientieren.

---

1) EuGH v. 14.09.2006 – C-386/04 – ABl. EU 2006, Nr. C 281, S. 9 (Stauffer).

Denn die Spende ist gemäß § 10b Absatz 1 Satz 1 EStG (nur) dann abzugsfähig, wenn sie einer steuerbegünstigten Organisation zu gemeinnützigen Zwecken zugewendet wurde.

Dennoch sind die beiden Rechtsmaterien strikt zu trennen. Im JStG 2009 erfolgte denn auch keine Änderung der entsprechenden Vorschrift des EStG. Nach deutscher Gesetzeslage ist ein Spendenabzug weiterhin nur dann möglich, wenn die Spende einer inländischen Organisation zugewendet wurde.

Als Veranschaulichung dient folgendes

Spende ins EU-Ausland

Beispiel 2: Eine Organisation hat ihren Sitz und/oder Geschäftsleitung wiederum im EU-Ausland und ist nach dortigem Recht als gemeinnützig anerkannt und tätig. Ein deutscher Spender möchte nun Zuwendungen an eine derartige Organisation im Rahmen seiner deutschen Einkommensteuererklärung geltend machen.

Rechtssache „Persche“

Nach einer aktuellen Entscheidung des EuGH[1)] verstößt diese nationale Gesetzeslage jedoch gegen europäisches Recht. Eine fehlende steuerliche Abzugsfähigkeit grenzüberschreitender Spenden ist nach dessen Urteil europarechtswidrig. Da durch die deutsche Regelung im EStG Steuerpflichtige wegen der fehlenden Abzugsfähigkeit davon abgehalten werden können, ausländischen Organisationen etwas zuzuwenden, wird die Kapitalverkehrsfreiheit verletzt.

1) EuGH v. 27.01.2009 – C-318/07 (Persche), NJW 2009, 823 (m. Anm. Putz).

Folgen für die Praxis

Die Finanzverwaltung wird sich in ihrer steuerlichen Bewertung freilich an höchstrichterliche Vorgaben des EuGH bzw. des BFH, der in dieser Sache noch abschließend entscheidet, zu halten haben. Dennoch bleibt die deutsche Rechtsvorschrift des § 10b Absatz 1 Satz 1 EStG zunächst in Kraft. Urteile der genannten Gerichte können Gesetze nicht für ungültig erklären. Erst in künftigen Jahressteuergesetzen ist die Anpassung dieser Vorschrift an die europäischen Vorgaben durch den deutschen Gesetzgeber zu erwarten. Bis zu diesem Zeitpunkt ist eine allzu freizügige Spendenpraxis an Einrichtungen im EU-Ausland mit Vorsicht zu genießen. In jedem Falle empfiehlt sich eine enge Abstimmung mit dem zuständigen Finanzamt des steuerpflichtigen Spenders.

Einrichtung im Nicht-EU-Ausland

Beispiel 3: Eine Organisation ist im weiteren Ausland (Nicht-EU) nach dortigem Recht gemeinnützig tätig.

Auch hier stellt sich die Frage, inwieweit diese Organisation nach deutschem Recht als allgemeinwohlfördernd anzusehen ist. Damit hängt die weitere Frage zusammen, ob ein Steuerpflichtiger seine Spenden an die Einrichtung als Sonderausgabe abziehen kann.

Nach derzeit geltendem deutschen Recht können derartige Zuwendungen nicht als Spende anerkannt werden. Durch die Änderungen im JStG 2009 wird die Steuerbefreiung wegen Gemeinnützigkeit auch nicht wie zunächst geplant auf alle ausländischen Einrichtungen erweitert. Vielmehr erstreckt sich diese nunmehr lediglich auf EU/EWR-Körperschaften.

Europarechtlich hat der EuGH hier keine Kompetenzen. Daher kann das Urteil in der Rechtssache „Persche“, das nur für Einrichtungen im EU-Ausland gilt, keine Auswirkungen haben.

Bei deutschen Einrichtungen mit Auslandstätigkeit wird für die Gemeinnützigkeit ein struktureller Inlandsbezug gefordert.

Gemeinnützige Einrichtungen im EU/EWR-Ausland können Steuerbefreiung in Deutschland genießen. Nach der europäischen Rechtsprechung dürfen Spenden an solche Einrichtungen auch steuerlich geltend gemacht werden. Der deutsche Gesetzgeber hat diese Rechtsprechung jedoch noch nicht umgesetzt.

Bei Körperschaften außerhalb der EU/EWR kommen Steuerbefreiungen und Spendenabzüge nicht in Betracht.

4

4.5 Spendenabzug bei Gesellschaften

Alexander Putz

Unternehmensspende

Es wurde eingangs dargelegt, dass die Spende als Sonderausgabe dem Bereich der privaten Lebensführung unterliegt. Sie wird grundsätzlich im Rahmen der persönlichen Steuerveranlagung (Einkommensteuer) geltend gemacht. Dennoch gibt es Aufwendungen, die nicht eine Privatperson, sondern ein Unternehmen tätigt. Wie diese „Spenden" v. a. hinsichtlich ihrer Abzugsfähigkeit zu behandeln sind, soll kurz dargestellt werden. Die Aufwendung ist dabei streng von der Spende aus dem Betriebsvermögen abzugrenzen.[1]

4.5.1 Abgrenzung zu Betriebsausgaben und Werbungskosten

Abgrenzung nach der Motivation des Spenders

Ein Unternehmen, das einer gemeinnützigen Organisation eine „Spende" zukommen lässt, kann aus verschiedenen Motiven handeln.[2] Wird die Ausgabe im Rahmen eines Sponsorings vorgenommen, so ist sie eindeutig betrieblich bedingt. Die Motivation besteht hier in dem Interesse, durch die Zuwendung einen betrieblichen Vorteil zu erlangen.[3]

1) Siehe hierzu oben Abschnitt 4.2.2.2
2) Zur Bedeutung der Motivation für die Abgrenzung siehe BFH, Urteil v. 25.11.1987, I R 126/85, BStBl. II 1988, 220
3) Näheres zum Sponsoring und weitere Nachweise siehe oben in Abschnitt 4.1.3

Betriebliches Interesse: Betriebsausgabe

Berufliches Interesse: Werbungskosten

In Fällen, in denen das betriebliche Interesse an der Zuwendung im Vordergrund steht, ist die Ausgabe nicht als Spende, sondern als Betriebsausgabe anzusehen. Entsprechendes gilt für Ausgaben, die überwiegend beruflich veranlasst sind. Diese sind als Werbungskosten abzugsfähig.

4.5.2 Echte Spende eines Unternehmens

Überwiegt bei der Ausgabe die Spendenmotivation, also die Hingabe ohne Erwartung einer nützlichen Gegenleistung, so tritt die Betriebsausgabe in den Hintergrund. Die Ausgabe ist als Spende zu betrachten.

Spende im Sinne des § 10b EStG

Eine Spende nach § 10b EStG stellt sie zwar nicht dar, da diese Vorschrift die private Sphäre des Steuerpflichtigen betrifft. Eine Aufwendung eines Unternehmens für gemeinnützige Zwecke, also „im Sinne" des § 10b EStG, kann jedoch nach anderen Vorschriften abzugsfähig sein. Maßgeblich hierfür ist die Form des Unternehmens.

Unterscheidung der Unternehmensform

Soweit ein Unternehmen der Körperschaftsteuer unterliegt, können Aufwendungen für steuerbegünstigte Zwecke als Sonderausgaben nach den Regelungen des Körperschaftsteuergesetzes abgezogen werden (§ 9 Abs. 1 Nr. 2 KStG). Dies gilt z. B. für die AG oder die GmbH als Kapitalgesellschaften.

Die Spende einer Personengesellschaft (z. B. OHG, KG) wird abweichend behandelt. Sie kann zwar als Spenderin auftreten, ist aber kein Steuersubjekt. Die

Spende darf den Gewinn der Gesellschaft nicht mindern. Ihre Aufwendung wird steuerrechtlich nicht als Spende der Gesellschaft angesehen, sondern als Gewinnentnahme der einzelnen Gesellschafter. Der Anteil des einzelnen Gesellschafters an der Gesamtspende richtet sich nach dessen Gewinnanteil oder einem anders festgelegten Schlüssel. Ist der Gesellschafter eine natürliche Person, so kann er die Spende privat geltend machen.

Auch Unternehmen können spenden. Ob eine Spende oder Betriebsausgaben / Werbungskosten vorliegen, richtet sich nach der Motivation des Spenders.

Körperschaftsteuerpflichtige Gesellschaften können die Spende nach dem KStG abziehen. Bei Personengesellschaften wird die Spende den Gesellschaftern anteilig zugerechnet.

4

4.6 Sonderregelungen für Zuwendungen an Stiftungen

Alexander Putz

Schon vor Inkrafttreten des neuen Spendenrechts bestanden Sonderregelungen für Zuwendungen an Stiftungen. Rückwirkend zum 01.01.2007 hat sich die Rechtslage nochmals geändert.

4.6.1 Begriff der Stiftung

Privileg für echte Stiftungen

Es werden nur Zuwendungen an Stiftungen im Rechtssinne erfasst. Steuerlich privilegiert sind danach Stiftungen des öffentlichen Rechts sowie Stiftungen des privaten Rechts, die gem. § 5 Abs. 1 Nr. 9 KStG Steuerbefreiung genießen. Dies gilt sowohl für rechtsfähige als auch für unselbstständige Stiftungen. Eine Organisation, die die Bezeichnung „Stiftung" in ihrem Namen trägt, jedoch keine Stiftung im eigentlichen Sinne ist, fällt nicht unter die Sonderregelungen. Dies gilt z. B. für (nicht) eingetragene Vereine oder eine gemeinnützige GmbH.

4.6.2 Zuwendungen an Stiftungen

Zusätzliches Steuerprivileg

Zuwendungen an Stiftungen werden gegenüber anderen Einrichtungen steuerlich privilegiert. Der Gesetzgeber gibt dem Förderer eine erweiterte Möglichkeit, die Zuwendungen als Sonderausgaben abzuziehen. Dies gilt zusätzlich zu den Spendenhöchstbeträgen, die als Sonderausgaben abzugsfähig sind.

Zuwendung in den Vermögensstock

Die begünstigte Zuwendung wird grundsätzlich in den Vermögensstock einer Stiftung erbracht. Andere Zuwendungen an eine Stiftung werden als normale Spende behandelt. Mitgliedsbeiträge zählen nicht als Zuwendung zur Stiftung.

4.6.2.1 Existierende und neue Stiftungen

Gleichbehandlung aller Stiftungen

Für die steuerliche Einordnung der Zuwendung ist es nach neuer Rechtslage unerheblich, ob die Stiftung bereits länger existiert oder erst (mit der Zuwendung) neu gegründet wird. In beiden Fällen wird die Spende gleichermaßen steuerlich begünstigt. Dies gilt auch für Förderstiftungen.

4.6.2.2 Höchstbetrag der Begünstigung

Höchstbetrag: 1 Mio. Euro

Die Zuwendung in den Vermögensstock einer Stiftung ist in beliebiger Höhe möglich. Ungeachtet des allgemeinen Spendenabzugs hat der Steuerpflichtige seit 2007 die Möglichkeit, die Zuwendung bis zu einem Höchstbetrag von 1 Mio. Euro steuerlich geltend zu machen. Bei Verheirateten steht der Höchstbetrag jedem Ehegatten zu.

Alte Rechtslage

Nach altem Recht wurde hinsichtlich des Gründungszeitpunkts der Stiftung unterschieden. Die Höchstgrenze für den Spendenabzug lag bei 307.000 Euro für Zuwendungen an neu gegründete Stiftungen. Die Zuwendung musste dabei innerhalb eines Jahres nach Gründung der Stiftung vorgenommen werden. Der Zehnjahreszeitraum galt ebenfalls. Für Zuwendungen an bereits bestehende Stiftungen kam nur ein Spendenabzug von 20.450 Euro zusätzlich zu dem damaligen allgemeinen Spendenabzug in Betracht. Ein Spendenabzug bei Stiftungen, die Freizeitzwecke verfolgen, war ausgeschlossen.

4.6.2.3 Verteilung des Spendenabzugs

Verteilung auf zehn Jahre

Grundsätzlich können Spenden im Jahr der Zuwendung und in den folgenden neun Jahren bis zu dem genannten Höchstbetrag abgezogen werden. Die Verteilung des Betrags von 1 Mio. Euro kann demnach innerhalb eines Zeitraums von zehn Jahren erfolgen. Der Höchstbetrag kann hier nur einmal in Anspruch genommen werden.

Beispiel zur Verteilung

Beispiel: Im Jahr 2007 spendet der Steuerpflichtige in den Vermögensstock einer Stiftung einen Betrag von 1,5 Mio. Euro. Unabhängig von sonstigen Spendenabzügen kann höchstens ein Betrag von 1 Mio. Euro steuerlich geltend gemacht werden. Dieser Betrag kann höchstens auf zehn Jahre, also bis einschließlich 2016, nach Belieben verteilt werden. Für den Steuerpflichtigen besteht die Möglichkeit, ihn für jedes einzelne Jahr gesondert und neu zu verteilen.

4.6.3 Übergangsregelungen

Wahlrecht des Spenders für 2007

Wie im Falle der steuerlichen Behandlung der Großspende[1] besteht auch bei Spenden an Stiftungen eine Übergangsregelung. Für Zuwendungen an Stiftungen, die im Jahr 2007 getätigt werden, hat der Steuerpflichtige die Wahlmöglichkeit, nach altem Recht behandelt zu werden. Für die steuerliche Veranlagung dieses Jahres kann die Wahl des Spendenabzugs nach altem Recht eventuell von Vorteil sein (Möglichkeit des Spendenrücktrags).

Anwendung auch auf bestehende Stiftungen

Unabhängig hiervon bestehen steuerliche Begünstigungen für Zuwendungen (zur Neugründung oder Zustiftung) zu Stiftungen, die vor Inkrafttreten der neuen Rechtslage errichtet wurden. Innerhalb eines Zehnjahreszeitraums seit Gründungsstiftung können Spenden zur Aufstockung des Stiftungsvermögens geltend gemacht werden. Der Abzug ist hierbei bis zur Höhe der Differenz zwischen dem bisher steuerlichen Abzugsbetrag (maximal 307.000 Euro) und dem jetzigen Höchstbetrag von 1 Mio. Euro denkbar.

Der Förderhöchstbetrag für Zuwendungen an echte Stiftungen beträgt 1 Mio. Euro. Die Zuwendung kann zur Neugründung der Stiftung oder Aufstockung ihres Vermögens erfolgen.

Der Betrag kann auf zehn Jahre ab dem Jahr der Zuwendung verteilt werden. Der Höchstbetrag ist nur einmal in Anspruch zu nehmen.

Wahlweise ist für Zuwendungen aus 2007 vorher geltendes Recht anwendbar.

1) Siehe die Ausführungen in Abschnitt 4.3.2.3

4.6.4 Zustiftung und Spende in der Einkommensteuer des Stifters

Die ertragsteuerliche Abzugsfähigkeit von Spenden und Zustiftungen ist in § 10b EStG geregelt.

Diese Vorschrift umfasst in den Absätzen 1 und 1a zwei gesonderte Tatbestände für die Steuerbegünstigung des Zuwendenden.

In Absatz 1 sind die „normalen" Zuwendungen, d. h. Spenden und Mitgliedsbeiträge, genannt. Da es bei Stiftungen keine Mitgliedsbeiträge gibt, kommen hier nur Spenden in Betracht. Diese können bis zu

- 20 % des Gesamtbetrags der Einkünfte oder
- 4 ‰ der Summe der gesamten Umsätze und im Kalenderjahr aufgewendeten Löhne und Gehälter

als Sonderausgaben abgezogen werden.

In Absatz 1a sind die Besonderheiten für Stiftungen geregelt.

Spenden in den Vermögensstock einer Stiftung

Spenden in den Vermögensstock einer Stiftung des öffentlichen Rechts oder einer nach § 5 Absatz 1 Nr. 9 des KStG steuerbefreiten Stiftung des privaten Rechts können auf Antrag des Steuerpflichtigen im Veranlagungszeitraum der Zuwendung und in den folgenden neun Veranlagungszeiträumen bis zu einem Gesamtbetrag von 1 Million Euro **zusätzlich** zu den Höchstbeträgen nach Absatz1 Satz 1 abgezogen werden.

Hier ist ein Sonderrecht für Stiftungen des öffentlichen und privaten Rechts geschaffen worden. Daraus ergibt sich eine Begünstigung für Stiftungen gegenüber anderen gemeinnützigen Körperschaften, weil der Abzug zusätzlich zu dem normalen Spendenabzug erfolgen kann.

Hintergrund der Regelung ist, dass Stiftungen im Gegensatz zu Vereinen keine laufenden Einnahmen aus Mitgliedsbeiträgen haben und sich eigentlich nur der Stifter, nicht aber eine Vielzahl von Personen für den Vermögensaufbau der Stiftung verantwortlich fühlen.

Nach Absatz 1a Satz 2 bezieht sich der besondere Abzugsbetrag auf den ganzen Zehnjahreszeitraum und kann der Höhe nach innerhalb dieses Zeitraums nur ein Mal in Anspruch genommen werden.

Für einen „Stifter" bedeutet dies: Der Stifter kann seiner Stiftung bis zu 1 Million Euro in den Vermögensstock zuwenden. Da § 10d Absatz 4 EStG entsprechend gilt, werden nicht ausgenutzte Beträge auf einen Zeitraum von zehn Jahren verteilt.

Stiftungen in den Vermögensstock bedeuten für die Stiftung, dass diese Werte in der Stiftung verbleiben und nicht zur Verwirklichung der gemeinnützigen Zwecke direkt verwendet werden sollen.

Der Abzugsbetrag ist nicht auf die Stiftung, sondern auf den Steuerpflichtigen bezogen. Ehegatten können den Betrag doppelt nutzen.

Will der „Stifter" seiner Stiftung mehr zuwenden als den Abzugsbetrag, kann er dies nur als „normale Spende" tun.

Dann ist er mit dieser Spende im Rahmen der normalen Abzugsbeträge nach Absatz 1, d. h. bis zu 20 % des Gesamtbetrags der Einkünfte mit einem Spendenvortrag für nicht ausgenutzte Beträge nach Absatz 1 Satz 3 und 4.

Bezeichnet der Stifter die Zahlung statt als „Spende" als „Zustiftung", führt dies dazu, dass der Betrag der Zahlung nach Abs. 1a zugerechnet wird, sodass bei Überschreiten der 1 Million Euro kein Spendenabzug möglich ist.

Aber auch die Zahlung einer „Spende" führt nicht dazu, dass die Mittel unmittelbar ausgegeben werden müssen. Regelungen zur Mittelverwendung finden sich in § 58 AO.

Die hier einschlägigen Vorschriften sind die Nr. 6 und Nr. 11.

Rücklagen

Nach Nr. 6 kann eine Körperschaft immer Rücklagen bilden, wenn für größere Projekte Mittel erforderlich sind, die aus dem Laufenden nicht aktuell aufgebracht werden können. Je nach Umfang des geplanten Projekts kann es dabei zu einem Abfluss des angesammelten Geldes (z. B. Anschaffung eines Flügels für ein Orchester) oder zu einer faktischen Vermögensbildung (Anschaffung eines Gebäudes für ein Museum) kommen.

Noch interessanter sind die Möglichkeiten nach Nr. 11.

Danach können Körperschaften Mittel ihrem Vermögen zuführen, die sie

- aus Zuwendungen von Todes wegen erhalten, **wenn der Erblasser keine Verwendung für laufenden Aufwand der Körperschaft vorgeschrieben hat,** und
- aus Zuwendungen erhalten, bei denen der Zuwendende **ausdrücklich erklärt,** dass sie zur **Ausstattung der Körperschaft** mit Vermögen oder zur Erhöhung des Vermögens bestimmt sind.

Auch Sachzuwendungen, die ihrer Natur nach zum Vermögen gehören, können dem Vermögen zugerechnet werden. Spendet der Stifter z. B. über die Ausstattung der Stiftung hinaus ein Gebäude, so kann dieses, obwohl es sich um eine normale Spende handelt, zum Vermögen der Stiftung genommen werden.

Durch die geschickte Kombination von (Zu-)Stiftung und Spende lässt sich, solange der Stifter noch die Geschicke der Stiftung bestimmen kann, ein voller Abzug der in die Organisation eingebrachten Vermögenswerte erreichen.

Ein Stifter muss darauf achten, dass er nur im Rahmen der 1 Million Euro Stiftungen bzw. Zustiftungen durchführt und darüber hinaus „nur“ Spenden leistet.

Bei richtiger Gestaltung (Geld als Stiftung) und Sachspende mit Vermögenscharakter lässt sich in der Stiftung ein erheblich größeres Vermögen steuerbegünstigt aufbauen.

4.7 Formale Anforderungen an eine Spende

Joachim Dettmann

Ob eine Zuwendung an einen Empfänger beim Spender bzw. der Spenderin steuerlich abzugsfähig ist, hängt von folgenden Voraussetzungen ab:

- Prinzip der Freiwilligkeit

  Eine Spende muss freiwillig geleistet, d. h. ohne eine rechtliche oder sonstige Verpflichtung gegeben werden. Gegenüber der begünstigten Organisation darf also keine rechtliche Verpflichtung bestehen, wie etwa bei Mitgliedsbeiträgen, Aufnahmegebühren oder Umlagen.

  Eine Spende kann jedoch auf einer freiwillig eingegangenen Verpflichtung beruhen, z. B. wenn der Spender verbindlich eine regelmäßige Zahlung zugesagt hat (Dauerspende).

  Bußgeld ist steuerlich nicht abzugsfähig

  Geldbeträge, die z. B. aufgrund eines Strafverfahrens als Bewährungsauflage (Bußgeld) oder in Erfüllung eines Vermächtnisses durch den Erben geleistet werden, sind keine freiwillig gegebenen Spenden; Zuwendungsbestätigungen darf in diesen Fällen eine begünstigte Organisation nicht ausstellen.

- Spende ist unentgeltlich

  Eine Spende muss unentgeltlich geleistet, d. h. nur der Sache wegen geleistet werden. Sie darf nicht in

Erwartung eines besonderen Vorteils gegeben werden. Die Spende darf keinen – auch nicht teilweise – Entgeltcharakter haben.

Die Aufteilung eines einheitlichen Entgelts in einen steuerlich abzugsfähigen Spendenteil und ein nicht als Spende abzugsfähiges Leistungsentgelt ist nicht zulässig. Daher sind z. B. Aufwendungen für Eintrittskarten zu Wohltätigkeitsveranstaltungen, für Lose einer Tombola oder für Wohlfahrtsbriefmarken keine Spenden.

- Keine Gegenleistung

Sponsoring ist steuerpflichtiger wirtschaftlicher Geschäftsbetrieb

Mit der Spende darf keine Gegenleistung erbracht werden. Wirkt beispielsweise eine gemeinnützige Organisation aktiv an Werbemaßnahmen eines Sponsors (Wirtschaftsunternehmen) mit (z. B. Werbung auf Sportkleidung oder Sportgerät, Inserate in der Vereinszeitung, Bandenwerbung), liegt keine Spende vor. Vielmehr hat die Organisation die Einnahmen im sogenannten wirtschaftlichen Geschäftsbetrieb zu versteuern. Das Unternehmen indes kann Aufwändungen (z. B. Geld- oder Sachleistungen) im Sponsoring als Werbe- bzw. Betriebsausgaben absetzen und damit die Steuerlast erfolgreich mindern.

- Förderung der satzungsmäßigen steuerbegünstigten Zwecke

Eine Spende muss in den satzungsgemäßen, steuerlich begünstigten Bereich der gemeinnützigen Organisation fließen. Spenden für den sogenannten wirtschaftlichen Geschäftsbetrieb (z. B. eine Getränkehandlung spendet Getränke für ein Vereinsfest) sind beim Spender (Getränkehandlung) steuerlich nicht abzugsfähig. Die begünstigte Organisation (Verein) darf für diese Spenden keine Zuwendungsbestätigung ausstellen.

Bei Weihnachtsbasaren oder Trödelmärkten gilt: Erhält eine gemeinnützige Organisation im Zusammenhang mit derartigen Veranstaltungen Sachen oder Geld gespendet, darf die Organisation hierüber keine Zuwendungsbestätigung erteilen, da die Spende nicht unmittelbar in den gemeinnützigen Bereich fließt, sondern zunächst in den (steuerpflichtigen) wirtschaftlichen Geschäftsbetrieb.

Im Rahmen des Gemeinnützigkeitsrechts darf eine Organisation einer anderen Organisation ihre Mittel teilweise nur dann zufließen lassen, wenn die begünstigte Organisation ebenfalls gemeinnützig oder eine Körperschaft des öffentlichen Rechts ist (z. B. Stadt, Gemeinde, Hochschule) und die Mittel dem steuerbegünstigten Zweck zufließen (§ 58 AO Nr. 2).

- Freistellungsbescheid vom Finanzamt

Nach Auffassung von Finanzgerichten kann eine Spende steuerlich nur dann geltend gemacht werden, wenn im Zeitpunkt der Zahlung eine vorläufige Bescheinigung oder ein Freistellungsbescheid vom Finanzamt vorliegt. Spenden, die geleistet werden, bevor das Finanzamt die vorläufige Bescheinigung oder den endgültigen Freistellungsbescheid erteilt hat, sind steuerlich nicht abzugsfähig. (Niedersächsisches FG v. 18.03.2004, 6 K 777/01)

4

- Inländische Körperschaft

  Spenden sind nach deutschem Steuerrecht nur dann als Sonderausgaben abzugsfähig, wenn der Empfänger im Inland ansässig ist und entweder eine juristische Person des öffentlichen Rechts bzw. eine ihrer Dienststellen (Stadt, Gemeinde, Behörde etc.) oder eine gemeinnützige, mildtätige oder kirchliche Organisation ist. Dieses kann beispielsweise auch ein Verein sein, der eine Einrichtung im Ausland unterstützt.

  Zurzeit ist beim Europäischen Gerichtshof auf Vorlage des BFH (Az. XI R 56/05) ein Verfahren anhängig, in dem die Frage zu klären ist, ob auch Spenden an eine im europäischen Ausland als gemeinnützig anerkannte Organisation in Deutschland als Sonderausgaben abgezogen werden können.

- Amtliche Zuwendungsbestätigung

  Ein Steuerzahler muss die Abzugsfähigkeit einer Spende durch Vorlage einer Zuwendungsbestätigung nachweisen, welche der Empfänger (begünstigte Organisation) nach amtlich vorgeschriebenem Vordruck ausgestellt hat.

Nicht zu den steuerbegünstigten Zuwendungen gehören Dienstleistungen oder die Überlassung von Nutzungsmöglichkeiten. So sind beispielsweise die unentgeltliche Mitarbeit eines Handwerkers in einer gemeinnützigen Organisation oder die unentgeltliche Überlassung von Räumen in einer Gaststätte keine Spenden.

Auch der bloße Verzicht auf ein Entgelt (Honorar) für eine Nutzung oder Dienstleistung stellt noch keine steuerlich abzugsfähige Spende dar.

Eine Ausnahme von dieser Regelung gilt für sogenannte Aufwandsspenden. Dabei verzichtet eine Person auf den ihr zustehenden Aufwändungsersatzanspruch (z. B. Fahrtkosten) gegenüber der gemeinnützigen Organisation. Voraussetzung hierfür ist, dass zuvor ein satzungsgemäßer oder ein vertraglich vereinbarter Aufwändungsersatzanspruch bestanden hat oder ein solcher Anspruch durch einen Vorstandsbeschluss eingeräumt worden ist. Art und Umfang der geleisteten Tätigkeiten sowie die dabei angefallenen Ausgaben müssen belegt werden (z. B. Vorlage von Fahrkarten). Darüber hinaus muss die Organisation liquide und in der Lage sein, den Betrag auch zu erstatten, sodass der Verzicht nicht aus wirtschaftlichen Gründen erzwungen ist.

4.8 Vereinfachter Spendennachweis

Joachim Dettmann

Für Spenden bis 200 Euro (100 Euro bis 31.12.2006) an eine gemeinnützige Organisation ist für den Steuerabzug ein sogenannter vereinfachter Spendennachweis (d. h. ohne Vorlage einer Zuwendungsbestätigung seitens der begünstigten Organisation) zulässig, insofern der Spender bzw. die Spenderin eine Spende wie folgt nachweist:

1. **Bareinzahlungsbeleg oder Buchungsbestätigung des Geldinstituts (Bank, Sparkasse)**

   a) **Bareinzahlung:** Beleg des Geldinstituts mit dem Aufdruck „Zahlung erfolgt" nebst Angaben zu Name des Auftraggebers sowie Name und Kontonummer des Empfängers, der gespendete Betrag sowie das Einzahlungsdatum.

   b) **Überweisung:** Angaben zu Name und Kontonummer des Auftraggebers und Empfängers, der gespendete Betrag sowie das Buchungsdatum. Der Spender bzw. die Spenderin hat den Nachweis durch einen Kontoauszug zu erbringen.

2. **Online-Banking**

   Auf dem Computerausdruck müssen – ähnlich der klassischen Überweisung – Angaben enthalten sein zu Name und Kontonummer des Auftraggebers und Empfängers, der gespendete Betrag sowie das Buchungsdatum.

4

3. Lastschriftverfahren

Es reicht die einfache Buchungsbestätigung in Verbindung mit dem Empfängerbeleg als Nachweis.

Zusätzlich muss die begünstigte Organisation dem Spender bzw. der Spenderin einen Beleg mit folgenden Angaben ausstellen:

a) steuerbegünstigter Zweck,
b) Freistellung von der Körperschaftsteuer und
c) einen Vermerk, ob es sich um eine Spende oder um einen Mitgliedsbeitrag handelt.

Die Vorlage einer Zuwendungsbestätigung ist auch dann nicht erforderlich, wenn **schnelle und unbürokratische Hilfe** gefragt ist, etwa bei Katastrophen. Dann reicht ein Einzahlungsbeleg, wenn die Zahlung innerhalb eines bestimmten Zeitraums auf ein spezielles Sonderkonto erfolgte. Dies gilt dann sogar unabhängig von der Höhe der Spende.

Spenden über 200 Euro können steuerlich nur durch Vorlage einer detaillierten Zuwendungsbestätigung seitens der gemeinnützigen Organisation geltend gemacht werden.

4.9 Berechnung des Spendenhöchstbetrags

Udo Bungert

Gesamtbetrag der Einkünfte

Zu versteuerndes Einkommen

Die Berechnung des GdE (Gesamtbetrags der Einkünfte) und des zvE (zu versteuerndes Einkommen) ergibt sich aus dem Berechnungsschema nach R2 der EStR (Einkommensteuerrichtlinien).

1 Summe der Einkünfte aus den Einkunftsarten
2 + Hinzurechnungsbetrag (§ 52 Absatz 3 Satz 3 EStG sowie § 8 Absatz 5 Satz 2 AIG)

---

3 = Summe der Einkünfte
4 – Altersentlastungsbetrag § 24a EStG
5 – Entlastungsbetrag nach § 24b EStG
6 – Freibetrag für Land- und Forstwirtschaft (§ 13 Absatz 3 EStG)

---

7 = GdE (Gesamtbetrag der Einkünfte) nach § 2 Absatz 3 EStG
8 – Verlustabzug nach § 10d EStG
9 – Sonderausgaben (§§ 10, 10a, 10b, 10c EStG)
10 – außergewöhnliche Belastungen (§§ 33 bis 33c ESTG)
11 – Steuerbegünstigung der zu Wohnzwecken genutzten Wohnungen, Gebäude und Baudenkmale und schutzwürdigen Kulturgüter
12 + zuzurechnendes Einkommen gem. § 15 AStG

---

13 = Einkommen (§ 2 Absatz 4 EStG)
14 – Freibeträge für Kinder (§ 31,32 Absatz 6 EStG)
15 – Härteausgleich nach § 46 Absatz 3 EStG, § 70 EStDV

---

16 zu versteuernde Einkommen (§ 2 Absatz 5 EStG)

Die für die Darstellung der Berechnung des Spendenhöchstbetrags und der vortragsfähigen Spenden wichtigen Zeilen des Berechnungsschemas sind jeweils „fett" dargestellt.

Spendenhöchstbetrag

Aus dem Schema wird ersichtlich, dass der Gesetzgeber mit seiner Regelung zum Spendenhöchstbetrag von 20 % des GdE zwar das gemeinnützige Engagement fördern will, nicht aber um jeden Preis. Bereits bei der Berechnung der Summe der Einkünfte wird klar, dass zunächst positive und negative Einkünfte miteinander saldiert werden und nur noch der dann verbleibende positive Betrag mit in die Berechnung eingeht.

Altersentlastungsbetrag

Danach sind der Altersentlastungsbetrag nach § 24a EStG und der Entlastungsbetrag für Alleinerziehende nach § 24b EStG in Abzug zu bringen.

Freibetrag für Land- und Forstwirte

Als weiterer Abzug kommt der Freibetrag für Land- und Forstwirte hinzu.

Erst der Saldo dieser Beträge ist Grundlage für die Berechnung des GdE und mit 20 % davon des Spendenhöchstbetrags nach § 10b Absatz 1 EStG.

Ergibt sich ein Verlust, kommt für das Jahr kein Spendenabzug in Betracht.

Da der Spender im Laufe des Jahres seine Einkommensverhältnisse nicht kennt und gerade bei Selbstständigen das jährliche Einkommen erheblichen Schwankungen unterliegt, weiß der Spender im Laufe des Jahres nicht, welche Spenden er am Jahresende steuerlich geltend machen kann. Während nach alter Rechtslage die Spenden, die die jeweiligen Höchstbe-

Ausnahme

träge überschritten haben, verloren waren (Ausnahme: Großspenden), werden nach neuer Rechtslage Spenden bis zum jeweiligen Höchstbetrag verbraucht und die nicht verbrauchten Spenden unendlich vorgetragen. Damit ist sichergestellt, dass sich alle Spenden des Spenders auch steuerlich auswirken. (Ausnahme: Versterben des Spenders, kein Übergang auf Erben)

Das heißt aber nicht, dass sich die Spenden für den Spender auch in der Steuerzahlung bemerkbar machen.

Spenden sind nur insoweit vorzutragen, als sie den Höchstbetrag überschreiten oder „den um die Beträge nach § 10 Absatz 3 und 4, § 10c und 10d verminderten Gesamtbetrag der Einkünfte überschreiten“ (bis „Sonderausgaben (§§ 10, 10a, 10b, 10c EStG im Berechnungsschema).

Im Klartext heißt das:

- Alle Spenden, die den Höchstbetrag überschreiten, sind vorzutragen.
- Ist der Höchstbetrag nicht überschritten, werden zunächst alle Spenden vom korrigierten Gesamtbetrag der Einkünfte abgezogen, bis dieser auf 0,– Euro ist, bevor ein Vortrag vorgenommen wird. Da es eine Vielzahl weiterer Abzugsbeträge gibt (siehe Schema) und der untere Teil des Einkommens ohnehin nicht der Einkommensteuer unterliegt, **kann es dazu kommen, dass hier Spendenbeträge in Anrechnung gebracht werden, obwohl diese Einkommensteile faktisch nicht der Einkommensteuer unterliegen.**

4

Im Jahr der Spende gehen die den Höchstbetrag überschreitenden Spenden in den Spendenvortrag ein.

Werden innerhalb des Höchstbetrags Spenden geleistet, kann trotzdem ein Teil steuerlich verloren gehen, wenn bereits ein niedrigerer Spendenbetrag zu einem „steuerfreien" zu versteuernden Einkommen führen würde.

Entsprechend können in den Folgejahren Teile der festgestellten bzw. neu aufgebrachten Spenden verloren gehen, wenn der Spendenabzug nicht begrenzt wird.

Hier sollte jeweils bei der Erstellung der Steuererklärung geprüft werden, inwieweit Spenden optimal ausgenutzt werden können.

4.10 Reihenfolge des Spendenabzugs

Udo Bungert

Durch die in Aufzählung der § 10 Absatz 3 und 4, § 10c und § 10d EStG in § 10b Absatz 1 S. 3 EStG ergibt sich, dass zunächst die Verlustvor- und -rückträge sowie die Vorsorgeaufwendungen abzuziehen sind, bevor der Abzug der Spenden beginnt und die Spenden steuerlich den GdE auf 0,– Euro bringen.

Danach verbleibende Beträge werden auf das Folgejahr vorgetragen.

Kommt es zu einem Verlustrücktrag, ändern sich die Verhältnisse im Nachhinein. Mit der Einkommensteuererklärung des Jahres werden die Spenden des Jahres erklärt und auf der Grundlage der Erklärung festgestellt.

Kommt es zu einem Verlustrücktrag aus dem Folgejahr, ändern sich die einkommensteuerlichen Verhältnisse des Jahres. Der Verlust des Folgejahres mindert das Einkommen und damit auch die Berechnungsgrundlage für den Spendenabzug in dem Jahr. Das hat zur Folge, dass auch bzgl. der Spenden ein neuer Feststellungsbescheid zu ergehen hat, in dem die jetzt nicht benötigten Spenden mit aufgenommen werden.

Die nach der Berücksichtigung des Verlusts festgestellten Spenden werden weiter vorgetragen. Da das Folgejahr ein Verlustjahr ist, in dem sich Spenden ohnehin nicht auswirken, werden die verbleibenden

Reihenfolge des Spendenabzugs

Spenden erneut festgestellt und weiter auf das übernächste Jahr vorgetragen.

4.11 Auswirkungen der Steueränderungen 2008 und 2009 auf das Spendenrecht

4.11.1 Konkurrenz von altem und neuem Spendenrecht

Für die in den Jahren bis einschließlich 2006 geleisteten Spenden galt das alte Spendenrecht. Danach gab es zwei Arten von Spenden:

- die „normalen Spenden" unter 25.565,00 Euro im Einzelbetrag, die im Jahr des Abflusses bis zu 5 % (10 % für wissenschaftliche, mildtätige und als besonders förderungswürdig anerkannte Zwecke) des GdE bzw. 2 v. T. der Summe der Umsätze und der gezahlten Gehälter abzugsfähig sind und
- Großspenden über 25.565,00 Euro im Einzelfall, die auf das Jahr vor der Zahlung zurück und die in die darauf folgenden fünf Jahre im Rahmen der Höchstbeträge vorgetragen werden durften.

Großspenden

Während die normalen Spenden bei Überschreiten der Höchstbeträge „verfielen", konnten mit den Großspenden die Lücken zu den Höchstbeträgen über einen Zeitraum von insgesamt sieben Jahren aufgefüllt werden. Die Vorschrift über den Verlustabzug nach § 10d EStG galt entsprechend.

Für Großspenden, die im Jahr 2006 geleistet wurden, gibt es einen Vortrag nach altem Recht von fünf Jahren, d. h. diese Spenden werden uns noch bis einschließlich Veranlagungsjahr 2011 beschäftigen, wenn sie nicht vorher verbraucht werden.

4

Wesentlich ist, dass für das Jahr 2006 nicht ausgeschöpfte „alte" Spenden nicht in den unbegrenzten Spendenvortrag nach neuem Recht eingehen. Sie werden daher nicht mit von der gesonderten Feststellung im Sinne des § 10b Abs. 1 i. V. m. § 10d Abs. 4 EStG aufgenommen.

Für Großspenden nach altem Recht erfolgt weiterhin die gesonderte Feststellung nach altem Recht (§ 10b Abs. 1 a. F.), d. h. Abzug im Jahr der Spende und längstens fünf Jahre.

4

Antrag auf Anwendung des alten Rechts

Wollte der Spender für eine in 2007 geleistete (Groß-) Spende noch den Spendenrücktrag nach 2006 erlangen, konnte er auch im Jahr 2007 ausnahmsweise noch die Anwendung des alten Rechts beantragen. Auch für diese Spenden gilt dann insgesamt altes Recht und für den nicht verbrauchten Teil ein Spendenvortrag von fünf Jahren. Auch diese Spenden gehen nicht in den unbeschränkten Spendenvortrag ein.

Wird der Antrag auf altes Recht für im Jahr 2007 geleistete (Groß-)Spenden gestellt, kann sich der Zeitraum für den Spendenvortrag nach altem Recht ausnahmsweise sogar bis zum Jahr 2012 hinziehen. Sind die Spenden am Ende des Abzugszeitraums nicht verbraucht, gehen sie nicht in den neuen unbeschränkten Vortrag ein, sondern sind in Höhe des Restbetrags verloren.

4.11.2 Alte und neue Spenden und der Vermögensstock von Stiftungen

Vermögensstock von Stiftungen

Auch das alte Recht sah eine Begünstigung für Zuwendungen in den Vermögensstock von Stiftungen vor. Diese waren aber nach § 10b Abs. 2 EStG a. F. beschränkt auf Neugründungen und betraglich beschränkt auf 307.000,00 Euro. Der Betrag konnte über die allgemeinen Spendenbeträge nach Abs. 1 a. F. innerhalb von zehn Jahren nur ein Mal in Anspruch genommen werden. Auch auf ihn waren die Grundsätze des Verlustabzugs gem. § 10d anwendbar.

4

Die Zuwendung war auf Antrag im Jahr der Zahlung und den neun folgenden Jahren abzugsfähig.

Damit können uns die Spenden über die Feststellung des Restbetrags auch noch bis zum Jahr 2015 beschäftigen.

Die Einkommensteuerreferenten auf Bundesebene gehen derzeit davon aus, dass Zuwendern in den Vermögensstock einer Stiftung das Recht zusteht zu entscheiden, ob

Zahlung als normale Zuwendung

Zuwendung neben den normalen Zuwendungen

- die Zahlung als normale Zuwendung behandelt werden soll, für die der normale Abzugsrahmen gilt und die dann unbeschränkt vortragsfähig ist, oder
- ob die Zuwendung in den Vermögensstock als solche neben den normalen Zuwendungen abzugsfähig ist.

Wählt der Zuwender die erste Alternative, erhält er keinen zusätzlichen Abzugsbetrag, verliert aber auch keinen Teil seiner Spende, wenn die Zuwendung am Ende des Zehnjahreszeitraums nicht verbraucht ist.

Wählt der Zuwender die zweite Alternative, kann er zwar erhöhte Beträge absetzen, verliert aber ggf. einen Teilbetrag, wenn seine steuerlich relevanten Einkünfte in den Folgejahren zurückgehen und er innerhalb von zehn Jahren nicht die gesamten Einkünfte geltend machen kann.

Eigener Zehnjahreszeitraum

Vermögensstockspenden lösen jeweils einen eigenen Zehnjahreszeitraum mit einer eigenen Feststellung aus.

Spendet der Spender im Jahr 2006 in den Vermögensstock einer neu gegründeten Stiftung nach altem Recht 307.000,00 Euro und will im Jahr 2008 einen Betrag in den Vermögensstock der Stiftung nach neuem Recht spenden, der dem Höchstbetrag entspricht, so gilt Folgendes:

Durch die Zuwendung der 307.000,00 Euro ist der Steuerpflichtige zehn Jahre (2006 + 9 Jahre) gebunden. Er kann daher erst 2016 wieder die 307.000,00 Euro neu einsetzen.

Für das Jahr 2008 verbleiben ihm daher nur 693.000,00 Euro, die er zusätzlich in den Vermögensstock spenden kann. Darüber hinausgehende Beträge müsste er gesondert als „normale Spenden" an die Stiftung zahlen.

Im Jahr 2018 könnte er dann wieder 693.000,00 Euro steuerwirksam zusätzlich als Zuwendung in den Vermögensstock zahlen.

4.11.3 Begünstigte nicht entnommene Gewinne nach § 34 EStG und Spendenabzug

Bereits mit der Körperschaftsteuerreform 2002 hat der Gesetzgeber bei Kapitalgesellschaften eine Besteuerung der Gewinne mit 25 % eingeführt. Werden die Gewinne ausgeschüttet und gelangen an eine andere Körperschaft, ist die Ausschüttung steuerfrei. Erst wenn die Gewinne an eine natürliche Person fließen, wurden sie bis 2008 zur Hälfte dem persönlichen Steuersatz unterworfen. Ab 2009 unterliegt der Großteil dieser Gewinne der Abgeltungssteuer, teilweise auch weiterhin der persönlichen Steuer.

Demgegenüber war die Besteuerung bei natürlichen Personen und Personengesellschaften weiterhin anders geregelt. Jeder erwirtschaftete Gewinn, gleichgültig, ob er von den beteiligten Personen genutzt wurde oder im Unternehmen verblieb und den Beteiligten gar nicht zur Verfügung stand, wurde der vollen Besteuerung unterworfen.

Einheitlicher Steuersatz von 28,25 %

Abgeltende Nachsteuer von 25 %

Mit der Neuregelung hat der Gesetzgeber teilweise eine Gleichstellung von natürlichen Personen und Körperschaften vorgenommen. Danach werden nicht entnommene Gewinne mit einem einheitlichen Steuersatz von 28,25 % vorgenommen. Werden die Gewinne später entnommen, kommt es zu einer Nachversteuerung mit einer abgeltenden Nachsteuer in Höhe von 25 %.

Nur für bilanzierende Unternehmen

Nach § 34a Abs. 2 kann diese Regelung aber nur für Betriebe angewendet werden, die Gewinne nach § 4 Abs. 1 Satz 1 oder nach § 5 EStG ermitteln, d. h. bilanzieren.

Erhebliche Auswirkungen auf den Spendenabzug

Diese Neuregelung hat aber auch erhebliche Auswirkungen auf den Spendenabzug.

Wie aus dem Schema in Kapitel 4.9 ersichtlich, ist wesentliche Berechnungsgrundlage für die Höhe des möglichen Spendenabzugs immer der Gesamtbetrag der Einkünfte. In dem Jahr, in dem die Gewinne erwirtschaftet werden, gehen die Gewinne in die Steuererklärung ein und der Gesamtbetrag der Einkünfte ist hoch.

Nachsteuer außerhalb der eigentlichen Einkommensberechnung

Im Jahr der Nachversteuerung gehen die zu versteuernden Gewinne aber nicht mit in die Berechnung der Einkünfte mit ein. Die Berechnung der Nachsteuer läuft außerhalb der eigentlichen Einkommensberechnung. Damit ist der GdE (Gesamtbetrag der Einkünfte) und das zvE (zu versteuerndes Einkommen) gering, es kommt aber zu einer hohen Steuerbelastung.

Da die Höchstbeträge gering sind, kann der Steuerpflichtige nicht mit in dem Jahr geleisteten Spenden oder mit Spenden aus den Vorträgen gegensteuern.

Beispiel:
Unternehmer U erwirtschaftet mit seinem Betrieb durchschnittlich 100.000,00 Euro. Er hat sein Leben auf dieses Betriebsergebnis eingestellt und verbraucht mit seinen Steuern, sonstigen Abgaben und Lebenshaltungskosten genau diesen Betrag. Sein GdE beträgt 90.000,00 Euro und sein zvE beträgt 80.000,00 Euro (ohne Berücksichtigung von Spenden). Im Jahr 09 kommt sein größter Auftraggeber und teilt ihm mit, dass er einen Großauftrag, der sonst eigentlich im Jahr 10 angefallen wäre, vorziehen muss und dieser bereits im Jahr 09 erstellt werden muss. Im Jahr 10 fällt dieser Auftrag dafür ersatzlos weg. U erwirtschaftet daher im

Jahr 09 einen Gewinn von 150.000,00 Euro und im Jahr 10 einen Gewinn von 50.000,00 Euro. Da U in beiden Jahren 100.000,00 Euro für sein Leben benötigt, lässt er im Jahr 09 50.000,00 Euro stehen und entnimmt diese im Jahr 10.

Der GdE / das zvE betragen (ohne Berücksichtigung von Spenden) dementsprechend im Jahr 09 140.000,00 Euro / 130.000,00 Euro und im Jahr 10 40.000,00 Euro / 30.000,00 Euro.

In normalen Jahren hat U bei einem GdE von 90.000,00 Euro einen Spendenhöchstbetrag (20 % des GdE) von 18.000,00 Euro, sodass er bei Ausnutzung dieses Betrags sein zvE auf 62.000,00 Euro mindern könnte.

Im Jahr 09 hat U bei einem GdE von 140.000,00 Euro einen Höchstbetrag von 28.000,00 Euro damit könnte er sein zvE auf 102.000,00 Euro mindern.

In Jahr 10 hat U bei einem GdE von 40.000,00 Euro einen Höchstbetrag von 8.000,00 Euro und ein zu versteuerndes Einkommen von 2.000,00 Euro.

Unterstellt man, dass U den **Antrag nach § 34a EStG** stellt, würde von dem Einkommen im Jahr 09 50.000,00 Euro abgezogen und pauschal mit 28,25 % versteuert, d. h. er müsste hierauf 14.125,00 Euro an pauschaler Steuer zahlen. Da das Einkommen vorher aber nach seinem tatsächlichen Einkommen berechnet worden ist, bleibt der Spendenhöchstbetrag gleich.

Im Jahr 10 muss er zusätzlich zu den Steuern auf das tatsächliche Einkommen 25 % auf die 50.000,00 Euro = 12.500,00 Euro zahlen.

Da er durch Spenden sein tatsächlich in diesem Jahr niedrigeres zvE um 8.000,00 Euro mindern kann, hat er nichts um gegenzusteuern.

„Zusatzsteuer"

Aus meiner Sicht ist diese Regelung nur für langfristige Planungen interessant. Die Steuer liegt mit 28,25 % + 25 % = 53,25 % ca. 10 % über dem Spitzensteuersatz. Diese „Zusatzsteuer" rechnet sich nur dann, wenn die Zinsersparnis durch die spätere Zahlung diesen Betrag wirklich kompensiert.

Hinzu kommt, dass andere steuergestaltende Maßnahmen dem Steuerpflichtigen nicht helfen. Im Jahr 09 hat U zwar einen erhöhten Spendenabzugsbetrag. Da sich durch den höheren Spendenabzug der Spitzensteuersatz mindert, ist seine Progression in diesem Jahr dann aber niedriger als in den anderen Jahren, sodass sich die Spende auch nicht mit dem gleichen Durchschnittsprozentsatz auswirkt wie die Spende in den „normalen Jahren". Im Jahr 10 ist der Spendenabzug erheblich geringer und wirkt sich bei dem geringen Einkommen und dem niedrigen Steuersatz wirtschaftlich fast nicht aus.

Da die Prozentsätze für die Begünstigung nicht entnommener Gewinne feststehen, kann durch Spenden der darauf entfallende Steuersatz nicht beeinflusst werden. Im Jahr der Entstehung kann allenfalls der Steuersatz von 28,25 % gespart werden. Im Jahr den späteren Entnahme fällt die Steuer (25 %) auf jeden Fall an.

Ist das „Entnahmejahr" ein Verlustjahr, in dem keine reguläre Einkommensteuer zu zahlen wäre, kann durch Spenden die Steuer auf die Entnahme überhaupt nicht beeinflusst werden.

4.11.4 Spenden und Verlustjahre

Mit Ausnahme der Großspenden konnten in der Vergangenheit in Verlustjahren keine Spenden geltend gemacht werden.

Jetzt regelt § 10b Absatz 1 Satz 3 EStG, dass die Beträge aller Spenden, die den Höchstbetrag des Spendenabzug oder (ab 2008) den nach den angegebenen Vorschriften verminderten Gesamtbetrag der Einkünfte überschreiten, im Rahmen der Höchstbeträge der folgenden Jahre in Abzug zu bringen sind.

Damit sind auch die Zuwendungen nicht verfallen, die in einem Verlustjahr entstanden sind, sondern können grundsätzlich in die Folgejahre weiter vorgetragen werden. Die Regelungen zum Verlustvortrag nach § 10d Absatz 4 EStG gelten entsprechend.

Voraussetzung ist jedoch, dass es zumindest zu einer Veranlagung kommt, bei der die steuerlich zu berücksichtigenden Spenden und die vortragsfähigen Beträge festgestellt werden.

Verlustrücktrag

Rücktragsjahr

Sind die vortragsfähigen Spenden des Vorjahres festgestellt und ist das laufende Jahr ein Verlustjahr, so kommt es zwingend nach § 10d Absatz 1 EStG zu einem Verlustrücktrag mit einem vorrangigen Abzug der Verluste vor Sonderausgaben etc. im Rücktragsjahr. Damit kann der Gesamtbetrag der Einkünfte im Rücktragsjahr bis auf 0,– Euro gemindert werden.

Soweit Zuwendungen bei der ersten Veranlagung des Vorjahres bereits berücksichtigt sind, wird nach dem Verlustrücktrag eine neue Veranlagung durchgeführt, d. h. es werden alle Werte der Bescheide neu berechnet. Insofern kommt es auch zu einer neuen Feststellung der nach Verlustrücktrag vortragsfähigen Zuwendungsbeträge. Die vortragsfähigen Beträge erhöhen sich entsprechend.

Folgejahr

Verbleiben nach dem Verlustrücktrag noch vortragsfähige Verluste, so werden diese in das Folgejahr vorgetragen, d. h. der Gesamtbetrag der Einkünfte mindert sich wiederum vorrangig um die Verluste.

Erst danach werden die abzugsfähigen Zuwendungen berechnet und der verbleibende Betrag in die Zukunft vorgetragen.

Die Entstehung von Verlusten in den Folgejahren ist nicht planbar. Werden Zuwendungen in einem guten Jahr gemacht, um die Steuern zu mindern, und folgt unerwartet ein Verlustjahr, führt der zwingende Verlustrücktrag häufig dazu, dass sich die Spenden nicht im Jahr der Planung, sondern erst in späteren Jahren auswirken.

Im Gegensatz zu der Altregelung führt dies i. d. R. aber nicht zu einem Verlust des Abzugsbetrags, weil die Höhe des vortragsfähigen Abzugsbetrags steigt und in das dem Verlustjahr folgenden Jahr vorgetragen werden kann.

4.11.5 Spendenabzug und Abgeltungssteuer

Abgeltungssteuer

Während bis zum Jahr 2008 die Kapitalerträge im Privatbereich in die Einkommensteuererklärung aufgenommen und individuell versteuert wurden, gibt es ab 2009 die Abgeltungssteuer. Gemäß § 43 Absatz 5 EStG gelten die erfassten Einkünfte damit als abgegolten und müssen nicht mehr weiter erfasst werden.

Grundsätzlich ist ein solches, den Verwaltungsaufwand verringerndes System zu begrüßen. Daher hat man sich auch keine Gedanken darüber gemacht, dass diese Systemveränderung weitgreifende Konsequenzen für andere Bereiche des Steuerrechts und auch anderer Rechtsgebiete hat, bei denen der Steuerbescheid die Grundlage für Leistungen ist.

Für das Spenden und Zuwendungsrecht gilt, dass Steuerentlastungen nach § 10b EStG nur dann eintreten können, wenn die Einkünfte mit in das zu versteuernde Einkommen mit einbezogen werden. Durch die Abgeltungssteuer abgegoltene Einkünfte sind „abgegolten" und nicht mit in die Einkommensteuerveranlagung einzubeziehen.

Verminderung des Spendenhöchstbetrags

Der Gesamtbetrag der Einkünfte als Bemessungsgrundlage für die Bemessung des Spendenabzugshöchstbetrags verringert sich im Verhältnis zu den Vorjahren. Damit vermindert sich auch der Spendenhöchstbetrag.

In Extremfällen kann es dazu kommen, dass keine Einkommensteuerveranlagung durchzuführen ist und damit auch die Feststellung des vortragsfähigen Spendenhöchstbetrags für das Jahr ganz wegfällt.

Beispiel:

Der Steuerpflichtige hat im Jahr 2009 nur Kapitaleinkünfte. Da diese der Abgeltungssteuer unterliegen, ist die Besteuerung mit dem Einbehalt an der Quelle abgeschlossen (§ 43 Absatz 5 EStG). Mangels steuerpflichtigen Einkünften ist keine Besteuerung durchzuführen.

Da die Abgeltungssteuer pauschal in Höhe von 25 % erhoben wird und Kapitalerträge nicht mehr mit in die Veranlagung einfließen, bedeutet das umgekehrt, dass Spenden nie die Besteuerung der Kapitalerträge mindern.

4

Ausnahme

Abgesehen von den nachfolgenden Ausnahmen können die Kapitalerträge auf Antrag nur dann in die Veranlagung einbezogen werden, wenn der Steuersatz bei der Besteuerung nach Tarif unter 25 % liegt. Dann liegen die Einkünfte aber so niedrig, dass die Steuer knapp über dem Eingangssteuersatz liegt. In diesem Einkommensteuerbereich werden dann aber auch keine größeren, steuerlich abzugsfähigen Spenden erfolgen können.

Da der Gesetzgeber verhindern will, dass wegen Wegfall des steuerlichen Spendenabzugs das Spendenaufkommen zurückgeht, hat er wieder Ausnahmen geschaffen:

1. Beibehaltung der Abgeltungswirkung

Hat ein Steuerpflichtiger neben den Kapitaleinkünften im wesentlichen Umfang Einkünfte aus anderen Steuerarten, kann er eine andere Behandlung der Kapitaleinkünfte beantragen:

Höhere Bemessungsgrundlage

Um die Kapitalerträge für die Berechnung des Spendenhöchstbetrags weiterhin zu berücksichtigen, kann ein Antrag nach § 2 Absatz 5 Satz 2 Nr. 1 EStG gestellt werden, dass Kapitalerträge nur für Zwecke der Ermittlung der höheren Bemessungsgrundlage für den Spendenabzug in die Berechnung nach § 10b EStG mit einzubeziehen sind.

An der Abgeltungswirkung ändert sich nichts.

Beispiel:

Hat ein Steuerpflichtiger im Jahr 2009 einen GdE von 100.000,00 Euro und Kapitaleinkünfte von 50.000,00 Euro so hat er ohne Antrag einen Spendenhöchstbetrag von 20.000,00 Euro. Das zu versteuernde Einkommen beträgt 100.000,00 Euro - 20.000,00 Euro = 80.000,00 Euro

Stellt er den Antrag, so erhöht sich für die Berechnung des Spendenhöchstbetrags der GdE auf 100.000,00 Euro + 50.000,00 Euro = 150.000,00 Euro und der Spendenhöchstbetrag beträgt 30.000,00 Euro. Das zu versteuernde Einkommen mindert sich auf 100.000,00 Euro - 30.000,00 Euro = 70.000,00 Euro. Die Kapitalerträge werden aber weiterhin mit der Abgeltungsteuer von 25 % besteuert.

Stellt der Steuerpflichtige den Antrag, haben die Finanzbehörden gem. § 93 Absatz 7 AO das Recht, den Kontenabruf zur Überprüfung der Vollständigkeit der Kapitalerträge über das Bundeszentralamt für Steuern durchzuführen.

2. Keine Abgeltungswirkung

Keine Abgeltungswirkung

Keine Abgeltungswirkung tritt ein, wenn die Kapitaleinkünfte nicht der Abgeltungssteuer unterliegen. Das ist gem. § 20 Absatz 8 EStG immer dann der Fall, wenn die Einkünfte anderen Einkunftsarten zuzurechnen sind.

Dies sind Einkünfte aus:

- Land- und Forstwirtschaft
- Gewerbebetrieb
- selbstständiger Arbeit
- Vermietung und Verpachtung

Der Steuerpflichtige kann in diesen Bereichen z. B. dadurch gestaltend eingreifen, indem er sein in seinem Gewerbebetrieb entstandenes Kontoguthaben entweder auf ein Konto legt, das auf den Namen seines Betriebs lautet, oder das Geld aus der betrieblichen Sphäre entnimmt und es auf ein Konto auf seinen privaten Namen bringt.

Wird das Geld im betrieblichen Bereich belassen, werden die von der Bank einbehaltenen Steuern, wie bislang die Kapitalertragsteuer, in das Veranlagungsverfahren einbezogen und auf die zu zahlende Steuer angerechnet.

Auch hier kann keine Handlungsempfehlung gegeben werden, sondern es bedarf einer individuellen Gestaltungsberatung durch den Steuerberater.

Folgendes ist dabei immer zu bedenken:

Die Kapitalerträge mit Abgeltungssteuer werden mit 25 % besteuert.

Die Kapitalerträge im „normal" besteuerten Bereich unterliegen dem persönlichen Steuersatz und gerade in Gewerbebetrieben auch noch der Belastung mit Gewerbesteuer. Dabei kann die Anrechnung der Gewerbesteuer auf die Einkommensteuer meistens auch keinen vollen Ausgleich schaffen, da zumindest im städtischen Bereich die Hebesätze höher sind als die zur Anrechnung kommende Gewerbesteuer.

Eine Gestaltung zur Regelbesteuerung von Kapitalerträgen ist also nur dann effektiv, wenn die Besteuerung unter Berücksichtigung geleisteter Spenden unter 25 % kommt. Da der spendenbereite gut verdienende Steuerzahler meist einen höheren Steuersatz hat, wird die Abgeltungssteuer mit dem Antrag nach § 2 Absatz 5 b EStG wohl die gebräuchlichere Variante werden.

„Wesentliche Beteiligungen"

Keine Gestaltungsmöglichkeit besteht bei Verkäufen von „wesentlichen Beteiligungen" an Kapitalgesellschaften nach § 17 EStG. Hierbei handelt es sich immer um Einkünfte aus Gewerbebetrieb, die der Regelbesteuerung unterliegen.

3. Wahlrecht

Ein Wahlrecht besteht nach § 32d Absatz 2 Nr. 3 EStG für Steuerpflichtige, die mit mindestens 25 % an einer Kapitalgesellschaft beteiligt sind oder die zumindest mit 1 % an einer Kapitalgesellschaft beteiligt und für diese beruflich tätig sind.

Anteilseigner

Hierbei handelt es sich um Anteilseigner von GmbHs und Aktiengesellschaften, die entweder über Anteile von mehr als 25 % verfügen oder für die Gesellschaft beruflich tätig sind.

Auf Antrag können diese im Rahmen des „Teileinkünfteverfahrens“ mit ihrer tariflichen Einkommensteuer besteuert werden. Während bei der Abgeltungssteuer keine Werbungskosten mehr zum Abzug gebracht werden können, hat diese Regelung den Vorteil, dass hier Werbungskosten und Betriebsausgaben, die mit den Erträgen aus der Beteiligung im Zusammenhang stehen, mit in Abzug gebracht werden können. Einbehaltene Steuern werden auf die persönliche Steuer angerechnet.

Das Antragsrecht kann nur ein Mal für die jeweilige Kapitalbeteiligung ausgeübt werden und gilt dann für fünf Jahre.

Bevor das Wahlrecht ausgeübt wird, muss geprüft werden, welche Lösung die günstigere ist. Das gilt insbesondere, wenn größere Spenden vorgesehen sind. Auch hier ist eine individuelle Beratung des zukünftigen Spenders durch einen Steuerberater erforderlich, der die Ertrags- und Finanzlage unter Berücksichtigung der beiden Modelle rechnet.

5 Steuern

- Sichern Sie sich finanzielle Vorteile -

Inhaltsverzeichnis

5

5 Steuern

5.1 Umsatzsteuer

5.1.1 Einführung

Udo Bungert

Die Umsatzsteuer ist auf die Richtlinien der EU aufgebaut. Die einzelnen Mitgliedstaaten der EU sind verpflichtet, Vorschriften zu erlassen, die EU-konform sind.

Grundsätzlich ist das nationale Recht gültig. Sofern die einzelnen Mitgliedstaaten jedoch von den EU-Vorschriften abweichen, kann sich der Betroffene grundsätzlich direkt auf die EU-Vorschriften berufen, wenn er sich benachteiligt fühlt.

5

Alle unternehmerischen Leistungen

Während der Anfall von Körperschaftsteuer und Gewerbesteuer an den wirtschaftlichen Geschäftsbetrieb gebunden ist, fallen grundsätzlich alle unternehmerischen Leistungen einer Körperschaft unter die Umsatzsteuer. Daher können sich auch im Bereich der Vermögensverwaltung und des Zweckbetriebs steuerpflichtige Umsätze ergeben. Selbst Mitglieds- und Aufnahmebeiträge können der Umsatzsteuer unterfallen. (Siehe Urteile Kap. 8)

Keine Gewinnerzielungsabsicht erforderlich

Bei der Umsatzsteuer kommt es auf eine Gewinnerzielungsabsicht nicht an.

Nicht unternehmerische Leistungen sind von der Umsatzsteuer ausgeschlossen.

Gemeinnützige Organisationen sind bei der Umsatzsteuer gegenüber anderen Unternehmern ebenfalls begünstigt. Die Grenze, ab der Umsatzsteuer auf Umsätze berechnet wird, liegt dabei aber erheblich niedriger als bei Körperschaftsteuer und Gewerbesteuer.

5.1.2 System der Umsatzsteuer

Udo Bungert

Entgelt

Der umsatzsteuerpflichtige Unternehmer berechnet seinen Kunden für seine Leistungen Umsatzsteuer. Diese bekommt er mit dem gezahlten Entgelt. Die Umsatzsteuer muss er an das Finanzamt abführen. Daher wird nicht er, sondern der Kunde mit der Umsatzsteuer belastet.

Vorsteuer

Umgekehrt kann der Unternehmer die Umsatzsteuer, die er bei einem anderen Unternehmer für Leistungen an sein Unternehmen gezahlt hat, als Vorsteuer von der an das Finanzamt zu zahlenden Umsatzsteuer abziehen. Daher ist der Unternehmer im Ergebnis nicht mit Umsatzsteuer belastet.

Haftung des „Nicht-Unternehmers" nach § 14 III UStG

Alle Tatbestände im Zusammenhang mit der Umsatzsteuer spielen sich im unternehmerischen Bereich ab. Soweit Umsatzsteuer im nicht unternehmerischen Bereich abgerechnet wurde, haftet der „Nicht-Unternehmer" nach § 14 III UStG für die falsch berechnete Umsatzsteuer. Der Kunde hat keinen Vorsteuerabzug.

Andererseits kann die gemeinnützige Organisation im ideellen Bereich (nicht unternehmerischer Bereich) auch keine Vorsteuer geltend machen. Bei der Erfassung des Einkaufs bzw. der Eingangsrechnungen ist daher genau abzugrenzen, welche Lieferung oder Leistung für welchen Bereich eingekauft wurde.

Steuerbare und nicht steuerbare Leistung

Bei der Umsatzsteuer wird zwischen steuerbaren und nicht steuerbaren Leistungen entschieden. Steuerbar ist nach § 1 Abs. 1 UStG eine Leistung, die

- ein Unternehmer
- im Inland
- gegen Entgelt
- im Rahmen seines Unternehmens

ausführt.

Schenkung

Fehlt ein Tatbestandsmerkmal, handelt es sich nicht um eine Leistung nach § 1 Abs. 1 UStG und der Vorgang ist nicht steuerbar. Schenkt z. B. der Unternehmer den Gegenstand, fehlt das Entgelt und die Leistung ist nicht steuerbar.

Neben den Lieferungen und Leistungen gibt es weitere Tatbestände, die Umsatzsteuer auslösen:

5

Eigenverbrauch

- Eigenverbrauch nach § 1 Abs. 1 Nr. 2 USTG (Eigenverbrauch liegt z. B. vor, wenn eine Körperschaft einen Gegenstand aus dem wirtschaftlichen Geschäftsbetrieb im idellen Bereich verbraucht.)

Lieferungen an Mitglieder ohne angemessenes Entgelt

- Lieferungen und sonstige Leistungen, die steuerbegünstigte Körperschaften im Inland im Rahmen ihres Unternehmens an Mitglieder oder diesen nahestehende Personen ausführen, ohne dass dafür ein angemessenes Entgelt fließt nach § 1 Abs. 1 Nr. 3 USTG

- die Einfuhr von Gegenständen aus dem Drittlandsgebiet (Nicht-EU-Staaten) in das Zollgebiet nach § 1 Abs. 1 Nr. 3 UStG

- innergemeinschaftliche Erwerbe (aus anderen EU-Staaten) im Inland gegen Entgelt nach § 1 Abs. 1 Nr. 5

Unternehmerbegriff

Nach dem Umsatzsteuerrecht ist der Unternehmerbegriff erheblich weiter, als er beim Ertragsteuerrecht verwandt wird. Umsatzsteuerlich sind alle Personen und Gebilde Steuersubjekte, die sich nach außen durch Bewirkung von Umsätzen am Wirtschaftsverkehr beteiligen. Dies kann durch steuerbare, aber steuerfreie Leistungen gegenüber Mitgliedern erfolgen (BFH v. 21.11.1991, BStBl. II 1992, 637).

Wirtschaftsverkehr

Das „Unternehmen" umfasst nach § 2 Abs. 1 Satz 2 UStG die gesamte gewerbliche oder berufliche Tätigkeit aller Tätigkeitsbereiche. Alle unternehmerischen Tätigkeitsbereiche zusammen bilden das Unternehmen der steuerbegünstigten Körperschaft.

Das Unternehmen muss nachhaltig zur Erzielung von Einnahmen tätig sein. Auf die Erzielung von Gewinnen kommt es nicht an.

Nachhaltigkeit

Nachhaltigkeit liegt z. B. dann vor, wenn die gemeinnützige Organisation einmal im Jahr ein Vereinsfest veranstaltet.

Verkauft ein Verein ihm von Todes wegen für gemeinnützige Zwecke zugewandte Gegenstände, so führt das bereits zu einer Umsatzsteuerpflicht, wenn die Veräußerung nachhaltig ist. BFH v. 09.09.1993, V R 24/89, BStBl. II, 57

Typische unternehmerische Tätigkeiten einer gemeinnützigen Organisation sind:

- Vermietungsumsätze
- Verkauf von Speisen, Getränken oder Waren, auch wenn dies nur an Vereinsmitglieder erfolgt
- kulturelle Veranstaltungen

- gesellige Veranstaltungen
- Sportveranstaltungen etc.

Auch wenn die Leistungen steuerbar sind, gibt es im Umsatzsteuergesetz eine Vielzahl von Steuerbefreiungen.

5.1.3 Umsatzsteuerbefreiungen

Udo Bungert

§ 4 UStG sieht eine Reihe von Umsatzsteuerbefreiungen vor. Für gemeinnützige Organisationen kommen von den allgemeinen Vorschriften insbesondere die Befreiungen für die Verpachtung von Grundstücken nach Nr. 12 in Betracht. Die Steuerbefreiungen beziehen sich auf

Vermietung und Verpachtung von Grundstücken

- die Vermietung und die Verpachtung von Grundstücken, von Berechtigungen, für die die Vorschriften des bürgerlichen Rechts über Grundstücke gelten, und von staatlichen Hoheitsrechten, die Nutzungen von Grund und Boden betreffen.

Überlassung von Grundstücken und Grundstücksteilen

- die **Überlassung** von **Grundstücken** und **Grundstücksteilen** zur Nutzung aufgrund eines auf Übertragung des Eigentums gerichteten Vertrags oder Vorvertrags.

Dingliche Nutzungsrechte

- die Bestellung, die Übertragung und die Überlassung der Ausübung von **dinglichen Nutzungsrechten** an Grundstücken.

Nicht befreit sind die Vermietung von Wohn- und Schlafräumen, die ein Unternehmer zur **kurzfristigen Beherbergung von Fremden** bereithält, die Vermietung von **Plätzen für das Abstellen von Fahrzeugen**, die kurzfristige Vermietung auf Campingplätzen und die Vermietung und die Verpachtung von Maschinen und sonstigen Vorrichtungen aller Art, die zu einer Betriebsanlage gehören (Betriebsvorrichtungen), auch wenn sie wesentliche Bestandteile eines Grundstücks sind.

Auch Umsätze, die unter das Grunderwerbsteuergesetz (§ 4 Nummer 9a UStG), das Rennwett- und Lotteriesteuergesetz (§ 4 Nummer 9b) fallen, sind steuerbefreit.

Darüber hinaus gibt es eine Vielzahl von umsatzsteuerbefreiten Tätigkeiten, die der Aufzählung der gemeinnützigen Zwecke entsprechen. Damit wird auch ein Großteil der Zweckbetriebe von der Umsatzsteuer durch § 4 UStG befreit:

Arzt, Zahnarzt, Heilpraktiker, Physiotherapeut, Hebamme

14. a) Heilbehandlungen im Bereich der Humanmedizin, die im Rahmen der Ausübung der Tätigkeit als Arzt, Zahnarzt, Heilpraktiker, Physiotherapeut, Hebamme oder einer ähnlichen heilberuflichen Tätigkeit durchgeführt werden. Satz 1 gilt nicht für die Lieferung oder Wiederherstellung von Zahnprothesen ... und kieferorthopädischen Apparaten, soweit sie der Unternehmer in seinem Unternehmen hergestellt oder wiederhergestellt hat;

5

Krankenhausbehandlungen

b) Krankenhausbehandlungen und ärztliche Heilbehandlungen einschließlich der Diagnostik und Befunderhebung, Vorsorge, Rehabilitation, Geburtshilfe, Hospizleistungen sowie damit eng verbundene Umsätze, die von Einrichtungen des öffentlichen Rechts erbracht werden. Die in Satz 1 bezeichneten Leistungen sind auch steuerfrei, wenn sie von

Zugelassene Krankenhäuser

aa) zugelassenen Krankenhäusern nach § 108 des Fünften Sozialgesetzbuchs,

Zentren für ärztliche Heilbehandlung

bb) Zentren für ärztliche Heilbehandlung und Diagnostik oder Befunderhebung, die an der vertragsärztlichen Versorgung nach § 95 des Fünften Buches Sozialgesetzbuch teilnehmen oder für die Regelungen nach § 115 des Fünften Buches Sozialgesetzbuch gelten,

cc) Einrichtungen, die von Trägern der gesetzlichen Unfallversicherung nach § 34 des Siebten Buches Sozialgesetzbuch an der Versorgung beteiligt worden sind,

dd) Einrichtungen, mit denen Versorgungsverträge nach § 111 und 111a des Fünften Buches des Sozialgesetzbuchs bestehen,

Rehabilitationseinrichtungen

ee) Rehabilitationseinrichtungen, mit denen Verträge nach § 21 des Neunten Buches Sozialgesetzbuch bestehen,

Einrichtungen zur Geburtshilfe

ff) Einrichtungen zur Geburtshilfe, für die Verträge nach § 134a des Fünften Buches Sozialgesetzbuch gelten oder

Hospiz

gg) Hospizen, mit denen Verträge nach § 39a Abs. 1 des Fünften Buches Sozialgesetzbuch bestehen,

erbracht werden und es sich ihrer Art nach um Leistungen handelt, auf die sich die Zulassung, der Vertrag oder die Regelung nach dem Sozialgesetzbuch jeweils bezieht, oder

Strafvollzug

hh) von Einrichtungen nach § 138 Absatz 1 Satz 1 des Strafvollzugsgesetzes erbracht werden;

Integrierte Versorgung

c) Leistungen nach den Buchstaben a und b, die von Einrichtungen nach § 140b Absatz 1 des Fünften Buches des Sozialgesetzbuches erbracht werden, mit denen Verträge zur integrierten Versorgung nach § 140 a des Fünften Buches Sozialgesetzbuch bestehen;

5

d) sonstige Leistungen von Gemeinschaften, deren Mitglieder Angehörige der in Buchstabe a bezeichneten Berufe oder Einrichtungen im Sinne des Buchstaben b sind, gegenüber ihren Mitgliedern, soweit diese Leistungen für unmittelbare Zwecke der Ausübung der Tätigkeiten nach Buchstabe a oder b verwendet werden und die Gemeinschaft von ihren Mitgliedern lediglich die genaue Erstattung des jeweiligen Anteils an den Kosten fordert.

Betreuung oder Pflege körperlich, geistig oder seelisch hilfsbedürftiger Personen

16. die mit dem Betrieb von Einrichtungen zu Betreuung oder Pflege körperlich, geistig oder seelisch hilfsbedürftiger Personen eng verbundenen Leistungen, die von

5

a) juristischen Personen des öffentlichen Rechts,

b) Einrichtungen, mit denen ein Vertrag nach § 132 des Fünften Buches Sozialgesetzbuch besteht,

Leistungen zur häuslichen Pflege oder zur Heimpflege

c) Einrichtungen, mit denen ein Vertrag nach § 132 des Fünften Buches Sozialgesetzbuch, § 72 oder § 77 des Elften Buches Sozialgesetzbuch besteht oder die Leistungen zur häuslichen Pflege oder zur Heimpflege erbringen und die hierzu nach § 26 Absatz 5 in Verbindung § 44 des Siebten Buches Sozialgesetzbuch bestimmt sind,

Leistungen der häuslichen Krankenpflege oder Hauhaltshilfe

d) Einrichtungen, die Leistungen der häuslichen Krankenpflege oder Haushaltshilfe erbringen und die hierzu nach § 26 Absatz 5 in Verbindung mit den §§ 32 und 42 des Siebten Buches Sozialgesetzbuch bestimmt sind,

e) Einrichtungen, mit denen ein Vereinbarung nach § 111 des Neunten Buches Sozialgesetzbuch besteht,

f) Einrichtungen nach § 142 des Neunten Buches Sozialgesetzbuch anerkannt sind,

Niedrigschwellige Betreuungsangebote

g) Einrichtungen, soweit sie Leistungen erbringen, die landesrechtlich als niedrigschwellige Betreuungsangebote nach § 45b des Elften Buches Sozialgesetzbuch anerkannt sind,

h) Einrichtungen, mit denen eine Vereinbarung nach § 75 des Zwölften Buches Sozialgesetzbuch besteht,

i) Einrichtungen, mit denen ein Vertrag nach § 16 des zweiten Gesetzes über die Krankenversicherung der Landwirte, nach § 53 Absatz 2 Nummer 1 in Verbindung mit § 10 des Gesetzes über die Alterssicherung der Landwirte oder nach § 143e Absatz 4 Nummer 2 in Verbindung mit § 54 Absatz 2 des Siebten Buches Sozialgesetzbuch über die Gewährung von häuslicher Krankenpflege oder Haushaltshilfe besteht,

Geeignete Frühförderstellen

j) Einrichtungen, die aufgrund einer Landesrahmenempfehlung als geeignete Frühförderstellen anerkannt sind, oder

Mindestens 40 % der Fälle von Trägern der Sozialversicherung

k) Einrichtungen, bei denen im vergangenen Kalenderjahr die Betreuungs- und Pflegekosten in mindestens 40 % der Fälle von Trägern der Sozialversicherung oder der Sozialhilfe oder der für die Durchführung der Kriegsopferversorgung zuständigen Versorgungsverwaltung einschließlich der Träger der Kriegsopferfürsorge ganz oder zum überwiegenden Teil vergütet worden sind,

erbracht werden. Leistungen im Sinne des Satzes 1, die von Einrichtungen nach den Buchstaben b bis k erbracht werden, sind befreit, soweit es sich ihrer Art nach um Leistungen handelt, auf die sich die Anerkennung, der Vertrag oder die Vereinbarung nach Sozialrecht oder die Vergütung jeweils bezieht.

17. a) die Lieferungen von **menschlichen Organen, menschlichem Blut und Frauenmilch**,

    b) die **Beförderungen von kranken und verletzten Personen mit Fahrzeugen**, die hierfür besonders eingerichtet sind;

5

Wohlfahrtspflege

18. die Leistungen der amtlich **anerkannten Verbände der freien Wohlfahrtspflege** und der der freien Wohlfahrtspflege dienenden Körperschaften, Personenvereinigungen und Vermögensmassen, die einem Wohlfahrtsverband als Mitglied angeschlossen sind, wenn

    a) diese Unternehmer **ausschließlich und unmittelbar gemeinnützigen, mildtätigen oder kirchlichen Zwecken dienen**,

    b) die Leistungen **unmittelbar dem nach der Satzung, Stiftung oder sonstigen Verfassung begünstigten Personenkreis zugutekommen und**

    c) die Entgelte für die in Betracht kommenden Leistungen **hinter den durchschnittlich für**

gleichartige Leistungen von Erwerbsunternehmen verlangten Entgelten zurückbleiben.

Steuerfrei sind auch die Beherbergung, Beköstigung und die üblichen Naturalleistungen, die diese Unternehmer den Personen, die bei den Leistungen nach Satz 1 tätig sind, als Vergütung für die geleisteten Diente gewähren;

...

Blinde

19. a) die Umsätze der **Blinden**, die nicht mehr als zwei Arbeitnehmer beschäftigen. Nicht als Arbeitnehmer gelten der Ehegatte, die minderjährigen Abkömmlinge, die Eltern des Blinden und die Lehrlinge. Die Blindheit ist nach den für die Besteuerung des Einkommens maßgebenden Vorschriften nachzuweisen. Die Steuerfreiheit gilt nicht für die Lieferungen von Energieerzeugnissen im Sinne des § 1 Absatz 2 und 3 des Energiesteuergesetzes und Branntweinen, wenn der Blinde für diese Erzeugnisse Energiesteuer oder Branntweinabgaben zu entrichten hat, und für Lieferungen im Sinne der Nummer 4a Satz 1 Buchstabe a Satz 2,

Blindenwerkstätten

b) die folgenden Umsätze der nicht unter Buchstabe a fallenden Inhaber von **anerkannten Blindenwerkstätten** und der anerkannten Zusammenschlüsse von Blindenwerkstätten im Sinne des § 143 des Neunten Buches Sozialgesetzbuch:

aa) die Lieferungen von Blindenwaren und Zusatzwaren,

5

bb) die sonstigen Leistungen, soweit bei ihrer Ausführung ausschließlich Blinde mitgewirkt haben;

Theater, Orchester, Kammermusikensembles, Chöre, Museen, botanische Gärten, zoologische Gärten, Tierparks, Archive, Büchereien, Denkmäler der Bau- und Gartenbaukunst

20. a) die Umsätze folgender Einrichtungen des Bundes, der Länder, der Gemeinden oder der Gemeindeverbände: **Theater, Orchester, Kammermusikensembles, Chöre, Museen, botanische Gärten, zoologische Gärten, Tierparks, Archive, Büchereien** sowie **Denkmäler der Bau- und Gartenbaukunst**. Das Gleiche gilt für die Umsätze **gleichartiger Einrichtungen anderer Unternehmer**, wenn die zuständige Landesbehörde bescheinigt, dass sie die gleichen kulturellen Aufgaben wie die in Satz 1 bezeichneten Einrichtungen erfüllen. Museen im Sinne dieser Vorschrift sind wissenschaftliche Sammlungen und Kunstsammlungen,

Theatervorführungen und Konzerte

b) die Veranstaltung von **Theatervorführungen und Konzerten** durch andere Unternehmer, wenn die Darbietungen von den unter Buchstabe a bezeichneten Theatern, Orchestern, Kammermusikensembles oder Chören erbracht werden,

Private Schulen

21. a) die unmittelbar dem **Schul- und Bildungszweck** dienenden Leistungen **privater Schulen** und anderer allgemeinbildender oder berufsbildender Einrichtungen,

aa) wenn sie als **Ersatzschulen** gem. Artikel 7 Absatz 4 des Grundgesetzes staatlich genehmigt oder nach Landesrecht erlaubt sind oder bb) wenn die zuständige Landesbehörde bescheinigt, dass sie auf einen Beruf oder eine vor einer juristischen Person des öffentlichen Rechts abzulegende Prüfung ordnungsgemäß vorbereiten,

b) die unmittelbar dem Schul- und Bildungszweck dienenden Unterrichtsleistungen selbstständiger Lehrer

aa) an Hochschulen im Sinne der §§ 1 und 70 des Hochschulrahmengesetzes und öffentlichen allgemeinbildenden oder berufsbildenden Schulen oder

bb) an privaten Schulen und anderen allgemeinbildenden oder berufsbildenden Einrichtungen, soweit diese die Voraussetzungen des Buchstabens a erfüllen;

21a. (weggefallen)

22. a) die **Vorträge, Kurse und anderen Veranstaltungen wissenschaftlicher oder belehrender Art**, die von juristischen Personen des öffentlichen Rechts, von Verwaltungs- und Wirtschaftsakademien, von Volkshochschulen oder **von Einrichtungen, die gemeinnützigen Zwecken oder dem Zweck eines Berufsverbands** dienen, durchgeführt werden, wenn die Einnahmen überwiegend zur Deckung der Kosten verwendet werden,

Vorträge, Kurse und anderen Veranstaltungen

b) andere **kulturelle und sportliche Veranstaltungen**, die von den in Buchstabe a genannten Unternehmern durchgeführt werden, soweit das Entgelt in Teilnehmergebühren besteht;

Kulturelle und sportliche Veranstaltungen

Jugendliche

23. die Gewährung von **Beherbergung, Beköstigung und der üblichen Naturalleistungen** durch Einrichtungen, wenn sie überwiegend **Jugendliche für Erziehungs-, Ausbildungs- oder Fortbildungszwecke oder für Zwecke der Säuglingspflege** bei sich aufnehmen, soweit die Leistungen an die Jugendlichen oder an die bei ihrer Erziehung, Ausbildung, Fortbildung oder Pflege tätigen Personen ausgeführt werden. Jugendliche im Sinne dieser Vorschrift sind alle Personen vor Vollendung des **27. Lebensjahres**. Steuerfrei sind auch die Beherbergung, Beköstigung und die üblichen Naturalleistungen, die diese Unternehmer den Personen, die bei den Leistungen nach Satz 1 tätig sind, als Vergütung für die geleisteten Dienste gewähren. Die Sätze 1 bis 3 gelten nicht, soweit eine Leistung der Jugendhilfe des Achten Buches Sozialgesetzbuch erbracht wird;

Deutsches Jugendherbergswerk

24. die Leistungen des **Deutschen Jugendherbergswerks**, Hauptverband für Jugendwandern und Jugendherbergen e. V., einschließlich der diesem Verband angeschlossenen Untergliederungen, Einrichtungen und Jugendherbergen, soweit die Leistungen den Satzungszwecken unmittelbar dienen, oder Personen, die bei diesen Leistungen tätig sind, Beherbergung, Beköstigung und die üblichen Naturalleistungen als Vergütung für die geleisteten Dienste gewährt werden. Das Gleiche gilt für die Leistungen anderer Vereinigungen, die gleiche Aufgaben unter denselben Voraussetzungen erfüllen;

Leistungen der Jugendhilfe

25. **Leistungen der Jugendhilfe** nach § 2 Absatz 2 des Achten Buches Sozialgesetzbuch und die Inobhutnahme nach § 42 des Achten Buches Sozialgesetz-

buch, wenn diese Leistungen von Trägern der öffentlichen Jugendhilfe **oder anderen Einrichtungen mit sozialem Charakter** erbracht werden. Andere Einrichtungen mit sozialem Charakter im Sinne dieser Vorschrift sind

a) von der zuständigen Jugendbehörde anerkannte Träger der freien Jugendhilfe, die Kirchen und Religionsgemeinschaften des öffentlichen Rechts sowie die amtlich anerkannten Verbände der freien Wohlfahrtspflege,

b) Einrichtungen, soweit sie

aa) für ihre Leistungen eine im Achten Buch Sozialgesetzbuch geforderte Erlaubnis besitzen oder nach § 44 oder § 45 Absatz 1 Nummer 1 und 2 des Achten Buches Sozialgesetzbuch einer Erlaubnis nicht bedürfen,

bb) Leistungen erbringen, die im vorangegangenen Kalenderjahr ganz oder zum überwiegenden Teil durch Träger der öffentlichen Jugendhilfe oder Einrichtungen nach Buchstabe a vergütet wurden oder

cc) Leistungen der Kindertagespflege erbringen, für die sie nach § 24 Absatz 5 des Achten Buches Sozialgesetzbuch vermittelt werden können.

Steuerfrei sind auch

a) die Durchführung von kulturellen und sportlichen Veranstaltungen, wenn die Darbietungen von den von der Jugendhilfe begünstigten Per-

5

sonen selbst erbracht oder die Einnahmen überwiegend zur Deckung der Kosten verwendet werden und diese Leistungen in engem Zusammenhang mit den in Satz 1 bezeichneten Leistungen stehen,

b) die Beherbergung, Beköstigung und die üblichen Naturalleistungen, die diese Einrichtungen den Empfängern der Jugendhilfeleistungen und Mitarbeitern in der Jugendhilfe sowie den bei den Leistungen nach Satz 1 tätigen Personen als Vergütung für die geleisteten Dienste gewähren;

Ehrenamtliche Tätigkeit

26. die **ehrenamtliche Tätigkeit**,

a) wenn sie für juristische Personen des öffentlichen Rechts ausgeübt wird oder

b) wenn das Entgelt für diese Tätigkeit **nur in Auslagenersatz und einer angemessenen Entschädigung für Zeitversäumnis besteht**;

27. a) die Gestellung von Mitgliedern geistlicher Genossenschaften und Angehörigen von Mutterhäusern für gemeinnützige, mildtätige, kirchliche oder schulische Zwecke,

b) die Gestellung von land- und forstwirtschaftlichen Arbeitskräften durch juristische Personen des privaten oder des öffentlichen Rechts für land- und forstwirtschaftliche Betriebe (§ 24 Absatz 2) mit höchstens drei Vollarbeitskräften zur Überbrückung des Ausfalls des Betriebsinhabers oder dessen voll mitarbeitenden Familienangehörigen wegen Krankheit, Unfalls,

Schwangerschaft, eingeschränkter Erwerbsfähigkeit oder Todes sowie die Gestellung von Betriebshelfern und Haushaltshilfen an die gesetzlichen Träger der Sozialversicherung;

28. die Lieferungen von Gegenständen, für die der Vorsteuerabzug nach § 15 Absatz 1a ausgeschlossen ist oder wenn der **Unternehmer die gelieferten Gegenstände ausschließlich für eine nach den Nummern 8 bis 27 steuerfreie Tätigkeit verwendet** hat.

5

5.1.4 Kleinunternehmerregelung

Udo Bungert

Um die kleinen Unternehmen nicht mit zusätzlichen Verwaltungsaufgaben zu belasten, gibt es in § 19 I UStG eine „Kleinunternehmerregelung“.

Von Unternehmen, die im vergangenen Kalenderjahr nicht mehr als 17.500 Euro und im laufenden Kalenderjahr nicht mehr als voraussichtlich 50.000 Euro Umsatz erzielen, wird nach § 19 Abs. 1 keine Umsatzsteuer erhoben.

Umsatz im Sinne dieser Vorschrift ist nach Satz 2 der erzielte Umsatz abzüglich der Umsätze für veräußerte Wirtschaftsgüter des Anlagevermögens.

Darüber hinaus sind auch die steuerfreien Umsätze abzuziehen (§ 19 Abs. 3 UStG), die insbesondere für gemeinnützige Körperschaften interessant sind (siehe Kapitel 5.3). Nicht mitzurechnen sind die steuerbefreiten Umsätze nach § 4 Nr. 8i, Nr. 9 und Nr. 11 bis 28.

Bis zur Unanfechtbarkeit des Steuerbescheids kann der Unternehmer gem. § 19 Abs. 2 UStG beantragen, nach den allgemeinen Besteuerungstatbeständen besteuert zu werden.

5

5.1.5 Sonderregelung für steuerbegünstigte Organisationen

Udo Bungert

Vorsteuerpauschalierung mit 7 %

Sofern die Umsätze der steuerbefreiten Organisation im Vorjahr (erstmals 2007) unter 35.000 Euro liegen, kann die steuerbegünstigte Körperschaft gem. § 23a die Vorsteuer pauschal mit 7 % der steuerpflichtigen Umsätze in Anspruch nehmen.

Von dieser Regelung können Körperschaften Gebrauch machen, die nicht verpflichtet sind, Bücher zu führen und Abschlüsse zu erstellen.

Mitteilung an das Finanzamt

Der Steuerpflichtige kann bis zum Ablauf des 10. Kalendertages nach Ablauf des ersten Veranlagungszeitraums gegenüber dem Finanzamt die Inanspruchnahme der Sonderregelung mitteilen.

Die Körperschaft ist für fünf Jahre an diese Regelung gebunden.

5.1.6 Steuersätze

Udo Bungert

Regelsteuersatz

Der Regelsteuersatz beträgt gem. § 12 Abs. 1 UStG 19 %.

Ermäßigter Steuersatz

Der ermäßigte Steuersatz beträgt gem. § 12 Abs. 2 UStG 7 %. Dieser Steuersatz soll z. B. Nahrungsmittel ohne Verzehr an Ort und Stelle begünstigen. Daher greift er in den meisten Fällen nicht ein. Der Katalog der allgemeinen Steuerbefreiung ergibt sich aus § 12 Abs. 2).

Zentrale Ermäßigungsvorschrift

Für steuerbegünstigte Körperschaften gibt es jedoch eine zentrale Ermäßigungsvorschrift in § 12 Nr. 8a UStG.

Danach sind Leistungen der steuerbegünstigten Körperschaften, die ausschließlich und unmittelbar gemeinnützigen, mildtätigen oder kirchlichen Zwecken dienen, §§ 51 bis 68 AO dem ermäßigten Steuersatz zugeordnet.

Leistungen aus wirtschaftlichen Geschäftsbetrieben sind aber ausdrücklich ausgeschlossen.

Damit ist nicht nur wegen der Frage, ob die Tätigkeit körperschaft-/gewerbesteuerpflichtig ist, eine getrennte Aufteilung bei der Buchhaltung nach den einzelnen Sphären der gemeinnützigen Körperschaft zu treffen, sondern auch wegen der Frage, ob es sich um einen **steuerfreien**, einen **steuerermäßigten** Umsatz aus einem Zweckbetrieb oder um einen voll umsatzsteuerpflichtigen aus einem wirtschaftlichen Geschäftsbetrieb handelt.

5

5.1.7 Rechnungen bei gemeinnützigen Organisationen

Udo Bungert

5.1.7.1 Rechnungen

Gemäß § 14 Abs. 1 Satz 1 UStG ist eine Rechnung jedes Dokument, mit dem über eine Lieferung oder sonstige Leistung abgerechnet wird, gleichgültig, wie dieses Dokument im Geschäftsverkehr bezeichnet wird.

Lieferung oder Leistung

Daraus ergibt sich, dass Rechnungen nur über solche Gelder gestellt werden müssen, denen eine Lieferung oder Leistung zugrunde liegt. Bei anderen Zahlungen, wie z. B. echten Mitgliedsbeiträgen oder Spenden, für die keine Gegenleistung gewährt wird, hat der Zahlende zwar auch einen Anspruch auf Bestätigung des Zahlungseingangs (insbesondere bei Barzahlung als Zahlungsnachweis). Hierbei handelt es sich jedoch nicht um eine Rechnung, sondern nur um eine Quittung, die die Formalien der umsatzsteuerlichen Rechnung nach § 14 UStG nicht erfüllen muss.

Eine Rechnung wird i. d. R. in Papierform erteilt. Mit Zustimmung des Empfängers kann die Rechnung aber auch bereits elektronisch erstellt werden.

5.7.1.2 Aussteller der Rechnung

Eine Rechnung im umsatzsteuerlichen Sinne erstellt die gemeinnützige Körperschaft nur im unternehmerischen Bereich.

Nach § 14 Abs. 2 gibt es zwei Tatbestände, bei denen ein Unternehmer verpflichtet ist, eine Rechnung, und zwar **innerhalb von sechs Monaten** auszustellen:

Grundstück

- bei der Erbringung steuerpflichtiger Werklieferungen oder sonstiger Leistungen im Zusammenhang mit einem Grundstück

Unternehmer

- bei der Erbringung eines Umsatzes an einen anderen Unternehmer für dessen Unternehmen

Bei allen anderen Leistungen ist der Unternehmer berechtigt, Rechnungen auszustellen. Das betrifft die Fälle, wenn die Leistungen an eine Privatperson oder den nicht unternehmerischen Bereich eines Unternehmers erbracht werden.

5

Erbringt ein Verein mit seinem wirtschaftlichen Geschäftsbetrieb eine Leistung für den ideellen Bereich eines anderen Vereins, müsste daher keine Rechnung erstellt werden.

5.7.1.3 Rechnungsangaben

Im Jahr 2004 hat der Gesetzgeber eine Reihe zusätzlicher Angaben in den Rechnungen gefordert.

Name und Anschrift

- Name und Anschrift des Unternehmers sowie des Leistungsempfängers

Steuernummer

- Steuernummer oder Umsatzsteuer-Identifikationsnummer des leistenden Unternehmers

Rechnungsdatum

- Rechnungsdatum

Rechnungsnummer

- fortlaufende Rechnungsnummer mit einer oder mehrerer Zahlen oder Buchstabenreihen oder einer Kombination, die zur Identifizierung der Rechnung vom Rechnungsaussteller einmalig vergeben wird. Es dürfen separate Nummernkreise für räumlich oder organisatorisch abgegrenzte Bereiche gebildet werden.

Menge und handelsübliche Bezeichnung

- Menge und handelsübliche Bezeichnung des Liefergegenstands oder Art und Umfang der sonstigen Leistung

Zeitpunkt

- Zeitpunkt der Lieferung oder der sonstigen Leistung – ausreichend ist die Angabe des Kalendermonats, in dem die Lieferung / sonstige Leistung ausgeführt wurden

Entgelt

- nach Steuersätzen und Steuerbefreiungen aufgeschlüsseltes Entgelt für die Lieferung oder sonstige Leistung

Steuersatz

- der anzuwendende Steuersatz und der auf das Entgelt entfallende Steuerbetrag, der gesondert auszuweisen ist oder Hinweis auf eine eventuelle Steuerbefreiung
- Zeitpunkt, zu dem das Entgelt vereinnahmt wurde, falls die Zahlung vor der Leistungserbringung erfolgte (Anzahlungsrechnung), wenn der Zeitpunkt der Vereinnahmung feststeht und nicht mit dem Ausstellungsdatum übereinstimmt

Boni, Rabatte

- im Voraus vereinbarte Boni, Rabatte, sofern nicht bereits im Entgelt berücksichtigt.
  Dabei reichen lt. BMF folgende Hinweise:
  - Es ergeben sich Entgeltminderungen aufgrund von Rabatt- und Bonusvereinbarungen.
  - Entgeltminderungen ergeben sich aus unseren aktuellen Rahmen- und Konditionsvereinbarungen.
  - Es bestehen Rabatt- und Bonusvereinbarungen.
- Wird eine Werklieferung / Leistung im Zusammenhang mit einem Grundstück erbracht, ist in der Rechnung auf die zweijährige Aufbewahrungsfrist hinzuweisen.

5

Ein Rechnungsmuster befindet sich unter 6.3.5.1. Da die Gründe für Steuerbefreiungen anzugeben sind, müssen Kleinunternehmer nach § 19 Abs. 1 UStG darauf hinweisen. (Musterrechnung für Kleinunternehmer siehe 6.3.5.2)

5.7.1.4 Kleinbetragsrechnungen

Um den Geschäftsverkehr nicht unnötig mit Formalien zu belasten, hat der Gesetzgeber Vereinfachungen für Kleinbetragsrechnungen unter 150 Euro zugelassen.

Diese Rechnungen müssen nur folgende Angaben enthalten:

- Name und Anschrift des leistenden Unternehmers
- Ausstellungsdatum der Rechnung (Rechnungsdatum)
- Menge und handelsübliche Bezeichnung des Liefergegenstands oder Art und Umfang der sonstigen Leistung
- Entgelt und Steuerbetrag für die Lieferung / sonstige Leistung in einer Summe (brutto)
- anzuwendender Steuersatz
- Liegt eine Steuerbefreiung vor, ist in der Rechnung darauf hinzuweisen.

Weitere Einzelheiten zu den Formalien von Rechnungen in besonderen Fällen ergeben sich aus den Schreiben des BMF IV B 7S -7280-19/04 vom 29.01.2004.

Eine Musterrechnung befindet sich unter 6.3.5.2.

5.7.1.5 Rechnung und Vorsteuerabzug

Vorsteuerabzug

Nur die formell richtig ausgestellte Rechnung berechtigt den Rechnungsempfänger zum Vorsteuerabzug. Daher ist die formell richtige Rechnungsaustellung gerade Rechnungsempfängern, die zum Vorsteuerabzug berechtigt sind (Unternehmern), wichtig.

Andererseits muss die gemeinnützige Körperschaft, soweit sie selbst für den unternehmerischen Bereich Rechnungen erhält, darauf achten, dass die Rechnungen formell in Ordnung sind, weil sie sonst den Vorsteuerabzug verliert.

5.7.1.6 Rechnungsberichtigung

Falsch ausgestellte Rechnungen können berichtigt werden. Da der Vorsteuerabzug an die formell richtige Rechnung anknüpft, kann die Vorsteuer erst ab dem Zeitpunkt der formell richtigen Rechnung geltend gemacht werden.

Stellt ein Betriebsprüfer bei einer Prüfung nach drei Jahren fest, dass die Rechnung nicht in Ordnung ist, erhöht sich die Steuer für den alten Zeitraum um die unberechtigte Vorsteuer. Der Betrag wird für die Zeit verzinst. Mit der Voranmeldung nach der Rechnungsberichtigung kann dann erst die Vorsteuer aus der berichtigten Rechnung geltend gemacht werden. Bei größeren Rechnungen kann es so zu erheblichen Zinsbelastungen kommen.

Daher ist es für die gemeinnützige Körperschaft umgekehrt auch wichtig, sofort alle Rechnungen auf formelle Fehler zu prüfen und berichtigen zu lassen.

Haftung

Bei einem unberechtigten Steuerausweis (z. B. Umsatzsteuerausweis bei Kleinunternehmer bzw. bei Steuerbefreiung oder bei nicht erbrachter Leistung) haftet der Aussteller dem Finanzamt auf den falsch ausgewiesenen Betrag. Die Umsatzsteuer kann nur berichtigt werden, wenn die „Gefährdung des Steueraufkommens" beseitigt ist. Das ist nur dann der Fall, wenn der Rechnungsempfänger keinen Vorsteuerabzug vorgenommen hat oder die erhaltene Vorsteuer an das Finanzamt zurückgezahlt hat.

Die Berichtigung ist vom Rechnungsaussteller beim Finanzamt schriftlich zu beantragen. Das Finanzamt teilt ihm dann mit, für welchen Besteuerungszeitraum und in welcher Höhe es die Berichtigung vornehmen wird.

Eine Rechnungsberichtigung wird auch dann notwendig, wenn in ihr unzutreffende Angaben und Bezeichnungen enthalten sind.

Die Berichtigung kann durch ein Dokument (Schriftstück) vorgenommen werden, das nur die zu berichtigenden oder fehlenden Angaben enthält, jedoch eindeutig und spezifisch auf die zu berichtigende Rechnung bezogen sein muss.

5.7.1.7 Aufbewahrungsfristen

Zehn Jahre

Ein Unternehmer muss das Doppel der von ihm erstellten Rechnung zehn Jahre aufbewahren. Der Fristbeginn ist der 01.01. des Folgejahres nach dem Rechnungsdatum. Ein- und Ausgangsrechnungen sind im Inland aufzubewahren.

5.7.1.8 Gutschriften

Rechnungen können auch von dem Zahlenden in Form einer Gutschrift erteilt werden. Wichtig ist hier, dass der Zahlende die Steuernummer oder Umsatzsteuer-Identifikationsnummer des leistenden Unternehmers mit in die Gutschrift aufnimmt. Angaben zu der Leistung, Entgelt, Steuersatz und Steuerbetrag entsprechen denen der Rechnung.

5.7.1.9 Sanktionen

Werden Rechnungen nicht rechtzeitig ausgestellt oder verletzt der Unternehmer seine Aufbewahrungspflichten, so kann dies gem. § 26c UStG mit Bußgeld bis zu 5.000 Euro geahndet werden.

5.7.1.10 Tipps zur Rechnungsstellung

Rechnungsausgangsbuch

In der Praxis kommt es, gerade wenn mehrere in einem Unternehmen Rechnungen schreiben und die Rechnungsschreibung nicht durch ein EDV-Programm mit der Vergabe der Rechnungsnummern automatisiert ist, immer wieder zur mehrfachen Vergabe von Rechnungsnummern. Daher hat es sich als praktisch erwiesen, dass ein Rechnungsausgangsbuch geführt wird, in dem die Rechnungen laufend eingetragen werden. Dabei ist keine Buchform erforderlich, sondern es reicht eine Liste mit laufenden Nummern aus, aus der ersichtlich ist, an wen welche Rechnung gegangen ist. Wenn die Nummern verbraucht sind, wird die nächste Seite mit der nächsten laufenden Nummer begonnen. Damit wird die doppelte Vergabe von Nummern verhindert und gleichzeitig dokumentiert, welcher Umsatz über diese Rechnungen gegangen ist.

Bei einer Betriebsprüfung, mit der gemeinnützige Organisationen mit unternehmerischer Tätigkeit immer mehr rechnen müssen, kann über eine solche Liste nachgewiesen werden, welche Leistungen insgesamt erbracht wurden. Der Vorstand oder die Geschäftsführung sollte sich daher überlegen, ob auch die Leistungen an Privatleute über Rechnungen abgerechnet und in ein Rechnungsausgangsbuch eingetragen werden. Dies rundet die Buchhaltung ab und vermeidet Diskussionen über Fehlbeträge und Hinzuschätzungen.

Eine Muster-Rechnungsliste befindet sich unter 6.3.5.4.

6 Praktische Arbeitshilfen

– Wie Sie sich Ihren Alltag erleichtern –

Inhaltsverzeichnis

6

6 Praktische Arbeitshilfen

6.1 Merkblätter

6.1.1 Merkblatt Ehrenamtspauschale

Liebe Vereinskollegen,

der Gesetzgeber hat mit der Steuerreform zum 01.01.2008 neben der Übungsleiterpauschale eine weitere Steuervergünstigung für entlohnte Nebentätigkeiten eingeführt, die für nach § 5 Abs. 1 Nr. 9 steuerbefreite Körperschaften, wie unser Verein, geleistet werden.

Steuerfrei bleiben 500 Euro nach § 3 Nr. 26a jährlich. Überschreitet die Vergütung diesen Betrag, können alle mit der Tätigkeit im Zusammenhang stehenden Werbungskosten (z. B. Fahrtkosten) abgezogen werden. Verbleibt nach Abzug der Werbungskosten noch ein über 500 Euro hinausgehender Betrag, ist der übersteigende Betrag steuerpflichtig.

Die Steuerbefreiung kann z. B. für die Übungsleitertätigkeit nicht zusätzlich in Anspruch genommen werden. Wird aber in unserem Verein neben der Tätigkeit als Übungsleiter, Ausbilder, Betreuer etc. noch eine andere Tätigkeit etwa als Vorstandsmitglied ausgeübt, kann für die Übungsleitertätigkeit der Freibetrag von 2.100 Euro und für die weitere Tätigkeit der Freibetrag von 500 Euro angesetzt werden. Steuerfrei verblieben danach insgesamt 2.600

Euro. Hinzu kommen noch die individuell anfallenden Werbungskosten.

Der Vorstand

6.1.2 Merkblatt Übungsleiterpauschale

Ehrenamtliche bzw. freiwillige Mitarbeitende einer gemeinnützigen Organisation können Einnahmen bis zu **2.100 Euro pro Jahr** als Übungsleiterpauschale steuer- und sozialversicherungsfrei behalten.

Voraussetzungen:

- Die Tätigkeit dient der Förderung gemeinnütziger, mildtätiger oder kirchlicher Zwecke.
- Die Tätigkeit wird nebenberuflich als Übungsleiter, Ausbilder, Erzieher, Betreuer, Dozent oder als vergleichbare Tätigkeit ausgeübt.
- Die Tätigkeit wird in einem direkten, persönlichen und pädagogischen Kontakt zu den betreuten Menschen ausgeübt, z. B. als Chor- oder Jugendleiter, Schwimmlehrer, Pflegekraft oder Rettungssanitäter.

Achtung: Eine Übungsleiterpauschale wird nicht gewährt bei nicht pädagogischen Tätigkeiten wie als Gerätewart, Ausbilder von Tieren, Vorstandsmitglied, Kassen- oder Platzwart.

Wichtig: Die Übungsleiterpauschale kann auch dann in Anspruch genommen werden, wenn die Gesamteinnahmen aus der betreffenden Tätigkeit höher liegen. Sind die Einnahmen höher als 2.100 Euro im Jahr, so ist der übersteigende Betrag (und nur dieser!) steuer- und sozialversicherungspflichtig.

6

6.2 Erläuterungen

6.2.1 Erläuterung zur Ehrenamtspauschale

Um die Tätigkcit in gcmeinnützigen Organisationen zu stärken, hat der Gesetzgeber ab dem Jahr 2008 eine Reihe von Steueränderungen zu Stärkung des „Ehrenamts“ eingeführt. Dieser Anreiz soll dazu führen, dass sich die Steuerpflichtigen in gemeinnützigen Organisationen stärker engagieren, wenn sie eine finanzielle Anerkennung erhalten.

In der Vergangenheit gab es nur die als „Übungsleiterpauschale“ bekannte Steuerbefreiung nach § 3 Nr. 26 EStG. Neben Übungsleitern fallen hierunter Ausbilder, Erzieher, Betreuer, nebenberufliche künstlerische Tätigkeiten sowie die nebenberufliche Pflege alter, kranker und behinderter Menschen. Derzeit ist der Freibetrag 2.100 Euro.

Mit der Einführung des § 3 Nr. 26a gibt es jetzt darüber hinaus die Möglichkeit, für andere Tätigkeiten einen Freibetrag von 500 Euro steuerfrei zu vereinnahmen. Der Gesetzgeber hat diese Tätigkeiten bewusst nicht definiert, um eine möglichst große Bandbreite für Tätigkeiten bei den begünstigten Organisationen zu schaffen. Hierzu gehören z. B. Vorstandstätigkeiten, Arbeiten auf dem Vereinsgelände, Reparaturen von Sportgeräten, Pflege der Anlagen etc.

Der Rahmen der Organisationen ist weit gefasst. Nicht nur Vereine können die steuerfreien Zahlungen leisten, sondern auch inländische Körperschaften des öffentlichen Rechts. Die Tätigkeit kann nicht nur für gemeinnützige Organisationen sondern auch für mildtätige oder kirchliche Organisationen, ausgeübt werden.

Der Freibetrag wird unabhängig von der Höhe der Vergütung gewährt. Überschreitet der Betrag die 500 Euro, können zunächst die Werbungskosten abgezogen werden. Auch hier gewährt der Gesetzgeber einen Vorteil zu den sonstigen Regelungen des Einkommensteuerrechts: Nach § 3c dürfen üblicherweise Werbungskosten, die im Zusammenhang mit steuerfreien Einnahmen stehen, nicht abgezogen werden. Daher dürfte eigentlich nur ein prozentualer Abzug der auf den steuerpflichtigen Anteil entfallenden Werbungskosten erfolgen. Aber wie auch bei der Übungsleiterpauschale dürfen alle Werbungskosten in Abzug gebracht werden.

Die Werbungskosten dürfen umgekehrt nur insoweit abgezogen werden, dass kein negativer Betrag entsteht.

Damit haben nebenberuflich für Vereine Tätige jetzt die Möglichkeit, neben der bisherigen Übungsleitervergütung steuerfrei Einnahmen zu erzielen. Die Tätigkeiten müssen nur klar abgegrenzt sein.

Das Mitglied kann durchaus im einen Verein als Übungsleiter tätig sein und im anderen Verein sich seine sonstige Tätigkeit vergüten lassen.

Der Freibetrag wird pro Steuerpflichtigem und Jahr gewährt. Das Mitglied kann also nicht bei zwei Vereinen als Übungsleiter oder bei zwei Vereinen mit einer sonstigen Tätigkeit den vollen Betrag steuerfrei vereinnahmen. Die Einkünfte der einzelnen Kategorien werden beim Steuerpflichtigen zusammengerechnet und dort entsprechend besteuert.

6.2.2 Erläuterungen zur Bescheinigung Ehrenamtspauschale

Jedem, der sich ehrenamtlich für eine gemeinnützige Einrichtung wie Verein, gGmbH, gAG oder Stiftung engagiert, steht seit 01.01.2007 ein steuerlicher Freibetrag von 500 Euro pro Kalenderjahr zu, wenn die Tätigkeit nebenberuflich ausgeübt wird (d. h., die nebenberufliche Tätigkeit macht höchstens 1/3 der Tätigkeit im Vollerwerb aus) und er im gemeinnützigen oder mildtätigen Bereich tätig ist. Sofern der Ehrenamtliche neben der Tätigkeit im gemeinnützigen Bereich auch im wirtschaftlichen Geschäftsbetrieb arbeitet, schadet dies nicht, wenn er seine Tätigkeit nicht überwiegend im wirtschaftlichen Bereich ausübt.

Der Freibetrag steht dem Ehrenamtlichen sowohl als Arbeitnehmer als auch als Selbstständigem zu. Die Tätigkeit von Personen, die keinen Hauptberuf ausüben (Hausfrauen, Rentner, Studenten, Arbeitslose), kann ebenfalls nebenberuflich sein.

Voraussetzung dafür, dass an den Ehrenamtlichen eine Aufwandspauschale bezahlt werden darf, ist eine ausdrückliche Regelung in der Satzung. Liegen die satzungsmäßigen Voraussetzungen für die Zahlung einer Ehrenamtspauschale nicht vor und zahlt der Verein trotzdem eine Pauschale, **kann dies zur Aberkennung der Gemeinnützigkeit führen!** Eine Satzungsänderung wird erst mit der Eintragung im Register wirksam.

Außerdem ist dringend zu empfehlen, mit dem Ehrenamtlichen insbesondere hinsichtlich des Umfangs der Tätigkeit eine schriftliche Vereinbarung zu treffen.

6

Der Freibetrag wird bei mehreren nebenberuflichen Tätigkeiten nur einmal gewährt.

Erzielt der Ehrenamtliche Einnahmen unter 500 Euro, wird der Freibetrag nur in Höhe der tatsächlichen Einnahmen gewährt.

Ungeklärt ist, ob der Übungsleiterfreibetrag (2.100 Euro) neben dem Ehrenamtsfreibetrag nur dann steuerlich geltend gemacht werden kann, wenn der Ehrenamtliche verschiedene Tätigkeiten in der gleichen oder einer anderen Einrichtung ausübt.

Nach Auffassung der Sozialversicherungsträger ist die Ehrenamtspauschale erst ab dem 01.01.2008 nicht sozialversicherungspflichtig.

6.2.3 Erläuterung zur Übungsleiterpauschale – Informationen für den Vorstand

Wer in seiner Freizeit (ehrenamtlich, freiwillig) als Übungsleiter, Ausbilder, Betreuer oder Dozent tätig ist, kann Einnahmen bis zu einer Höhe von **2.100 Euro pro Jahr** als Übungsleiterpauschale abgabenfrei behalten (bis 31.12.2006: 1.848 Euro).

Die Übungsleiterpauschale wird gem. § 3 Nr. 26 EStG als steuerfreie Einnahme nicht als Arbeitsentgelt erfasst und ist damit auch von der Sozialversicherungspflicht freigestellt (§ 14 Abs. 1 Satz 2 SGB IV).

Will eine gemeinnützige Organisation einem Mitarbeitenden oder Vereinsmitglied die Übungsleiterpauschale steuer- und sozialabgabenfrei auszahlen, so müssen folgende **vier Voraussetzungen** erfüllt sein (Erläuterungen s. u.):

1. Es muss eine begünstigte Tätigkeit ausgeübt werden.
2. Die Tätigkeit muss nebenberuflich geleistet werden.
3. Die Tätigkeit muss im Dienst oder Auftrag einer inländischen juristischen Person des öffentlichen Rechts oder gemeinnützigen Organisation erbracht werden.
4. Die Tätigkeit muss der Förderung gemeinnütziger, mildtätiger oder kirchlicher Zwecke dienen.

Wichtig: Die 2.100 Euro stellen einen **Freibetrag** dar (und nicht etwa nur eine Freigrenze). Das heißt, die Übungsleiterpauschale kann auch dann in Anspruch genommen werden, wenn die Gesamteinnahmen aus der betreffenden Tätigkeit höher liegen. Sind die Einnahmen höher als 2.100 Euro im Jahr, so ist der übersteigende Betrag (und nur dieser!) steuer- und sozialversicherungspflichtig.

Die Übungsleiterpauschale gibt es nur für nebenberufliche Tätigkeiten als Übungsleiter, Ausbilder, Erzieher, Betreuer oder für vergleichbare Tätigkeiten, für nebenberufliche künstlerische Tätigkeiten oder die Pflege alter, kranker oder behinderter Menschen. Grundvoraussetzung ist hier stets eine pädagogische Ausrichtung der Tätigkeit, z. B. als Betreuer mit einem direkten Kontakt zu den betreuten Menschen, etwa als Mannschaftsbetreuer, Chor- oder Jugendleiter.

Die Übungsleiterpauschale darf nicht gewährt werden für die Betreuung von Gegenständen (z. B. Gerätewart) oder „verwaltende" Tätigkeiten z. B. als Kassen- oder Platzwart.

Für gemeinnützige und öffentliche Organisationen ist die Übungsleiterpauschale von großem Interesse, fördert sie doch die Anreize, sich in der Freizeit für das Gemeinwohl zu engagieren. Für ehrenamtliche bzw. freiwillige Mitarbeitende oder Vereinsmitglieder kann die Übungsleiterpauschale ein lukrativer Zuverdienst sein.

Wem eine Übungsleiterpauschale zuerkannt wird, der braucht entsprechende Einnahmen bis zur Höhe des Freibetrags von 2.100 Euro im Jahr bei der Steuerklärung nicht zu berücksichtigen. Auch ist die Übungsleiterpauschale nicht sozialversicherungspflichtig.

6.2.4 Erläuterungen zum Versicherungsschutz gegen Unfälle

Allgemeines

Personen, die sich im Interesse der Allgemeinheit engagieren, sind nach einer Entscheidung des Gesetzgebers ab dem 01.01.2005 gesetzlich pflichtversichert. Aus sozialpolitischen Gründen betrifft dies jedoch nur einen eingeschränkten Personenkreis, d. h. solche Kräfte, die sich für bestimmte öffentlich-rechtliche Institutionen einsetzen oder im Interesse der Allgemeinheit tätig werden. Diese Personen sind im Siebten Buch Sozialgesetzbuch (SGB VII) aufgeführt.

Der Gesetzgeber hat den Unfallversicherungsschutz nun erweitert. Mit dem **Unfallversicherungsmodernisierungsgesetz (UVMG)**, das in den entscheidenden Teilen im November 2008 in Kraft getreten ist, wird der Versicherungsschutz im Ehrenamt ausgedehnt.

Der Vorstand eines Vereins oder sonstige ehrenamtlich tätigen Mitglieder fallen nicht unter diese Gruppe. Diese Personen sind nicht automatisch gesetzlich umfassend versichert (zu den landesrechtlichen Versicherungen siehe unten). Für diese Personengruppe besteht jedoch gem. § 6 Absatz 1 Nummer 3 SGB VII die Möglichkeit einer freiwilligen Versicherung.

Freiwillige Versicherung

Gemeinnützigen Organisationen steht es zunächst frei, für ihre gewählten **Ehrenamtsträger** wie etwa den Vorstand oder den Kassenwart sowie für deren Stellvertreter eine Unfallversicherung abzuschließen (Gruppenversicherung des Vereins).

Daneben ermöglicht das neue UVMG auch den freiwilligen Versicherungsschutz für alle **beauftragten Ehrenamtsträger** (§ 6 Absatz 1 Nummer 3 SGB VII neue Fassung). Diese Regelung ist neu. Der Kreis der freiwillig Versicherten wird also größer. Künftig sind nicht nur gewählte Ehrenamtsträger in den Versicherungsschutz einbezogen, sondern es werden sogenannte Beauftragte berücksichtigt. Hierzu zählen Personen, die z. B. in einem satzungsgemäßen Fachausschuss eines Vereins tätig werden, jedoch in dieses Ehrenamt nicht gewählt wurden. Auch weitere Helfer wie etwa Aushilfsfahrer für Vereinsveranstaltungen werden grundsätzlich nicht gewählt oder durch die Satzung bestimmt, sondern vom Vorstand oft kurzfristig mit einer Aufgabe betraut. Gleiches gilt für Schiedsrichter eines Sportvereins. Sämtliche Personen müssen jedoch Mitglieder der gemeinnützigen Organisation sein.

Da diese Personen auch außerhalb eines Wahlamts in herausgehobener Weise Verantwortung übernehmen und den gewählten Ehrenamtsträgern vergleichbar tätig sind, werden sie vom Gesetzgeber nunmehr berücksichtigt. Um den Personenkreis jedoch nicht ausufern zu lassen, sind künftig Einschränkungen dieses Versicherungsschutzes – etwa durch die Rechtsprechung – möglich. Der umsichtig handelnde Verein sollte daher folgende **mögliche Einschränkungen des Versicherungsschutzes** in Betracht ziehen:

Ein einmaliger Auftrag von kurzer Dauer dürfte nicht genügen, um die „Beauftragung“ im Sinne des Gesetzes zu rechtfertigen. Vielmehr wird ein Ehrenamt zu fordern sein, das eine wiederkehrende Regelmäßigkeit hat. Das Ehrenamt des Beauftragten sollte zudem unentgeltlich ausgeübt werden. Übungsleiter- und Ehrenamtspauschale zählen dabei nicht als Entgelt.

Die Möglichkeit der freiwilligen Unfallversicherung besteht seit dem UVMG nun auch für **Ehrenamtliche in Parteien**. Dabei handelt es sich um Personen, die ehrenamtlich für Parteien im Sinne des Parteiengesetzes tätig sind oder an Ausbildungsveranstaltungen für diese Tätigkeit teilnehmen. Wer für seine Partei Handzettel verteilt oder etwa Ordnungsdienst verrichtet, war in der Vergangenheit dabei nicht gesetzlich unfallversichert. Künftig besteht eine freiwillige Versicherung.

Für die vorgenannten Personengruppen kann der Verein also eine Unfallversicherung auf freiwilliger Basis abschließen (Gruppenversicherung). Wird eine solche Versicherung vom Verein nicht abgeschlossen, können sich die jeweiligen Personen auch direkt selbst versichern. Bestehende private Unfallversicherungen schließen oftmals auch eine ehrenamtliche Tätigkeit mit ein, weshalb sich ein Blick auf die persönliche Police empfiehlt.

Der Abschluss eines Versicherungsschutzes auf freiwilliger Basis ist nicht erforderlich für Ehrenamtsträger, die im Gesundheitsdienst oder in der Wohlfahrtspflege tätig sind. Diese Personen sind bereits gem. § 2 Absatz 1 Nummer 9 SGB VII kraft Gesetzes pflichtversichert.

Für die Berechtigung zur freiwilligen Versicherung ist nicht die Rechtsform des Vereins ausschlaggebend. Es ist alleine maßgeblich, ob der Verein bzw. die Organisation gemeinnützig ist.

Umfang des Versicherungsschutzes

Von der gesetzlichen Unfallversicherung sind gesundheitliche Schäden abgedeckt, die der Versicherte selbst erleidet. Dies erstreckt sich sowohl auf die Ausübung des Ehrenamts als auch auf die Teilnahme an entsprechenden Ausbildungsveranstaltungen. Entstehen dem ehrenamtlich Tätigen Sachschäden oder fügt er anderen Personen Schäden zu, greift der Unfallversicherungsschutz nicht ein. Hier kommt alleine die Haftpflichtversicherung des Vereins zum Tragen.

Gruppenversicherungen der Bundesländer

Die Landesgesetzgeber wurden im Zuge der Verstärkung des bürgerschaftlichen Engagements vermehrt tätig und haben einen subsidiären Versicherungsschutz eingeführt. Durch Sammelverträge mit privaten und öffentlichen Versicherungsträgern besteht in fast allen Bundesländern ein automatischer Auffangversicherungsschutz für jene ehrenamtlich Tätigen, die sonst über keine Versicherung verfügen. Der Versicherungsschutz umfasst vielfach sowohl Unfallschäden als auch Haftpflichtfälle und kann sogar über die Landesgrenzen hinausreichen.

Es gilt jedoch, zu beachten, dass dieser Versicherungsschutz streng nachrangig ist. Zudem decken diese Sammelverträge nur einen gewissen Mindestschutz ab. Das Schutzniveau der Unfallversicherungsträger, die kraft Gesetzes oder durch freiwilligen Beitritt Leistungen erbringen, geht über das der Landesgruppenverträge weit hinaus (z. B. durch zusätzliche Gewährung von Reha-Maßnahmen oder weil es an Höchstleistungsgrenzen fehlt). Einen aktuellen Überblick bietet der Wegweiser Bürgergesellschaft (www.buergergesellschaft.de) mit Links zu den Portalen und Ministerien der Bundesländer (Rubrik Engagementförderung/Bundesländer). Zum Unfallversicherungsschutz siehe auch die Broschüre des Bundesministeriums für Arbeit und Soziales (www.bmas.de unter der Rubrik Soziale Sicherung).

Zuständigkeit des Versicherungsträgers

Zuständig für den Unfallversicherungsschutz von ehrenamtlich Tätigen in Vereinen ist grundsätzlich die Verwaltungs-Berufsgenossenschaft VBG (www.vbg.de).

Eine Ausnahme gilt für ehrenamtlich tätige Mitglieder privatrechtlicher Organisationen (Vereine), die im Auftrag oder mit Zustimmung einer Kommune oder einer öffentlich-rechtlichen Religionsgemeinschaft tätig sind. In diesen Fällen richtet sich die Zuständigkeit nach der des Auftraggebers.

6.2.5 Erläuterungen zu der Erklärung zur Körperschaftsteuer und Gewerbesteuer von Körperschaften, die gemeinnützigen, mildtätigen oder kirchlichen Zwecken dienen

(zum Vordruck Gem 1 unter 6.3.2.2 beigefügt)

1. Die Finanzbehörden sind verpflichtet, auch gemeinnützige, mildtätige und kirchliche Körperschaften regelmäßig zu überprüfen. Sie müssen prüfen, ob die Voraussetzungen der Abgabenordnung (AO) für die Gewährung der Steuervergünstigungen wegen der Förderung steuerbegünstigter Zwecke nach der Satzung und nach der tatsächlichen Geschäftsführung erfüllt wurden und ob Steuern - die bei umfangreichen wirtschaftlichen Betätigungen trotz der Steuerbegünstigung anfallen können - festzusetzen sind.

   Steuerbegünstigte Körperschaften werden - wenn nicht wegen umfangreicher wirtschaftlicher Betätigungen regelmäßig Steuern anfallen - im Allgemeinen nur in dreijährigem Abstand anhand der ver-einfachten Erklärung Gem 1 geprüft. Die Prüfung umfasst alle drei Jahre, wobei der Schwerpunkt aber auf dem letzten Jahr liegt. Die Angaben in dem Erklärungsvordruck Gem 1 sind deshalb nur für das letzte Jahr des Prüfungszeitraums zu machen. Zur Entlastung der Vertreter der steuerbegünstigten Körperschaften greift das Finanzamt bei der Prüfung so weit wie möglich auf die bei den Körperschaften i. d. R. schon vorhandenen Unterlagen zurück (Gegenüberstellung der Einnahmen und Ausgaben oder Bilanz und Gewinn- und Verlustrechnung, Kassenbericht, Protokolle der Mitgliederversammlung, Tätigkeitsbericht usw.). **Es ist deshalb unbedingt nötig, dass Sie diese Unterlagen für jedes Jahr des dreijährigen Prüfungszeitraums der Erklärung beifügen.**

   Falls die Prüfung auf der Grundlage der vereinfachten Erklärung ergeben sollte, dass voraussichtlich Steuern festzusetzen sind, wird das Finanzamt Sie i. d. R. umdie Abgabe weiterer Steuererklärungen bitten.

2. Ein **wirtschaftlicher Geschäftsbetrieb** ist eine selbstständige nachhaltige Tätigkeit, durch die Einnahmen oder andere wirtschaftliche Vorteile erzielt werden und die über den Rahmen einer Vermögensverwaltung hinausgeht. Die Absicht, Gewinn zu erzielen, ist nicht erforderlich (§ 14 AO). Ein wirtschaftlicher Geschäftsbetrieb kann entweder steuerbegünstigt (Zweckbetrieb) oder steuerpflichtig sein.

   Nicht als wirtschaftlicher Geschäftsbetrieb gilt die **Vermögensverwaltung**. Diese liegt i. d. R. vor, wenn Vermögen genutzt wird, z. B. Kapitalvermögen verzinslich angelegt oder unbewegliches Vermögen vermietet oder verpachtet wird (§ 14 Satz 3 AO).

Ein **Zweckbetrieb** ist gegeben, wenn der wirtschaftliche Geschäftsbetrieb in seiner Gesamtrichtung dazu dient, die steuerbegünstigten satzungsmäßigen Zwecke der Körperschaft zu verwirklichen, die Zwecke nur durch ihn erreicht werden können und der wirtschaftliche Geschäftsbetrieb zu nicht begünstigten Betrieben derselben o. ä. Art nicht im größeren Umfang in Wettbewerb tritt, als es bei Erfüllung der steuerbegünstigten Zwecke unvermeidbar ist (§ 65 AO). Für die Zweckbetriebseigenschaft bestimmter wirtschaftlicher Betätigungen enthalten die §§ 66 bis 68 AO Sonderregelungen. Zum Beispiel sind **kulturelle Einrichtungen** (wie Museen, Theater) und **kulturelle Veranstaltungen** (wie Konzerte, Kunstausstellungen) Zweckbetriebe, auch wenn sie die allgemeinen Voraussetzungen des § 65 AO nicht erfüllen (§ 68 Nr. 7 AO). Kulturelle Einrichtungen und Veranstaltungen i. S. d. § 68 Nr. 7 AO können nur vorliegen, wenn die Förderung der Kultur Satzungszweck der Körperschaft ist.

Steuerpflichtige wirtschaftliche Geschäftsbetriebe sind z. B.: Verkauf von Speisen und Getränken in einer Vereinsgaststätte, einem Kiosk oder bei einer Veranstaltung, Herausgabe von Zeitschriften gegen Entgelt oder in Verbindung mit der Veröffentlichung von Anzeigen, der Betrieb einer Druckerei, die Werbung für Wirtschaftsunternehmen, die Durchführung von Basaren, Festveranstaltungen und von geselligen Veranstaltungen.

Wird für den Besuch einer sportlichen oder kulturellen Veranstaltung mit Bewirtung ein einheitlicher Eintrittspreis verlangt, so ist dieser – ggf. im Wege der Schätzung – in Entgeltanteile für den Besuch der Veranstaltung und für die Bewirtungsleistungen aufzuteilen.

Körperschaftsteuer und Gewerbesteuer werden nicht erhoben, wenn die Einnahmen einschließlich der Umsatzsteuer (ohne Abzug von Ausgaben) aus den steuerpflichtigen wirtschaftlichen Geschäftsbetrieben insgesamt 3.5000 Euro im Jahr nicht übersteigen (Besteuerungsgrenze – § 64 Abs. 3 AO). Sind die Einnahmen der steuerpflichtigen wirtschaftlichen Geschäftsbetriebe höher, muss der Gewinn genau ermittelt werden. Körperschaftsteuer und Gewerbesteuer fallen aber auch dann nur an, soweit die Freibeträge von 3.835 Euro bei der Körperschaftsteuer und 3.900 Euro bei der Gewerbesteuer überschritten werden.

Eine Beteiligung an einer Personengesellschaft oder Gemeinschaft kann ein steuerpflichtiger wirtschaftlicher Geschäftsbetrieb sein. In diesem Fall sind für die Beurteilung, ob die Besteuerungsgrenze überschritten wird, die anteiligen Einnahmen (nicht der Gewinnanteil) der Körperschaft aus der Beteiligung maßgeblich.

3. **Sportliche Veranstaltungen** eines Sportvereins sind grundsätzlich ein Zweckbetrieb, wenn die Einnahmen einschließlich der Umsatzsteuer aus allen sportlichen Veranstaltungen des Vereins die Zweckbetriebsgrenze von 35.000 Euro

im Jahr nicht übersteigen (§ 67a Abs. 1 Satz 1 AO). Übersteigen die Einnahmen die Zweckbetriebsgrenze von 35.000 Euro, liegt grundsätzlich ein steuerpflichtiger wirtschaftlicher Geschäftsbetrieb vor. Der Verkauf von Speisen und Getränken sowie die Werbung gehören nicht zu den sportlichen Veranstaltungen.

Der Verein kann auf die Anwendung der Zweckbetriebsgrenze verzichten (§ 67a Abs. 2 AO). Die steuerliche Behandlung seiner sportlichen Veranstaltungen richtet sich dann nach § 67a Abs. 3 AO. Danach sind sportliche Veranstaltungen ein Zweckbetrieb, wenn an ihnen kein bezahlter Sportler des Vereins teilnimmt und der Verein keinen vereinsfremden Sportler selbst oder im Zusammenwirken mit einem Dritten bezahlt. Auf die Höhe der Einnahmen oder Überschüsse dieser sportlichen Veranstaltungen kommt es bei Anwendung des § 67a Abs. 3 AO nicht an. Sportliche Veranstaltungen, an denen ein oder mehrere Sportler teilnehmen, die nach § 67a Abs. 3 Satz 1 Nr. 1 oder 2 AO als bezahlte Sportler anzusehen sind, sind steuerpflichtige wirtschaftliche Geschäftsbetriebe. Nicht als Bezahlung gilt die Erstattung von tatsächlich entstandenem Aufwand. Zahlungen des Vereins an einen seiner Sportler bis zu insgesamt 358 Euro je Monat* im Jahresdurchschnitt werden für die Beurteilung der Zweckbetriebseigenschaft – nicht aber für die Besteuerung des Sportlers – ohne Einzelnachweis als Aufwandsentschädigung angesehen.

Erklärt der Verein, dass er auf die Anwendung der Zweckbetriebsgrenze verzichtet, ist er für mindestens 5 Veranlagungszeiträume an diese Erklärung gebunden. In diesem Fall sind in Zeile 21 ff. Eintragungen vorzunehmen.

Die Anlage Sportvereine ist von Sportvereinen stets zusätzlich auszufüllen.

4. Eine Körperschaft verfolgt **mildtätige Zwecke** i. S. d. § 53 AO, wenn ihre Tätigkeit darauf gerichtet ist, Personen selbstlos zu unterstützen,

   1. die infolge ihres körperlichen, geistigen oder seelischen Zustands auf die Hilfe anderer angewiesen sind oder
   2. deren Bezüge nicht höher sind als das Vierfache des Regelsatzes der Sozialhilfe i. S. d. § 28 des Zwölften Buches Sozialgesetzbuch; beim Alleinstehenden oder Haushaltsvorstand tritt an die Stelle des Vierfachen das Fünffache des Regelsatzes. Dies gilt nicht für Personen, deren Vermögen zur nachhaltigen Verbesserung ihres Unterhalts ausreicht und denen zugemutet werden kann, es dafür zu verwenden. Bei Personen, deren wirtschaftliche Lage aus besonderen Gründen zu einer Notlage geworden ist, dürfen die Bezüge oder das Vermögen die genannten Grenzen übersteigen.

   Bezüge im Sinne dieser Vorschrift sind

   - Einkünfte im Sinne des § 2 Abs. 1 des Einkommensteuergesetzes und
   - andere zur Bestreitung des Unterhalts bestimmte oder geeignete Bezüge,

* lt. Anwendungserlass zu § 67a sind 400 Euro unschädlich.

die der Alleinstehende oder der Haushaltsvorstand und die sonstigen Haushaltsangehörigen haben.

Unterhaltsansprüche sind zu berücksichtigen. Zu den Bezügen zählen nicht Leistungen der Sozialhilfe, Leistungen zur Sicherung des Lebensunterhalts nach dem Zweiten Buch Sozialgesetzbuch und bis zur Höhe der Leistungen der Sozialhilfe Unterhaltsleistungen an Personen, die ohne Unterhaltsleistungen sozialhilfeberechtigt wären oder Anspruch auf Sicherung des Lebensunterhalts nach dem Zweiten Buch Sozialgesetzbuch hätten.

5. Eine **Einrichtung der Wohlfahrtspflege** ist ein Zweckbetrieb, wenn sie in besonderem Maße den in § 53 AO genannten Personen dient. Wohlfahrtspflege ist die planmäßige, zum Wohle der Allgemeinheit und nicht des Erwerbs wegen ausgeübte Sorge für Not leidende oder gefährdete Mitmenschen.

   Die Sorge kann sich auf das gesundheitliche, sittliche, erzieherische oder wirtschaftliche Wohl erstrecken und Vorbeugung oder Abhilfe bezwecken. Eine Einrichtung der Wohlfahrtspflege dient in besonderem Maße den in § 53 AO genannten Personen, wenn diesen mindestens zwei Drittel ihrer Leistungen zugute kommen (§ 66 AO).

   Wer zu den in § 53 AO genannten Personen gehört, ergibt sich aus der vorstehenden Ziff. 4.

6. Ein **Krankenhaus**, das in den Anwendungsbereich des Krankenhausentgeltgesetzes oder der Bundespflegesatzverordnung fällt, ist ein Zweckbetrieb, wenn mindestens 40 % der jährlichen Belegungstage oder Berechnungstage auf Patienten entfallen, bei denen nur Entgelte für allgemeine Krankenhausleistungen (§ 7 des Krankenhausentgeltgesetzes, § 10 der Bundespflegesatzverordnung) berechnet werden (§ 67 Abs. 1 AO).

   Ein Krankenhaus, das nicht in den Anwendungsbereich des Krankenhausentgeltgesetzes oder der Bundespflegesatzverordnung fällt, ist ein Zweckbetrieb, wenn mindestens 40 % der Belegungstage oder Berechnungstage auf Patienten entfallen, bei denen für die Krankenhausleistungen kein höheres Entgelt als nach § 67 Abs. 1 AO berechnet wird (§ 67 Abs. 2 AO).

7. Die Körperschaft muss ihre Mittel grundsätzlich **zeitnah** für ihre satzungsmäßigen Zwecke verwenden. Mittel sind alle Zuwendungen (z. B. Mitgliedsbeiträge, Spenden, Zuschüsse), die Erträge aus der Vermögensverwaltung sowie die Gewinne aus Zweckbetrieben und steuerpflichtigen wirtschaftlichen Geschäftsbetrieben. Verwendung in diesem Sinne ist auch die Verwendung der Mittel für die Anschaffung oder Herstellung von Vermögensgegenständen, die satzungsmäßigen Zwecken dienen. Eine zeitnahe Mittelverwendung ist gegeben, wenn die Mittel spätestens in dem auf den Zufluss folgenden Kalender- oder

Wirtschaftsjahr für die steuerbegünstigten satzungsmäßigen Zwecke verwendet werden. Ausnahmen von dem Gebot der zeitnahen Mittelverwendung enthält § 58 AO (siehe 8. bis 11.). Daneben sind Rücklagen für die Pflege des Vermögens, das zur Vermögensverwaltung der steuerbegünstigten Körperschaft gehört, zulässig.

Beispiel:
Rücklagen für eine demnächst erforderlich werdende Reparatur an einem Mietwohngrundstück.

8. Eine Körperschaft kann ihre Mittel ganz oder teilweise einer **Rücklage** zuführen, soweit dies erforderlich ist, um ihre steuerbegünstigten satzungsmäßigen Zwecke nachhaltig erfüllen zu können (§ 58 Nr. 6 AO). Voraussetzung ist, dass die Mittel für bestimmte - die steuerbegünstigten Satzungszwecke verwirklichende - Vorhaben angesammelt werden, für deren Durchführung bereits konkrete Zeitvorstellungen bestehen.

Nach § 58 Nr. 6 AO sind u. a. folgende Rücklagen zulässig:

- Rücklagen zur Ansammlung von Mitteln für die Erfüllung des steuerbegünstigten Zwecks (Beispiel: Ansammlung von Mitteln für die Errichtung, Erweiterung oder Instandsetzung einer Sportanlage durch einen gemeinnützigen Sportverein)
- Rücklagen für periodisch wiederkehrende Ausgaben (z. B. Löhne, Gehälter, Mieten) in Höhe des Mittelbedarfs für eine angemessene Zeitperiode (sogenannte Betriebsmittelrücklage). Entsprechendes gilt für wiederkehrende Ausgaben zur Erfüllung des steuerbegünstigten Zwecks (z. B. Gewährung von Stipendien)

In Ausnahmefällen können Mittel in einer Rücklage für solche ernst gemeinten Vorhaben angesammelt werden, für deren Durchführung noch keine konkreten Zeitvorstellungen bestehen.

Beispiel:
Für die Verwirklichung der steuerbegünstigten Zwecke einer Krankenhausstiftung ist die Errichtung eines weiteren Bettentrakts notwendig. Unter Berücksichtigung öffentlicher Zuschüsse ist ein erheblicher Investitionsaufwand von der Stiftung selbst zu tragen. Wegen der schwankenden Erträge der Stiftung ist nicht abzusehen, wann die erforderlichen Mittel für die Investitionen vorhanden sein werden.

In derartigen Fällen ist eine Rücklagenbildung zulässig, wenn das Vorhaben glaubhaft ist und bei den finanziellen Verhältnissen der steuerbegünstigten Körperschaft in einem angemessenen Zeitraum durchgeführt werden kann.

Die Gründe für die Bildung einer Rücklage nach § 58 Nr. 6 AO hat die steuerbegünstigte Körperschaft dem zuständigen Finanzamt im Einzelnen darzulegen.

9. Nach § 58 Nr. 7 Buchstabe a AO darf eine steuerbegünstigte Körperschaft höchstens ein Drittel des Überschusses der Einnahmen über die Unkosten aus Vermögensverwaltung und darüber hinaus höchstens 10 % ihrer sonstigen nach § 55 Abs. 1 Nr. 5 AO zeitnah zu verwendenden Mittel einer **freien Rücklage** zuführen. Zum Begriff der Vermögensverwaltung siehe bei 2.

   Nach § 58 Nr. 7 Buchstabe b AO darf eine steuerbegünstigte Körperschaft Mittel für den Erwerb von Gesellschaftsrechten zur Erhaltung der prozentualen Beteiligung an einer Kapitalgesellschaft ansammeln oder im Jahr des Zuflusses verwenden. Der zulässige Höchstbetrag für die Zuführung von Mitteln zu der freien Rücklage nach Buchstabe a vermindert sich um diese Beträge.

   Die Verwendung von Mitteln zur Bildung einer freien Rücklage i. S. v. § 58 Nr. 7 Buchstabe a AO und zum Erwerb von Gesellschaftsrechten gem. § 58 Nr. 7 Buchstabe b AO sind demFinanzamt im Einzelnen zu erläutern.

10. Außerdem können folgende Zuwendungen dem Vermögen der Körperschaft zugeführt werden (§ 58 Nr. 11 AO):

    - Zuwendungen von Todes wegen; sie sind grundsätzlich als Zuwendungen zum Vermögen der steuerbegünstigten Körperschaft anzusehen, wenn der Erblasser eine Verwendung für den laufenden Aufwand nicht besonders vorschreibt
    - Zuwendungen aufgrund eines Spendenaufrufs, wenn aus dem Spendenaufruf ersichtlich ist, dass Beträge zur Aufstockung des Vermögens erbeten werden
    - Zustiftungen und Einzelzuwendungen, bei denen der Zuwendende ausdrücklich erklärt, dass sie zur Ausstattung der Körperschaft mit Vermögen oder zur Erhöhung des Vermögens bestimmt sind
    - Sachzuwendungen, die ihrer Natur nach der Vermögensbildung dienen, z. B. Schenkung eines Mietwohngrundstücks

11. Daneben darf eine **Stiftung** im Jahr ihrer Errichtung und in den zwei folgenden Kalenderjahren Überschüsse aus der Vermögensverwaltung und die Gewinne aus wirtschaftlichen Geschäftsbetrieben (§ 14 AO) ganz oder teilweise ihrem Vermögen zuführen (§ 58 Nr. 12 AO).

12. Die Körperschaft darf ihre Mittel nur für die satzungsmäßigen Zwecke verwenden. Die Mitglieder oder Gesellschafter dürfen keine (unentgeltlichen) Zuwendungen erhalten. Die Körperschaft darf auch keine andere Person durch Ausgaben, die dem Zweck der Körperschaft fremd sind, oder durch unverhältnismäßig hohe Vergütungen begünstigen (§ 55 AO).

09/08

6.3 Mustervorlagen

6.3.1 Bescheinigung Ehrenamtspauschale gem. § 3 Nr. 26a EStG über eine nebenberufliche Tätigkeit in einer gemeinnützigen, mildtätigen oder kirchlichen Einrichtung

Hiermit bestätigen wir Frau / Herrn

Name ____________________ Vorname ____________________

Straße ____________________ geb. ____________________

PLZ ____________________ Ort ____________________

dass sie / er

vom ____________________ bis zum ____________________

in unserer Einrichtung nebenberuflich tätig war und dafür ______ Euro erhalten hat.

Lohn- sowie Kirchensteuer und Solidaritätszuschlag wurden von uns nicht abgeführt. Der / die ehrenamtlich Tätige wurde ausdrücklich darauf hingewiesen, dass er / sie die Vergütung in seiner persönlichen Einkommensteuererklärung angeben muss.

Der Aussteller ist wegen der Förderung

____

____

(Angabe des begünstigten Zwecks / der begünstigten Zwecke)

6

☐ durch Bescheinigung des Finanzamts ______________________
StNr. ________________________ vom __________________

vorläufig ab __________________ als gemeinnützig anerkannt.

☐ nach dem letzten uns zugegangenen Freistellungsbescheid des
Finanzamts __________________
StNr. _____________ vom __________ für die Jahre ___________

nach § 5 Abs. 1 Nr. 9 des Körperschaftsteuergesetzes von der Körperschaftsteuer befreit.

Es wird bestätigt, dass der / die ehrenamtlich Tätige im Rahmen ihrer / seiner Tätigkeit nach § 3 Nr. 26a EStG im ideellen Bereich bzw. im Zweckbetrieb der Einrichtung tätig war.

____
Ort, Datum

____
Unterschrift (ggf. Stempel)

6.3.2 Anträge

6.3.2.1 Antrag auf freiwillige Versicherung für ehrenamtlich Tätige

Persönliche Angaben

Name, Vorname ______________________________
Straße und Hausnr. ______________________________
Postleitzahl und Ort ______________________________
Telefon ______________________________

Hiermit erkläre ich meinen Beitritt zur freiwilligen Versicherung gegen die Folgen von Arbeitsunfällen und Berufskrankheiten.

Versicherungsbeginn: ______________________________

Ich bin als gewählter Ehrenamtsträger in folgender gemeinnützigen Organisation:

____
(Name)

____
(Postanschrift)

und in folgender Funktion (gewähltes Ehrenamt) tätig:

____

Ich falle nicht unter den Kreis der pflichtversicherten Personen. Ich versichere, dass diese Angaben der Wahrheit entsprechen, insbesondere dass die angegebene Tätigkeit von mir tatsächlich ausgeübt wird. Mir ist bekannt, dass bewusst falsche Angaben zu meinen Lasten gehen.

____
(Ort, Datum, Unterschrift)

6.3.2.2 Erklärung zur Körperschaftsteuer und Gewerbesteuer von Körperschaften, die gemeinnützigen, mildtätigen oder kirchlichen Zwecken dienen

Finanzamt

Steuernummer

Erklärung

zur Körperschaftsteuer und Gewerbesteuer von Körperschaften, die gemeinnützigen, mildtätigen oder kirchlichen Zwecken dienen

(§§ 51–68 Abgabenordnung, § 5 Abs. 1 Nr. 9 Körperschaftsteuergesetz und § 3 Nr. 6 Gewerbesteuergesetz)

für das Kalenderjahr 20___ **(letztes Jahr des Prüfungszeitraums)** ①

Zeile	**A. Allgemeine Angaben**		
1	Bezeichnung der Körperschaft, Personenvereinigung oder Vermögensmasse		
2			
3	Straße, Hausnummer und Postfach		
4	Postleitzahl	Ort	tagsüber telefonisch erreichbar unter Nr.
5	Ort der Geschäftsleitung / des Sitzes		Homepage
6	Rechtsform (z.B. Verein, Stiftung, Kapitalgesellschaft)		
7	Vorsitzender oder Geschäftsführer (mit Anschrift)		
8			tagsüber telefonisch erreichbar unter Nr.
9	Gegenstand des Unternehmens oder Zweck der Körperschaft		
10			
11	Bankverbindung	Nummer des Bankkontos	Bankleitzahl
12	Geldinstitut (Zweigstelle) und Ort		
13	Name eines von Zeile 1 abweichenden Kontoinhabers (bitte Abtretungserklärung beifügen)		
14	☐ Der Steuerbescheid soll einem von den Zeilen 1 bis 8 **abweichenden Empfangsbevollmächtigten/Postempfänger** zugesandt werden		
15	Empfangsvollmacht	☐ ist beigefügt.	☐ liegt dem Finanzamt vor.
16	Abschrift der **Satzung** in der zur Zeit gültigen Fassung vom	☐ ist beigefügt.	☐ liegt dem Finanzamt vor.
17	Abschrift des Beschlusses über die Festsetzung der **Mitgliederbeiträge, Umlagen und Aufnahmegebühren** für das o.g. Kalenderjahr	☐ ist beigefügt.	☐ liegt dem Finanzamt vor.

Die mit einem Kreis versehenen Zahlen beziehen sich auf die beiliegenden Erläuterungen zu dieser Erklärung.

6

Zeile

B. Einzureichende Unterlagen

Bitte reichen Sie eine möglichst weitgehend aufgegliederte Gegenüberstellung der Einnahmen und Ausgaben und eine Aufstellung über das Vermögen am 31.12. des o.g. Kalenderjahres bzw. den Jahresabschluss (Bilanz und Gewinn- und Verlustrechnung) sowie den Geschäfts- oder Tätigkeitsbericht ein.
Fügen Sie bitte auch die entsprechenden Unterlagen für die beiden vorangegangenen Jahre bei. ①

C. Einzelangaben

18 Die **Gesamteinnahmen** (einschließlich Beiträge, Spenden, Zuschüsse, Einnahmen aus der Vermögensverwaltung und aus wirtschaftlichen Betätigungen, Umsatzsteuer) betragen:

☐ nicht mehr als **35 000 €** (weiter in Zeile 40)

☐ mehr als **35 000 €** (weiter in Zeile 19)

19 Die **Einnahmen (einschließlich der Umsatzsteuer) aus steuerpflichtigen wirtschaftlichen Geschäftsbetrieben** ② betragen:

☐ nicht mehr als **35 000 €** (weiter in Zeile 40)

☐ mehr als **35 000 €** (weiter in Zeile 21)

20 **Hinweis:**
Dazu gehören auch

- *a) Einnahmen aus sportlichen Veranstaltungen, die nach § 67a Abs. 1 oder 3 Abgabenordnung (AO) ein steuerpflichtiger wirtschaftlicher Geschäftsbetrieb sind,* ③
- *b) Einnahmen aus geselligen Veranstaltungen,*
- *c) Einnahmen aus der Verwertung von Altmaterial (dies gilt auch dann, wenn beantragt wird, den Überschuss aus der Verwertung von Altmaterial nach § 64 Abs. 5 AO in Höhe des branchenüblichen Reingewinns zu schätzen)*
- *d) Einnahmen aus steuerpflichtigen wirtschaftlichen Geschäftsbetrieben, bei denen der steuerpflichtige Gewinn nach § 64 Abs. 6 AO pauschal mit 15% der Einnahmen angesetzt wird (z.B. Werbung für Unternehmen, die im Zusammenhang mit der steuerbegünstigten Tätigkeit einschließlich der Zweckbetriebe stattgefunden hat)*

  und
- *e) die anteiligen Einnahmen aus Beteiligungen an Personengesellschaften und Gemeinschaften (auch Fest- bzw. Arbeitsgemeinschaften), soweit die Beteiligungen einen steuerpflichtigen wirtschaftlichen Geschäftsbetrieb darstellen.*

Zeile	Art der steuerpflichtigen wirtschaftlichen Geschäftsbetriebe ②	Einnahmen (einschließlich Umsatzsteuer) EUR	Ausgaben EUR	Überschuss / Fehlbetrag EUR
21				
22	Summe			

Zeile	Art der Zweckbetriebe ②	Einnahmen (einschließlich Umsatzsteuer) EUR
23		
24	Summe	

6

Zeile

25 ▼ **Nur ausfüllen, wenn die Einnahmen aus steuerpflichtigen wirtschaftlichen Geschäftsbetrieben (siehe Zeile 22) 35 000 € übersteigen und darin Einnahmen aus der Verwertung von Altmaterial enthalten sind.**

26 ☐ Wir beantragen, den Überschuss aus der Verwertung des Altmaterials nach § 64 Abs. 5 AO in Höhe des branchenüblichen Reingewinns zu schätzen. Wir erklären, dass das Altmaterial nicht im Rahmen einer ständig dafür vorgehaltenen Verkaufsstelle gesammelt und verwertet wurde.

27 Einnahmen aus der Verwertung von ☐ Altpapier — EUR ______

28 ☐ anderem Altmaterial — EUR ______

29 In den in Zeile 22 angegebenen Ausgaben enthaltene Ausgaben, die mit den Einnahmen aus der Verwertung des Altmaterials in Zusammenhang stehen — EUR ______

30 **Hinweis:**
- *Der branchenübliche Reingewinn beträgt bei der Verwertung von Altpapier 5% und bei der Verwertung von anderem Altmaterial 20% der Einnahmen. Zu den maßgeblichen Einnahmen gehört nicht die im Bruttopreis enthaltene Umsatzsteuer.*
- *Wenn Sie keinen Antrag auf Schätzung des Überschusses aus der Verwertung von Altmaterial nach § 64 Abs. 5 AO stellen, wird der Überschuss nach den allgemeinen Grundsätzen ermittelt (Gegenüberstellung der gesamten Einnahmen und Ausgaben – siehe Zeile 21 – der steuerpflichtigen wirtschaftlichen Geschäftsbetriebe).*

31 ▼ **Nur ausfüllen, wenn die Einnahmen aus steuerpflichtigen wirtschaftlichen Geschäftsbetrieben (siehe Zeile 22) 35 000 € übersteigen und darin Einnahmen aus Werbung für Unternehmen, die im Zusammenhang mit der steuerbegünstigten Tätigkeit einschließlich der Zweckbetriebe stattgefunden hat, aus Totalisatorbetrieben oder aus der Zweiten Fraktionierungsstufe der Blutspendedienste enthalten sind.**

32 ☐ Wir beantragen, den Gewinn aus dem steuerpflichtigen wirtschaftlichen Geschäftsbetrieb

33 ☐ Werbung für Unternehmen, die im Zusammenhang mit der steuerbegünstigten Tätigkeit einschließlich der Zweckbetriebe stattgefunden hat

34 ☐ Totalisator

35 ☐ Zweite Fraktionierungsstufe

37 nach § 64 Abs. 6 AO pauschal mit 15% der Einnahmen in Höhe von EUR ______ anzusetzen.

38 In den in Zeile 22 angegebenen Ausgaben enthaltene Ausgaben, die mit diesen Einnahmen in Zusammenhang stehen — EUR ______

39 **Hinweis:** *Wenn Sie nicht beantragen, den Gewinn des steuerpflichtigen wirtschaftlichen Geschäftsbetriebs nach § 64 Abs. 6 AO pauschal mit 15% der Einnahmen anzusetzen, wird er nach den allgemeinen Grundsätzen ermittelt (Gegenüberstellung der gesamten Einnahmen und Ausgaben – siehe Zeile 21 – des steuerpflichtigen wirtschaftlichen Geschäftsbetriebs).*

▼ **Nur für Körperschaften, die mildtätige Zwecke verfolgen** ④

40 ☐ Wir erklären, dass wir uns von der Hilfsbedürftigkeit (§ 53 Nr. 1 und 2 AO) des von uns betreuten Personenkreises überzeugt haben und Aufzeichnungen darüber vorliegen.

▼ **Nur für Einrichtungen der Wohlfahrtspflege** ⑤

41 ☐ Wir erklären, dass mindestens zwei Drittel der Leistungen der Einrichtung hilfsbedürftigen Personen (§ 53 Nr. 1 und 2 AO) zugute kommen. Von der Hilfsbedürftigkeit haben wir uns überzeugt. Aufzeichnungen darüber liegen vor.

▼ **Nur für Krankenhäuser** ⑥

42 ☐ Wir erklären, dass die Voraussetzungen des § 67 AO für die Annahme eines Zweckbetriebes erfüllt sind.

▼ **Nur für Körperschaften, die Rücklagen gebildet haben** ⑦

43 Am Ende des o.a. Jahres bestanden folgende Rücklagen:

44 ☐ Rücklagen nach § 58 Nr. 6 AO für die folgenden Vorhaben: ⑧

	EUR

45 ☐ Freie Rücklage nach § 58 Nr. 7a AO ⑨ — EUR ______

46 ☐ Rücklage für den Erwerb von Gesellschaftsrechten zur Erhaltung der prozentualen Beteiligung nach § 58 Nr. 7 b AO ⑨ an der

47

Kapitalgesellschaft	EUR

48 **Hinweis:** *Bitte erläutern Sie auf einem gesonderten Blatt, wie sich die Rücklagen nach § 58 Nr. 7a und b AO seit der letzten Erklärung entwickelt haben. Geben Sie dazu bitte auch an, wie hoch die Einnahmen, Ausgaben und Überschüsse aus der Vermögensverwaltung und die sonstigen nach § 55 Abs. 1 Nr. 5 AO zeitnah zu verwendenden Mittel in den Jahren waren, in denen Zuführungen zu der freien Rücklage vorgenommen wurden, und ob in diesen Jahren Mittel für den Erwerb von Gesellschaftsrechten ausgegeben wurden.*

Zeile		
49	☐ Zuführungen zum Vermögen nach § 58 Nr. 11 und 12 AO ⑩ ⑪ (ggf. 0 € eintragen)	EUR
50	**Zuwendungen** ⑫ Mitglieder, Gesellschafter oder außenstehende Personen haben unentgeltliche Zuwendungen, die nicht in Erfüllung des Satzungszweckes geleistet wurden, erhalten: ☐ Nein ☐ Ja ▼ Grund	Betrag EUR

D. Sonstiges

Es wird darauf hingewiesen, dass dem zuständigen Finanzamt nach § 137 AO die Umstände anzuzeigen sind, die für die steuerliche Erfassung von Bedeutung sind, insbesondere der Erwerb der Rechtsfähigkeit, die Änderung der Rechtsform, die Beschlüsse, durch die für steuerliche Vergünstigungen wesentliche Satzungsbestimmungen geändert werden, die Verlegung der Geschäftsleitung oder des Sitzes und die Auflösung. Mitteilungen dieser Art sind innerhalb eines Monats seit dem meldepflichtigen Ereignis zu erstatten (§ 137 Abs. 2 AO).

Diese Erklärung ist eine Steuererklärung im Sinne der Abgabenordnung.

Unterschrift

Ich versichere, dass die tatsächliche Geschäftsführung den satzungsmäßigen Zwecken entspricht und dass ich die Angaben in dieser Erklärung und in den ihr beigefügten Anlagen nach bestem Wissen und Gewissen richtig und vollständig gemacht habe.

Bei der Ausfertigung dieser Erklärung hat mitgewirkt:
(Name, Anschrift, Rufnummer)

Ort, Datum

(Unterschrift)

Die Steuererklärung muss vom gesetzlichen Vertreter bzw. vom Vertretungsberechtigten der Körperschaft eigenhändig unterschrieben sein.

Hinweis nach den Datenschutzgesetzen: Die mit der Steuererklärung angeforderten Daten werden auf Grund der §§ 149 ff. der Abgabenordnung erhoben.

6.3.3 Mustervertrag mit Übungsleiterpauschale

§ 1 Herr / Frau .... wird ab dem .... (Datum) als nebenberufliche/r Übungsleiter/-in für den Verein .... e. V. tätig. Er / Sie übernimmt die Tätigkeit als .... (gefolgt von einer genauen Aufgabenbeschreibung).

§ 2 Zur pauschalen Abgeltung seines / ihres Aufwands erhält Herr / Frau .... eine monatliche Pauschale von .... Euro steuerfrei im Rahmen von § 3 Nr. 26 EstG ausgezahlt.

Herr / Frau .... wird darauf hingewiesen, dass Einnahmen aus Tätigkeiten als nebenberuflicher Übungsleiter, Trainer, Ausbilder, Erzieher, Betreuer oder einer vergleichbaren Tätigkeit nur bis zur Höhe von insgesamt 2.100 Euro im Kalenderjahr steuerfrei (§ 3 Nr. 26 EstG) und in der Sozialversicherung nicht beitrags- und meldepflichtig sind.

§ 3 Herr / Frau .... erklärt mit seiner / ihrer Unterschrift, dass er / sie den Übungsleiterfreibetrag in Höhe von zzt. 2.100 Euro im laufenden Kalenderjahr .... (Jahresangabe) einschließlich Einnahmen aus einer anderen Tätigkeit als Übungsleiter, Trainer, Ausbilder, Erzieher, Betreuer oder einer vergleichbaren Tätigkeit für eine andere begünstigte Körperschaft

1. nicht
2. in Höhe von .... Euro

(nicht Zutreffendes streichen)

6

in Anspruch genommen hat bzw. in Anspruch nehmen wird. Diese Erklärung gilt, soweit die Tätigkeit gem. § 1 dieser Vereinbarung über das laufende Kalenderjahr hinaus ausgeübt wird, auch für die folgenden Kalenderjahre bis zum Ende dieser Tätigkeit.

§ 4 Herr / Frau .... erklärt mit seiner / ihrer Unterschrift, dass seine / ihre Angaben in § 3 dieser Vereinbarung der Wahrheit entsprechen und verpflichtet sich, dem Verein .... e. V. Änderungen unverzüglich schriftlich mitzuteilen.

Falsche Angaben und Verstöße gegen die Mitteilungspflicht können Schadensersatzansprüche auslösen.

Ort, Datum ...

Unterschrift ... (Vereinsvorstand)

Unterschrift ... (nebenberufliche/r Übungsleiter/-in)

6.3.4 Mustersatzungen

6.3.4.1 Mustersatzung für Vereine

Mustersatzung für Vereine nach Anlage 1 zu § 60 AO

(Der Text enthält nur die steuerlich zwingenden Vorschriften und ist individuell um die Vorschriften nach dem BGB zu ergänzen.)

§ 1

Der – Die – .... (Körperschaft)
mit Sitz in ....

verfolgt ausschließlich und unmittelbar – gemeinnützige – mildtätige – kirchliche – Zwecke (nicht verfolgte Zwecke streichen) im Sinne des Abschnitts „Steuerbegünstigte Zwecke" der Abgabenordnung.
Zweck der Körperschaft ist

....

....

(z. B. die Förderung von Wissenschaft und Forschung, Jugend- und Altenhilfe, Erziehung, Volks- und Berufsbildung, Kunst und Kultur, Landschaftspflege, Umweltschutz, des öffentlichen Gesundheitswesens, des Sports, Unterstützung hilfsbedürftiger Personen).

Der Satzungszweck wird verwirklicht insbesondere durch ....

....

(z. B. Durchführung wissenschaftlicher Veranstaltungen und Forschungsvorhaben, Vergabe von Forschungsaufträgen, Unterhaltung einer Schule, einer Erziehungsberatungsstelle, Pflege von Kunstsammlungen, Pflege des Liedgutes und des Chorgesangs, Errichtung von Naturschutzgebieten, Unterhaltung eines Kindergartens, Kinder-, Jugendheims, Unterhaltung eines Altenheims, eines Erholungsheims, Bekämpfung des Drogenmissbrauchs, des Lärms, Förderung sportlicher Übungen und Leistungen).

§ 2

Die Körperschaft ist selbstlos tätig; sie verfolgt nicht in erster Linie eigenwirtschaftliche Zwecke.

§ 3

Mittel der Körperschaft dürfen nur für die satzungsmäßigen Zwecke verwendet werden. Die Mitglieder erhalten keine Zuwendungen aus Mitteln der Körperschaft.

§ 4

Es darf keine Person durch Ausgaben, die dem Zweck der Körperschaft fremd sind, oder durch unverhältnismäßig hohe Vergütungen begünstigt werden.

§ 5

Bei Auflösung oder Aufhebung der Körperschaft oder bei Wegfall steuerbegünstigter Zwecke fällt das Vermögen der Körperschaft

a) an – den – die – das – ....

....,

(Bezeichnung einer juristischen Person des öffentlichen Rechts oder einer anderen steuerbegünstigten Körperschaft)

– der – die – das – es unmittelbar und ausschließlich für gemeinnützige, mildtätige oder kirchliche Zwecke zu verwenden hat.

oder

b) an eine juristische Person des öffentlichen Rechts oder eine andere steuerbegünstigte Körperschaft

zwecks Verwendung für ....
....
....
(Angabe eines bestimmten gemeinnützigen, mildtätigen oder kirchlichen Zwecks, z. B. Förderung von Wissenschaft und Forschung, Erziehung, Volks- und Berufsbildung, der Unterstützung von Personen, die im Sinne von § 53 AO wegen .... bedürftig sind, Unterhaltung des Gotteshauses in ....
....).

6.3.4.2 Mustersatzung für Fördervereine

Mustersatzung für Fördervereine (Mittelbeschaffungskörperschaften) nach Anlage 1 zu § 60 AO

(Der Text enthält nur die steuerlich zwingenden Vorschriften und ist individuell um die Vorschriften nach dem BGB zu ergänzen.)

§ 1

Der – Die – .... (Körperschaft)
mit Sitz in ....
verfolgt ausschließlich und unmittelbar – gemeinnützige – mildtätige – kirchliche – Zwecke (nicht verfolgte Zwecke streichen) im Sinne des Abschnitts „Steuerbegünstigte Zwecke“ der Abgabenordnung.

Zweck der Körperschaft ist ***die Beschaffung von Mitteln für (Angabe des begünstigten Zwecks)*** ....
....
(z. B. die Förderung von Wissenschaft und Forschung, Jugend- und Altenhilfe, Erziehung, Volks- und Berufsbildung, Kunst und Kultur, Landschaftspflege, Umweltschutz, des öffentlichen Gesundheitswesens, des Sports, Unterstützung hilfsbedürftiger Personen).

§ 2

Die Körperschaft ist selbstlos tätig; sie verfolgt nicht in erster Linie eigenwirtschaftliche Zwecke.

§ 3

Mittel der Körperschaft dürfen nur für die satzungsmäßigen Zwecke verwendet werden. Die Mitglieder erhalten keine Zuwendungen aus Mitteln der Körperschaft.

6

6

§ 4

Es darf keine Person durch Ausgaben, die dem Zweck der Körperschaft fremd sind, oder durch unverhältnismäßig hohe Vergütungen begünstigt werden.

§ 5

Bei Auflösung oder Aufhebung der Körperschaft oder bei Wegfall steuerbegünstigter Zwecke fällt das Vermögen der Körperschaft

a) an – den – die – das – ....
....,
(Bezeichnung einer juristischen Person des öffentlichen Rechts oder einer anderen steuerbegünstigten Körperschaft)
– der – die – das – es unmittelbar und ausschließlich für gemeinnützige, mildtätige oder kirchliche Zwecke zu verwenden hat.

oder

b) an eine juristische Person des öffentlichen Rechts oder eine andere steuerbegünstigte Körperschaft
zwecks Verwendung für ....
....
....
(Angabe eines bestimmten gemeinnützigen, mildtätigen oder kirchlichen Zwecks, z. B. Förderung von Wissenschaft und Forschung, Erziehung, Volks- und Berufsbildung, der Unterstützung von Personen, die im Sinne von § 53 AO wegen .... bedürftig sind, Unterhaltung des Gotteshauses in ....
....).

Anmerkung:
Die Körperschaft, für die die Mittel beschafft werden, muss in der Satzung nicht angegeben werden.

6.3.4.3 Mustersatzung für Kapitalgesellschaften

Mustersatzung für Kapitalgesellschaften nach Anlage 1 zu § 60 AO

(Der Text enthält nur die steuerlich zwingenden Vorschriften und ist individuell um die Vorschriften nach dem GmbHG, AktG bzw. BGB zu ergänzen.)

§ 1

Der – Die – .... (Körperschaft)
mit Sitz in ....
verfolgt ausschließlich und unmittelbar – gemeinnützige – mildtätige – kirchliche – Zwecke (nicht verfolgte Zwecke streichen) im Sinne des Abschnitts „Steuerbegünstigte Zwecke" der Abgabenordnung.

Zweck der Körperschaft ist

....

....
(z. B. die Förderung von Wissenschaft und Forschung, Jugend- und Altenhilfe, Erziehung, Volks- und Berufsbildung, Kunst und Kultur, Landschaftspflege, Umweltschutz, des öffentlichen Gesundheitswesens, des Sports, Unterstützung hilfsbedürftiger Personen).

Der Satzungszweck wird verwirklicht insbesondere durch ....
....
(z. B. Durchführung wissenschaftlicher Veranstaltungen und Forschungsvorhaben, Vergabe von Forschungsaufträgen, Unterhaltung einer Schule, einer Erziehungsberatungsstelle, Pflege von Kunstsammlungen, Pflege des Liedgutes und des Chorgesangs, Errichtung von Naturschutzgebieten, Unterhaltung eines Kindergartens, Kinder-, Jugendheims, Unterhaltung eines Altenheims, eines Erholungsheims, Bekämpfung des Drogenmissbrauchs, des Lärms, Förderung sportlicher Übungen und Leistungen).

6

§ 2

Die Körperschaft ist selbstlos tätig; sie verfolgt nicht in erster Linie eigenwirtschaftliche Zwecke.

§ 3

Mittel der Körperschaft dürfen nur für die satzungsmäßigen Zwecke verwendet werden. Die Mitglieder erhalten keine Zuwendungen aus Mitteln der Körperschaft. *Die Gesellschafter dürfen keine Gewinnanteile und auch keine sonstigen Zuwendungen aus Mitteln der Körperschaft erhalten.*

Sie erhalten bei ihrem Ausscheiden oder bei Auflösung der Körperschaft oder bei Wegfall steuerbegünstigter Zwecke nicht mehr als ihre eingezahlten Kapitalanteile und den gemeinen Wert ihrer geleisteten Sacheinlage zurück.

§ 4

Es darf keine Person durch Ausgaben, die dem Zweck der Körperschaft fremd sind, oder durch unverhältnismäßig hohe Vergütungen begünstigt werden.

§ 5

Bei Auflösung oder Aufhebung der Körperschaft oder bei Wegfall steuerbegünstigter Zwecke fällt das Vermögen der Körperschaft, *soweit es die eingezahlten Kapitalanteile der Gesellschafter und den gemeinen Wert der von den Gesellschaftern geleisteten Sacheinlage übersteigt,*

a) an – den – die – das – ....

....

(Bezeichnung einer juristischen Person des öffentlichen Rechts oder einer anderen steuerbegünstigten Körperschaft)
– der – die – das – es unmittelbar und ausschließlich für gemeinnützige, mildtätige oder kirchliche Zwecke zu verwenden hat.

oder

b) an eine juristische Person des öffentlichen Rechts oder eine andere steuerbegünstigte Körperschaft
zwecks Verwendung für ....

....

....

(Angabe eines bestimmten gemeinnützigen, mildtätigen oder kirchlichen Zwecks, z. B. Förderung von Wissenschaft und Forschung, Erziehung, Volks- und Berufsbildung, der Unterstützung von Personen, die im Sinne von § 53 AO wegen .... bedürftig sind, Unterhaltung des Gotteshauses in ....
....).

Anmerkung:
Wenn die Satzung keinen Anspruch auf Rückgewähr des Vermögens einräumt, können die im Text kursiv gesetzten Teile (siehe in § 3 Absatz 2 – nicht Absatz 1 – und § 5) entfallen.

6.3.5 Musterschreiben

6.3.5.1 Muster Rechnung

SV Blauweis e.V.
Sportstraße 1
99999 Sportshausen

Steuernummer 999/111/0000

An die Firma
Muster GmbH
Musterstr. 1
99998 Musterhausen

Rechnungsnummer 13/2008

Rechnungsdatum 15.05.2008

Für die Überlassung unseres Vereinsheims am 14.05.2008 für Ihre Betriebsfeier erlauben wir uns, gemäß Vereinbarung zu berechnen:

Miete	200 Euro
zzgl. 19 % MwSt.	38 Euro
gesamt	238 Euro

Bitte überweisen Sie den Betrag bis zum 30.05.2008 auf das Konto ....

Mit freundlichen Grüßen

6

6.3.5.2 Muster Kleinunternehmerrechnung

SV Blauweis e.V. Steuernummer 999/111/0000
Sportstraße 1
99999 Sportshausen

An die Firma
Muster GmbH
Musterstr. 1
99998 Musterhausen

Rechnungsnummer 13/2008 Rechnungsdatum 15.05.2008

Für die Überlassung unseres Vereinsheims am 14.05.2008 für Ihre Betriebsfeier erlauben wir uns, gemäß Vereinbarung zu berechnen:

Miete 200 Euro

Der Rechnungsaussteller ist Kleinunternehmer gem. § 19 Abs. 1 UStG.

Bitte überweisen Sie den Betrag bis zum 30.05.2008 auf das Konto ....

Mit freundlichen Grüßen

6.3.5.3 Muster Kleinbetragsrechnung

SV Blauweis e.V. Steuernummer 999/111/0000
Sportstraße 1
99999 Sportshausen

Rechnungsdatum 15.05.2008

Für die Überlassung unseres Vereinsheims am 14.05.2008 für Ihre Betriebsfeier erlauben wir uns, gemäß Vereinbarung zu berechnen

Miete 119 Euro
incl. 19 % MwSt.

Bitte überweisen Sie den Betrag bis zum 30.05.2008 auf das Konto ....

Mit freundlichen Grüßen

6

6.3.5.4 Muster Rechnungsliste

Rechnungsliste (Jahr)

Lfd. Nr.	Datum	Empfänger	Gegenstand	Betrag	bezahlt am	Bank / Kasse
1						
2						
3						
4						
5						
6						
7						
8						
9						
10						
11						
12						
13						
14						
15						
16						
17						
18						
19						
20						
21						
22						
23						
24						
25						
26						
27						
28						
29						
30						

6

6.3.6 Musterformulare

6.3.6.1 Reisekostenabrechnung

Reisekosten **Inlandsreise Jahr 2009** Nr. ____________

Name: ____________________

Beginn: ____________________ Ende: ____________________

Anlass: ____________________

Reiseziel(e): ____________________

Steuerliche Zuordnung: ____________________
z. B. Ideeller Bereich, Vermögensverwaltung, Zweckbetrieb, wirtschaftl. Geschäftsbetrieb ...

Reisekosten		**Brutto**	**MwSt**[1]	**Netto**
I. Fahrkosten				
1. Fahrzeug im Vermögen der Körperschaft _______km x ________€/km (pauschal 0,30 €/km bzw. individueller km-Satz)	nur zur internen Verrechnung	€	€	€
2. Privat-Pkw: _______km x ________€/km (pauschal 0,30 €/km bzw. individueller km-Satz)		€	€	€
3. Öffentliche Verkehrsmittel, Taxi (lt. Belegen)		€	€	€
II. Verpflegungsmehraufwand				
_____ Tage 8 – 14 Stunden x 6 €		€	€	€
_____ Tage 14 – 24 Stunden x 12 €		€	€	€
_____ Tage 24 Stunden x 24 €		€	€	€
III. Übernachtungskosten				
1. Tatsächliche Kosten (Kürzung bei Gesamtpreis für Unterkunft und Verpflegung um 4,80 € für Frühstück und jeweils 9,60 € für Mittag-/Abendessen, ansonsten Abzug der tatsächlichen Verpflegungskosten)		€	€_	€
2. Pauschale (nur bei Auslagenersatz durch Arbeitgeber) _______ Übernachtungen x 20 € (Inland)		€	€	€
IV. Reise-Nebenkosten				
Tatsächliche Kosten (ggf. Eigenbeleg) z. B. Telekommunikation, Porto, Trinkgeld, Parkplatz, Gepäckbeförderung und -aufbewahrung, Straßenbenutzung etc.		€	€	€
Abzugsfähige Reisekosten (ggf. abzügl. gezahltem Vorschuss)		€	€	€

[1] Wenn die Reise für einen Geschäftsbereich vorgenommen wurde, für den die Körperschaft vorsteuerabzugsberechtigt ist, kann sie bei Inlandsreisen die in einer Rechnung gesondert ausgewiesene Umsatzsteuer als Vorsteuer abziehen. Ein pauschaler Vorsteuerabzug aus Reisekosten- und Kilometerpauschalen ist nicht möglich.
[2] Bei einem Gesamtpreis für Unterkunft und Verpflegung ist die Vorsteuer aus dem ungekürzten Rechnungsbetrag herauszurechnen.
[3] Die Vorsteuer kann nur dann abgezogen werden, wenn der Fahrer berechtigt ist, selbst eine Rechnung mit Umsatzsteuer auszustellen.

____________________ (Datum) ____________________ (Unterschrift)	Buchungsvermerk:

6

6

6.3.6.2 Bewirtungsbeleg

Bewirtungskosten **Jahr 2009** Nr. ______________

Name der Körperschaft: ______________________________

Name des Bewirtenden/
Funktion: ______________________________

Tag der Bewirtung: ______________________________

Ort der Bewirtung: ______________________________
(genaue Bezeichnung der
Gaststätte, Anschrift) ______________________________

Bewirtete Personen: ______________________________
(Name des bewirtenden
Steuerpflichtigen sowie von ______________________________
Arbeitnehmern mit angeben) ______________________________

Anlass der Bewirtung: ______________________________
____

Art der Bewirtung: ☐ Bewirtung in Gaststätte ☐ andere Fälle

Höhe der Aufwendungen:
(lt. beigefügter Rechnung)

Brutto	MwSt[1]	Netto
€	€	€

Ggf. Höhe des Trinkgelds: ______ €
(lt. beigefügter Bestätigung bzw. Eigenbeleg)

______________________ ______________________
(Ort, Datum) (Unterschrift)

Steuerliche Zuordnung: ______________________________ Buchungsvermerke
z. B. ideeller Bereich, Vermögensverwaltung, Zweckbetrieb, wirtschaftl. Geschäftsbetrieb ...

☐ Geschäftlich veranlasste Bewirtung:

Ertragssteuer:

70 % Betriebsausgaben

______________ €

30 % nicht abzugsfähige Betriebsausgaben
(ggf. aus Nettobetrag)

______________ €

Umsatzsteuer[1]:

100 % Vorsteuer

______________ €

☐ Allgemein betrieblich veranlasste Bewirtung:

Ertragssteuer:

100 % Betriebsausgaben
(ggf. aus Nettobetrag)

______________ €

Umsatzsteuer[1]:

100 % Vorsteuer

______________ €

[1] Die MwSt ist nur dann zu berücksichtigen, wenn die Bewirtung für einen Bereich der Körperschaft durchgeführt wurde, bei dem die Körperschaft umsatzsteuerpflichtig Umsätze tätigt und zum Vorsteuerabzug berechtigt ist.

6.4 Spendenbescheinigungen

6.4.1 Spendenbescheinigung Vereine

6.4.1.1 Bestätigung über Geldzuwendungen / Mitgliedsbeitrag

Aussteller (Bezeichnung und Anschrift der steuerbegünstigten Einrichtung)

Bestätigung über Geldzuwendungen/Mitgliedsbeitrag
im Sinne des § 10b des Einkommensteuergesetzes an eine der in § 5 Abs. 1 Nr. 9 des Körperschaftsteuergesetzes bezeichneten Körperschaften, Personenvereinigungen oder Vermögensmassen

Name und Anschrift des Zuwendenden:

Betrag der Zuwendung - in Ziffern -	- in Buchstaben -	Tag der Zuwendung:

Es handelt sich um den Verzicht auf Erstattung von Aufwendungen Ja ☐ Nein ☐

☐ Wir sind wegen Förderung (Angabe des begünstigten Zwecks / der begünstigten Zwecke) .... nach dem letzten uns zugegangenen Freistellungsbescheid bzw. nach der Anlage zum Körperschaftsteuerbescheid des Finanzamtes ...., StNr. ...., vom ....nach § 5 Abs. 1 Nr. 9 des Körperschaftsteuergesetzes von der Körperschaftsteuer und nach § 3 Nr. 6 des Gewerbesteuergesetzes von der Gewerbesteuer befreit.

☐ Wir sind wegen Förderung (Angabe des begünstigten Zwecks / der begünstigten Zwecke) .... durch vorläufige Bescheinigung des Finanzamtes ...., StNr. ...., vom .... ab .... als steuerbegünstigten Zwecken dienend anerkannt.

Es wird bestätigt, dass die Zuwendung nur zur Förderung (Angabe des begünstigten Zwecks / der begünstigten Zwecke)

verwendet wird.

Nur für steuerbegünstigte Einrichtungen, bei denen die Mitgliedsbeiträge steuerlich nicht abziehbar sind:
☐ Es wird bestätigt, dass es sich nicht um einen Mitgliedsbeitrag i.S.v § 10b Abs. 1 Satz 2 Einkommensteuergesetzes handelt).

(Ort, Datum und Unterschrift des Zuwendungsempfängers)

Hinweis:
Wer vorsätzlich oder grob fahrlässig eine unrichtige Zuwendungsbestätigung erstellt oder wer veranlasst, dass Zuwendungen nicht zu den in der Zuwendungsbestätigung angegebenen steuerbegünstigten Zwecken verwendet werden, haftet für die Steuer, die dem Fiskus durch einen etwaigen Abzug der Zuwendungen beim Zuwendenden entgeht (§ 10b Abs. 4 EStG, § 9 Abs. 3 KStG, § 9 Nr. 5 GewStG).

Diese Bestätigung wird nicht als Nachweis für die steuerliche Berücksichtigung der Zuwendung anerkannt, wenn das Datum des Freistellungsbescheides länger als 5 Jahre bzw. das Datum der vorläufigen Bescheinigung länger als 3 Jahre seit Ausstellung der Bestätigung zurückliegt (BMF vom 15.12.1994 – BStBl I S. 884).

6.4.1.2 Bestätigung über Sachzuwendungen

Aussteller (Bezeichnung und Anschrift der steuerbegünstigten Einrichtung)

Bestätigung über Sachzuwendungen
im Sinne des § 10b des Einkommensteuergesetzes an eine der in § 5 Abs. 1 Nr. 9 des Körperschaftsteuergesetzes bezeichneten Körperschaften, Personenvereinigungen oder Vermögensmassen

Name und Anschrift des Zuwendenden:

Wert der Zuwendung - in Ziffern -	- in Buchstaben -	Tag der Zuwendung:

Genaue Bezeichnung der Sachzuwendung mit Alter, Zustand, Kaufpreis usw.

- ☐ Die Sachzuwendung stammt nach den Angaben des Zuwendenden aus dem Betriebsvermögen und ist mit dem Entnahmewert (ggf. mit dem niedrigeren gemeinen Wert) bewertet.
- ☐ Die Sachzuwendung stammt nach den Angaben des Zuwendenden aus dem Privatvermögen.
- ☐ Der Zuwendende hat trotz Aufforderung keine Angaben zur Herkunft der Sachzuwendung gemacht.
- ☐ Geeignete Unterlagen, die zur Wertermittlung gedient haben, z. B. Rechnung, Gutachten, liegen vor.

☐ Wir sind wegen Förderung (Angabe des begünstigten Zwecks / der begünstigten Zwecke) .... nach dem letzten uns zugegangenen Freistellungsbescheid bzw. nach der Anlage zum Körperschaftsteuerbescheid des Finanzamtes .... StNr. .... vom .... nach § 5 Abs. 1 Nr. 9 des Körperschaftsteuergesetzes von der Körperschaftsteuer und nach § 3 Nr. 6 des Gewerbesteuergesetzes von der Gewerbesteuer befreit.

☐ Wir sind wegen Förderung (Angabe des begünstigten Zwecks / der begünstigten Zwecke) .... durch vorläufige Bescheinigung des Finanzamtes .... Steuernummer .... vom .... ab .... als steuerbegünstigten Zwecken dienend anerkannt.

Es wird bestätigt, dass die Zuwendung nur zur Förderung (Angabe des begünstigten Zwecks / der begünstigten Zwecke)
verwendet wird.

(Ort, Datum und Unterschrift des Zuwendungsempfängers)

Hinweis:
Wer vorsätzlich oder grob fahrlässig eine unrichtige Zuwendungsbestätigung erstellt oder wer veranlasst, dass Zuwendungen nicht zu den in der Zuwendungsbestätigung angegebenen steuerbegünstigten Zwecken verwendet werden, haftet für die Steuer, die dem Fiskus durch einen etwaigen Abzug der Zuwendungen beim Zuwendenden entgeht (§ 10b Abs. 4 EStG, § 9 Abs. 3 KStG, § 9 Nr. 5 GewStG).

Diese Bestätigung wird nicht als Nachweis für die steuerliche Berücksichtigung der Zuwendung anerkannt, wenn das Datum des Freistellungsbescheides länger als 5 Jahre bzw. das Datum der vorläufigen Bescheinigung länger als 3 Jahre seit Ausstellung der Bestätigung zurückliegt (BMF vom 15.12.1994 - BStBl. I S. 884).

6.4.2 Spendenbescheinigung Stiftungen

6.4.2.1 Bestätigung über Geldzuwendungen

Aussteller (Bezeichnung und Anschrift der inländischen Stiftung des öffentlichen Rechts)

Bestätigung über Geldzuwendungen
im Sinne des § 10b des Einkommensteuergesetzes an inländische Stiftungen des öffentlichen Rechts

Name und Anschrift des Zuwendenden:

Betrag der Zuwendung - in Ziffern -	- in Buchstaben -	Tag der Zuwendung:

Es wird bestätigt, dass die Zuwendung nur zur Förderung (Angabe des begünstigten Zwecks / der begünstigten Zwecke)
verwendet wird.

☐ Die Zuwendung erfolgte in unseren **Vermögensstock**.

Die Zuwendung wird

☐ von uns unmittelbar für den angegebenen Zweck verwendet.

☐ entsprechend den Angaben des Zuwendenden an .... weitergeleitet, die/der vom Finanzamt .... StNr. .... mit Freistellungsbescheid bzw. nach der Anlage zum Körperschaftsteuerbescheid vom .... von der Körperschaft- und Gewerbesteuer befreit ist.

☐ entsprechend den Angaben des Zuwendenden an.. weitergeleitet, die/der vom Finanzamt .... StNr. ....mit vorläufiger Bescheinigung (gültig ab: ....) vom .... als steuerbegünstigten Zwecken dienend anerkannt ist.

6

____
(Ort, Datum und Unterschrift des Zuwendungsempfängers)

Hinweis:
Wer vorsätzlich oder grob fahrlässig eine unrichtige Zuwendungsbestätigung erstellt oder wer veranlasst, dass Zuwendungen nicht zu den in der Zuwendungsbestätigung angegebenen steuerbegünstigten Zwecken verwendet werden, haftet für die Steuer, die dem Fiskus durch einen etwaigen Abzug der Zuwendungen beim Zuwendenden entgeht (§ 10b Abs. 4 EStG, § 9 Abs. 3 KStG, § 9 Nr. 5 GewStG).

Nur in den Fällen der Weiterleitung an steuerbegünstigte Körperschaften im Sinne von § 5 Abs. 1 Nr. 9 KStG:
Diese Bestätigung wird nicht als Nachweis für die steuerliche Berücksichtigung der Zuwendung anerkannt, wenn das Datum des Freistellungsbescheides länger als 5 Jahre bzw. das Datum der vorläufigen Bescheinigung länger als 3 Jahre seit Ausstellung der Bestätigung zurückliegt (BMF vom 15.12.1994 - BStBl I S. 884).

6.4.2.2 Bestätigung über Sachzuwendungen

Aussteller (Bezeichnung und Anschrift der inländischen Stiftung des öffentlichen Rechts)

Bestätigung über Sachzuwendungen
im Sinne des § 10b des Einkommensteuergesetzes an inländische Stiftungen des öffentlichen Rechts

Name und Anschrift des Zuwendenden:

Wert der Zuwendung - in Ziffern -	- in Buchstaben -	Tag der Zuwendung:

Genaue Bezeichnung der Sachzuwendung mit Alter, Zustand, Kaufpreis usw.

☐ Die Sachzuwendung stammt nach den Angaben des Zuwendenden aus dem Betriebsvermögen und ist mit dem Entnahmewert (ggf. mit dem niedrigeren gemeinen Wert) bewertet.

☐ Die Sachzuwendung stammt nach den Angaben des Zuwendenden aus dem Privatvermögen.

☐ Der Zuwendende hat trotz Aufforderung keine Angaben zur Herkunft der Sachzuwendung gemacht.

☐ Geeignete Unterlagen, die zur Wertermittlung gedient haben, z.B. Rechnung, Gutachten, liegen vor.

Es wird bestätigt, dass die Zuwendung nur zur Förderung (Angabe des begünstigten Zwecks / der begünstigten Zwecke)
verwendet wird.

6

☐ Die Zuwendung erfolgte in unseren **Vermögensstock**.

Die Zuwendung wird

☐ von uns unmittelbar für den angegebenen Zweck verwendet.

☐ entsprechend den Angaben des Zuwendenden an .... weitergeleitet, die/der vom Finanzamt .... StNr. .... mit Freistellungsbescheid bzw. nach der Anlage zum Körperschaftsteuerbescheid vom .... von der Körperschaft- und Gewerbesteuer befreit ist.

☐ entsprechend den Angaben des Zuwendenden an.. weitergeleitet, die/der vom Finanzamt .... StNr. ....mit vorläufiger Bescheinigung (gültig ab: ....) vom .... als steuerbegünstigten Zwecken dienend anerkannt ist.

(Ort, Datum und Unterschrift des Zuwendungsempfängers)

Hinweis:
Wer vorsätzlich oder grob fahrlässig eine unrichtige Zuwendungsbestätigung erstellt oder wer veranlasst, dass Zuwendungen nicht zu den in der Zuwendungsbestätigung angegebenen steuerbegünstigten Zwecken verwendet werden, haftet für die Steuer, die dem Fiskus durch einen etwaigen Abzug der Zuwendungen beim Zuwendenden entgeht (§ 10b Abs. 4 EStG, § 9 Abs. 3 KStG, § 9 Nr. 5 GewStG).

Nur in Fällen der Weiterleitung an steuerbegünstigte Körperschaften im Sinne von § 5 Abs. 1 Nr. 9 KStG:
Diese Bestätigung wird nicht als Nachweis für die steuerliche Berücksichtigung der Zuwendung anerkannt, wenn das Datum des Freistellungsbescheides länger als 5 Jahre bzw. das Datum der vorläufigen Bescheinigung länger als 3 Jahre seit Ausstellung der Bestätigung zurückliegt (BMF vom 15.12.1994 - BStBl. I S. 884).

6.4.2.3 Bestätigung über Geldzuwendungen

Aussteller (Bezeichnung und Anschrift der inländischen Stiftung des privaten Rechts)

Bestätigung über Geldzuwendungen
im Sinne des § 10b Einkommensteuergesetzes an inländische Stiftungen des privaten Rechts

Name und Anschrift des Zuwendenden:

Betrag der Zuwendung - in Ziffern -	- in Buchstaben -	Tag der Zuwendung:

Es handelt sich um den Verzicht auf Erstattung von Aufwendungen Ja ☐ Nein ☐

☐ Wir sind wegen Förderung (Angabe des begünstigten Zwecks / der begünstigten Zwecke)...................................... nach dem letzten uns zugegangenen Freistellungsbescheid bzw. nach der Anlage zum Körperschaftsteuerbescheid des Finanzamtes................................. StNr................................... vom........................... nach § 5 Abs. 1 Nr. 9 des Körperschaftsteuergesetzes von der Körperschaftsteuer und nach § 3 Nr. 6 des Gewerbesteuergesetzes von der Gewerbesteuer befreit.

☐ Wir sind wegen Förderung (Angabe des begünstigten Zwecks / der begünstigten Zwecke) .... durch vorläufige Bescheinigung des Finanzamtes...................................... StNr...vom .... ab .... als steuerbegünstigten Zwecken dienend anerkannt.

Es wird bestätigt, dass die Zuwendung nur zur Förderung (Angabe des begünstigten Zwecks / der begünstigten Zwecke)
verwendet wird.

☐ Die Zuwendung erfolgte in unseren **Vermögensstock**.

(Ort, Datum und Unterschrift des Zuwendungsempfängers)

Hinweis:
Wer vorsätzlich oder grob fahrlässig eine unrichtige Zuwendungsbestätigung erstellt oder wer veranlasst, dass Zuwendungen nicht zu den in der Zuwendungsbestätigung angegebenen steuerbegünstigten Zwecken verwendet werden, haftet für die Steuer, die dem Fiskus durch einen etwaigen Abzug der Zuwendungen beim Zuwendenden entgeht (§ 10b Abs. 4 EStG, § 9 Abs. 3 KStG, § 9 Nr. 5 GewStG).

Diese Bestätigung wird nicht als Nachweis für die steuerliche Berücksichtigung der Zuwendung anerkannt, wenn das Datum des Freistellungsbescheides länger als 5 Jahre bzw. das Datum der vorläufigen Bescheinigung länger als 3 Jahre seit Ausstellung der Bestätigung zurückliegt (BMF vom 15.12.1994 – BStBl I S. 884).

6.4.2.4 Bestätigung über Sachzuwendungen

Aussteller (Bezeichnung und Anschrift der inländischen Stiftung des privaten Rechts)

Bestätigung über Sachzuwendungen
im Sinne des § 10b des Einkommensteuergesetzes an inländische Stiftungen des privaten Rechts

Name und Anschrift des Zuwendenden:

Wert der Zuwendung - in Ziffern -	- in Buchstaben -	Tag der Zuwendung:

Genaue Bezeichnung der Sachzuwendung mit Alter, Zustand, Kaufpreis usw.

☐ Die Sachzuwendung stammt nach den Angaben des Zuwendenden aus dem Betriebsvermögen und ist mit dem Entnahmewert (ggf. mit dem niedrigeren gemeinen Wert) bewertet.

☐ Die Sachzuwendung stammt nach den Angaben des Zuwendenden aus dem Privatvermögen.

☐ Der Zuwendende hat trotz Aufforderung keine Angaben zur Herkunft der Sachzuwendung gemacht.

☐ Geeignete Unterlagen, die zur Wertermittlung gedient haben, z.B. Rechnung, Gutachten, liegen vor.

☐ Wir sind wegen Förderung (Angabe des begünstigten Zwecks / der begünstigten Zwecke)................................... nach dem letzten uns zugegangenen Freistellungsbescheid bzw. nach der Anlage zum Körperschaftsteuerbescheid des Finanzamtes .... StNr............................... vom .... nach § 5 Abs. 1 Nr. 9 des Körperschaftsteuergesetzes von der Körperschaftsteuer und nach § 3 Nr. 6 des Gewerbesteuergesetzes von der Gewerbesteuer befreit.

☐ Wir sind wegen Förderung (Angabe des begünstigten Zwecks / der begünstigten Zwecke) .... durch vorläufige Bescheinigung des Finanzamtes .... StNr....................................... ab.......................... als steuerbegünstigten Zwecken dienend anerkannt.

Es wird bestätigt, dass die Zuwendung nur zur Förderung (Angabe des begünstigten Zwecks / der begünstigten Zwecke)
verwendet wird.

☐ Die Zuwendung erfolgte in unseren **Vermögensstock**.

Ort, Datum und Unterschrift des Zuwendungsempfängers

Hinweis:
Wer vorsätzlich oder grob fahrlässig eine unrichtige Zuwendungsbestätigung erstellt oder wer veranlasst, dass Zuwendungen nicht zu den in der Zuwendungsbestätigung angegebenen steuerbegünstigten Zwecken verwendet werden, haftet für die Steuer, die dem Fiskus durch einen etwaigen Abzug der Zuwendungen beim Zuwendenden entgeht (§ 10b Abs. 4 EStG, § 9 Abs. 3 KStG, § 9 Nr. 5 GewStG).

Diese Bestätigung wird nicht als Nachweis für die steuerliche Berücksichtigung der Zuwendung anerkannt, wenn das Datum des Freistellungsbescheides länger als 5 Jahre bzw. das Datum der vorläufigen Bescheinigung länger als 3 Jahre seit Ausstellung der Bestätigung zurückliegt (BMF vom 15.12.1994 – BStBl I S. 884).

6.4.3 Spendenbescheinigung Körperschaften des öffentlichen Rechts

6.4.3.1 Bestätigung über Geldzuwendungen

Aussteller (Bezeichnung der inländischen juristischen Person des öffentlichen Rechts oder der inländischen öffentlichen Dienststelle)

Bestätigung über Geldzuwendungen
im Sinne des § 10 b des Einkommensteuergesetzes an inländische juristische Personen des öffentlichen Rechts oder inländische öffentliche Dienststellen

Name und Anschrift des Zuwendenden:

Betrag der Zuwendung - in Ziffern -	- in Buchstaben -	Tag der Zuwendung:

Es wird bestätigt, dass die Zuwendung nur zur Förderung (Angabe des begünstigten Zwecks / der begünstigten Zwecke)
verwendet wird.

Die Zuwendung wird

☐ von uns unmittelbar für den angegebenen Zweck verwendet.

☐ entsprechend den Angaben des Zuwendenden an .... weitergeleitet, die/der vom Finanzamt .... StNr. .... mit Freistellungsbescheid bzw. nach der Anlage zum Körperschaftsteuerbescheid vom .... von der Körperschaft- und Gewerbesteuer befreit ist.

☐ entsprechend den Angaben des Zuwendenden an... weitergeleitet, die/der vom Finanzamt .... StNr. ....mit vorläufiger Bescheinigung (gültig ab: ....) vom .... als steuerbegünstigten Zwecken dienend anerkannt ist.

(Ort, Datum und Unterschrift des Zuwendungsempfängers)

Hinweis:
Wer vorsätzlich oder grob fahrlässig eine unrichtige Zuwendungsbestätigung erstellt oder wer veranlasst, dass Zuwendungen nicht zu den in der Zuwendungsbestätigung angegebenen steuerbegünstigten Zwecken verwendet werden, haftet für die Steuer, die dem Fiskus durch einen etwaigen Abzug der Zuwendungen beim Zuwendenden entgeht (§ 10b Abs. 4 EStG, § 9 Abs. 3 KStG, § 9 Nr. 5 GewStG).

Nur in den Fällen der Weiterleitung an steuerbegünstigte Körperschaften im Sinne von § 5 Abs. 1 Nr. 9 KStG:
Diese Bestätigung wird nicht als Nachweis für die steuerliche Berücksichtigung der Zuwendung anerkannt, wenn das Datum des Freistellungsbescheides länger als 5 Jahre bzw. das Datum der vorläufigen Bescheinigung länger als 3 Jahre seit Ausstellung der Bestätigung zurückliegt (BMF vom 15.12.1994 - BStBl I S. 884).

6.4.3.2 Bestätigung über Sachzuwendungen

Aussteller (Bezeichnung und Anschrift der inländischen juristischen Person des öffentlichen Rechts oder der inländischen öffentlichen Dienststelle)

Bestätigung über Sachzuwendungen
im Sinne des § 10 b des Einkommensteuergesetzes an inländische juristische Personen des öffentlichen Rechts oder inländische öffentliche Dienststellen

Name und Anschrift des Zuwendenden:

Wert der Zuwendung - in Ziffern -	- in Buchstaben -	Tag der Zuwendung:

Genaue Bezeichnung der Sachzuwendung mit Alter, Zustand, Kaufpreis usw.

☐ Die Sachzuwendung stammt nach den Angaben des Zuwendenden aus dem Betriebsvermögen und ist mit dem Entnahmewert (ggf. mit dem niedrigeren gemeinen Wert) bewertet.

☐ Die Sachzuwendung stammt nach den Angaben des Zuwendenden aus dem Privatvermögen.

☐ Der Zuwendende hat trotz Aufforderung keine Angaben zur Herkunft der Sachzuwendung gemacht.

☐ Geeignete Unterlagen, die zur Wertermittlung gedient haben, z. B. Rechnung, Gutachten, liegen vor.

Es wird bestätigt, dass die Zuwendung nur zur Förderung (Angabe des begünstigten Zwecks / der begünstigten Zwecke)
verwendet wird.

Die Zuwendung wird

☐ von uns unmittelbar für den angegebenen Zweck / die angegebenen Zwecke verwendet.

☐ entsprechend den Angaben des Zuwendenden an .... weitergeleitet, die/der vom Finanzamt .... StNr. .... mit Freistellungsbescheid bzw. nach der Anlage zum Körperschaftsteuerbescheid vom .... von der Körperschaft- und Gewerbesteuer befreit ist.

☐ entsprechend den Angaben des Zuwendenden an.. weitergeleitet, die/der vom Finanzamt .... StNr. ....mit vorläufiger Bescheinigung (gültig ab: ....) vom .... als steuerbegünstigten Zwecken dienend anerkannt ist.

(Ort, Datum und Unterschrift des Zuwendungsempfängers)

Hinweis:
Wer vorsätzlich oder grob fahrlässig eine unrichtige Zuwendungsbestätigung erstellt oder wer veranlasst, dass Zuwendungen nicht zu den in der Zuwendungsbestätigung angegebenen steuerbegünstigten Zwecken verwendet werden, haftet für die Steuer, die dem Fiskus durch einen etwaigen Abzug der Zuwendungen beim Zuwendenden entgeht (§ 10 b Abs. 4 EStG, § 9 Abs. 3 KStG, § 9 Nr. 5 GewStG).

Nur in Fällen der Weiterleitung an steuerbegünstigte Körperschaften im Sinne von § 5 Abs. 1 Nr. 9 KStG:
Diese Bestätigung wird nicht als Nachweis für die steuerliche Berücksichtigung der Zuwendung anerkannt, wenn das Datum des Freistellungsbescheides länger als 5 Jahre bzw. das Datum der vorläufigen Bescheinigung länger als 3 Jahre seit Ausstellung der Bestätigung zurückliegt (BMF vom 15.12.1994 - BStBl. I S. 884).

6.5 Jahresabschluss

6.5.1 Überschussermittlung – Wirtschaftlicher Geschäftsbetrieb

6.5.1.1 Sportliche Veranstaltungen

Einnahmen		
Eintrittsgelder (netto, wenn ust-pflichtig)	....	
(Umsatzsteuer ?)	....	
....	....	
Einnahmen gesamt		....
abzüglich Ausgaben		
direkte Kosten der Veranstaltung		
Sportler	......	
Miete Veranstaltungsort	....	
Schiedsrichter, Linienrichter	....	
Kassierer, Ordner, Sanitäter etc.	....	
Fahrtkosten zur Veranstaltung	....	
	....	
lfd. Kosten		
Werbe +Reisekosten	....	
Trainer, Masseur	....	
Instandhaltung von Sportmaterial	....	
Kosten Trainingsstätte	....	
anteilige Verwaltungskosten	....	
(ggf. gezahlte Vorsteuer ant.)		
(Umsatzsteuerzahlung ans Finanzamt anteilig)		
....	....	
Ausgaben gesamt		....
Überschuss/Fehlbetrag		....

6

6.5.1.2 Vereinsgaststätte

Einnahmen

Speisen und Getränke im Haus (19 %)	....	
Speisen und Getränke im Haus (7 %)	....	
ggf. Umsatzsteuer	....	
....	....	
Einnahmen gesamt		....

Ausgaben

Wareneinkauf	....	
Raumkosten	....	
Personalkosten	....	
Reparaturen	....	
sonstige Kosten	....	
Steuerberater (ant. diesen wirtsch. GB)	....	
gez. Vorsteuer ant.	....	
....	....	
....	....	
Ausgaben gesamt		....
Überschuss / Fehlbetrag Vermögensverwaltung		....

6

6.5.1.3 Werbung und Sponsoring

Einnahmen		
Bandenwerbung	....	
Druckwerbung	....	
Trikotwerbung	....	
ggf. Umsatzsteuer	....	
Einnahmen gesamt		....
abzüglich Ausgaben		
Kosten der Suche nach Sponsoren	....	
Beratungskosten für Werbeverträge	....	
Druckkosten	....	
Kosten für Werbeträger Banden	....	
sonstige Kosten	....	
Steuerberater (ant. diesen wirtsch. GB)	....	
gez. Vorsteuer ant.	....	
ans Finanzamt gezahlte Umsatzsteuer ant.	....	
....	....	
....	....	
Ausgaben gesamt		....
Überschuss / Fehlbetrag Sponsoring		....

6.5.2 Überschussermittlung – ideeler Bereich

6.5.2.1 Ideeler Bereich

Einnahmen

	....	
Beiträge	....	
Spenden	....	
(staatliche Zuschütte)	....	
....	....	
....	....	
Einnahmen gesamt		....

Ausgaben

Übungsleiter	....	
Ehrenamtliche Tätige	....	
Kostenerstattung Vorstand	....	
Kosten Mitgliederversammlung	....	
Porto	....	
Fachliteratur	....	
Büromaterial	....	
Steuerberater (anteilig für ideellen Bereich)	....	
Gehalt Geschäftsführer (ggf. anteilig)	....	
Gehälter Büro/Geschäftsstelle (ggf. anteilig)	....	
Raumkosten Geschäftsstelle (ggf. anteilig)	....	
....	....	
....	....	
Ausgaben gesamt		....
Überschuss / Fehlbetrag ideller Bereich		....

6

2. Vermögensverwaltung

Einnahmen		
Zinseinnahmen	....	
Miet-/Pachteinnahmen	....	
Dividenden	....	
Ausschüttungen (soweit nicht gewerblich)	....	
....	....	
Einnahmen gesamt		....
Ausgaben		
Konten / Depot		
Bankgebühren	....	
Verwaltungskosten	....	
abgezogene Steuern	....	
....	....	
Immobilien		
Grundbesitzabgaben / lfd. Kosten	....	
Zinsaufwand	....	
Reparaturen	....	
....	....	
Beteiligungen		
Verwaltungskosten	....	
Reisekosten zu Sitzungen	....	
....	....	
Ausgaben gesamt		....
Überschuss / Fehlbetrag Vermögensverwaltung		....

6

6.5.3 Überschussermittlung – Zweckbetrieb

6.5.3.1 Sportliche Veranstaltungen

Einnahmen		
Eintrittsgelder (netto, wenn ust-pflichtig)	....	
(Umsatzsteuer?)	....	
....	....	
Einnahmen gesamt		....
abzüglich Ausgaben		
direkte Kosten der Veranstaltung		
Miete Veranstaltungsort	....	
Schiedsrichter, Linienrichter	....	
Kassierer, Ordner, Sanitäter etc.	....	
Fahrtkosten zur Veranstaltung	....	
	....	
lfd. Kosten		
Werbe + Reisekosten	....	
Trainer, Masseur	....	
Instandhaltung von Sportmaterial	....	
Kosten Trainingsstätte	....	
anteilige Verwaltungskosten	....	
(ggf. gezahlte Vorsteuer ant.)		
(Umsatzsteuerzahlung ans Finanzamt anteilig)		
....	....	
Ausgaben gesamt		....
Überschuss / Fehlbetrag		....

6

6.5.3.2 Kulturelle Veranstaltungen / Einrichtungen

Einnahmen

Eintrittsgelder (netto, wenn ust.pflichtig)	....	
Verkauf Programm etc. (netto)	....	
(Umsatzsteuer?)	....	
....	....	
Einnahmen gesamt		....

abzüglich Ausgaben

direkte Kosten der Veranstaltung		
Miete Veranstaltungsort	....	
Künstlerhonorare	....	
Personal für Veranstaltung	....	
Fahrtkosten zur Veranstaltung	....	
....	....	
lfd. Kosten		
Werbe + Reisekosten	....	
anteilige Verwaltungskosten	....	
(ggf. gezahlte Vorsteuer ant.)	....	
(Umsatzsteuerzahlung ans Finanzamt anteilig)	....	
....	....	
Ausgaben gesamt		....
Überschuss / Fehlbetrag	....	

6

6.5.3.3 Vermietung von Sportstätten an Mitglieder

Einnahmen

Entgelte (netto, wenn ust-pflichtig)	....	
(Umsatzsteuer?)	....	
....	....	
Einnahmen gesamt		....

abzüglich Ausgaben

direkte Kosten

anteilige Raumkosten der Sportstätte	....	
anteilige Personalkosten (z. B. Hausmeister)	....	
anteilige Energiekosten	....	
....	....	

lfd. Kosten

ant. Verwaltungskosten (Vermietung)	....	
Instandhaltung der Sportstätte	....	
(ggf. gezahlte Vorsteuer ant.)	....	
(Umsatzsteuerzahlung ans Finanzamt anteilig)	....	
....	....	
Ausgaben gesamt		....
Überschuss / Fehlbetrag		....

6

6.6 Buchhaltung

6.6.1 Journal zur Buchhaltung

Journal des/r ....

vom 01.01....... bis zum 21.12.............

Seite ....

lfd. Nr.	Datum	Text	Kasse		Bank		Vorst.	Umsatzsteuer		Ideeller Bereich		Vermögensverwaltung		Zweckbetrieb		wirtschaftl. Geschäfts.	
			Einnahme	Ausgabe	Einnahme	Ausgabe		19 %	7 %	Einnahme	Ausgabe	Einnahme	Ausgabe	Einnahme	Ausgabe	Einnahme	Ausgabe

6

6.6.2 Schaubild Anlageverzeichnis

Anlageverzeichnis vom .... bis zum .....

Bereich ....

lfd. Nr.	Bezeichnung	Anschaffungs-datum	Anschaffungs-preis	Nutzungsdauer Jahre	Jahresafa	ant. AfA Anschaffungsj.	Buchwert 31.12......	Afa	Buchwert 31.12......	Afa	Buchwert 31.12......	Afa	....	Buchwert 31.12......	Afa	Buchwert 31.12.	Verkaufs-datum	Restwert	Verkaufs-preis	Veräußerungs-gewinn
													....							
													....							
													....							
													....							
													....							
													....							
													....							
													....							
													....							
													....							
													....							
													....							
													....							
													....							
													....							
													....							
													....							
													....							
													....							
													....							
													....							
													....							
													....							
													....							
													....							
													....							
													....							
													....							
													....							
													....							
													....							
													....							
	Summe																			

6

7 Gesetze und Verordnungen

- Ihre Rechtsgrundlagen zum Nachschlagen -

Inhaltsverzeichnis

7

7

7 Gesetze und Verordnungen

7.1 Steuergesetze

7.1.1 Abgabenordnung – Auszug

„Abgabenordnung in der Fassung der Bekanntmachung vom 1. Oktober 2002 (BGBl. I S. 3866; 2003 I S. 61), zuletzt geändert durch Artikel 3 des Gesetzes vom 21. Dezember 2007 (BGBl. I S. 3198)"
Stand: Neugefasst durch Bek. v. 1.10.2002 I 3866; 2003 I 61, zuletzt geändert durch Art. 89 des Gesetzes vom 17.12.2008 (BGBl. I S. 2586)

§ 51 Allgemeines

(1) Gewährt das Gesetz eine Steuervergünstigung, weil eine Körperschaft ausschließlich und unmittelbar gemeinnützige, mildtätige oder kirchliche Zwecke (steuerbegünstigte Zwecke) verfolgt, so gelten die folgenden Vorschriften. Unter Körperschaften sind die Körperschaften, Personenvereinigungen und Vermögensmassen im Sinne des Körperschaftsteuergesetzes zu verstehen. Funktionale Untergliederungen (Abteilungen) von Körperschaften gelten nicht als selbstständige Steuersubjekte.

(2) Werden die steuerbegünstigten Zwecke im Ausland verwirklicht, setzt die Steuervergünstigung voraus, dass natürliche Personen, die ihren Wohnsitz oder ihren gewöhnlichen Aufenthalt im Geltungsbereich dieses Gesetzes haben, gefördert werden oder die Tätigkeit der Körperschaft neben der Verwirklichung der steuerbegünstigten Zwecke auch zum Ansehen der Bundesrepublik Deutschland im Ausland beitragen kann.

(3) Eine Steuervergünstigung setzt zudem voraus, dass die Körperschaft nach ihrer Satzung und bei ihrer tätsächlichen Geschäftsführung keine Bestrebungen im Sinne des § 4 des Bundesverfassungsschutzgesetzes fördert und dem Gedanken der Völkerverständigung nicht zuwiderhandelt. Bei Körperschaften, die im Verfassungsschutzbericht des Bundes oder eines Landes als extremistische Organisation aufgeführt sind, ist widerlegbar davon auszugehen, dass die Voraussetzungen des Satzes 1 nicht erfüllt sind. Die Finanzbehörde teilt Tatsachen, die den Verdacht von Bestrebungen im Sinne des § 4 des Bundesverfassungsschutzgesetzes oder des Zuwiderhandelns gegen den Gedanken der Völkerverständigung begründen, der Verfassungsschutzbehörde mit.

§ 52 Gemeinnützige Zwecke

(1) Eine Körperschaft verfolgt gemeinnützige Zwecke, wenn ihre Tätigkeit darauf gerichtet ist, die Allgemeinheit auf materiellem, geistigem oder sittlichem Gebiet selbstlos zu fördern. Eine Förderung der Allgemeinheit ist nicht gegeben, wenn der Kreis der Personen, dem die Förderung zugute kommt, fest abgeschlossen ist, zum Beispiel Zugehörigkeit zu einer Familie oder zur Belegschaft eines Unternehmens, oder infolge seiner Abgrenzung, insbesonde-

re nach räumlichen oder beruflichen Merkmalen, dauernd nur klein sein kann. Eine Förderung der Allgemeinheit liegt nicht allein deswegen vor, weil eine Körperschaft ihre Mittel einer Körperschaft des öffentlichen Rechts zuführt.

(2) Unter den Voraussetzungen des Absatzes 1 sind als Förderung der Allgemeinheit anzuerkennen:

1. die Förderung von Wissenschaft und Forschung;
2. die Förderung der Religion;
3. die Förderung des öffentlichen Gesundheitswesens und der öffentlichen Gesundheitspflege, insbesondere die Verhütung und Bekämpfung von übertragbaren Krankheiten, auch durch Krankenhäuser im Sinne des § 67, und von Tierseuchen;
4. die Förderung der Jugend- und Altenhilfe;
5. die Förderung von Kunst und Kultur;
6. die Förderung des Denkmalschutzes und der Denkmalpflege;
7. die Förderung der Erziehung, Volks- und Berufsbildung einschließlich der Studentenhilfe;
8. die Förderung des Naturschutzes und der Landschaftspflege im Sinne des Bundesnaturschutzgesetzes und der Naturschutzgesetze der Länder, des Umweltschutzes, des Küstenschutzes und des Hochwasserschutzes;
9. die Förderung des Wohlfahrtswesens, insbesondere der Zwecke der amtlich anerkannten Verbände der freien Wohlfahrtspflege (§ 23 der Umsatzsteuer-Durchführungsverordnung), ihrer Unterverbände und ihrer angeschlossenen Einrichtungen und Anstalten;
10. die Förderung der Hilfe für politisch, rassisch oder religiös Verfolgte, für Flüchtlinge, Vertriebene, Aussiedler, Spätaussiedler, Kriegsopfer, Kriegshinterbliebene, Kriegsbeschädigte und Kriegsgefangene, Zivilbeschädigte und Behinderte sowie Hilfe für Opfer von Straftaten; Förderung des Andenkens an Verfolgte, Kriegs- und Katastrophenopfer; Förderung des Suchdienstes für Vermisste;
11. die Förderung der Rettung aus Lebensgefahr;
12. die Förderung des Feuer-, Arbeits-, Katastrophen- und Zivilschutzes sowie der Unfallverhütung;
13. die Förderung internationaler Gesinnung, der Toleranz auf allen Gebieten der Kultur und des Völkerverständigungsgedankens;
14. die Förderung des Tierschutzes;
15. die Förderung der Entwicklungszusammenarbeit;
16. die Förderung von Verbraucherberatung und Verbraucherschutz;
17. die Förderung der Fürsorge für Strafgefangene und ehemalige Strafgefangene;
18. die Förderung der Gleichberechtigung von Frauen und Männern;
19. die Förderung des Schutzes von Ehe und Familie;
20. die Förderung der Kriminalprävention;
21. die Förderung des Sports (Schach gilt als Sport);
22. die Förderung der Heimatpflege und Heimatkunde;
23. die Förderung der Tierzucht, der Pflanzenzucht, der Kleingärtnerei, des traditionellen Brauchtums einschließlich des Karnevals, der Fastnacht und des Faschings, der Soldaten- und Reservistenbetreuung, des Amateurfunkens, des Modellflugs und des Hundesports;

24. die allgemeine Förderung des demokratischen Staatswesens im Geltungsbereich dieses Gesetzes; hierzu gehören nicht Bestrebungen, die nur bestimmte Einzelinteressen staatsbürgerlicher Art verfolgen oder die auf den kommunalpolitischen Bereich beschränkt sind;
25. die Förderung des bürgerschaftlichen Engagements zugunsten gemeinnütziger, mildtätiger und kirchlicher Zwecke.

Sofern der von der Körperschaft verfolgte Zweck nicht unter Satz 1 fällt, aber die Allgemeinheit auf materiellem, geistigem oder sittlichem Gebiet entsprechend selbstlos gefördert wird, kann dieser Zweck für gemeinnützig erklärt werden. Die obersten Finanzbehörden der Länder haben jeweils eine Finanzbehörde im Sinne des Finanzverwaltungsgesetzes zu bestimmen, die für Entscheidungen nach Satz 2 zuständig ist.

§ 53 Mildtätige Zwecke

Eine Körperschaft verfolgt mildtätige Zwecke, wenn ihre Tätigkeit darauf gerichtet ist, Personen selbstlos zu unterstützen,

1. die infolge ihres körperlichen, geistigen oder seelischen Zustandes auf die Hilfe anderer angewiesen sind oder
2. deren Bezüge nicht höher sind als das Vierfache des Regelsatzes der Sozialhilfe im Sinne des § 28 des Zwölften Buches Sozialgesetzbuch; beim Alleinstehenden oder Haushaltsvorstand tritt an die Stelle des Vierfachen das Fünffache des Regelsatzes. Dies gilt nicht für Personen, deren Vermögen zur nachhaltigen Verbesserung ihres Unterhalts ausreicht und denen zugemutet werden kann, es dafür zu verwenden. Bei Personen, deren wirtschaftliche Lage aus besonderen Gründen zu einer Notlage geworden ist, dürfen die Bezüge oder das Vermögen die genannten Grenzen übersteigen. Bezüge im Sinne dieser Vorschrift sind
   a) Einkünfte im Sinne des § 2 Abs. 1 des Einkommensteuergesetzes und
   b) andere zur Bestreitung des Unterhalts bestimmte oder geeignete Bezüge,

   die der Alleinstehende oder der Haushaltsvorstand und die sonstigen Haushaltsangehörigen haben. Zu den Bezügen zählen nicht Leistungen der Sozialhilfe, Leistungen zur Sicherung des Lebensmittelunterhalts nach dem Zweiten Buch Sozialgesetzbuch und bis zur Höhe der Leistungen der Sozialhilfe Unterhaltsleistungen an Personen, die ohne die Unterhaltsleistungen sozialhilfeberechtigt wären oder Anspruch auf Leistungen zur Sicherung des Lebensunterhalts nach dem Zweiten Buch Sozialgesetzbuch hätten. Unterhaltsansprüche sind zu berücksichtigen.

§ 54 Kirchliche Zwecke

(1) Eine Körperschaft verfolgt kirchliche Zwecke, wenn ihre Tätigkeit darauf gerichtet ist, eine Religionsgemeinschaft, die Körperschaft des öffentlichen Rechts ist, selbstlos zu fördern.

(2) Zu diesen Zwecken gehören insbesondere die Errichtung, Ausschmückung und Unterhaltung von Gotteshäusern und kirchlichen Gemeindehäusern, die Abhaltung von Gottesdiensten, die Ausbildung von Geistlichen, die Erteilung von Religionsunterricht, die Beerdi-

gung und die Pflege des Andenkens der Toten, ferner die Verwaltung des Kirchenvermögens, die Besoldung der Geistlichen, Kirchenbeamten und Kirchendiener, die Alters- und Behindertenversorgung für diese Personen und die Versorgung ihrer Witwen und Waisen.

§ 55 Selbstlosigkeit

(1) Eine Förderung oder Unterstützung geschieht selbstlos, wenn dadurch nicht in erster Linie eigenwirtschaftliche Zwecke – zum Beispiel gewerbliche Zwecke oder sonstige Erwerbszwecke – verfolgt werden und wenn die folgenden Voraussetzungen gegeben sind:

1. Mittel der Körperschaft dürfen nur für die satzungsmäßigen Zwecke verwendet werden. Die Mitglieder oder Gesellschafter (Mitglieder im Sinne dieser Vorschriften) dürfen keine Gewinnanteile und in ihrer Eigenschaft als Mitglieder auch keine sonstigen Zuwendungen aus Mitteln der Körperschaft erhalten. Die Körperschaft darf ihre Mittel weder für die unmittelbare noch für die mittelbare Unterstützung oder Förderung politischer Parteien verwenden.
2. Die Mitglieder dürfen bei ihrem Ausscheiden oder bei Auflösung oder Aufhebung der Körperschaft nicht mehr als ihre eingezahlten Kapitalanteile und den gemeinen Wert ihrer geleisteten Sacheinlagen zurückerhalten.
3. Die Körperschaft darf keine Person durch Ausgaben, die dem Zweck der Körperschaft fremd sind, oder durch unverhältnismäßig hohe Vergütungen begünstigen.
4. Bei Auflösung oder Aufhebung der Körperschaft oder bei Wegfall ihres bisherigen Zwecks darf das Vermögen der Körperschaft, soweit es die eingezahlten Kapitalanteile der Mitglieder und den gemeinen Wert der von den Mitgliedern geleisteten Sacheinlagen übersteigt, nur für steuerbegünstigte Zwecke verwendet werden (Grundsatz der Vermögensbindung). Diese Voraussetzung ist auch erfüllt, wenn das Vermögen einer anderen steuerbegünstigten Körperschaft oder einer Körperschaft des öffentlichen Rechts für steuerbegünstigte Zwecke übertragen werden soll.
5. Die Körperschaft muss ihre Mittel grundsätzlich zeitnah für ihre steuerbegünstigten satzungsmäßigen Zwecke verwenden. Verwendung in diesem Sinne ist auch die Verwendung der Mittel für die Anschaffung oder Herstellung von Vermögensgegenständen, die satzungsmäßigen Zwecken dienen. Eine zeitnahe Mittelverwendung ist gegeben, wenn die Mittel spätestens in dem auf den Zufluss folgenden Kalender- oder Wirtschaftsjahr für die steuerbegünstigten satzungsmäßigen Zwecke verwendet werden.

(2) Bei der Ermittlung des gemeinen Werts (Absatz 1 Nr. 2 und 4) kommt es auf die Verhältnisse zu dem Zeitpunkt an, in dem die Sacheinlagen geleistet worden sind.

(3) Die Vorschriften, die die Mitglieder der Körperschaft betreffen (Absatz 1 Nr. 1, 2 und 4), gelten bei Stiftungen für die Stifter und ihre Erben, bei Betrieben gewerblicher Art von Körperschaften des öffentlichen Rechts für die Körperschaft sinngemäß, jedoch mit der Maßgabe, dass bei Wirtschaftsgütern, die nach § 6 Abs. 1 Nr. 4 Satz 5 und 6 des Einkommensteuergesetzes aus einem Betriebsvermögen zum Buchwert entnommen worden sind, an die Stelle des gemeinen Werts der Buchwert der Entnahme tritt.

§ 56 Ausschließlichkeit

Ausschließlichkeit liegt vor, wenn eine Körperschaft nur ihre steuerbegünstigten satzungsmäßigen Zwecke verfolgt.

§ 57 Unmittelbarkeit

(1) Eine Körperschaft verfolgt unmittelbar ihre steuerbegünstigten satzungsmäßigen Zwecke, wenn sie selbst diese Zwecke verwirklicht. Das kann auch durch Hilfspersonen geschehen, wenn nach den Umständen des Falls, insbesondere nach den rechtlichen und tatsächlichen Beziehungen, die zwischen der Körperschaft und der Hilfsperson bestehen, das Wirken der Hilfsperson wie eigenes Wirken der Körperschaft anzusehen ist.

(2) Eine Körperschaft, in der steuerbegünstigte Körperschaften zusammengefasst sind, wird einer Körperschaft, die unmittelbar steuerbegünstigte Zwecke verfolgt, gleichgestellt.

§ 58 Steuerlich unschädliche Betätigungen

Die Steuervergünstigung wird nicht dadurch ausgeschlossen, dass

1. eine Körperschaft Mittel für die Verwirklichung der steuerbegünstigten Zwecke einer anderen Körperschaft oder für die Verwirklichung steuerbegünstigter Zwecke durch eine Körperschaft des öffentlichen Rechts beschafft; die Beschaffung von Mitteln für eine unbeschränkt steuerpflichtige Körperschaft des privaten Rechts setzt voraus, dass diese selbst steuerbegünstigt ist,
2. eine Körperschaft ihre Mittel teilweise einer anderen, ebenfalls steuerbegünstigten Körperschaft oder einer Körperschaft des öffentlichen Rechts zur Verwendung zu steuerbegünstigten Zwecken zuwendet,
3. eine Körperschaft ihre Arbeitskräfte anderen Personen, Unternehmen, Einrichtungen oder einer Körperschaft des öffentlichen Rechts für steuerbegünstigte Zwecke zur Verfügung stellt,
4. eine Körperschaft ihr gehörende Räume einer anderen, ebenfalls steuerbegünstigten Körperschaft oder einer Körperschaft des öffentlichen Rechts zur Nutzung zu steuerbegünstigten Zwecken überlässt,
5. eine Stiftung einen Teil, jedoch höchstens ein Drittel ihres Einkommens dazu verwendet, um in angemessener Weise den Stifter und seine nächsten Angehörigen zu unterhalten, ihre Gräber zu pflegen und ihr Andenken zu ehren,
6. eine Körperschaft ihre Mittel ganz oder teilweise einer Rücklage zuführt, soweit dies erforderlich ist, um ihre steuerbegünstigten satzungsmäßigen Zwecke nachhaltig erfüllen zu können,
7. a) eine Körperschaft höchstens ein Drittel des Überschusses der Einnahmen über die Unkosten aus Vermögensverwaltung und darüber hinaus höchstens 10 Prozent ihrer sonstigen nach § 55 Abs. 1 Nr. 5 zeitnah zu verwendenden Mittel einer freien Rücklage zuführt,
   b) eine Körperschaft Mittel zum Erwerb von Gesellschaftsrechten zur Erhaltung der prozentualen Beteiligung an Kapitalgesellschaften ansammelt oder im Jahr des Zuflus-

ses verwendet; diese Beträge sind auf die nach Buchstabe a in demselben Jahr oder künftig zulässigen Rücklagen anzurechnen,
8. eine Körperschaft gesellige Zusammenkünfte veranstaltet, die im Vergleich zu ihrer steuerbegünstigten Tätigkeit von untergeordneter Bedeutung sind,
9. ein Sportverein neben dem unbezahlten auch den bezahlten Sport fördert,
10. eine von einer Gebietskörperschaft errichtete Stiftung zur Erfüllung ihrer steuerbegünstigten Zwecke Zuschüsse an Wirtschaftsunternehmen vergibt,
11. eine Körperschaft folgende Mittel ihrem Vermögen zuführt:
    a) Zuwendungen von Todes wegen, wenn der Erblasser keine Verwendung für den laufenden Aufwand der Körperschaft vorgeschrieben hat,
    b) Zuwendungen, bei denen der Zuwendende ausdrücklich erklärt, dass sie zur Ausstattung der Körperschaft mit Vermögen oder zur Erhöhung des Vermögens bestimmt sind,
    c) Zuwendungen auf Grund eines Spendenaufrufs der Körperschaft, wenn aus dem Spendenaufruf ersichtlich ist, dass Beträge zur Aufstockung des Vermögens erbeten werden,
    d) Sachzuwendungen, die ihrer Natur nach zum Vermögen gehören,
12. eine Stiftung im Jahr ihrer Errichtung und in den zwei folgenden Kalenderjahren Überschüsse aus der Vermögensverwaltung und die Gewinne aus wirtschaftlichen Geschäftsbetrieben (§ 14) ganz oder teilweise ihrem Vermögen zuführt.

§ 59 Voraussetzung der Steuervergünstigung

Die Steuervergünstigung wird gewährt, wenn sich aus der Satzung, dem Stiftungsgeschäft oder der sonstigen Verfassung (Satzung im Sinne dieser Vorschriften) ergibt, welchen Zweck die Körperschaft verfolgt, dass dieser Zweck den Anforderungen der §§ 52 bis 55 entspricht und dass er ausschließlich und unmittelbar verfolgt wird; die tatsächliche Geschäftsführung muss diesen Satzungsbestimmungen entsprechen.

§ 60 Anforderungen an die Satzung

(1) Die Satzungszwecke und die Art ihrer Verwirklichung müssen so genau bestimmt sein, dass auf Grund der Satzung geprüft werden kann, ob die satzungsmäßigen Voraussetzungen für Steuervergünstigungen gegeben sind.

(2) Die Satzung muss den vorgeschriebenen Erfordernissen bei der Körperschaftsteuer und bei der Gewerbesteuer während des ganzen Veranlagungs- oder Bemessungszeitraums, bei den anderen Steuern im Zeitpunkt der Entstehung der Steuer entsprechen. Die Satzung muss die in der Anlage 1 bezeichneten Festlegungen enthalten.

§ 61 Satzungsmäßige Vermögensbindung

(1) Eine steuerlich ausreichende Vermögensbindung (§ 55 Abs. 1 Nr. 4) liegt vor, wenn der Zweck, für den das Vermögen bei Auflösung oder Aufhebung der Körperschaft oder bei Wegfall ihres bisherigen Zwecks verwendet werden soll, in der Satzung so genau bestimmt

ist, dass auf Grund der Satzung geprüft werden kann, ob der Verwendungszweck steuerbegünstigt ist.

(2) (weggefallen)

(3) Wird die Bestimmung über die Vermögensbindung nachträglich so geändert, dass sie den Anforderungen des § 55 Abs. 1 Nr. 4 nicht mehr entspricht, so gilt sie von Anfang an als steuerlich nicht ausreichend. § 175 Abs. 1 Satz 1 Nr. 2 ist mit der Maßgabe anzuwenden, dass Steuerbescheide erlassen, aufgehoben oder geändert werden können, soweit sie Steuern betreffen, die innerhalb der letzten zehn Kalenderjahre vor der Änderung der Bestimmung über die Vermögensbindung entstanden sind.

§ 63 Anforderungen an die tatsächliche Geschäftsführung

(1) Die tatsächliche Geschäftsführung der Körperschaft muss auf die ausschließliche und unmittelbare Erfüllung der steuerbegünstigten Zwecke gerichtet sein und den Bestimmungen entsprechen, die die Satzung über die Voraussetzungen für Steuervergünstigungen enthält.

(2) Für die tatsächliche Geschäftsführung gilt sinngemäß § 60 Abs. 2, für eine Verletzung der Vorschrift über die Vermögensbindung § 61 Abs. 3.

(3) Die Körperschaft hat den Nachweis, dass ihre tatsächliche Geschäftsführung den Erfordernissen des Absatzes 1 entspricht, durch ordnungsmäßige Aufzeichnungen über ihre Einnahmen und Ausgaben zu führen.

(4) Hat die Körperschaft Mittel angesammelt, ohne dass die Voraussetzungen des § 58 Nr. 6 und 7 vorliegen, kann das Finanzamt ihr eine Frist für die Verwendung der Mittel setzen. Die tatsächliche Geschäftsführung gilt als ordnungsgemäß im Sinne des Absatzes 1, wenn die Körperschaft die Mittel innerhalb der Frist für steuerbegünstigte Zwecke verwendet.

§ 64 Steuerpflichtige wirtschaftliche Geschäftsbetriebe

(1) Schließt das Gesetz die Steuervergünstigung insoweit aus, als ein wirtschaftlicher Geschäftsbetrieb (§ 14) unterhalten wird, so verliert die Körperschaft die Steuervergünstigung für die dem Geschäftsbetrieb zuzuordnenden Besteuerungsgrundlagen (Einkünfte, Umsätze, Vermögen), soweit der wirtschaftliche Geschäftsbetrieb kein Zweckbetrieb (§§ 65 bis 68) ist.

(2) Unterhält die Körperschaft mehrere wirtschaftliche Geschäftsbetriebe, die keine Zweckbetriebe (§§ 65 bis 68) sind, werden diese als ein wirtschaftlicher Geschäftsbetrieb behandelt.

(3) Übersteigen die Einnahmen einschließlich Umsatzsteuer aus wirtschaftlichen Geschäftsbetrieben, die keine Zweckbetriebe sind, insgesamt nicht 35.000 Euro im Jahr, so unterliegen die diesen Geschäftsbetrieben zuzuordnenden Besteuerungsgrundlagen nicht der Körperschaftsteuer und der Gewerbesteuer.

---

§ 62: Zur Anwendung vgl. Art. 97 § 1 f. AOEG 1977

(4) Die Aufteilung einer Körperschaft in mehrere selbständige Körperschaften zum Zweck der mehrfachen Inanspruchnahme der Steuervergünstigung nach Absatz 3 gilt als Missbrauch von rechtlichen Gestaltungsmöglichkeiten im Sinne des § 42.

(5) Überschüsse aus der Verwertung unentgeltlich erworbenen Altmaterials außerhalb einer ständig dafür vorgehaltenen Verkaufsstelle, die der Körperschaftsteuer und der Gewerbesteuer unterliegen, können in Höhe des branchenüblichen Reingewinns geschätzt werden.

(6) Bei den folgenden steuerpflichtigen wirtschaftlichen Geschäftsbetrieben kann der Besteuerung ein Gewinn von 15 Prozent der Einnahmen zugrunde gelegt werden:

1. Werbung für Unternehmen, die im Zusammenhang mit der steuerbegünstigten Tätigkeit einschließlich Zweckbetrieben stattfindet,
2. Totalisatorbetriebe,
3. Zweite Fraktionierungsstufe der Blutspendedienste.

§ 65 Zweckbetrieb

Ein Zweckbetrieb ist gegeben, wenn

1. der wirtschaftliche Geschäftsbetrieb in seiner Gesamtrichtung dazu dient, die steuerbegünstigten satzungsmäßigen Zwecke der Körperschaft zu verwirklichen,
2. die Zwecke nur durch einen solchen Geschäftsbetrieb erreicht werden können und
3. der wirtschaftliche Geschäftsbetrieb zu nicht begünstigten Betrieben derselben oder ähnlicher Art nicht in größerem Umfang in Wettbewerb tritt, als es bei Erfüllung der steuerbegünstigten Zwecke unvermeidbar ist.

§ 66 Wohlfahrtspflege

(1) Eine Einrichtung der Wohlfahrtspflege ist ein Zweckbetrieb, wenn sie in besonderem Maß den in § 53 genannten Personen dient.

(2) Wohlfahrtspflege ist die planmäßige, zum Wohle der Allgemeinheit und nicht des Erwerbs wegen ausgeübte Sorge für notleidende oder gefährdete Mitmenschen. Die Sorge kann sich auf das gesundheitliche, sittliche, erzieherische oder wirtschaftliche Wohl erstrecken und Vorbeugung oder Abhilfe bezwecken.

(3) Eine Einrichtung der Wohlfahrtspflege dient in besonderem Maße den in § 53 genannten Personen, wenn diesen mindestens zwei Drittel ihrer Leistungen zugute kommen. Für Krankenhäuser gilt § 67.

§ 67 Krankenhäuser

(1) Ein Krankenhaus, das in den Anwendungsbereich des Krankenhausentgeltgesetzes oder der Bundespflegesatzverordnung fällt, ist ein Zweckbetrieb, wenn mindestens 40 Prozent der jährlichen Belegungstage oder Berechnungstage auf Patienten entfallen, bei denen nur

Entgelte für allgemeine Krankenhausleistungen (§ 7 des Krankenhausentgeltgesetzes, § 10 der Bundespflegesatzverordnung) berechnet werden.

(2) Ein Krankenhaus, das nicht in den Anwendungsbereich des Krankenhausentgeltgesetzes oder der Bundespflegesatzverordnung fällt, ist ein Zweckbetrieb, wenn mindestens 40 Prozent der jährlichen Belegungstage oder Berechnungstage auf Patienten entfallen, bei denen für die Krankenhausleistungen kein höheres Entgelt als nach Absatz 1 berechnet wird.

§ 67a Sportliche Veranstaltungen

(1) Sportliche Veranstaltungen eines Sportvereins sind ein Zweckbetrieb, wenn die Einnahmen einschließlich Umsatzsteuer insgesamt 35.000 Euro im Jahr nicht übersteigen. Der Verkauf von Speisen und Getränken sowie die Werbung gehören nicht zu den sportlichen Veranstaltungen.

(2) Der Sportverein kann dem Finanzamt bis zur Unanfechtbarkeit des Körperschaftsteuerbescheids erklären, dass er auf die Anwendung des Absatzes 1 Satz 1 verzichtet. Die Erklärung bindet den Sportverein für mindestens fünf Veranlagungszeiträume.

(3) Wird auf die Anwendung des Absatzes 1 Satz 1 verzichtet, sind sportliche Veranstaltungen eines Sportvereins ein Zweckbetrieb, wenn

1. kein Sportler des Vereins teilnimmt, der für seine sportliche Betätigung oder für die Benutzung seiner Person, seines Namens, seines Bildes oder seiner sportlichen Betätigung zu Werbezwecken von dem Verein oder einem Dritten über eine Aufwandsentschädigung hinaus Vergütungen oder andere Vorteile erhält und
2. kein anderer Sportler teilnimmt, der für die Teilnahme an der Veranstaltung von dem Verein oder einem Dritten im Zusammenwirken mit dem Verein über eine Aufwandsentschädigung hinaus Vergütungen oder andere Vorteile erhält.

Andere sportliche Veranstaltungen sind ein steuerpflichtiger wirtschaftlicher Geschäftsbetrieb. Dieser schließt die Steuervergünstigung nicht aus, wenn die Vergütungen oder andere Vorteile ausschließlich aus wirtschaftlichen Geschäftsbetrieben, die nicht Zweckbetriebe sind, oder von Dritten geleistet werden.

7

§ 68 Einzelne Zweckbetriebe

Zweckbetriebe sind auch:

1. a) Alten-, Altenwohn- und Pflegeheime, Erholungsheime, Mahlzeitendienste, wenn sie in besonderem Maß den in § 53 genannten Personen dienen (§ 66 Abs. 3),
   b) Kindergärten, Kinder-, Jugend- und Studentenheime, Schullandheime und Jugendherbergen,
2. a) landwirtschaftliche Betriebe und Gärtnereien, die der Selbstversorgung von Körperschaften dienen und dadurch die sachgemäße Ernährung und ausreichende Versorgung von Anstaltsangehörigen sichern,
   b) andere Einrichtungen, die für die Selbstversorgung von Körperschaften erforderlich sind, wie Tischlereien, Schlossereien,

wenn die Lieferungen und sonstigen Leistungen dieser Einrichtungen an Außenstehende dem Wert nach 20 Prozent der gesamten Lieferungen und sonstigen Leistungen des Betriebs – einschließlich der an die Körperschaften selbst bewirkten – nicht übersteigen,

3. a) Werkstätten für behinderte Menschen, die nach den Vorschriften des Dritten Buches Sozialgesetzbuch förderungsfähig sind und Personen Arbeitsplätze bieten, die wegen ihrer Behinderung nicht auf dem allgemeinen Arbeitsmarkt tätig sein können,
   b) Einrichtungen für Beschäftigungs- und Arbeitstherapie, in denen behinderte Menschen aufgrund ärztlicher Indikationen außerhalb eines Beschäftigungsverhältnisses zum Träger der Therapieeinrichtung mit dem Ziel behandelt werden, körperliche oder psychische Grundfunktionen zum Zwecke der Wiedereingliederung in das Alltagsleben wiederherzustellen oder die besonderen Fähigkeiten und Fertigkeiten auszubilden, zu fördern und zu trainieren, die für eine Teilnahme am Arbeitsleben erforderlich sind, und
   c) Integrationsprojekte im Sinne des § 132 Abs. 1 des Neunten Buches Sozialgesetzbuch, wenn mindestens 40 Prozent der Beschäftigten besonders betroffene schwerbehinderte Menschen im Sinne des § 132 Abs. 1 des Neunten Buches Sozialgesetzbuch sind,
4. Einrichtungen, die zur Durchführung der Blindenfürsorge und zur Durchführung der Fürsorge für Körperbehinderte unterhalten werden,
5. Einrichtungen der Fürsorgeerziehung und der freiwilligen Erziehungshilfe,
6. von den zuständigen Behörden genehmigte Lotterien und Ausspielungen, wenn der Reinertrag unmittelbar und ausschließlich zur Förderung mildtätiger, kirchlicher oder gemeinnütziger Zwecke verwendet wird,
7. kulturelle Einrichtungen, wie Museen, Theater, und kulturelle Veranstaltungen, wie Konzerte, Kunstausstellungen; dazu gehört nicht der Verkauf von Speisen und Getränken,
8. Volkshochschulen und andere Einrichtungen, soweit sie selbst Vorträge, Kurse und andere Veranstaltungen wissenschaftlicher oder belehrender Art durchführen; dies gilt auch, soweit die Einrichtungen den Teilnehmern dieser Veranstaltungen selbst Beherbergung und Beköstigung gewähren,
9. Wissenschafts- und Forschungseinrichtungen, deren Träger sich überwiegend aus Zuwendungen der öffentlichen Hand oder Dritter oder aus der Vermögensverwaltung finanziert. Der Wissenschaft und Forschung dient auch die Auftragsforschung. Nicht zum Zweckbetrieb gehören Tätigkeiten, die sich auf die Anwendung gesicherter wissenschaftlicher Erkenntnisse beschränken, die Übernahme von Projektträgerschaften sowie wirtschaftliche Tätigkeiten ohne Forschungsbezug.

Anlage 1
(zu § 60)

Mustersatzung
für Vereine, Stiftungen, Betriebe gewerblicher Art von juristischen Personen des öffentlichen Rechts, geistige Genosenschaften und Kapitalgesellschaften

(nur aus steuerlichen Gründen notwendige Bestimmungen)

§ 1

Der – Die – ... (Körperschaft) mit Sitz in ... verfolgt ausschließlich und unmittelbar – gemeinnützige – mildtätige – kirchliche – Zwecke (nicht verfolgte Zwecke streichen) im Sinne des Abschnitts „Steuerbegünstigte Zwecke" der Abgabenordnung.

Zweck der Körperschaft ist ... (z. B. die Förderung von Wissenschaft und Forschung, Jugend- und Altenhilfe, Erziehung, Volks- und Berufsbildung, Kunst und Kultur, Landschaftspflege, Umweltschutz, des öffenltichen Gesundheitswesens, des Sports, Unterstützung hilfsbedürftiger Personen).

Der Satzungszweck wird verwirklicht insbesondere durch ... (z. B. Durchführung wissenschaftlicher Veranstaltungen und Forschungsvorhaben, Vergabe von Forschungsaufträgen, Unterhaltung einer Schule, einer Erziehungsberatungsstelle, Pflege von Kunstsammlungen, Pflege des Liedgutes und des Chorgesanges, Errichtung von Naturschutzgebieten, Unterhaltung eines Kindergartens, Kinder-, Jugendheimes, Unterhaltung eines Altenheimes, eines Erholungsheimes, Bekämpfung des Drogenmissbrauchs, des Lärms, Förderung sportlicher Übungen und Leistungen).

§ 2

Die Körperschaft ist selbstlos tätig; sie verfolgt nicht in erster Linie eigenwirtschaftliche Zwecke.

§ 3

Mittel der Körperschaft dürfen nur für die satzungsmäßigen Zwecke verwendet werden. Die Mitglieder erhalten keine Zuwendungen aus Mitteln der Körperschaft.

§ 4

Es darf keine Person durch Ausgaben, die dem Zweck der Körperschaft fremd sind, oder durch unverhältnismäßig hohe Vergütungen begünstigt werden.

§ 5

Bei Auflösung der Aufhebung der Körperschaft oder bei Wegfall steuerbegünstigter Zwecke fällt das Vermögen der Körperschaft

1. an – den – die – das – ... (Bezeichnung einer juristischen Person des öffentlichen Rechts oder einer anderen steuerbegünstigten Körperschaft), – der – die – das – es unmittelbar und ausschließlich für gemeinnützige, mildtätige oder kirchliche Zwecke zu verwenden hat.

   oder

2. an eine juristische Person des öffentlichen Rechts oder eine andere steuerbegünstigte Körperschaft zwecks Verwendung für ... (Angabe eines bestimmten gemeinnützigen, mildtätigen oder kirchlichen Zwecks, z. B. Förderung von Wissenschaft und Forschung, Erziehung, Volks- und Berufsbildung, der Unterstützung von Personen, die im Sinne von § 53 der Abgabenordnung wegen ... bedürftig sind, Unterhaltung des Gotteshausen in ...).

Weitere Hinweise

Bei **Betrieben gewerblicher Art von juristischen Personen des öffentlichen Rechts, bei den von einer juristischen Person des öffentlichen Rechts verwalteten unselbständigen Stiftungen und bei geistlichen Genossenschaften** (Orden, Kongregationen) ist folgende Bestimmung aufzunehmen:

§ 3 Abs 2:

„Der – die – das ... erhält bei Auflösung oder Aufhebung der Körperschaft oder bei Wegfall steuerbegünstigter Zwecke nicht mehr als – seine – ihre – eingezahlen Kapitalanteile un den gemeinen Wert seiner – ihrer – geleisteten Sacheinlagen zurück.

Bei **Stiftungen** ist diese Bestimmung nur erforderlich, wenn die Satzung dem Stifter einen Anspruch auf Rückgewähr von Vermögen einräumt. Fehlt die Regelung, wird das eingebrachte Vermögen wie das übrige Vermögen behandelt.

7

Bei **Kapitalgesellschaften** sind folgende ergänzende Bestimmungen in die Satzung aufzunehmen:

1. § 3 Abs. 1 Satz 2:

   „Die Gesellschafter dürfen keine Gewinnanteile und auch keine sonstigen Zuwendungen aus Mitteln der Körperschaft erhalten."

2. § 3 Abs. 2:

   „Sie erhalten bei ihrem Ausscheiden oder bei Auflösung der Körperschaft oder bei Wegfall steuerbegünstigter Zwecke nicht mehr als ihre eingezahlten Kapitalanteile und den gemeinen Wert ihrer geleisteten Sacheinlagen zurück."

3. § 5:

   „Bei Auflösung der Körperschaft oder bei Wegfall steuerbegünstigter Zwecke fällt das Vermögen der Körperschaft, soweit es die eingezahlten Kapitalanteile der Gesellschafter und den gemeinen Wert der von den Gesellschaftern geleisteten Sacheinlagen übersteigt, ...".

§ 3 Abs. 2 und der Satzteil „soweit es die eingezahlten Kapitalanteile der Gesellschafter und den gemeinen Wert der von den Gesellschaftern geleisteten Sacheinlagen übersteigt," in § 5 sind nur erforderlich, wenn die Satzung einen Anspruch auf Rückgewähr von Vermögen einräumt."

7

7.1.2 Körperschaftsteuergesetz – Auszug

Körperschaftsteuergesetz (KStG)

Ausfertigungsdatum: 31.08.1976

Vollzitat:
„Körperschaftsteuergesetz in der Fassung der Bekanntmachung vom 15. Oktober 2002 (BGBl. I S. 4144),
zuletzt geändert durch Artikel 3 des Gesetzes vom 19. Dezember 2008 (BGBl. I S. 2794)"
Stand: Neugefasst durch Bek. v. 15.10.2002 I 4144;
zuletzt geändert durch Art. 3 G v. 19.12.2008 I 2794

§ 5 Befreiungen

(1) Von der Körperschaftsteuer sind befreit

1. ....

5. Berufsverbände ohne öffentlich-rechtlichen Charakter sowie kommunale Spitzenverbände auf Bundes- oder Landesebene einschließlich ihrer Zusammenschlüsse, wenn der Zweck dieser Verbände nicht auf einen wirtschaftlichen Geschäftsbetrieb gerichtet ist. Die Steuerbefreiung ist ausgeschlossen,

   a) soweit die Körperschaften oder Personenvereinigungen einen wirtschaftlichen Geschäftsbetrieb unterhalten oder
   b) wenn die Berufsverbände Mittel von mehr als 10 Prozent der Einnahmen für die unmittelbare oder mittelbare Unterstützung oder Förderung politischer Parteien verwenden.

   Die Sätze 1 und 2 gelten auch für Zusammenschlüsse von juristischen Personen des öffentlichen Rechts, die wie die Berufsverbände allgemeine ideelle und wirtschaftliche Interessen ihrer Mitglieder wahrnehmen. Verwenden Berufsverbände Mittel für die unmittelbare oder mittelbare Unterstützung oder Förderung politischer Parteien, beträgt die Körperschaftsteuer 50 Prozent der Zuwendungen;

6. Körperschaften oder Personenvereinigungen, deren Hauptzweck die Verwaltung des Vermögens für einen nichtrechtsfähigen Berufsverband der in Nummer 5 bezeichneten Art ist, sofern ihre Erträge im Wesentlichen aus dieser Vermögensverwaltung herrühren und ausschließlich dem Berufsverband zufließen;

7. politische Parteien im Sinne des § 2 des Parteiengesetzes und ihre Gebietsverbände sowie kommunale Wählervereinigungen und ihre Dachverbände. Wird ein wirtschaftlicher Geschäftsbetrieb unterhalten, so ist die Steuerbefreiung insoweit ausgeschlossen;

9. Körperschaften, Personenvereinigungen und Vermögensmassen, die nach der Satzung, dem Stiftungsgeschäft oder der sonstigen Verfassung und nach der tatsächlichen Geschäftsführung ausschließlich und unmittelbar gemeinnützigen, mildtätigen oder kirchlichen Zwecken dienen (§§ 51 bis 68 der Abgabenordnung). Wird ein wirtschaftlicher

Geschäftsbetrieb unterhalten, ist die Steuerbefreiung insoweit ausgeschlossen. Satz 2 gilt nicht für selbstbewirtschaftete Forstbetriebe;

10. Erwerbs- und Wirtschaftsgenossenschaften sowie Vereine, soweit sie

    a) Wohnungen herstellen oder erwerben und sie den Mitgliedern auf Grund eines Mietvertrags oder auf Grund eines genossenschaftlichen Nutzungsvertrags zum Gebrauch überlassen; den Wohnungen stehen Räume in Wohnheimen im Sinne des § 15 des Zweiten Wohnungsbaugesetzes gleich;
    b) im Zusammenhang mit einer Tätigkeit im Sinne des Buchstabens a Gemeinschaftsanlagen oder Folgeeinrichtungen herstellen oder erwerben und sie betreiben, wenn sie überwiegend für Mitglieder bestimmt sind und der Betrieb durch die Genossenschaft oder den Verein notwendig ist.

    Die Steuerbefreiung ist ausgeschlossen, wenn die Einnahmen des Unternehmens aus den in Satz 1 nicht bezeichneten Tätigkeiten 10 Prozent der gesamten Einnahmen übersteigen;

11. (weggefallen)

12. die von den zuständigen Landesbehörden begründeten oder anerkannten gemeinnützigen Siedlungsunternehmen im Sinne des Reichssiedlungsgesetzes in der jeweils aktuellen Fassung oder entsprechender Landesgesetze, soweit diese Landesgesetze nicht wesentlich von den Bestimmungen des Reichssiedlungsgesetzes abweichen, und im Sinne der Bodenreformgesetze der Länder, soweit die Unternehmen im ländlichen Raum Siedlungs-, Agrarstrukturverbesserungs- und Landentwicklungsmaßnahmen mit Ausnahme des Wohnungsbaus durchführen. Die Steuerbefreiung ist ausgeschlossen, wenn die Einnahmen des Unternehmens aus den in Satz 1 nicht bezeichneten Tätigkeiten die Einnahmen aus den in Satz 1 bezeichneten Tätigkeiten übersteigen;

13. (weggefallen)

14. Erwerbs- und Wirtschaftsgenossenschaften sowie Vereine, soweit sich ihr Geschäftsbetrieb beschränkt

    a) auf die gemeinschaftliche Benutzung land- und forstwirtschaftlicher Betriebseinrichtungen oder Betriebsgegenstände,
    b) auf Leistungen im Rahmen von Dienst- oder Werkverträgen für die Produktion land- und forstwirtschaftlicher Erzeugnisse für die Betriebe der Mitglieder, wenn die Leistungen im Bereich der Land- und Forstwirtschaft liegen; dazu gehören auch Leistungen zur Erstellung und Unterhaltung von Betriebsvorrichtungen, Wirtschaftswegen und Bodenverbesserungen,
    c) auf die Bearbeitung oder die Verwertung der von den Mitgliedern selbst gewonnenen land- und forstwirtschaftlichen Erzeugnisse, wenn die Bearbeitung oder die Verwertung im Bereich der Land- und Forstwirtschaft liegt, oder
    d) auf die Beratung für die Produktion oder Verwertung land- und forstwirtschaftlicher Erzeugnisse der Betriebe der Mitglieder.

Die Steuerbefreiung ist ausgeschlossen, wenn die Einnahmen des Unternehmens aus den in Satz 1 nicht bezeichneten Tätigkeiten 10 Prozent der gesamten Einnahmen übersteigen. Bei Genossenschaften und Vereinen, deren Geschäftsbetrieb sich überwiegend auf die Durchführung von Milchqualitäts- und Milchleistungsprüfungen oder auf die Tierbesamung beschränkt, bleiben die auf diese Tätigkeiten gerichteten Zweckgeschäfte mit Nichtmitgliedern bei der Berechnung der 10-Prozentgrenze außer Ansatz;

15. ....

(2) Die Befreiungen nach Absatz 1 und nach anderen Gesetzen als dem Körperschaftsteuergesetz gelten nicht

1. für inländische Einkünfte, die dem Steuerabzug vollständig oder teilweise unterliegen; Entsprechendes gilt für die in § 32 Abs. 3 Satz 1 zweiter Halbsatz genannten Einkünfte,
2. für beschränkt Steuerpflichtige im Sinne des § 2 Nr. 1, es sei denn, es handelt sich um Steuerpflichtige im Sinne des Absatzes 1 Nr. 9, die nach den Rechtsvorschriften eines Mitgliedstaats der Europäischen Union oder nach den Rechtsvorschriften eines Staates, auf den das Abkommen über den Europäischen Wirtschaftsraum vom 3. Januar 1994 (ABl. EG Nr. L 1 S. 3), zuletzt geändert durch den Beschluss des Gemeinsamen EWR-Ausschusses Nr. 91/2007 vom 6. Juli 2007 (ABl. EU Nr. L 328 S. 40), in der jeweiligen Fassung Anwendung findet, gegründete Gesellschaften im Sinne des Artikels 48 des Vertrags zur Gründung der Europäischen Gemeinschaft oder des Artikels 34 des Abkommens über den Europäischen Wirtschaftsraum sind, deren Sitz und Ort der Geschäftsleitung sich innerhalb des Hoheitsgebiets eines dieser Staaten befindet, und mit diesen Staaten ein Amtshilfeabkommen besteht,
3. soweit § 38 Abs. 2 anzuwenden ist.

7.1.3 Einkommensteuergesetz – Auszug

Einkommensteuergesetz (EStG)

EStG

Ausfertigungsdatum: 16.10.1934

Vollzitat:

„Einkommensteuergesetz in der Fassung der Bekanntmachung vom 19. Oktober 2002 (BGBl. I S. 4210; 2003 I S. 179),
zuletzt geändert durch Artikel 5 des Gesetzes vom 24. Dezember 2008 (BGBl. I S. 3018)"

Zur Anwendung vgl. §§ 52 ff.

Stand: Neugefasst durch Bek. v. 19.10.2002 I 4210; 2003 I 179,
zuletzt geändert durch Art. 5 G v. 24.12.2008 I 3018

§ 3

Steuerfrei sind

1. ....

12. aus einer Bundeskasse oder Landeskasse gezahlte Bezüge, die in einem Bundesgesetz oder Landesgesetz oder einer auf bundesgesetzlicher oder landesgesetzlicher Ermächtigung beruhenden Bestimmung oder von der Bundesregierung oder einer Landesregierung als Aufwandsentschädigung festgesetzt sind und als Aufwandsentschädigung im Haushaltsplan ausgewiesen werden. Das Gleiche gilt für andere Bezüge, die als Aufwandsentschädigung aus öffentlichen Kassen an öffentliche Dienste leistende Personen gezahlt werden, soweit nicht festgestellt wird, dass sie für Verdienstausfall oder Zeitverlust gewährt werden oder den Aufwand, der dem Empfänger erwächst, offenbar übersteigen;

....

26. Einnahmen aus nebenberuflichen Tätigkeiten als Übungsleiter, Ausbilder, Erzieher, Betreuer oder vergleichbaren nebenberuflichen Tätigkeiten, aus nebenberuflichen künstlerischen Tätigkeiten oder der nebenberuflichen Pflege alter, kranker oder behinderter Menschen im Dienst oder im Auftrag einer juristischen Person des öffentlichen Rechts, die in einem Mitgliedstaat der Europäischen Union oder in einem Staat belegen ist, auf den das Abkommen über den Europäischen Wirtschaftsraum Anwendung findet, oder einer unter § 5 Abs. 1 Nr. 9 des Körperschaftsteuergesetzes fallenden Einrichtung zur Förderung gemeinnütziger, mildtätiger und kirchlicher Zwecke (§§ 52 bis 54 der Abgabenordnung) bis zur Höhe von insgesamt 2.100 Euro im Jahr. Überschreiten die Einnahmen für die in Satz 1 bezeichneten Tätigkeiten den steuerfreien Betrag, dürfen die mit den nebenberuflichen Tätigkeiten in unmittelbarem wirtschaftlichen Zusammenhang stehenden Ausgaben abweichend von § 3c nur insoweit als Betriebsausgaben oder Werbungskosten abgezogen werden, als sie den Betrag der steuerfreien Einnahmen übersteigen.

26a. Einnahmen aus nebenberuflichen Tätigkeiten im Dienst oder Auftrag einer juristischen Person des öffentlichen Rechts, die in einem Mitgliedstaat der Europäischen Union oder in einem Staat belegen ist, auf den das Abkommen über den Europäischen Wirtschaftsraum Anwendung findet, oder einer unter § 5 Abs. 1 Nr. 9 des Körperschaftsteuergesetzes fallenden Einrichtung zur Förderung gemeinnütziger, mildtätiger und kirchlicher Zwecke (§§ 52 bis 54 der Abgabenordnung) bis zur Höhe von insgesamt 500 Euro im Jahr. Die Steuerbefreiung ist ausgeschlossen, wenn für die Einnahmen aus der Tätigkeit – ganz oder teilweise – eine Steuerbefreiung nach § 3 Nr. 12 oder 26 gewährt wird. Überschreiten die Einnahmen für die in Satz 1 bezeichneten Tätigkeiten den steuerfreien Betrag, dürfen die mit den nebenberuflichen Tätigkeiten in unmittelbarem wirtschaftlichen Zusammenhang stehenden Ausgaben abweichend von § 3c nur insoweit als Betriebsausgaben oder Werbungskosten abgezogen werden, als sie den Betrag der steuerfreien Einnahmen übersteigen;

....

§ 10b Steuerbegünstigte Zwecke

(1) Zuwendungen (Spenden und Mitgliedsbeiträge) zur Förderung steuerbegünstigter Zwecke im Sinne der §§ 52 bis 54 der Abgabenordnung an eine inländische juristische Person des öffentlichen Rechts oder an eine inländische öffentliche Dienststelle oder an eine nach § 5 Abs. 1 Nr. 9 des Körperschaftsteuergesetzes steuerbefreite Körperschaft, Personenvereinigung oder Vermögensmasse können insgesamt bis zu

1. 20 Prozent des Gesamtbetrags der Einkünfte oder
2. 4 Promille der Summe der gesamten Umsätze und der im Kalenderjahr aufgewendeten Löhne und Gehälter

als Sonderausgaben abgezogen werden. Abziehbar sind auch Mitgliedsbeiträge an Körperschaften, die Kunst und Kultur gemäß § 52 Abs. 2 Nr. 5 der Abgabenordnung fördern, soweit es sich nicht um Mitgliedsbeiträge nach Satz 3 Nr. 2 handelt, auch wenn den Mitgliedern Vergünstigungen gewährt werden. Nicht abziehbar sind Mitgliedsbeiträge an Körperschaften, die

1. den Sport (§ 52 Abs. 2 Nr. 21 der Abgabenordnung),
2. kulturelle Betätigungen, die in erster Linie der Freizeitgestaltung dienen,
3. die Heimatpflege und Heimatkunde (§ 52 Abs. 2 Nr. 22 der Abgabenordnung) oder
4. Zwecke im Sinne des § 52 Abs. 2 Nr. 23 der Abgabenordnung

fördern. Abziehbare Zuwendungen, die die Höchstbeträge nach Satz 1 überschreiten oder die den um die Beträge nach § 10 Abs. 3 und 4, § 10c und § 10d verminderten Gesamtbetrag der Einkünfte übersteigen, sind im Rahmen der Höchstbeträge in den folgenden Veranlagungszeiträumen als Sonderausgaben abzuziehen. § 10d Abs. 4 gilt entsprechend.

(1a) Spenden in den Vermögensstock einer Stiftung des öffentlichen Rechts oder einer nach § 5 Abs. 1 Nr. 9 des Körperschaftsteuergesetzes steuerbefreiten Stiftung des privaten Rechts können auf Antrag des Steuerpflichtigen im Veranlagungszeitraum der Zuwendung und in den folgenden neun Veranlagungszeiträumen bis zu einem Gesamtbetrag von 1 Million Euro zusätzlich zu den Höchstbeträgen nach Absatz 1 Satz 1 abgezogen werden. Der besondere Abzugsbetrag nach Satz 1 bezieht sich auf den gesamten Zehnjahreszeitraum und kann der Höhe nach innerhalb dieses Zeitraums nur einmal in Anspruch genommen werden. § 10d Abs. 4 gilt entsprechend.

(2) Zuwendungen an politische Parteien im Sinne des § 2 des Parteiengesetzes sind bis zur Höhe von insgesamt 1.650 Euro und im Falle der Zusammenveranlagung von Ehegatten bis zur Höhe von insgesamt 3.300 Euro im Kalenderjahr abzugsfähig. Sie können nur insoweit als Sonderausgaben abgezogen werden, als für sie nicht eine Steuerermäßigung nach § 34g gewährt worden ist.

(3) Als Zuwendung im Sinne dieser Vorschrift gilt auch die Zuwendung von Wirtschaftsgütern mit Ausnahme von Nutzungen und Leistungen. Ist das Wirtschaftsgut unmittelbar vor seiner Zuwendung einem Betriebsvermögen entnommen worden, so darf bei der Ermittlung der Zuwendungshöhe der bei der Entnahme angesetzte Wert nicht überschritten werden. Ansonsten bestimmt sich die Höhe der Zuwendung nach dem gemeinen Wert des zugewendeten Wirtschaftsguts, wenn dessen Veräußerung im Zeitpunkt der Zuwendung keinen Besteuerungstatbestand erfüllen würde. In allen übrigen Fällen dürfen bei der Ermittlung der Zuwendungshöhe die fortgeführten Anschaffungs- oder Herstellungskosten nur überschritten werden, soweit eine Gewinnrealisierung stattgefunden hat. Aufwendungen zugunsten einer Körperschaft, die zum Empfang steuerlich abziehbarer Zuwendungen berechtigt ist, können nur abgezogen werden, wenn ein Anspruch auf die Erstattung der Aufwendungen durch Vertrag oder Satzung eingeräumt und auf die Erstattung verzichtet worden ist. Der Anspruch darf nicht unter der Bedingung des Verzichts eingeräumt worden sein.

(4) Der Steuerpflichtige darf auf die Richtigkeit der Bestätigung über Spenden und Mitgliedsbeiträge vertrauen, es sei denn, dass er die Bestätigung durch unlautere Mittel oder falsche Angaben erwirkt hat oder dass ihm die Unrichtigkeit der Bestätigung bekannt oder infolge grober Fahrlässigkeit nicht bekannt war. Wer vorsätzlich oder grob fahrlässig eine unrichtige Bestätigung ausstellt oder wer veranlasst, dass Zuwendungen nicht zu den in der Bestätigung angegebenen steuerbegünstigten Zwecken verwendet werden, haftet für die entgangene Steuer. Diese ist mit 30 Prozent des zugewendeten Betrags anzusetzen.

In den Fällen des Satzes 2 zweite Alternative (Veranlasserhaftung) ist vorrangig der Zuwendungsempfänger (inländische juristische Person des öffentlichen Rechts oder inländische öffentliche Dienststelle oder nach § 5 Abs. 1 Nr. 9 des Körperschaftsteuergesetzes steuerbefreite Körperschaft, Personenvereinigung oder Vermögensmasse) in Anspruch zu nehmen; die in diesen Fällen für den Zuwendungsempfänger handelnden natürlichen Personen sind nur in Anspruch zu nehmen, wenn die entgangene Steuer nicht nach § 47 der Abgabenordnung erloschen ist und Vollstreckungsmaßnahmen gegen den Zuwendungsempfänger nicht erfolgreich sind. Die Festsetzungsfrist für Haftungsansprüche nach Satz 2 läuft nicht ab, solange die Festsetzungsfrist für von dem Empfänger der Zuwendung geschuldete Körperschaftsteuer für den Veranlagungszeitraum nicht abgelaufen ist, in dem die unrichtige Bestätigung ausgestellt worden ist oder veranlasst wurde, dass die Zuwendung nicht zu den in der Bestätigung angegebenen steuerbegünstigten Zwecken verwendet worden ist; § 191 Abs. 5 der Abgabenordnung ist nicht anzuwenden.

7.1.4 Umsatzsteuergesetz – Auszug

„Umsatzsteuergesetz in der Fassung der Bekanntmachung vom 21. Februar 2005 (BGBl. I S. 386), zuletzt geändert durch Artikel 7 des Gesetzes vom 18. Dezember 2008 (BGBl. I S. 2744)"
Stand: Neugefasst durch Bek. v. 21.2.2005 I 286,
zuletzt geändert durch Art. 7 G v. 19.12.2008 I 2794

§ 4 Steuerbefreiungen bei Lieferungen und sonstigen Leistungen

Von den unter § 1 Abs. 1 Nr. 1 fallenden Umsätzen sind steuerfrei:

1. ...

12. a) die Vermietung und die Verpachtung von Grundstücken, von Berechtigungen, für die die Vorschriften des bürgerlichen Rechts über Grundstücke gelten, und von staatlichen Hoheitsrechten, die Nutzungen von Grund und Boden betreffen,
    b) die Überlassung von Grundstücken und Grundstücksteilen zur Nutzung auf Grund eines auf Übertragung des Eigentums gerichteten Vertrags oder Vorvertrags,
    c) die Bestellung, die Übertragung und die Überlassung der Ausübung von dinglichen Nutzungsrechten an Grundstücken.

    Nicht befreit sind die Vermietung von Wohn- und Schlafräumen, die ein Unternehmer zur kurzfristigen Beherbergung von Fremden bereithält, die Vermietung von Plätzen für das Abstellen von Fahrzeugen, die kurzfristige Vermietung auf Campingplätzen und die Vermietung und die Verpachtung von Maschinen und sonstigen Vorrichtungen aller Art, die zu einer Betriebsanlage gehören (Betriebsvorrichtungen), auch wenn sie wesentliche Bestandteile eines Grundstücks sind;

    ...

14. a) Heilbehandlungen im Bereich der Humanmedizin, die im Rahmen der Ausübung der Tätigkeit als Arzt, Zahnarzt, Heilpraktiker, Physiotherapeut, Hebamme oder einer ähnlichen heilberuflichen Tätigkeit durchgeführt werden. Satz 1 gilt nicht für die Lieferung oder Wiederherstellung von Zahnprothesen (aus Unterpositionen 9021 21 und 9021 28 00 des Zolltarifs) und kieferorthopädischen Apparaten (aus Unterposition 9021 10 des Zolltarifs), soweit sie der Unternehmer in seinem Unternehmen hergestellt oder wiederhergestellt hat;
    b) Krankenhausbehandlungen und ärztliche Heilbehandlungen einschließlich der Diagnostik, Befunderhebung, Vorsorge, Rehabilitation, Geburtshilfe und Hospizleistungen sowie damit eng verbundene Umsätze, die von Einrichtungen des öffentlichen Rechts erbracht werden. Die in Satz 1 bezeichneten Leistungen sind auch steuerfrei, wenn sie von
        aa) zugelassenen Krankenhäusern nach § 108 des Fünften Buches Sozialgesetzbuch,
        bb) Zentren für ärztliche Heilbehandlung und Diagnostik oder Befunderhebung, die an der vertragsärztlichen Versorgung nach § 95 des Fünften Buches Sozialge-

setzbuch teilnehmen oder für die Regelungen nach § 115 des Fünften Buches Sozialgesetzbuch gelten,

cc) Einrichtungen, die von den Trägern der gesetzlichen Unfallversicherung nach § 34 des Siebten Buches Sozialgesetzbuch an der Versorgung beteiligt worden sind,

dd) Einrichtungen, mit denen Versorgungsverträge nach den §§ 111 und 111a des Fünften Buches Sozialgesetzbuch betehen,

ee) Rehabilitationseinrichtungen, mit denen Verträge nach § 21 des Neunten Buches Sozialgesetzbuch bestehen,

ff) Einrichtungen zur Geburtshilfe, für die Verträge nach § 134a des Fünften Buches Sozialgesetzbuch gelten, oder

gg) Hospizen, mit denen Verträge nach § 39a Abs. 1 des Fünften Buches Sozialgesetzbuch bestehen,

erbracht werden und es sich ihrer Art nach um Leistungen handelt, auf die sich die Zulassung, der Vertrag oder die Regelung nach dem Sozialgesetzbuch jeweils bezieht, oder

hh) von Einrichtungen nach § 138 Abs. 1 Satz 1 des Strafvollzugsgesetzes erbracht werden;

c) Leistungen nach den Buchstaben a und b, die von Einrichtungen nach § 140b Abs. 1 des Fünften Buches Sozialgesetzbuch erbracht werden, mit denen Verträge zur integrierten Versorgung nach § 140a des Fünften Buches Sozialgesetzbuch bestehen;

d) sonstige Leistungen von Gemeinschaften, deren Mitglieder Angehörige der in Buchstabe a bezeichneten Berufe oder Einrichtungen im Sinne des Buchstaben b sind, gegenüber ihren Mitgliedern, soweit diese Leistungen für unmittelbare Zwecke der Ausübung der Tätigkeiten nach Buchstabe a oder Buchstabe b verwendet werden und die Gemeinschaft von ihren Mitgliedern lediglich die genaue Erstattung des jeweiligen Anteils an den gemeinsamen Kosten fordert.

7

16. die mit dem Betrieb von Einrichtungen zur Betreuung oder Pflege körperlich, geistig oder seelisch hilfsbedürftiger Personen eng verbundenen Leistungen, die von

a) juristischen Personen des öffentlichen Rechts;

b) Einrichtungen, mit denen ein Vertrag nach § 132 des Fünften Buches Sozialgesetzbuch besteht,

c) Einrichtungen, mit denen ein Vertrag nach § 132a des Fünften Buches Sozialgesetzbuch, § 72 oder § 77 des Elften Buches Sozialgesetzbuch besteht oder die Leistungen zur häuslichen Pflege oder zur Heimpflege erbringen und die hierzu nach § 26 Abs. 5 in Verbindung mit § 44 des Siebten Buches Sozialgesetzbuch bestimmt sind,

d) Einrichtungen, die Leistungen der häuslichen Krankenpflege oder Haushaltshilfe erbringen und die hierzu nach § 26 Abs. 5 in Verbindung mit den §§ 32 und 42 des Siebten Buches Sozialgesetzbuch bestimmt sind,

e) Einrichtungen, mit denen eine Vereinbarung nach § 111 des Neunten Buches Sozialgesetzbuch besteht,

f) Einrichtungen, die nach § 142 des Neunten Buches Sozialgesetzbuch anerkannt sind,

g) Einrichtungen, soweit sie Leistungen erbringen, die landesrechtlich als niedrigschwellige Betreuungsangebote nach § 45b des Elften Buches Sozialgesetzbuch anerkannt sind,

h) Einrichtungen, mit denen eine Vereinbarung nach § 75 des Zwölften Buches Sozialgesetzbuch besteht,

i) Einrichtungen, mit denen ein Vertrag nach § 16 des Zweiten Gesetzes über die Krankenversicherung der Landwirte, nach § 53 Abs. 2 Nr. 1 in Verbindung mit § 10 des Gesetzes über die Alterssicherung der Landwirte oder nach § 143e Abs. 4 Nr. 2 in Verbindung mit § 54 Abs. 2 des Siebten Buches Sozialgesetzbuch über die Gewährung von häuslicher Krankenpflege oder Haushaltshilfe besteht,

j) Einrichtungen, die aufgrund einer Landesrahmenempfehlung nach § 2 der Frühförderungsverordnung als fachlich geeignete interdisziplinäre Frühförderstellen anerkannt sind, oder

k) Einichtungen, bei denen im vorangegangenen Kaldenderjahr die Betreuungs- oder Pflegekosten in mindestens 40 Prozent der Fälle von den gesetzlichen Trägern der Sozialversicherung oder der Sozialhilfe oder der für die Durchführung der Kriegsopferversorgung zuständigen Versorgungsverwaltung einschließlich der Träger der Kriegsopferfürsorge ganz oder zum überwiegenden Teil vergütet worden sind,

erbracht werden. Leistungen im Sinne des Satzes 1, die von Einrichtungen nach den Buchstaben b bis k erbracht werden, sind befreit, soweit es sich ihrer Art nach um Leistungen handelt, auf die sich die Anerkennung, der Vertrag oder die Vereinbarung nach Sozialrecht oder die Vergütung jeweils bezieht.

17. a) die Lieferungen von menschlichen Organen, menschlichem Blut und Frauenmilch,
    b) die Beförderungen von kranken und verletzten Personen mit Fahrzeugen, die hierfür besonders eingerichtet sind;

18. die Leistungen der amtlich anerkannten Verbände der freien Wohlfahrtspflege und der der freien Wohlfahrtspflege dienenden Körperschaften, Personenvereinigungen und Vermögensmassen, die einem Wohlfahrtsverband als Mitglied angeschlossen sind, wenn
    a) diese Unternehmer ausschließlich und unmittelbar gemeinnützigen, mildtätigen oder kirchlichen Zwecken dienen,
    b) die Leistungen unmittelbar dem nach der Satzung, Stiftung oder sonstigen Verfassung begünstigten Personenkreis zugute kommen und
    c) die Entgelte für die in Betracht kommenden Leistungen hinter den durchschnittlich für gleichartige Leistungen von Erwerbsunternehmen verlangten Entgelten zurückbleiben.

    Steuerfrei sind auch die Beherbergung, Beköstigung und die üblichen Naturalleistungen, die diese Unternehmer den Personen, die bei den Leistungen nach Satz 1 tätig sind, als Vergütung für die geleisteten Dienste gewähren;

...

19. a) die Umsätze der Blinden, die nicht mehr als zwei Arbeitnehmer beschäftigen. Nicht als Arbeitnehmer gelten der Ehegatte, die minderjährigen Abkömmlinge, die Eltern des Blinden und die Lehrlinge. Die Blindheit ist nach den für die Besteuerung des Einkommens maßgebenden Vorschriften nachzuweisen. Die Steuerfreiheit gilt nicht für die Lieferungen von Energieerzeugnissen im Sinne des § 1 Abs. 2 und 3 des Energiesteuergesetzes und Branntweinen, wenn der Blinde für diese Erzeugnisse Energiesteuer oder Branntweinabgaben zu entrichten hat, und für Lieferungen im Sinne der Nummer 4a Satz 1 Buchstabe a Satz 2,

7

b) die folgenden Umsätze der nicht unter Buchstabe a fallenden Inhaber von anerkannten Blindenwerkstätten und der anerkannten Zusammenschlüsse von Blindenwerkstätten im Sinne des § 143 des Neunten Buches Sozialgesetzbuch:
   aa) die Lieferungen von Blindenwaren und Zusatzwaren,
   bb) die sonstigen Leistungen, soweit bei ihrer Ausführung ausschließlich Blinde mitgewirkt haben;

20. a) die Umsätze folgender Einrichtungen des Bundes, der Länder, der Gemeinden oder der Gemeindeverbände: Theater, Orchester, Kammermusikensembles, Chöre, Museen, botanische Gärten, zoologische Gärten, Tierparks, Archive, Büchereien sowie Denkmäler der Bau- und Gartenbaukunst. Das Gleiche gilt für die Umsätze gleichartiger Einrichtungen anderer Unternehmer, wenn die zuständige Landesbehörde bescheinigt, dass sie die gleichen kulturellen Aufgaben wie die in Satz 1 bezeichneten Einrichtungen erfüllen. Museen im Sinne dieser Vorschrift sind wissenschaftliche Sammlungen und Kunstsammlungen,
    b) die Veranstaltung von Theatervorführungen und Konzerten durch andere Unternehmer, wenn die Darbietungen von den unter Buchstabe a bezeichneten Theatern, Orchestern, Kammermusikensembles oder Chören erbracht werden,

21. a) die unmittelbar dem Schul- und Bildungszweck dienenden Leistungen privater Schulen und anderer allgemeinbildender oder berufsbildender Einrichtungen,
       aa) wenn sie als Ersatzschulen gemäß Artikel 7 Abs. 4 des Grundgesetzes staatlich genehmigt oder nach Landesrecht erlaubt sind oder
       bb) wenn die zuständige Landesbehörde bescheinigt, dass sie auf einen Beruf oder eine vor einer juristischen Person des öffentlichen Rechts abzulegende Prüfung ordnungsgemäß vorbereiten,
    b) die unmittelbar dem Schul- und Bildungszweck dienenden Unterrichtsleistungen selbständiger Lehrer
       aa) an Hochschulen im Sinne der §§ 1 und 70 des Hochschulrahmengesetzes und öffentlichen allgemeinbildenden oder berufsbildenden Schulen oder
       bb) an privaten Schulen und anderen allgemeinbildenden oder berufsbildenden Einrichtungen, soweit diese die Voraussetzungen des Buchstabens a erfüllen;

7

21a. (weggefallen)

22. a) die Vorträge, Kurse und anderen Veranstaltungen wissenschaftlicher oder belehrender Art, die von juristischen Personen des öffentlichen Rechts, von Verwaltungs- und Wirtschaftsakademien, von Volkshochschulen oder von Einrichtungen, die gemeinnützigen Zwecken oder dem Zweck eines Berufsverbandes dienen, durchgeführt werden, wenn die Einnahmen überwiegend zur Deckung der Kosten verwendet werden,
    b) andere kulturelle und sportliche Veranstaltungen, die von den in Buchstabe a genannten Unternehmern durchgeführt werden, soweit das Entgelt in Teilnehmergebühren besteht;

23. die Gewährung von Beherbergung, Beköstigung und der üblichen Naturalleistungen durch Einrichtungen, wenn sie überwiegend Jugendliche für Erziehungs-, Ausbildungs-

oder Fortbildungszwecke oder für Zwecke der Säuglingspflege bei sich aufnehmen, soweit die Leistungen an die Jugendlichen oder an die bei ihrer Erziehung, Ausbildung, Fortbildung oder Pflege tätigen Personen ausgeführt werden. Jugendliche im Sinne dieser Vorschrift sind alle Personen vor Vollendung des 27. Lebensjahres. Steuerfrei sind auch die Beherbergung, Beköstigung und die üblichen Naturalleistungen, die diese Unternehmer den Personen, die bei den Leistungen nach Satz 1 tätig sind, als Vergütung für die geleisteten Dienste gewähren. Die Sätze 1 bis 3 gelten nicht, soweit eine Leistung der Jugendhilfe des Achten Buches Sozialgesetzbuch erbracht wird;

24. die Leistungen des Deutschen Jugendherbergswerkes, Hauptverband für Jugendwandern und Jugendherbergen e.V., einschließlich der diesem Verband angeschlossenen Untergliederungen, Einrichtungen und Jugendherbergen, soweit die Leistungen den Satzungszwecken unmittelbar dienen oder Personen, die bei diesen Leistungen tätig sind, Beherbergung, Beköstigung und die üblichen Naturalleistungen als Vergütung für die geleisteten Dienste gewährt werden. Das Gleiche gilt für die Leistungen anderer Vereinigungen, die gleiche Aufgaben unter denselben Voraussetzungen erfüllen;

25. Leistungen der Jugendhilfe nach § 2 Abs. 2 des Achten Buches Sozialgesetzbuch und die Inobhutnahme nach § 42 des Achten Buches Sozialgesetzbuch, wenn diese Leistungen von Trägern der öffentlichen Jugendhilfe oder anderen Einrichtungen mit sozialem Charakter erbracht werden. Andere Einrichtungen mit sozialem Charakter im Sinne dieser Vorschrift sind
    a) von der zuständigen Jugendbehörde anerkannte Träger der freien Jugendhilfe, die Kirchen und Religionsgemeinschaften des öffentlichen Rechts sowie die amtlich anerkannten Verbände der freien Wohlfahrtspflege,
    b) Einrichtungen, soweit sie
        aa) für ihre Leistungen eine im Achten Buch Sozialgesetzbuch geforderte Erlaubnis besitzen oder nach § 44 oder § 45 Abs. 1 Nr. 1 und 2 des Achten Buches Sozialgesetzbuch einer Erlaubnis nicht bedürfen,
        bb) Leistungen erbringen, die im vorangegangenen Kalenderjahr ganz oder zum überwiegenden Teil durch Träger der öffentlichen Jugendhilfe oder Einrichtungen nach Buchstabe a vergütet wurden oder
        cc) Leistungen der Kindertagespflege erbringen, für die sie nach § 24 Abs. 5 des Achten Buches Sozialgesetzbuch vermittelt werden können.

    Steuerfrei sind auch
    a) die Durchführung von kulturellen und sportlichen Veranstaltungen, wenn die Darbietungen von den von der Jugendhilfe begünstigten Personen selbst erbracht oder die Einnahmen überwiegend zur Deckung der Kosten verwendet werden und diese Leistungen in engem Zusammenhang mit den in Satz 1 bezeichneten Leistungen stehen,
    b) die Beherbergung, Beköstigung und die üblichen Naturalleistungen, die diese Einrichtungen den Empfängern der Jugendhilfeleistungen und Mitarbeitern in der Jugendhilfe sowie den bei den Leistungen nach Satz 1 tätigen Personen als Vergütung für die geleisteten Dienste gewähren;

7

26. die ehrenamtliche Tätigkeit,
    a) wenn sie für juristische Personen des öffentlichen Rechts ausgeübt wird oder
    b) wenn das Entgelt für diese Tätigkeit nur in Auslagenersatz und einer angemessenen Entschädigung für Zeitversäumnis besteht;
27. a) die Gestellung von Mitgliedern geistlicher Genossenschaften und Angehörigen von Mutterhäusern für gemeinnützige, mildtätige, kirchliche oder schulische Zwecke,
    b) die Gestellung von land- und forstwirtschaftlichen Arbeitskräften durch juristische Personen des privaten oder des öffentlichen Rechts für land- und forstwirtschaftliche Betriebe (§ 24 Abs. 2) mit höchstens drei Vollarbeitskräften zur Überbrückung des Ausfalls des Betriebsinhabers oder dessen voll mitarbeitenden Familienangehörigen wegen Krankheit, Unfalls, Schwangerschaft, eingeschränkter Erwerbsfähigkeit oder Todes sowie die Gestellung von Betriebshelfern und Haushaltshilfen an die gesetzlichen Träger der Sozialversicherung;
28. die Lieferungen von Gegenständen, für die der Vorsteuerabzug nach § 15 Abs. 1a ausgeschlossen ist oder wenn der Unternehmer die gelieferten Gegenstände ausschließlich für eine nach den Nummern 8 bis 27 steuerfreie Tätigkeit verwendet hat.

§ 12 Steuersätze

(1) Die Steuer beträgt für jeden steuerpflichtigen Umsatz 19 Prozent der Bemessungsgrundlage (§§ 10, 11, 25 Abs. 3 und § 25a Abs. 3 und 4).

(2) Die Steuer ermäßigt sich auf sieben Prozent für die folgenden Umsätze:

1. die Lieferungen, die Einfuhr und den innergemeinschaftlichen Erwerb der in der Anlage 2 bezeichneten Gegenstände;
2. die Vermietung der in der Anlage 2 bezeichneten Gegenstände;
3. die Aufzucht und das Halten von Vieh, die Anzucht von Pflanzen und die Teilnahme an Leistungsprüfungen für Tiere;
4. die Leistungen, die unmittelbar der Vatertierhaltung, der Förderung der Tierzucht, der künstlichen Tierbesamung oder der Leistungs- und Qualitätsprüfung in der Tierzucht und in der Milchwirtschaft dienen;
5. (weggefallen);
6. die Leistungen aus der Tätigkeit als Zahntechniker sowie die in § 4 Nr. 14 Buchstabe a Satz 2 bezeichneten Leistungen der Zahnärzte;
7. a) die Eintrittsberechtigung für Theater, Konzerte und Museen, sowie die den Theatervorführungen und Konzerten vergleichbaren Darbietungen ausübender Künstler
   b) die Überlassung von Filmen zur Auswertung und Vorführung sowie die Filmvorführungen, soweit die Filme nach § 6 Abs. 3 Nr. 1 bis 5 des Gesetzes zum Schutze der Jugend in der Öffentlichkeit oder nach § 14 Abs. 2 Nr. 1 bis 5 des Jugendschutzgesetzes vom 23. Juli 2002 (BGBl. I S. 2730, 2003 I S. 476) in der jeweils geltenden Fassung gekennzeichnet sind oder vor dem 1. Januar 1970 erstaufgeführt wurden,
   c) die Einräumung, Übertragung und Wahrnehmung von Rechten, die sich aus dem Urheberrechtsgesetz ergeben,

d) die Zirkusvorführungen, die Leistungen aus der Tätigkeit als Schausteller sowie die unmittelbar mit dem Betrieb der zoologischen Gärten verbundenen Umsätze;

8. a) die Leistungen der Körperschaften, die ausschließlich und unmittelbar gemeinnützige, mildtätige oder kirchliche Zwecke verfolgen (§§ 51 bis 68 der Abgabenordnung). Das gilt nicht für Leistungen, die im Rahmen eines wirtschaftlichen Geschäftsbetriebs ausgeführt werden. Für Leistungen, die im Rahmen eines Zweckbetriebs ausgeführt werden, gilt Satz 1 nur, wenn der Zweckbetrieb nicht in erster Linie der Erzielung zusätzlicher Einnahmen durch die Ausführung von Umsätzen dient, die in unmittelbarem Wettbewerb mit dem allgemeinen Steuersatz unterliegenden Leistungen anderer Unternehmer ausgeführt werden, oder wenn die Körperschaft mit diesen Leistungen ihrer in den §§ 66 bis 68 der Abgabenordnung bezeichneten Zweckbetriebe ihre steuerbegünstigten satzungsgemäßen Zwecke selbst verwirklicht,

   b) die Leistungen der nichtrechtsfähigen Personenvereinigungen und Gemeinschaften der in Buchstabe a Satz 1 bezeichneten Körperschaften, wenn diese Leistungen, falls die Körperschaften sie anteilig selbst ausführten, insgesamt nach Buchstabe a ermäßigt besteuert würden;

9. die unmittelbar mit dem Betrieb der Schwimmbäder verbundenen Umsätze sowie die Verabreichung von Heilbädern. Das Gleiche gilt für die Bereitstellung von Kureinrichtungen, soweit als Entgelt eine Kurtaxe zu entrichten ist;

10. die Beförderungen von Personen im Schienenbahnverkehr, im Verkehr mit Oberleitungsomnibussen, im genehmigten Linienverkehr mit Kraftfahrzeugen, im Verkehr mit Taxen, mit Drahtseilbahnen und sonstigen mechanischen Aufstiegshilfen aller Art und im genehmigten Linienverkehr mit Schiffen sowie die Beförderungen im Fährverkehr
    a) innerhalb einer Gemeinde oder
    b) wenn die Beförderungsstrecke nicht mehr als 50 Kilometer beträgt. *)

§ 14 Ausstellung von Rechnungen

(1) Rechnung ist jedes Dokument, mit dem über eine Lieferung oder sonstige Leistung abgerechnet wird, gleichgültig, wie dieses Dokument im Geschäftsverkehr bezeichnet wird. Rechnungen sind auf Papier oder vorbehaltlich der Zustimmung des Empfängers auf elektronischem Weg zu übermitteln.

(2) Führt der Unternehmer eine Lieferung oder eine sonstige Leistung nach § 1 Abs. 1 Nr. 1 aus, gilt Folgendes:

---

*) § 12 Abs. 2 Nr. 10: Gilt gem. § 28 Abs. 4 i. d. F. d. Art. 8 Nr. 9 G v. 20.12.2007 I 3150 bis zum 31.12.2011 in folgender Fassung:
„10.
a) die Beförderungen von Personen mit Schiffen,
b) die Beförderungen von Personen im Schienenbahnverkehr, im Verkehr mit Oberleitungsomnibussen, im genehmigten Linienverkehr mit Kraftfahrzeugen, im Verkehr mit Taxen, mit Drahtseilbahnen und sonstigen mechanischen Aufstiegshilfen aller Art und die Beförderungen im Fährverkehr
   aa) innerhalb einer Gemeinde oder
   bb) wenn die Beförderungsstrecke nicht mehr als 50 Kilometer beträgt."

1. führt der Unternehmer eine steuerpflichtige Werklieferung (§ 3 Abs. 4 Satz 1) oder sonstige Leistung im Zusammenhang mit einem Grundstück aus, ist er verpflichtet, innerhalb von sechs Monaten nach Ausführung der Leistung eine Rechnung auszustellen;
2. führt der Unternehmer eine andere als die in Nummer 1 genannte Leistung aus, ist er berechtigt, eine Rechnung auszustellen. Soweit er einen Umsatz an einen anderen Unternehmer für dessen Unternehmen oder an eine juristische Person ausführt, ist er verpflichtet, innerhalb von sechs Monaten nach Ausführung der Leistung eine Rechnung auszustellen.

Unbeschadet der Verpflichtungen nach Satz 1 Nr. 1 und 2 Satz 2 kann eine Rechnung von einem in Satz 1 Nr. 2 bezeichneten Leistungsempfänger für eine Lieferung oder sonstige Leistung des Unternehmers ausgestellt werden, sofern dies vorher vereinbart wurde (Gutschrift). Die Gutschrift verliert die Wirkung einer Rechnung, sobald der Empfänger der Gutschrift dem ihm übermittelten Dokument widerspricht. Eine Rechnung kann im Namen und für Rechnung des Unternehmers oder eines in Satz 1 Nr. 2 bezeichneten Leistungsempfängers von einem Dritten ausgestellt werden.

(3) Bei einer auf elektronischem Weg übermittelten Rechnung müssen die Echtheit der Herkunft und die Unversehrtheit des Inhalts gewährleistet sein durch

1. eine qualifizierte elektronische Signatur oder eine qualifizierte elektronische Signatur mit Anbieter-Akkreditierung nach dem Signaturgesetz vom 16. Mai 2001 (BGBl. I S. 876), das durch Artikel 2 des Gesetzes vom 16. Mai 2001 (BGBl. I S. 876) geändert worden ist, in der jeweils geltenden Fassung, oder
2. elektronischen Datenaustausch (EDI) nach Artikel 2 der Empfehlung 94/820/EG der Kommission vom 19. Oktober 1994 über die rechtlichen Aspekte des elektronischen Datenaustausches (ABl. EG Nr. L 338 S. 98), wenn in der Vereinbarung über diesen Datenaustausch der Einsatz von Verfahren vorgesehen ist, die die Echtheit der Herkunft und die Unversehrtheit der Daten gewährleisten, und zusätzlich eine zusammenfassende Rechnung auf Papier oder unter den Voraussetzungen der Nummer 1 auf elektronischem Weg übermittelt wird.

(4) Eine Rechnung muss folgende Angaben enthalten:

1. den vollständigen Namen und die vollständige Anschrift des leistenden Unternehmers und des Leistungsempfängers,
2. die dem leistenden Unternehmer vom Finanzamt erteilte Steuernummer oder die ihm vom Bundeszentralamt für Steuern erteilte Umsatzsteuer-Identifikationsnummer,
3. das Ausstellungsdatum,
4. eine fortlaufende Nummer mit einer oder mehreren Zahlenreihen, die zur Identifizierung der Rechnung vom Rechnungsaussteller einmalig vergeben wird (Rechnungsnummer),
5. die Menge und die Art (handelsübliche Bezeichnung) der gelieferten Gegenstände oder den Umfang und die Art der sonstigen Leistung,
6. den Zeitpunkt der Lieferung oder sonstigen Leistung; in den Fällen des Absatzes 5 Satz 1 den Zeitpunkt der Vereinnahmung des Entgelts oder eines Teils des Entgelts, so-

fern der Zeitpunkt der Vereinnahmung feststeht und nicht mit dem Ausstellungsdatum der Rechnung übereinstimmt,

7. das nach Steuersätzen und einzelnen Steuerbefreiungen aufgeschlüsselte Entgelt für die Lieferung oder sonstige Leistung (§ 10) sowie jede im Voraus vereinbarte Minderung des Entgelts, sofern sie nicht bereits im Entgelt berücksichtigt ist,
8. den anzuwendenden Steuersatz sowie den auf das Entgelt entfallenden Steuerbetrag oder im Fall einer Steuerbefreiung einen Hinweis darauf, dass für die Lieferung oder sonstige Leistung eine Steuerbefreiung gilt und
9. in den Fällen des § 14b Abs. 1 Satz 5 einen Hinweis auf die Aufbewahrungspflicht des Leistungsempfängers.

In den Fällen des § 10 Abs. 5 sind die Nummern 7 und 8 mit der Maßgabe anzuwenden, dass die Bemessungsgrundlage für die Leistung (§ 10 Abs. 4) und der darauf entfallende Steuerbetrag anzugeben sind. Unternehmer, die § 24 Abs. 1 bis 3 anwenden, sind jedoch auch in diesen Fällen nur zur Angabe des Entgelts und des darauf entfallenden Steuerbetrags berechtigt.

(5) Vereinnahmt der Unternehmer das Entgelt oder einen Teil des Entgelts für eine noch nicht ausgeführte Lieferung oder sonstige Leistung, gelten die Absätze 1 bis 4 sinngemäß. Wird eine Endrechnung erteilt, sind in ihr die vor Ausführung der Lieferung oder sonstigen Leistung vereinnahmten Teilentgelte und die auf sie entfallenden Steuerbeträge abzusetzen, wenn über die Teilentgelte Rechnungen im Sinne der Absätze 1 bis 4 ausgestellt worden sind.

(6) Das Bundesministerium der Finanzen kann mit Zustimmung des Bundesrates zur Vereinfachung des Besteuerungsverfahrens durch Rechtsverordnung bestimmen, in welchen Fällen und unter welchen Voraussetzungen

1. Dokumente als Rechnungen anerkannt werden können,
2. die nach Absatz 4 erforderlichen Angaben in mehreren Dokumenten enthalten sein können,
3. Rechnungen bestimmte Angaben nach Absatz 4 nicht enthalten müssen,
4. eine Verpflichtung des Unternehmers zur Ausstellung von Rechnungen mit gesondertem Steuerausweis (Absatz 4) entfällt oder
5. Rechnungen berichtigt werden können.

§ 14c Unrichtiger oder unberechtigter Steuerausweis

(1) Hat der Unternehmer in einer Rechnung für eine Lieferung oder sonstige Leistung einen höheren Steuerbetrag, als er nach diesem Gesetz für den Umsatz schuldet, gesondert ausgewiesen (unrichtiger Steuerausweis), schuldet er auch den Mehrbetrag. Berichtigt er den Steuerbetrag gegenüber dem Leistungsempfänger, ist § 17 Abs. 1 entsprechend anzuwenden. In den Fällen des § 1 Abs. 1a und in den Fällen der Rückgängigmachung des Verzichts auf die Steuerbefreiung nach § 9 gilt Absatz 2 Satz 3 bis 5 entsprechend.

(2) Wer in einer Rechnung einen Steuerbetrag gesondert ausweist, obwohl er zum gesonderten Ausweis der Steuer nicht berechtigt ist (unberechtigter Steuerausweis), schuldet

den ausgewiesenen Betrag. Das Gleiche gilt, wenn jemand wie ein leistender Unternehmer abrechnet und einen Steuerbetrag gesondert ausweist, obwohl er nicht Unternehmer ist oder eine Lieferung oder sonstige Leistung nicht ausführt. Der nach den Sätzen 1 und 2 geschuldete Steuerbetrag kann berichtigt werden, soweit die Gefährdung des Steueraufkommens beseitigt worden ist. Die Gefährdung des Steueraufkommens ist beseitigt, wenn ein Vorsteuerabzug beim Empfänger der Rechnung nicht durchgeführt oder die geltend gemachte Vorsteuer an die Finanzbehörde zurückgezahlt worden ist. Die Berichtigung des geschuldeten Steuerbetrags ist beim Finanzamt gesondert schriftlich zu beantragen und nach dessen Zustimmung in entsprechender Anwendung des § 17 Abs. 1 für den Besteuerungszeitraum vorzunehmen, in dem die Voraussetzungen des Satzes 4 eingetreten sind.

§ 23a Durchschnittssatz für Körperschaften, Personenvereinigungen und Vermögensmassen im Sinne des § 5 Abs. 1 Nr. 9 des Körperschaftsteuergesetzes

(1) Zur Berechnung der abziehbaren Vorsteuerbeträge (§ 15) wird für Körperschaften, Personenvereinigungen und Vermögensmassen im Sinne des § 5 Abs. 1 Nr. 9 des Körperschaftsteuergesetzes, die nicht verpflichtet sind, Bücher zu führen und auf Grund jährlicher Bestandsaufnahmen regelmäßig Abschlüsse zu machen, ein Durchschnittssatz von 7 Prozent des steuerpflichtigen Umsatzes, mit Ausnahme der Einfuhr und des innergemeinschaftlichen Erwerbs, festgesetzt. Ein weiterer Vorsteuerabzug ist ausgeschlossen.

(2) Der Unternehmer, dessen steuerpflichtiger Umsatz, mit Ausnahme der Einfuhr und des innergemeinschaftlichen Erwerbs, im vorangegangenen Kalenderjahr 35.000 Euro überstiegen hat, kann den Durchschnittsatz nicht in Anspruch nehmen.

(3) Der Unternehmer, bei dem die Voraussetzungen für die Anwendung des Durchschnittssatzes gegeben sind, kann dem Finanzamt spätestens bis zum zehnten Tag nach Ablauf des ersten Voranmeldungszeitraums eines Kalenderjahres erklären, dass er den Durchschnittssatz in Anspruch nehmen will. Die Erklärung bindet den Unternehmer mindestens für fünf Kalenderjahre. Sie kann nur mit Wirkung vom Beginn eines Kalenderjahres an widerrufen werden. Der Widerruf ist spätestens bis zum zehnten Tag nach Ablauf des ersten Voranmeldungszeitraums dieses Kalenderjahres zu erklären. Eine erneute Anwendung des Durchschnittssatzes ist frühestens nach Ablauf von fünf Kalenderjahren zulässig.

7.2 Gesetze zum Zivil- und Gesellschaftsrecht

7.2.1 Bürgerliches Gesetzbuch – Auszug

Bürgerliches Gesetzbuch (BGB)
Ausfertigungsdatum: 18.08.1896

Vollzitat:
„Bürgerliches Gesetzbuch in der Fassung der Bekanntmachung vom 2. Januar 2002 (BGBl. I S. 42, 2909; 2003 I S. 738),
zuletzt geändert durch Artikel 5 des Gesetzes vom 10. Dezember 2008 (BGBl. I S. 2399)"
Stand: Neugefasst durch Bek. v. 2.1.2002 I 42, 2909; 2003, 738;
zuletzt geändert durch Art. 5 G v. 10.12.2008 I 2399

Kapitel 1
Allgemeine Vorschriften

§ 21 Nichtwirtschaftlicher Verein

Ein Verein, dessen Zweck nicht auf einen wirtschaftlichen Geschäftsbetrieb gerichtet ist, erlangt Rechtsfähigkeit durch Eintragung in das Vereinsregister des zuständigen Amtsgerichts.

§ 22 Wirtschaftlicher Verein

Ein Verein, dessen Zweck auf einen wirtschaftlichen Geschäftsbetrieb gerichtet ist, erlangt in Ermangelung besonderer reichsgesetzlicher Vorschriften Rechtsfähigkeit durch staatliche Verleihung. Die Verleihung steht dem Bundesstaate zu, in dessen Gebiet der Verein seinen Sitz hat.

§ 23 Ausländischer Verein

Einem Verein, der seinen Sitz nicht in einem Bundesstaate hat, kann in Ermangelung besonderer reichsgesetzlicher Vorschriften Rechtsfähigkeit durch Beschluss des Bundesrates verliehen werden.

§ 24 Sitz

Als Sitz eines Vereins gilt, wenn nicht ein anderes bestimmt ist, der Ort, an welchem die Verwaltung geführt wird.

§ 25 Verfassung

Die Verfassung eines rechtsfähigen Vereins wird, soweit sie nicht auf den nachfolgenden Vorschriften beruht, durch die Vereinssatzung bestimmt.

§ 26 Vorstand; Vertretung

(1) Der Verein muss einen Vorstand haben. Der Vorstand kann aus mehreren Personen bestehen.

(2) Der Vorstand vertritt den Verein gerichtlich und außergerichtlich; er hat die Stellung eines gesetzlichen Vertreters. Der Umfang seiner Vertretungsmacht kann durch die Satzung mit Wirkung gegen Dritte beschränkt werden.

§ 27 Bestellung und Geschäftsführung des Vorstands

(1) Die Bestellung des Vorstands erfolgt durch Beschluss der Mitgliederversammlung.

(2) Die Bestellung ist jederzeit widerruflich, unbeschadet des Anspruchs auf die vertragsmäßige Vergütung. Die Widerruflichkeit kann durch die Satzung auf den Fall beschränkt werden, dass ein wichtiger Grund für den Widerruf vorliegt; ein solcher Grund ist insbesondere grobe Pflichtverletzung oder Unfähigkeit zur ordnungsmäßigen Geschäftsführung.

(3) Auf die Geschäftsführung des Vorstands finden die für den Auftrag geltenden Vorschriften der §§ 664 bis 670 entsprechende Anwendung.

§ 28 Beschlussfassung und Passivvertretung

(1) Besteht der Vorstand aus mehreren Personen, so erfolgt die Beschlussfassung nach den für die Beschlüsse der Mitglieder des Vereins geltenden Vorschriften der §§ 32, 34.

(2) Ist eine Willenserklärung dem Verein gegenüber abzugeben, so genügt die Abgabe gegenüber einem Mitglied des Vorstands.

§ 29 Notbestellung durch Amtsgericht

Soweit die erforderlichen Mitglieder des Vorstands fehlen, sind sie in dringenden Fällen für die Zeit bis zur Behebung des Mangels auf Antrag eines Beteiligten von dem Amtsgericht zu bestellen, das für den Bezirk, in dem der Verein seinen Sitz hat, das Vereinsregister führt.

§ 30 Besondere Vertreter

Durch die Satzung kann bestimmt werden, dass neben dem Vorstand für gewisse Geschäfte besondere Vertreter zu bestellen sind. Die Vertretungsmacht eines solchen Vertreters erstreckt sich im Zweifel auf alle Rechtsgeschäfte, die der ihm zugewiesene Geschäftskreis gewöhnlich mit sich bringt.

§ 31 Haftung des Vereins für Organe

Der Verein ist für den Schaden verantwortlich, den der Vorstand, ein Mitglied des Vorstands oder ein anderer verfassungsmäßig berufener Vertreter durch eine in Ausführung der ihm zustehenden Verrichtungen begangene, zum Schadensersatz verpflichtende Handlung einem Dritten zufügt.

§ 32 Mitgliederversammlung; Beschlussfassung

(1) Die Angelegenheiten des Vereins werden, soweit sie nicht von dem Vorstand oder einem anderen Vereinsorgan zu besorgen sind, durch Beschlussfassung in einer Versammlung der Mitglieder geordnet. Zur Gültigkeit des Beschlusses ist erforderlich, dass der Gegenstand bei der Berufung bezeichnet wird. Bei der Beschlussfassung entscheidet die Mehrheit der erschienenen Mitglieder.

(2) Auch ohne Versammlung der Mitglieder ist ein Beschluss gültig, wenn alle Mitglieder ihre Zustimmung zu dem Beschluss schriftlich erklären.

§ 33 Satzungsänderung

(1) Zu einem Beschluss, der eine Änderung der Satzung enthält, ist eine Mehrheit von drei Vierteln der erschienenen Mitglieder erforderlich. Zur Änderung des Zweckes des Vereins ist die Zustimmung aller Mitglieder erforderlich; die Zustimmung der nicht erschienenen Mitglieder muss schriftlich erfolgen.

(2) Beruht die Rechtsfähigkeit des Vereins auf Verleihung, so ist zu jeder Änderung der Satzung staatliche Genehmigung oder, falls die Verleihung durch den Bundesrat erfolgt ist, die Genehmigung des Bundesrates erforderlich.

§ 34 Ausschluss vom Stimmrecht

Ein Mitglied ist nicht stimmberechtigt, wenn die Beschlussfassung die Vornahme eines Rechtsgeschäfts mit ihm oder die Einleitung oder Erledigung eines Rechtsstreits zwischen ihm und dem Verein betrifft.

§ 35 Sonderrechte

Sonderrechte eines Mitglieds können nicht ohne dessen Zustimmung durch Beschluss der Mitgliederversammlung beeinträchtigt werden.

§ 36 Berufung der Mitgliederversammlung

Die Mitgliederversammlung ist in den durch die Satzung bestimmten Fällen sowie dann zu berufen, wenn das Interesse des Vereins es erfordert.

§ 37 Berufung auf Verlangen einer Minderheit

(1) Die Mitgliederversammlung ist zu berufen, wenn der durch die Satzung bestimmte Teil oder in Ermangelung einer Bestimmung der zehnte Teil der Mitglieder die Berufung schriftlich unter Angabe des Zweckes und der Gründe verlangt.

(2) Wird dem Verlangen nicht entsprochen, so kann das Amtsgericht die Mitglieder, die das Verlangen gestellt haben, zur Berufung der Versammlung ermächtigen; es kann Anordnungen über die Führung des Vorsitzes in der Versammlung treffen. Zuständig ist das Amtsge-

richt, das für den Bezirk, in dem der Verein seinen Sitz hat, das Vereinsregister führt. Auf die Ermächtigung muss bei der Berufung der Versammlung Bezug genommen werden.

§ 38 Mitgliedschaft

Die Mitgliedschaft ist nicht übertragbar und nicht vererblich. Die Ausübung der Mitgliedschaftsrechte kann nicht einem anderen überlassen werden.

§ 39 Austritt aus dem Verein

(1) Die Mitglieder sind zum Austritt aus dem Verein berechtigt.

(2) Durch die Satzung kann bestimmt werden, dass der Austritt nur am Schluss eines Geschäftsjahrs oder erst nach dem Ablauf einer Kündigungsfrist zulässig ist; die Kündigungsfrist kann höchstens zwei Jahre betragen.

§ 40 Nachgiebige Vorschriften

Die Vorschriften des § 27 Abs. 1, 3, des § 28 Abs. 1 und der §§ 32, 33, 38 finden insoweit keine Anwendung, als die Satzung ein anderes bestimmt.

§ 41 Auflösung des Vereines

Der Verein kann durch Beschluss der Mitgliederversammlung aufgelöst werden. Zu dem Beschluss ist eine Mehrheit von drei Vierteln der erschienenen Mitglieder erforderlich, wenn nicht die Satzung ein anderes bestimmt.

§ 42 Insolvenz

(1) Der Verein wird durch die Eröffnung des Insolvenzverfahrens aufgelöst. Wird das Verfahren auf Antrag des Schuldners eingestellt oder nach der Bestätigung eines Insolvenzplans, der den Fortbestand des Vereins vorsieht, aufgehoben, so kann die Mitgliederversammlung die Fortsetzung des Vereins beschließen. Durch die Satzung kann bestimmt werden, dass der Verein im Falle der Eröffnung des Insolvenzverfahrens als nicht rechtsfähiger Verein fortbesteht; auch in diesem Falle kann unter den Voraussetzungen des Satzes 2 die Fortsetzung als rechtsfähiger Verein beschlossen werden.

(2) Der Vorstand hat im Falle der Zahlungsunfähigkeit oder der Überschuldung die Eröffnung des Insolvenzverfahrens zu beantragen. Wird die Stellung des Antrags verzögert, so sind die Vorstandsmitglieder, denen ein Verschulden zur Last fällt, den Gläubigern für den daraus entstehenden Schaden verantwortlich; sie haften als Gesamtschuldner.

§ 43 Entziehung der Rechtsfähigkeit

(1) Dem Verein kann die Rechtsfähigkeit entzogen werden, wenn er durch einen gesetzwidrigen Beschluss der Mitgliederversammlung oder durch gesetzwidriges Verhalten des Vorstands das Gemeinwohl gefährdet.

(2) Einem Verein, dessen Zweck nach der Satzung nicht auf einen wirtschaftlichen Geschäftsbetrieb gerichtet ist, kann die Rechtsfähigkeit entzogen werden, wenn er einen solchen Zweck verfolgt.

(3) (weggefallen)

(4) Einem Verein, dessen Rechtsfähigkeit auf Verleihung beruht, kann die Rechtsfähigkeit entzogen werden, wenn er einen anderen als den in der Satzung bestimmten Zweck verfolgt.

§ 44 Zuständigkeit und Verfahren

(1) Die Zuständigkeit und das Verfahren bestimmen sich in den Fällen des § 43 nach dem Recht des Landes, in dem der Verein seinen Sitz hat.

(2) Beruht die Rechtsfähigkeit auf Verleihung durch den Bundesrat, so erfolgt die Entziehung durch Beschluss des Bundesrates.

§ 45 Anfall des Vereinsvermögens

(1) Mit der Auflösung des Vereins oder der Entziehung der Rechtsfähigkeit fällt das Vermögen an die in der Satzung bestimmten Personen.

(2) Durch die Satzung kann vorgeschrieben werden, dass die Anfallberechtigten durch Beschluss der Mitgliederversammlung oder eines anderen Vereinsorgans bestimmt werden. Ist der Zweck des Vereins nicht auf einen wirtschaftlichen Geschäftsbetrieb gerichtet, so kann die Mitgliederversammlung auch ohne eine solche Vorschrift das Vermögen einer öffentlichen Stiftung oder Anstalt zuweisen.

(3) Fehlt es an einer Bestimmung der Anfallberechtigten, so fällt das Vermögen, wenn der Verein nach der Satzung ausschließlich den Interessen seiner Mitglieder diente, an die zur Zeit der Auflösung oder der Entziehung der Rechtsfähigkeit vorhandenen Mitglieder zu gleichen Teilen, anderenfalls an den Fiskus des Bundesstaats, in dessen Gebiet der Verein seinen Sitz hatte.

§ 46 Anfall an den Fiskus

Fällt das Vereinsvermögen an den Fiskus, so finden die Vorschriften über eine dem Fiskus als gesetzlichem Erben anfallende Erbschaft entsprechende Anwendung. Der Fiskus hat das Vermögen tunlichst in einer den Zwecken des Vereins entsprechenden Weise zu verwenden.

§ 47 Liquidation

Fällt das Vereinsvermögen nicht an den Fiskus, so muss eine Liquidation stattfinden, sofern nicht über das Vermögen des Vereins das Insolvenzverfahren eröffnet ist.

§ 48 Liquidatoren

(1) Die Liquidation erfolgt durch den Vorstand. Zu Liquidatoren können auch andere Personen bestellt werden; für die Bestellung sind die für die Bestellung des Vorstands geltenden Vorschriften maßgebend.

(2) Die Liquidatoren haben die rechtliche Stellung des Vorstands, soweit sich nicht aus dem Zwecke der Liquidation ein anderes ergibt.

(3) Sind mehrere Liquidatoren vorhanden, so ist für ihre Beschlüsse Übereinstimmung aller erforderlich, sofern nicht ein anderes bestimmt ist.

§ 49 Aufgaben der Liquidatoren

(1) Die Liquidatoren haben die laufenden Geschäfte zu beendigen, die Forderungen einzuziehen, das übrige Vermögen in Geld umzusetzen, die Gläubiger zu befriedigen und den Überschuss den Anfallberechtigten auszuantworten. Zur Beendigung schwebender Geschäfte können die Liquidatoren auch neue Geschäfte eingehen. Die Einziehung der Forderungen sowie die Umsetzung des Übrigen Vermögens in Geld darf unterbleiben, soweit diese Maßregeln nicht zur Befriedigung der Gläubiger oder zur Verteilung des Überschusses unter die Anfallberechtigten erforderlich sind.

(2) Der Verein gilt bis zur Beendigung der Liquidation als fortbestehend, soweit der Zweck der Liquidation es erfordert.

§ 50 Bekanntmachung des Vereins in Liquidation

(1) Die Auflösung des Vereins oder die Entziehung der Rechtsfähigkeit ist durch die Liquidatoren öffentlich bekannt zu machen. In der Bekanntmachung sind die Gläubiger zur Anmeldung ihrer Ansprüche aufzufordern. Die Bekanntmachung erfolgt durch das in der Satzung für Veröffentlichungen bestimmte Blatt. Die Bekanntmachung gilt mit dem Ablauf des zweiten Tages nach der Einrückung oder der ersten Einrückung als bewirkt.

(2) Bekannte Gläubiger sind durch besondere Mitteilung zur Anmeldung aufzufordern.

§ 50a Bekanntmachungsblatt

Hat ein Verein in der Satzung kein Blatt für Bekanntmachungen bestimmt oder hat das bestimmte Bekanntmachungsblatt sein Erscheinen eingestellt, sind Bekanntmachungen des Vereins in dem Blatt zu veröffentlichen, welches für Bekanntmachungen des Amtsgerichts bestimmt ist, in dessen Bezirk der Verein seinen Sitz hat.

§ 51 Sperrjahr

Das Vermögen darf den Anfallberechtigten nicht vor dem Ablauf eines Jahres nach der Bekanntmachung der Auflösung des Vereins oder der Entziehung der Rechtsfähigkeit ausgeantwortet werden.

§ 52 Sicherung für Gläubiger

(1) Meldet sich ein bekannter Gläubiger nicht, so ist der geschuldete Betrag, wenn die Berechtigung zur Hinterlegung vorhanden ist, für den Gläubiger zu hinterlegen.

(2) Ist die Berichtigung einer Verbindlichkeit zur Zeit nicht ausführbar oder ist eine Verbindlichkeit streitig, so darf das Vermögen den Anfallberechtigten nur ausgeantwortet werden, wenn dem Gläubiger Sicherheit geleistet ist.

§ 53 Schadensersatzpflicht der Liquidatoren

Liquidatoren, welche die ihnen nach dem § 42 Abs. 2 und den §§ 50, 51 und 52 obliegenden Verpflichtungen verletzen oder vor der Befriedigung der Gläubiger Vermögen den Anfallberechtigten ausantworten, sind, wenn ihnen ein Verschulden zur Last fällt, den Gläubigern für den daraus entstehenden Schaden verantwortlich; sie haften als Gesamtschuldner.

§ 54 Nicht rechtsfähige Vereine

Auf Vereine, die nicht rechtsfähig sind, finden die Vorschriften über die Gesellschaft Anwendung. Aus einem Rechtsgeschäft, das im Namen eines solchen Vereins einem Dritten gegenüber vorgenommen wird, haftet der Handelnde persönlich; handeln mehrere, so haften sie als Gesamtschuldner.

Kapitel 2
Eingetragene Vereine

§ 55 Zuständigkeit für die Registereintragung

(1) Die Eintragung eines Vereins der in § 21 bezeichneten Art in das Vereinsregister hat bei dem Amtsgericht zu geschehen, in dessen Bezirk der Verein seinen Sitz hat.

(2) Die Landesregierungen können die Vereinssachen durch Rechtsverordnung einem Amtsgericht für die Bezirke mehrerer Amtsgerichte zuweisen. Die Landesregierungen können die Ermächtigung nach Satz 1 durch Rechtsverordnung auf die Landesjustizverwaltungen übertragen.

§ 55a Elektronisches Vereinsregister

(1) Die Landesregierungen können durch Rechtsverordnung bestimmen, dass und in welchem Umfang das Vereinsregister in maschineller Form als automatisierte Datei geführt wird.

Hierbei muss gewährleistet sein, dass

1. die Grundsätze einer ordnungsgemäßen Datenverarbeitung eingehalten, insbesondere Vorkehrungen gegen einen Datenverlust getroffen sowie die erforderlichen Kopien der Datenbestände mindestens tagesaktuell gehalten und die originären Datenbestände sowie deren Kopien sicher aufbewahrt werden,
2. die vorzunehmenden Eintragungen alsbald in einen Datenspeicher aufgenommen und auf Dauer inhaltlich unverändert in lesbarer Form wiedergegeben werden können,
3. die nach der Anlage zu § 126 Abs. 1 Satz 2 Nr. 3 der Grundbuchordnung gebotenen Maßnahmen getroffen werden.

Die Landesregierungen können durch Rechtsverordnung die Ermächtigung nach Satz 1 auf die Landesjustizverwaltungen übertragen.

(2) Die Führung des Vereinsregisters auch in maschineller Form umfasst die Einrichtung und Führung eines Verzeichnisses der Vereine sowie weiterer, für die Führung des Vereinsregisters erforderlicher Verzeichnisse.

(3) Das maschinell geführte Vereinsregister tritt für eine Seite des Registers an die Stelle des bisherigen Registers, sobald die Eintragungen dieser Seite in den für die Vereinsregistereintragungen bestimmten Datenspeicher aufgenommen und als Vereinsregister freigegeben worden sind. Die entsprechenden Seiten des bisherigen Vereinsregisters sind mit einem Schließungsvermerk zu versehen.

(4) Eine Eintragung wird wirksam, sobald sie in den für die Registereintragungen bestimmten Datenspeicher aufgenommen ist und auf Dauer inhaltlich unverändert in lesbarer Form wiedergegeben werden kann. Durch eine Bestätigungsanzeige oder in anderer geeigneter Weise ist zu überprüfen, ob diese Voraussetzungen eingetreten sind. Jede Eintragung soll den Tag angeben, an dem sie wirksam geworden ist.

(5) Die zum Vereinsregister eingereichten Schriftstücke können zur Ersetzung der Urschrift auch als Wiedergabe auf einem Bildträger oder auf anderen Datenträgern aufbewahrt werden, wenn sichergestellt ist, dass die Wiedergaben oder die Daten innerhalb angemessener Zeit lesbar gemacht werden können. Bei der Herstellung der Bild- oder Datenträger ist ein schriftlicher Nachweis über ihre inhaltliche Übereinstimmung mit der Urschrift anzufertigen.

(6) Wird das Vereinsregister in maschineller Form als automatisierte Datei geführt, so kann die Datenverarbeitung im Auftrag des zuständigen Amtsgerichts auf den Anlagen einer anderen staatlichen Stelle oder auf den Anlagen einer juristischen Person des öffentlichen Rechts vorgenommen werden, wenn die ordnungsgemäße Erledigung der Registersachen sichergestellt ist. Die Landesregierungen werden ermächtigt, durch Rechtsverordnung zu bestimmen, dass die Daten des bei einem Amtsgericht in maschineller Form geführten Vereinsregisters an andere Amtsgerichte übermittelt und dort auch zur Einsicht und zur Ertei-

lung von Ausdrucken bereitgehalten werden, wenn dies der Erleichterung des Rechtsverkehrs dient und mit einer rationellen Registerführung vereinbar ist; die Landesregierungen können durch Rechtsverordnung die Ermächtigung auf die Landesjustizverwaltungen übertragen.

(7) Das Bundesministerium der Justiz wird ermächtigt, durch Rechtsverordnung mit Zustimmung des Bundesrates nähere Vorschriften zu erlassen über die Einzelheiten der Einrichtung und Führung des Vereinsregisters, auch soweit es maschinell geführt wird.

§ 56 Mindestmitgliederzahl des Vereins

Die Eintragung soll nur erfolgen, wenn die Zahl der Mitglieder mindestens sieben beträgt.

§ 57 Mindesterfordernisse an die Vereinssatzung

(1) Die Satzung muss den Zweck, den Namen und den Sitz des Vereins enthalten und ergeben, dass der Verein eingetragen werden soll.

(2) Der Name soll sich von den Namen der an demselben Ort oder in derselben Gemeinde bestehenden eingetragenen Vereine deutlich unterscheiden.

§ 58 Sollinhalt der Vereinssatzung

Die Satzung soll Bestimmungen enthalten:

1. über den Eintritt und Austritt der Mitglieder,
2. darüber, ob und welche Beiträge von den Mitgliedern zu leisten sind,
3. über die Bildung des Vorstandes,
4. über die Voraussetzungen, unter denen die Mitgliederversammlung zu berufen ist, über die Form der Berufung und über die Beurkundung der Beschlüsse.

§ 59 Anmeldung zur Eintragung

(1) Der Vorstand hat den Verein zur Eintragung anzumelden.

(2) Der Anmeldung sind beizufügen:

1. die Satzung in Urschrift und Abschrift,
2. eine Abschrift der Urkunden über die Bestellung des Vorstands.

(3) Die Satzung soll von mindestens sieben Mitgliedern unterzeichnet sein und die Angabe des Tages der Errichtung enthalten.

§ 60 Zurückweisung der Anmeldung

(1) Die Anmeldung ist, wenn den Erfordernissen der §§ 56 bis 59 nicht genügt ist, von dem Amtsgericht unter Angabe der Gründe zurückzuweisen.

(2) (weggefallen)

§§ 61 bis 63

(weggefallen)

§ 64 Inhalt der Vereinsregistereintragung

Bei der Eintragung sind der Name und der Sitz des Vereins, der Tag der Errichtung der Satzung, die Mitglieder des Vorstands und ihre Vertretungsmacht anzugeben.

§ 65 Namenszusatz

Mit der Eintragung erhält der Name des Vereins den Zusatz „eingetragener Verein".

§ 66 Bekanntmachung

(1) Das Amtsgericht hat die Eintragung durch das für seine Bekanntmachungen bestimmte Blatt zu veröffentlichen.

(2) Die Urschrift der Satzung ist mit der Bescheinigung der Eintragung zu versehen und zurückzugeben. Die Abschrift wird von dem Amtsgericht beglaubigt und mit den übrigen Schriftstücken aufbewahrt.

§ 67 Änderung des Vorstands

(1) Jede Änderung des Vorstands ist von dem Vorstand zur Eintragung anzumelden. Der Anmeldung ist eine Abschrift der Urkunde über die Änderung beizufügen.

(2) Die Eintragung gerichtlich bestellter Vorstandsmitglieder erfolgt von Amts wegen.

§ 68 Vertrauensschutz durch Vereinsregister

Wird zwischen den bisherigen Mitgliedern des Vorstands und einem Dritten ein Rechtsgeschäft vorgenommen, so kann die Änderung des Vorstands dem Dritten nur entgegengesetzt werden, wenn sie zur Zeit der Vornahme des Rechtsgeschäfts im Vereinsregister eingetragen oder dem Dritten bekannt ist. Ist die Änderung eingetragen, so braucht der Dritte sie nicht gegen sich gelten zu lassen, wenn er sie nicht kennt, seine Unkenntnis auch nicht auf Fahrlässigkeit beruht.

§ 69 Nachweis des Vereinsvorstands

Der Nachweis, dass der Vorstand aus den im Register eingetragenen Personen besteht, wird Behörden gegenüber durch ein Zeugnis des Amtsgerichts über die Eintragung geführt.

§ 70 Beschränkung der Vertretungsmacht; Beschlussfassung

Die Vorschriften des § 68 gelten auch für Bestimmungen, die den Umfang der Vertretungsmacht des Vorstands beschränken oder die Beschlussfassung des Vorstands abweichend von der Vorschrift des § 28 Abs. 1 regeln.

§ 71 Änderungen der Satzung

(1) Änderungen der Satzung bedürfen zu ihrer Wirksamkeit der Eintragung in das Vereinsregister. Die Änderung ist von dem Vorstand zur Eintragung anzumelden. Der Anmeldung ist der die Änderung enthaltende Beschluss in Urschrift und Abschrift beizufügen.

(2) Die Vorschriften der §§ 60, 64 und des § 66 Abs. 2 finden entsprechende Anwendung.

§ 72 Bescheinigung der Mitgliederzahl

Der Vorstand hat dem Amtsgericht auf dessen Verlangen jederzeit eine von ihm vollzogene Bescheinigung über die Zahl der Vereinsmitglieder einzureichen.

§ 73 Unterschreiten der Mindestmitgliederzahl

(1) Sinkt die Zahl der Vereinsmitglieder unter drei herab, so hat das Amtsgericht auf Antrag des Vorstands und, wenn der Antrag nicht binnen drei Monaten gestellt wird, von Amts wegen nach Anhörung des Vorstands dem Verein die Rechtsfähigkeit zu entziehen.

(2) (weggefallen)

§ 74 Auflösung

(1) Die Auflösung des Vereins sowie die Entziehung der Rechtsfähigkeit ist in das Vereinsregister einzutragen. Im Falle der Eröffnung des Insolvenzverfahrens unterbleibt die Eintragung.

(2) Wird der Verein durch Beschluss der Mitgliederversammlung oder durch den Ablauf der für die Dauer des Vereins bestimmten Zeit aufgelöst, so hat der Vorstand die Auflösung zur Eintragung anzumelden. Der Anmeldung ist im ersteren Fall eine Abschrift des Auflösungsbeschlusses beizufügen.

(3) Wird dem Verein auf Grund des § 43 die Rechtsfähigkeit entzogen, so erfolgt die Eintragung auf Anzeige der zuständigen Behörde.

§ 75 Eröffnung des Insolvenzverfahrens

Die Eröffnung des Insolvenzverfahrens ist von Amts wegen einzutragen. Das Gleiche gilt für

1. die Aufhebung des Eröffnungsbeschlusses,
2. die Bestellung eines vorläufigen Insolvenzverwalters, wenn zusätzlich dem Schuldner ein allgemeines Verfügungsverbot auferlegt oder angeordnet wird, dass Verfügungen

des Schuldners nur mit Zustimmung des vorläufigen Insolvenzverwalters wirksam sind, und die Aufhebung einer derartigen Sicherungsmaßnahme,

3. die Anordnung der Eigenverwaltung durch den Schuldner und deren Aufhebung sowie die Anordnung der Zustimmungsbedürftigkeit bestimmter Rechtsgeschäfte des Schuldners,
4. die Einstellung und die Aufhebung des Verfahrens und
5. die Überwachung der Erfüllung eines Insolvenzplans und die Aufhebung der Überwachung.

§ 76 Eintragung der Liquidatoren

(1) Die Liquidatoren sind in das Vereinsregister einzutragen. Das Gleiche gilt von Bestimmungen, welche die Beschlussfassung der Liquidatoren abweichend von der Vorschrift des § 48 Abs. 3 regeln.

(2) Die Anmeldung hat durch den Vorstand, bei späteren Änderungen durch die Liquidatoren zu erfolgen. Bei der Anmeldung ist der Umfang der Vertretungsmacht der Liquidatoren anzugeben. Der Anmeldung der durch Beschluss der Mitgliederversammlung bestellten Liquidatoren ist eine Abschrift des Beschlusses, der Anmeldung einer Bestimmung über die Beschlussfassung der Liquidatoren eine Abschrift der die Bestimmung enthaltenden Urkunde beizufügen.

(3) Die Eintragung gerichtlich bestellter Liquidatoren geschieht von Amts wegen.

§ 77 Form der Anmeldungen

Die Anmeldungen zum Vereinsregister sind von den Mitgliedern des Vorstands sowie von den Liquidatoren mittels öffentlich beglaubigter Erklärung zu bewirken.

§ 78 Festsetzung von Zwangsgeld

(1) Das Amtsgericht kann die Mitglieder des Vorstands zur Befolgung der Vorschriften des § 67 Abs. 1, des § 71 Abs. 1, des § 72, des § 74 Abs. 2 und des § 76 durch Festsetzung von Zwangsgeld anhalten.

(2) In gleicher Weise können die Liquidatoren zur Befolgung der Vorschriften des § 76 angehalten werden.

§ 79 Einsicht in das Vereinsregister

(1) Die Einsicht des Vereinsregisters sowie der von dem Verein bei dem Amtsgericht eingereichten Schriftstücke ist jedem gestattet. Von den Eintragungen kann eine Abschrift gefordert werden; die Abschrift ist auf Verlangen zu beglaubigen. Werden die Schriftstücke nach § 55a Abs. 5 aufbewahrt, so kann eine Abschrift nur von der Wiedergabe gefordert werden. Die Abschrift ist auf Verlangen zu beglaubigen. Eine Einsicht in das Original ist nur gestattet, wenn ein berechtigtes Interesse an der Einsicht darin dargelegt wird.

(2) Die Einrichtung eines automatisierten Verfahrens, das die Übermittlung von Daten aus maschinell geführten Vereinsregistern durch Abruf ermöglicht, ist zulässig, wenn sichergestellt ist, dass

1. der Abruf von Daten die zulässige Einsicht nach Absatz 1 nicht überschreitet und
2. die Zulässigkeit der Abrufe auf der Grundlage einer Protokollierung kontrolliert werden kann.

Die Länder können für das Verfahren ein länderübergreifendes elektronisches Informations- und Kommunikationssystem bestimmen.

(3) Der Nutzer ist darauf hinzuweisen, dass er die übermittelten Daten nur zu Informationszwecken verwenden darf. Die zuständige Stelle hat (z. B. durch Stichproben) zu prüfen, ob sich Anhaltspunkte dafür ergeben, dass die nach Satz 1 zulässige Einsicht überschritten oder übermittelte Daten missbraucht werden.

(4) Die zuständige Stelle kann einen Nutzer, der die Funktionsfähigkeit der Abrufeinrichtung gefährdet, die nach Absatz 3 Satz 1 zulässige Einsicht überschreitet oder übermittelte Daten missbraucht, von der Teilnahme am automatisierten Abrufverfahren ausschließen; dasselbe gilt bei drohender Überschreitung oder drohendem Missbrauch.

(5) Zuständige Stelle ist die Landesjustizverwaltung. Örtlich zuständig ist die Behörde, in deren Bezirk das betreffende Amtsgericht liegt. Die Zuständigkeit kann durch Rechtsverordnung der Landesregierung abweichend geregelt werden. Sie kann diese Ermächtigung durch Rechtsverordnung auf die Landesjustizverwaltung übertragen. Die Länder können auch die Übertragung der Zuständigkeit auf die zuständige Stelle eines anderen Landes vereinbaren.

Untertitel 2
Stiftungen

§ 80 Entstehung einer rechtsfähigen Stiftung

(1) Zur Entstehung einer rechtsfähigen Stiftung sind das Stiftungsgeschäft und die Anerkennung durch die zuständige Behörde des Landes erforderlich, in dem die Stiftung ihren Sitz haben soll.

(2) Die Stiftung ist als rechtsfähig anzuerkennen, wenn das Stiftungsgeschäft den Anforderungen des § 81 Abs. 1 genügt, die dauernde und nachhaltige Erfüllung des Stiftungszwecks gesichert erscheint und der Stiftungszweck das Gemeinwohl nicht gefährdet.

(3) Vorschriften der Landesgesetze über kirchliche Stiftungen bleiben unberührt. Das gilt entsprechend für Stiftungen, die nach den Landesgesetzen kirchlichen Stiftungen gleichgestellt sind.

§ 81 Stiftungsgeschäft

(1) Das Stiftungsgeschäft unter Lebenden bedarf der schriftlichen Form. Es muss die verbindliche Erklärung des Stifters enthalten, ein Vermögen zur Erfüllung eines von ihm vorgegebenen Zweckes zu widmen. Durch das Stiftungsgeschäft muss die Stiftung eine Satzung erhalten mit Regelungen über

1. den Namen der Stiftung,
2. den Sitz der Stiftung,
3. den Zweck der Stiftung,
4. das Vermögen der Stiftung,
5. die Bildung des Vorstands der Stiftung.

Genügt das Stiftungsgeschäft den Erfordernissen des Satzes 3 nicht und ist der Stifter verstorben, findet § 83 Satz 2 bis 4 entsprechende Anwendung.

(2) Bis zur Anerkennung der Stiftung als rechtsfähig ist der Stifter zum Widerruf des Stiftungsgeschäfts berechtigt. Ist die Anerkennung bei der zuständigen Behörde beantragt, so kann der Widerruf nur dieser gegenüber erklärt werden. Der Erbe des Stifters ist zum Widerruf nicht berechtigt, wenn der Stifter den Antrag bei der zuständigen Behörde gestellt oder im Falle der notariellen Beurkundung des Stiftungsgeschäfts den Notar bei oder nach der Beurkundung mit der Antragstellung betraut hat.

§ 82 Übertragungspflicht des Stifters

Wird die Stiftung als rechtsfähig anerkannt, so ist der Stifter verpflichtet, das in dem Stiftungsgeschäft zugesicherte Vermögen auf die Stiftung zu übertragen. Rechte, zu deren Übertragung der Abtretungsvertrag genügt, gehen mit der Anerkennung auf die Stiftung über, sofern nicht aus dem Stiftungsgeschäft sich ein anderer Wille des Stifters ergibt.

§ 83 Stiftung von Todes wegen

Besteht das Stiftungsgeschäft in einer Verfügung von Todes wegen, so hat das Nachlassgericht dies der zuständigen Behörde zur Anerkennung mitzuteilen, sofern sie nicht von dem Erben oder dem Testamentsvollstrecker beantragt wird. Genügt das Stiftungsgeschäft nicht den Erfordernissen des § 81 Abs. 1 Satz 3, wird der Stiftung durch die zuständige Behörde vor der Anerkennung eine Satzung gegeben oder eine unvollständige Satzung ergänzt; dabei soll der Wille des Stifters berücksichtigt werden. Als Sitz der Stiftung gilt, wenn nicht ein anderes bestimmt ist, der Ort, an welchem die Verwaltung geführt wird. Im Zweifel gilt der letzte Wohnsitz des Stifters im Inland als Sitz.

§ 84 Anerkennung nach Tod des Stifters

Wird die Stiftung erst nach dem Tode des Stifters als rechtsfähig anerkannt, so gilt sie für die Zuwendungen des Stifters als schon vor dessen Tod entstanden.

§ 85 Stiftungsverfassung

Die Verfassung einer Stiftung wird, soweit sie nicht auf Bundes- oder Landesgesetz beruht, durch das Stiftungsgeschäft bestimmt.

§ 86 Anwendung des Vereinsrechts

Die Vorschriften der §§ 23 und 26, des § 27 Abs. 3 und der §§ 28 bis 31, 42 finden auf Stiftungen entsprechende Anwendung, die Vorschriften des § 27 Abs. 3 und des § 28 Abs. 1 jedoch nur insoweit, als sich nicht aus der Verfassung, insbesondere daraus, dass die Verwaltung der Stiftung von einer öffentlichen Behörde geführt wird, ein anderes ergibt. Die Vorschriften des § 28 Abs. 2 und des § 29 finden auf Stiftungen, deren Verwaltung von einer öffentlichen Behörde geführt wird, keine Anwendung.

§ 87 Zweckänderung; Aufhebung

(1) Ist die Erfüllung des Stiftungszwecks unmöglich geworden oder gefährdet sie das Gemeinwohl, so kann die zuständige Behörde der Stiftung eine andere Zweckbestimmung geben oder sie aufheben.

(2) Bei der Umwandlung des Zweckes soll der Wille des Stifters berücksichtigt werden, insbesondere soll dafür gesorgt werden, dass die Erträge des Stiftungsvermögens dem Personenkreis, dem sie zustatten kommen sollten, im Sinne des Stifters erhalten bleiben. Die Behörde kann die Verfassung der Stiftung ändern, soweit die Umwandlung des Zweckes es erfordert.

(3) Vor der Umwandlung des Zweckes und der Änderung der Verfassung soll der Vorstand der Stiftung gehört werden.

§ 88 Vermögensanfall

Mit dem Erlöschen der Stiftung fällt das Vermögen an die in der Verfassung bestimmten Personen. Fehlt es an einer Bestimmung der Anfallberechtigten, so fällt das Vermögen an den Fiskus des Landes, in dem die Stiftung ihren Sitz hatte, oder an einen anderen nach dem Recht dieses Landes bestimmten Anfallberechtigten. Die Vorschriften der §§ 46 bis 53 finden entsprechende Anwendung.

[...]

§ 259 Umfang der Rechenschaftspflicht

(1) Wer verpflichtet ist, über eine mit Einnahmen oder Ausgaben verbundene Verwaltung Rechenschaft abzulegen, hat dem Berechtigten eine die geordnete Zusammenstellung der Einnahmen oder der Ausgaben enthaltende Rechnung mitzuteilen und, soweit Belege erteilt zu werden pflegen, Belege vorzulegen.

(2) Besteht Grund zu der Annahme, dass die in der Rechnung enthaltenen Angaben über die Einnahmen nicht mit der erforderlichen Sorgfalt gemacht worden sind, so hat der Verpflichtete auf Verlangen zu Protokoll an Eides statt zu versichern, dass er nach bestem Wissen die Einnahmen so vollständig angegeben habe, als er dazu imstande sei.

(3) In Angelegenheiten von geringer Bedeutung besteht eine Verpflichtung zur Abgabe der eidesstattlichen Versicherung nicht.

8 Rechtsprechung

- Ihre Rechtsgrundlagen zum Nachschlagen -

Inhaltsverzeichnis

8

8 Rechtsprechung

8.1 Mitgliedsbeiträge – Steuerpflicht – sportliche Veranstaltungen

Udo Bungert

BFH v. 11.10.2007, V R 69/06, Vorinstanz FG Rheinland Pfalz v. 09.11.2006

Leitsätze

1. Ein Golf-Club, der seinen Mitgliedern die vereinseigenen Golfanlagen zur Nutzung überlässt, führt damit keine „sportliche Veranstaltung" i. S. v. § 4 Nr. 22 Buchst. b UStG 1999 durch.
2. Mitgliedsbeiträge und Aufnahmegebühren können Entgelt für Leistungen eines Sportvereins an seine Mitglieder sein.

Sachverhalt

Streitig ist, ob einem Golf-Club die Vorsteuern aus den Rechnungen für die Jahre 2000 und 2001 zustehen.

Der Golf-Club wurde als eingetragener Verein am 29.09.1999 gegründet. Vereinszweck ist laut Satzung: Pflege und Förderung des Golfsports durch Abhalten von geordnetem Spielbetrieb, Ausbildung von Übungsleitern, Einführung und Ausbildung von Jugendlichen und Erwachsenen zur Ausübung des Sports, Teilnahme an regionalen und überregionalen

Verbandsspielen sowie Ausrichtung von Turnieren und Wettkämpfen. Dem Verein wurde am 14.12.2000 die vorläufige und am 28.11.2001 die endgültige Freistellungsbescheinigung erteilt.

In den Jahren 2000 bis 2002 errichtete der Kläger die ersten neun Bahnen einer 18-Lochanlage. Der Verein erklärte die Mitgliedsbeiträge, die Aufnahmegebühren und die Gebühren für die Erteilung des Unterrichts für steuerpflichtig. Gleichzeitig zog er die Vorsteuern aus den Kosten für die Errichtung der Golfanlage in Höhe von ca. 320.000 DM ab.

Nach einer Umsatzsteuersonderprüfung erließ das Finanzamt auf 0 DM lautende Umsatzsteuerbescheide.

Hiergegen richtet sich die Klage und die Revision.

Entscheidungsgründe

Die Revision hatte Erfolg. Die Vorsteuer kann geltend gemacht werden.

Nach § 15 Abs. 1 Nr. 1 UStG kann der Unternehmer die in den Rechnungen für sein Unternehmen ausgewiesenen Vorsteuern geltend machen. Ausgeschlossen ist der Vorsteuerabzug, wenn es sich bei den Leistungen des Unternehmers um steuerfreie Leistungen handelt.

Bei den Leistungen des Golf-Clubs handelt es sich weder um steuerfreie Leistungen aus sportlichen Veranstaltungen nach § 4 Nr. 22 Buchst. b UStG noch um Grundstücksüberlassung nach § 4 Nr. 12 Buchst. a UStG.

Wie der EuGH mit Urteil Kennemer Golf in Slg. 202, I-3293 entschieden hat, können Jahresbeiträge der Mitglieder eines Sportvereins die Gegenleistung für die von einem Verein erbrachten Dienstleistungen sein. Es kommt dabei auch nicht darauf an, dass die Mitglieder die Dienstleistungen tatsächlich in Anspruch nehmen. Bei Sportvereinen besteht somit ein unmittelbarer Zusammenhang zwischen der Leistung des Vereins, den Mitgliedern Vorteile wie die Nutzung der Sportanlagen zur Verfügung zu stellen, und den Mitgliedsbeiträgen.

Im Streitfall hat der Kläger die Mitgliedsbeiträge und wohl auch Aufnahmegebühren für die Überlassung der Nutzung bzw. die dauerhafte Zurverfügungstellung der Golfanlage erhalten.

Keine sportlichen Veranstaltungen

Nach Ansicht des BFH handelt es sich nicht um steuerfreie sportliche Veranstaltungen im Sinne des § 4 Nr. 22 UStG. Danach erfolgt eine Freistellung, soweit das Entgelt in Teilnahmegebühren besteht.

Sportliche Veranstaltung ist eine organisatorische Maßnahme eines Sportvereins, die es Sportlern ermöglicht, Sport zu treiben. Die untere Grenze der sportlichen Veranstaltung ist erst unterschritten, wenn die Maßnahme lediglich eine Nutzungsüberlassung von Sportgegenständen bzw. -anlagen oder eine konkrete Dienstleistung wie z. B. die Beförderung zum Ort der sportlichen Betätigung oder eines spezielles Trainings für einzelne Sportler zum Gegenstand hat. Die **Vermietung von Sportstätten** (von kurzer Dauer) schafft **lediglich die Voraussetzungen für sportliche Veranstaltungen**. Dabei knüpft der umsatzsteuerliche Befreiungstatbestand an die Zweckbetriebseigenschaft nach § 67a AO an.

Keine Grundstücksvermietung

Auch die Umsatzsteuerbefreiung für Grundstücke greift nicht ein, denn nach der für die Beurteilung der Leistung maßgeblichen Sicht des Durchschnittsverbrauchers kommt es dem Benutzer einer Sportanlage in erster Linie darauf an, die beabsichtigte sportliche Betätigung mithilfe der dafür erforderlichen Vorrichtungen ausüben zu können. Der Leitungsgegenstand ist ein anderer, auch wenn regelmäßig das Grundstück / Gebäude wesentliche Voraussetzung für die darauf errichtete Sportanlage ist.

Der Vorsteuerabzug steht dem Verein dem Grunde nach damit zu. Es ist lediglich zu prüfen, ob es sich hier um alle Vereinsaktivitäten handelt oder ob auch noch weitere eventuell steuerfreie Leistungen mit erbracht worden sind, wonach der Vorsteuerabzug anteilig zu kürzen ist.

Erläuterungen

Die Entscheidung macht deutlich, dass selbst die Mitgliedsbeiträge nicht immer aus dem steuerpflichtigen Bereich herausfallen. Hier hat der Verein bewusst den Weg gewählt, die Mitgliedsbeiträge der Steuerpflicht zu unterstellen, um den enormen Vorteil der Vorsteuer gegenüber den Umsatzsteuern auf die Mitgliedsbeiträge zu erhalten.

Zukünftig müssen wir aber auch davon ausgehen, dass sich die Finanzverwaltung das Urteil zu eigen macht und prüft, ob nicht alle Mitgliedsbeiträge aus Sportvereinen der Umsatzsteuer unterliegen. Der BFH hat zwar kurz die Steuerbefreiung nach der EU-Richtlinie angesprochen, die eingreifen könnte, wenn sich der Verein darauf beruft, aber ausdrücklich offen gelassen, ob nicht ein Ausschlusstatbestand nach Art. 13 Teil A Abs. 2 der Richtlinie 77/388/EWG der Steuerfreiheit entgegensteht. Insoweit besteht also noch keine Rechtsklarheit.

Ergebnis der Entscheidung

Auch wenn nach EU-Recht eventuell die Möglichkeit besteht, eine Steuerbefreiung für die Umsatzsteuer zu erhalten, ergeben sich eventuell Probleme mit den Ertragsteuern.

Eine sportliche Veranstaltung liegt nur vor, wenn der Verein mehr macht, als das Grundstück mit den Vorrichtungen zu überlassen.

Da sportliche Veranstaltung Voraussetzung für einen Zweckbetrieb und damit für eine Befreiung nach dem Ertragsteuerrecht ist, muss die kurzfristige Überlassung von Sportgeräten und Anlagen an Mitglieder gegen Entgelt eigentlich dem steuerpflichtigen wirtschaftlichen Geschäftsbetrieb zugerechnet werden.

Welche Konsequenzen die Finanzverwaltung zukünftig aus dieser Entscheidung trifft, bleibt abzuwarten.

Für einen Verein kann es durchaus interessant sein, Einnahmen umsatzsteuerlich steuerpflichtig zu behandeln, wenn sich daraus entsprechende Vorsteueransprüche ergeben.

Nach dem Urteil besteht ein gewisses Wahlrecht, nach deutschem Recht steuerpflichtig oder nach EU-Recht steuerfrei, abzurechnen.

Von diesem Urteil ist jeder Sportverein betroffen, der seinen Mitgliedern gegen den Mitgliedsbeitrag Sportgeräte und Sportanlagen zur Verfügung stellt.

Sofern die Finanzverwaltung die Fragestellung bei Prüfungen aufgreift, kann es nicht nur um Umsatzsteuer, sondern auch um Körperschaft- und Gewerbesteuer gehen. Bei einer Änderung der bisherigen Rechtslage kann das Finanzamt auf alle offenen Jahre zurückgreifen und diese ändern. Daher kann eine Änderung in der Rechtsansicht für einige Vereine sehr teuer werden.

8.2 Durchlaufspende – Umfang des Vertrauensschutzes des Spenders auf die Spendenbescheinigung

Udo Bungert

BFH v. 05.04.2006, I R 20/05, Vorinstanz Niedersächsisches GG, 18.03.2004, 6 K 777/01

Leitsatz

Eine sogenannte Durchlaufspende ist nur dann abziehbar, wenn der Letztempfänger für denjenigen Veranlagungszeitraum, für den die Spende steuerlich berücksichtigt werden soll, wegen Gemeinnützigkeit von der Körperschaftsteuer befreit ist.

Sachverhalt

Die Klägerin ist eine GmbH. Diese wollte 1995 an einen Sportverein eine Spende leisten. Für eine derartige Spende sah die damalige Rechtslage vor, dass die Spende an die zuständige Gemeinde zu leisten war. Die Gemeinde stellte die Spendenbescheinigung aus und leitete das Geld an den Verein weiter.

Ein Scheck über 10.000 DM mit dem Zusatz „Spende zugunsten BSG G Sparte Fußball" wurde im Dezember 1995 an die Gemeinde übergeben. Die Gemeinde reichte den Scheck auch noch im Streitjahr an den Verein weiter.

Der Verein war zu diesem Zeitpunkt noch nicht als gemeinnützig anerkannt. Erst nach einer Satzungsänderung im Juni 1996 erteilte das Finanzamt am 13.08.1996 eine vorläufige Gemeinnützigkeitsbescheinigung.

Die Gemeinde erteilte eine auf den 19.09.1996 datierende Spendenbescheinigung, in der sie darauf hinwies, dass sie den Scheck, entgegen dem tatsächlichen Sachverhalt, erst nach Anerkennung der Gemeinnützigkeit an den Verein weiterreicht.

Die Finanzverwaltung erkannte die Spende nicht an, weil zum Zeitpunkt der Hingabe der Spende (Dezember 1995) der Verein nicht gemeinnützig war.

Die hiergegen von der GmbH erhobene Klage war in beiden Instanzen erfolglos.

Entscheidungsgründe

Allgemeine Grundsätze

Vertrauensschutz

Der Spendenabzug steht der GmbH weder nach allgemeinen Grundsätzen noch unter dem Gesichtspunkt des Vertrauensschutzes zu.

Die allgemeinen Grundsätze des Spendenabzugs nach dem Einkommensteuerrecht sind auf Körperschaften zumindest sinngemäß anzuwenden. Das betrifft sowohl die Frage der Voraussetzung des Spendenabzugs wie auch die Frage des Vertrauensschutzes.

Weist eine Bescheinigung einen Sachverhalt aus, bei dem ein Spendenabzug gegeben gewesen wäre, bestünde ein Vertrauensschutztatbestand auch für die GmbH. Nicht vom Vertrauensschutz erfasst sind hingegen die Fälle, in denen die Bescheinigung unrichtig, der ausgewiesene Sachverhalt aber ohnehin nicht zum Spendenabzug berechtigen würde. Ein Vertrauen auf einen ausgewiesenen Umstand, der ohnehin nicht zur begehrten Rechtsfolge - Spendenabzug - führen würde, kann die Rechtsfolge nicht herbeiführen.

Die Bescheinigung ist zwar insofern unrichtig, als sie besagt, dass die Spende erst im Anschluss auf die Erteilung der Gemeinnützigkeitsbescheinigung weitergeleitet würde. Tatsächlich ist der Scheck aber bereits im Streitjahr weitergeleitet worden, während die Bescheinigung des Finanzamts aber erst im Folgejahr erteilt wurde. Selbst wenn sich der Sachverhalt wie in der Bescheinigung beschrieben - Scheckweiterleitung erst in 1996 - zugetragen hätte, hätte dies nicht zu einem Spendenabzug in 1995 führen können. Auch enthielt die Bescheinigung keinen (falschen) Hinweis auf eine rückwirkende Freistellung ab 1995.

Soweit die Klägerin trotz der zutreffenden Angaben in der Bescheinigung hinsichtlich der Freistellungsbescheinigung darauf vertraut hat, dass die Spende abzugsfähig sei, handelt es sich dabei nicht um ein durch die Steuerbescheinigung ausgelöstes Vertrauen.

Auch aus der bloßen Entgegennahme der Spende durch die Gemeinde lässt sich kein Vertrauensschutz ableiten. Die Entgegennahme der Spende besagt nicht, dass der Verein spendenberechtigt ist. Darüber hinaus ist die Spendenbescheinigung auch erst später ausgestellt worden. Aus dem Sachverhalt ergeben sich keine Hinweise darauf, dass bei Scheckhingabe irgendwelche Erklärungen seitens der Mitarbeiter der Gemeinde abgegeben wurden, dass der Verein bereits als gemeinnützig anerkannt wurde.

Erläuterung

Auch wenn es sich bei diesem Sachverhalt um einen Spezialfall der Durchlaufspende handelt, zeigt er deutlich die „Tücken" der Spendenbescheinigung. Wird eine Spende in einem Zeitraum entgegengenommen, in dem noch keine Freistellungsbescheinigung erteilt ist, besteht das Risiko, dass der „Spender" später keinen Steuerabzug erhält, weil die tatsächliche Freistellungsbescheinigung erst ab einem späteren Zeitpunkt, in diesem Fall Anpassung der Satzung, greift. Eine rückwirkende Bescheinigung wird vom Finanzamt nur insoweit erteilt, wie die Voraussetzungen der Gemeinnützigkeit auch vorliegen.

Falsche Spendenbescheinigung

Aus einer falschen Spendenbescheinigung können sich zwei Konsequenzen ergeben:

Verweigerung des Spendenabzugs

- Ist die Spende nach dem bescheinigten Sachverhalt nicht abzugsfähig, erhält der Spender keinen Steuerabzug. Gerade wenn ein Vertrauenstatbestand bei der Entgegennahme der Spende durch die Körperschaft selbst entstanden ist, könnte sich die Frage einer Rückforderung durch den Spender stellen, da er davon ausgeht, dass er nach Spendenabzug wirtschaftlich erheblich weniger zahlt.

Spendenhaftung

- Weist die Bescheinigung einen falschen Sachverhalt aus, der zum Spendenabzug berechtigt, kann der Spender die Spende abziehen. Hier greift aber die persönliche Haftung der handelnden Personen ein.

Bei der Ausstellung von Spendenbescheinigungen sollte höchste Sorgfalt auf die formelle und inhaltliche Richtigkeit der Bescheinigung gelegt werden.

Wird einem Spender der Spendenabzug versagt, wird dies die letzte Spende sein, die er der Organisation gegeben hat.

Umgekehrt kann der zu oberflächliche Umgang mit Spendenbescheinigungen sehr schnell zur persönlichen Haftung des Ausstellers führen, da diese Haftungstatbestände im Gesetz direkt bei den Spendenvorschriften vorgesehen sind und nicht Haftungsgrund- und -höhe erst über die allgemeinen Haftungsvorschriften abgeleitet werden müssen.

8

8.3 Zweckbetrieb, Umsatzsteuer

Udo Bungert

BFH v. 19.02.2004, V R 39/02, Vorinstanz FG Düsseldorf v. 12.06.2002

Leitsätze

1. Das Einstellen und Betreuen von Pferden durch einen gemeinnützigen Verein ist nach § 12 Abs. 2 Nr. 8 Buchst. a UStG 1991/1993 ermäßigt zu besteuern, wenn die Umsätze im Rahmen eines Zweckbetriebs nach § 65 Abs. 1 AO 1977 erbracht werden und nicht umsatzsteuerfrei sind.

2. Der Steuerpflichtige kann sich vor dem FG unmittelbar auf Art 13 Teil A Abs. 1 Buchst. m der Richtlinie 77/388/EWG berufen.

Sachverhalt

Pensionspferdehaltung

Der Kläger ist ein eingetragener gemeinnütziger Verein, der neben seinen sportlichen und berufsständischen Aufgaben im Bereich des Pferdesports in den Jahren 1992 bis 1997 eine Pensionspferdehaltung betrieb.

Der Kläger übernahm neben der Stellung des Stellplatzes umfangreiche Pflegeleistungen. Der Beritt der Pferde wurde aber nur bei einzelnen Pferden durchgeführt.

Zusätzlich standen den Eigentümern der Pferde neben zwei Reithallen ein Dressurplatz, ein Springplatz mit diversen Hindernissen, eine Waschbox, zwei Waschplätze, eine Longierhalle und drei Sattelkammern oder abschließbare Schränke zur Verfügung.

Der Verein versteuerte seine Leistungen als landwirtschaftliche Leistungen mit dem ermäßigten Steuersatz für Tierzucht und Tierhaltung nach § 12 Abs. 2 Nr. 3 UStG. Der BFH hat am 21.01.2001 V R 41 /02 nach Jahrzehnten anderer Handhabung entschieden, dass es sich bei der Haltung von Reitpferden nicht um Landwirtschaft handelt, da weder Produktion durch Zucht im eigentlichen Sinne stattfindet noch dass die Pferde im Bereich der Landwirtschaft statt Maschinen eingesetzt werden (Rückepferde im Forstbetrieb oder andere Kaltblüter zur Bewirtschaftung der Felder).

Die Anwendung des ermäßigten Steuersatzes kommt daher nur noch dann in Betracht, wenn es sich bei der Pensionspferdehaltung um einen Zweckbetrieb handelt.

Entscheidungsgründe

Zunächst weist das Gericht darauf hin, dass sich durch die Entscheidung aus dem Januar die Rechtslage dahingehend geändert hat, dass es sich bei der Tätigkeit des Vereins nicht um Landwirtschaft handelt.

Der ermäßigte Steuersatz kann nur dann angewendet werden, wenn es sich um einen Zweckbetrieb und nicht um einen wirtschaftlichen Geschäftsbetrieb handelt.

Voraussetzungen

Die Voraussetzungen ergeben sich aus § 65 AO:

- Der Zweckbetrieb muss dazu dienen, den steuerbegünstigten satzungsmäßigen Zweck der Körperschaft zu verwirklichen.
- Der Zweck darf nur durch einen solchen Zweckbetrieb erreicht werden können.
- Der Betrieb darf zu anderen nicht begünstigten Geschäftsbetrieben nicht in größerem Umfang in Wettbewerb treten, als es bei Erfüllung der steuerbegünstigten Zwecke unvermeidbar ist.

Da die Vorinstanz diese Feststellungen nicht in der erforderlichen Tiefe getroffen hat, kann das Gericht nur theoretische Ausführungen machen.

Unentbehrliche und einzige Mittel

Der BFH hat bereits Zweifel, dass die zweite Voraussetzung erfüllt ist. Der Zweckbetrieb darf sich von der Verfolgung des steuerbegünstigten Zwecks nicht trennen lassen, vielmehr muss das unentbehrliche und einzige Mittel zur Erreichung des steuerbegünstigten Zwecks anzusehen sein (BFH v. 01.08.2002, V R 21/01).

Prüfkriterium: Satzung

Es stelle sich also die Frage, ob der Verein seine satzungsmäßigen Aufgaben auch ohne die Pensionspferdehaltung erfüllen könnte. Entscheidendes Prüfkriterium ist die Satzung.

Wettbewerbssituation

Bezüglich der Wettbewerbssituation ist eine konkrete Prüfung durchzuführen, welche Wettbewerber es vor Ort gibt. Insoweit kommt es auf den Einzugsbereich des Klägers an. Zudem ist der Kreis der Leistungsempfänger, die Ausgestaltung der jeweiligen vertraglichen Bedingung und die Höhe des Entgelts von Bedeutung. Daraus lässt sich dann klären, ob überhaupt ein anderer nicht steuerbegünstigter Betreiber die gegebene Nachfrage in ähnlicher Weise decken kann.

Unvermeidbarkeit

Darüber hinaus ist dann noch zu prüfen, ob der Eingriff in den Wettbewerb mit Rücksicht auf den verfolgten Zweck unvermeidbar ist.

EU-Richtlinie

Darüber hinaus stellt das Urteil klar, dass sich ein Steuerpflichtiger im Hinblick auf Vergünstigungen, die der deutsche Gesetzgeber nicht in das Umsatzsteuergesetz umgesetzt hat, direkt auf die EU-Richtlinie berufen kann. Hier handelt es sich konkret um „bestimmte im engen Zusammenhang mit Sport und Körperertüchtigung stehende Dienstleistungen, die Einrichtungen ohne Gewinnstreben an Personen erbringen, die Sport oder Körperertüchtigung ausüben.

Erläuterung

Das Urteil zeigt zum einen, wie sich die Rechtslage, auch in einem laufenden Verfahren, ändern kann. Über Jahre ist jede Art von Tierhaltung der Landwirtschaft zugeordnet worden, wenn bestimmte weitere Voraussetzungen über die Betriebsflächen pro Tier vorgelegen haben. Aus der zeitlichen Abfolge – Entscheidung im Januar 2004 zur Pferdehaltung und im Februar 2004 zum Reitsportverein – in einem bereits seit zwei Jahren beim BFH anhängigen Verfahren, führt zum einen vor Augen, dass es in allen noch offenen Verfahren immer auf die aktuelle Rechtslage ankommt, und zum anderen, dass derartige Klageverfahren von einer Vielzahl anderer Prozesse abhängig sind, die mit dem eigenen Verfahren nichts zu tun haben.

Auch der zeitliche Ablauf eines derartigen Verfahrens ist erschreckend. Der BFH verweist im Jahr 2004 ein Verfahren an das FG zurück, in dem über die Jahre 1992 bis 1997 entschieden wird. Sofern es zur Anwendung der allgemeinen Steuer kommt, muss der Verein für mehr als zwölf Jahre Steuern nachzahlen. Ohne Zinsen unterhalten wir uns über eine Größenordnung von einem Jahresumsatz, unter Berücksichtigung der Zinsen kommen nochmals ca. 50 % hinzu. Das bedeutet häufig das Ende einer gemeinnützigen Körperschaft. Der klagende Verein befand sich inzwischen in Liquidation.

Wesentlich ist die Entscheidung auch für die Beurteilung der Voraussetzungen eines Zweckbetriebs. Ein Reiter wäre davon ausgegangen, dass ein Verein, der die Gelegenheit zum Reiten mit einer entsprechend ausgestatteten Anlage bietet, auch Boxen zum Einstellen der Pferde zur Verfügung stellen muss. Die Entscheidungen der Finanzgerichte gehen hier aber einen Schritt weiter und fragen, ob es nicht für das Einstellen entsprechende Alternativangebote bei örtlichen Bauern gibt. Aus der Entscheidung ergibt sich damit, dass nicht alles, was nützlich ist, unter die Kategorie Zweckbetrieb fällt, sondern nur das, was unumgänglich notwendig ist.

Bei einem Reitsportverein mit der Konkurrenz von örtlichen Bauern fällt der Zweckbetrieb für das Einstellen weg. Wenn die eigentlichen Reiteinrichtungen nicht in einer ähnlichen Konkurrenzsituation stehen, können diese als Zweckbetrieb weitergeführt werden. Die Gebühren sind aufzuteilen und den beiden Betriebsbereichen zuzurechnen.

Zweckbetriebe sind ertragsteuerfrei und umsatzsteuerbegünstigt. Der Gesetzgeber will mit den Voraussetzungen des § 65 AO erreichen, dass normale gewerbliche Betriebe nicht unter dem Konkurrenzdruck der Steuerbefreiten in Insolvenz gehen. Daher werden die Voraussetzungen von den Gerichten immer weiter konkretisiert und verschärft.

Wer im Rahmen einer steuerbegünstigten Organisation einen Zweckbetrieb einrichten will, sollte diesen Betrieb über Alleinstellungsmerkmale so ausgestalten, dass diese Leistungen von steuerpflichtigen Konkurrenten nicht erbracht werden können.

Im weiteren Leben der steuerbegünstigten Organisation kann es dann aber nicht dabei bleiben, dass der Betrieb einfach fortgeführt wird. Vielmehr müssen die eigene Leistung und die Konkurrenzsituation immer wieder überprüft werden, um ggf. den Schritt vom Zweckbetrieb zum wirtschaftlichen Geschäftsbetrieb und umgekehrt zu gehen, wenn sich die Rahmenbedingungen geändert haben.

Aus Fehlern entstehende Steuernachforderungen können von der Organisation meist nicht aufgefangen werden und führen fast zwangsläufig zur Insolvenz.

8.4 Mitgliederhaftung

Udo Bungert

BGH v. 10.12.2007, II ZR 239/05 Vorinstanz OLG Dresden (Kolpingwerk)

Leitsätze

Zur Frage der Durchgriffshaftung von Mitgliedern eines eingetragenen Vereins.

1. Für die Verbindlichkeiten eines eingetragenen Vereins haftet regelmäßig nur dieser selbst und nicht die hinter ihm stehenden Vereinsmitglieder.

2. Eine Durchbrechung dieses Trennungsgrundsatzes ist nur ausnahmsweise dann zulässig, wenn die Ausnutzung der rechtlichen Verschiedenheit zwischen der juristischen Person und den hinter ihr stehenden natürlichen Personen rechtsmissbräuchlich ist (sogenannte Durchgriffshaftung).

3. Bei einer zweckwidrigen Überschreitung des Nebenzweckprivilegs durch wirtschaftliche Betätigung des eingetragenen Idealvereins sind die gesetzlichen Sanktionen der Amtslöschung gem. §§ 159, 142 FGG und der behördlichen Entziehung der Rechtsfähigkeit nach § 43 Abs. 2 BGB sowie der durch sie bewirkte mittelbare Zwang zu dessen Auflösung und Umwandlung nach derzeitiger Gesetzeslage grundsätzlich zum Schutz des Rechtsverkehrs ausreichend.

8

4. Für die zusätzliche Sanktion einer (rückwirkenden) persönlichen Durchgriffshaftung der Mitglieder eines eingetragenen Idealvereins wegen Duldung bzw. Nichtverhinderung einer Überschreitung des Nebenzweckprivilegs ist schon wegen Fehlens der regelungsbedürftigen Gesetzeslücke kein Raum.

Sachverhalt

Die Parteien streiten über die Haftung der Beklagten für Ansprüche, die der Klägerin aus einem mit dem in die Insolvenz gefallenen Kolping- Bildungswerk Sachsen e. V. (KBS e. V.) geschlossenen Leasingvertrag wegen ausstehender und entgangener Leasingzahlungen angeblich zustehen.

Zum satzungsmäßigen Zweck des als gemeinnütziger e. V. konzipierten KBS e. V. gehören u. a. die Durchführung von Maßnahmen der beruflichen und berufsbezogenen Bildung, Maßnahmen der offenen Jugend- und Erwachsenenbildung sowie die Einrichtung von Bildungszentren und Jugendwohnheimen.

Zu den Mitgliedern gehören u. a. die Vorsitzenden und Diözesanpräsides der Beklagten zu drei und fünf sowie jeweils zwei weitere Mitglieder, die vom Vorstand der Beklagten zu drei und fünf benannt werden. Der KBS e. V. entwickelte sich zu einem der größten Anbieter staatlich geförderter Maßnahmen zur beruflichen Ausbildung in Sachsen und erweiterte gleichzeitig sein Betätigungsfeld. 1996 fand eine Neuorganisation statt, bei der die einzelnen aktiven Tätigkeiten auf GmbHs ausgelagert und dem Verein eine reine

Holdingfunktion zugewiesen wurde. Zuletzt hatte der Verein mehr als 25 Tochter- und Enkelgesellschaften.

1994 erwarb eine Tochtergesellschaft ein Schloss und gewährte der Klägerin ein 40-jähriges Erbbaurecht. Eine andere Tochtergesellschaft des KBS e. V. wurde von der Klägerin mit dem Umbau beauftragt. Schließlich leaste der Verein das Schloss mit einer Leasingrate von 83.297,97 DM monatlich von der Klägerin.

Mit ähnlichen Konzepten wurden noch eine Reihe weiterer Großprojekte durchgeführt. Der auf wirtschaftliche Tätigkeiten des Konzerns entfallende Umsatz belief sich auf ca. 30 Mio. DM.

Im Mai 2000 konnte der Verein die Zahlungen nicht mehr leisten.

Entscheidungsgründe

Im Gegensatz zum nicht wirtschaftlichen Verein nach § 21 BGB, der durch Eintragung Rechtsfähigkeit erlangt, erlangt der wirtschaftliche Verein nach § 22 BGB Rechtsfähigkeit erst kraft staatlicher Verleihung. Bei der vom Kolpingwerk gebildeten Konzernstruktur mit einem Jahresumsatz von mehr als 30 Mio. DM aus wirtschaftlicher Tätigkeit ist die Grenze zum wirtschaftlichen Verein bei Weitem überschritten. Hinzu kommt, dass der Verein über die Tochtergesellschaften sich aktiv an der Bau- und Immobilienwirtschaft beteiligt hat, was mit dem wirtschaftlichen Nebenzweck eines gemeinnützigen Vereins nichts zu tun hat.

Die Zahlungsunfähigkeit des KBS e.V. war auch nicht durch das eigentliche Bildungsgeschäft, sondern durch den Umfang der wirtschaftlichen Aktivitäten verursacht.

Wäre diese Struktur von Anfang an bekannt gewesen, hätte der Verein nicht als e.V. eingetragen, sondern hätte nur als wirtschaftlicher Verein kraft Verleihung Rechtsfähigkeit erlangen können.

Im Gegensatz zu den meisten anderen Vereinen bestand hier die Besonderheit, dass die Mitglieder des Vereins aus einem kleinen Kreis von kirchennahen Personen kamen, die bewusst die Entwicklung des Vereins vom e.V. zum faktischen wirtschaftlichen Verein gefördert haben. Sie waren im Gegensatz zu den meisten anderen Vereinen neben dem Vorstand in die Geschäftsführung eingebunden.

Daher hatte die Vorinstanz auch in diesem Fall entschieden, dass auch die Mitglieder des Vereins haften, wenn sie aktiv den als e.V. gegründeten Verein so umstrukturieren, dass daraus ein Wirtschaftsunternehmen und damit faktisch ein wirtschaftlicher Verein entsteht.

Demgegenüber stellt der BGH fest, dass die Mitglieder eines Vereins grundsätzlich nicht haften.

Nach der Gesetzessystematik wäre es den Geschäftspartnern eines eingetragenen Vereins klar, dass der Verein, ebenso wie eine Kapitalgesellschaft, nur mit dem Vereinsvermögen haftet. Daher wäre der Geschäftspartner auch nicht schutzwürdig. Hier reichen die Eintragung und das entsprechende Auftreten im Geschäftsverkehr als e.V. aus.

Verändere sich der nicht wirtschaftliche e.V. zum wirtschaftlichen Verein, hätte der Staat genug Eingriffsmöglichkeiten, indem der Status als e.V. entzogen wird.

Zu einer Durchbrechung dieses Trennungsprinzips und damit einer Haftung der Mitglieder komme es nur dann, wenn die Ausnutzung der rechtlichen Verschiedenheit zwischen juristischer Person und den hinter ihr stehenden natürlichen Personen rechtsmissbräuchlich ist. Die Schwelle wird hier sehr hoch angesetzt. Bei dem KBS e.V. bestanden weder von Anfang an Bonitätsprobleme, die der Klägerin treuwidrig verschleiert worden waren, noch fanden rechtsmissbräuchliche Vermögensverschiebungen im Konzern oder eine vergleichbare Ausnutzung von Konzernstrukturen zulasten der Gläubiger statt, geschweige denn eine den Mitgliedern zuzurechnende Veranlassung. Hinzu kam, dass die Klägerin als an den Bauaktivitäten Beteiligte erkennen konnte, dass der Verein derart große wirtschaftliche Aktivitäten entfaltet hat.

Auch das Nichteinschreiben der Mitglieder oder ggf. sogar faktischen Mitglieder in die Entwicklung des Vereins führt zu keiner Haftung.

Insbesondere bereite die Vereinsstruktur mit einem grundsätzlich wechselnden Mitgliederbestand Probleme dahingehend, wie eine Haftung, insbesondere der später eingetretenen Mitglieder, für Handlungen vor dem Beitritt geregelt werden soll.

Dabei hat der BGH die Frage, ob bei einem Verein so wie bei einer GmbH zu entscheiden gewesen wäre (hierzu BGH v. 14.11.2005, II ZR 178/03), wenn eine Vermögensvermischung zwischen den Mitgliedern und dem Vereinsvermögen stattgefunden hätte, ausdrücklich ausgeklammert. Hier könnte es durchaus zu einer Haftung kommen, wenn ein Mitglied aus dem Vereinsvermögen persönliche Vorteile gezogen hätte. Dies sind die Fälle des „Sich-selbst-Bedienens", die zu einer Haftung nach § 826 BGB führen.

Interessant ist, dass der BGH auch auf die Frage der Haftung eines „faktischen Vorstands" eingeht, hier aber im Ergebnis verneint. Daher könnten wohl „auch faktische" Vorstandsmitglieder echten Vorstandsmitgliedern gleichgestellt werden.

Ergebnis

Wenn die Mitglieder nicht „in die Kasse greifen", sind Sie von der Haftung freigestellt.

Dies bedeutet für Vorstände eines Vereins jedoch ein erhöhtes Risiko.

Da der Vorstand dem Verein nach Auftragsrecht für seine Tätigkeit haftet und dabei an Gesetz und Satzung gebunden ist, haftet er dem Verein, wenn er diese Vorgaben nicht einhält.

Da das Urteil alle Verantwortung von den Mitgliedern genommen hat, muss der Vorstand sein Handeln in eigener Verantwortung prüfen, selbst wenn er von der Mitgliederversammlung Vorgaben erhalten hat, die sich gegen die Satzung oder gar gegen gesetzliche Vorgaben richten, um nicht hinterher dem Verein persönlich haften zu müssen.

8.5 Einzugsermächtigung

Udo Bungert

BGH v. 29.05.2008, II ZR 330/07 Vorinstanz OLG Karlsruhe

Leitsätze

Die in einem Mitgliedvertrag für ein Sportstudio formularmäßig verwendete Klausel: „Das Mitglied erteilt dem Studio ...., soweit keine Überweisung vereinbart ist, bis auf Widerruf die Berechtigung, den Beitrag per Bankeinzug monatlich abzubuchen" ist grundsätzlich als eine zulässige Vereinbarung einer Einzugsermächtigung zu verstehen.

Sachverhalt

Der Kläger ist ein rechtsfähiger Verbraucherverband. Die Beklagte ist Betreiberin eines Sportstudios. Der Kläger verlangt von der Beklagten, es zu unterlassen, eine bestimmte Klausel in ihren vorformulierten Mitgliedsbedingungen zu verwenden. Die hier streitige Klausel 10 enthält folgende Regelung:

„Das Mitglied erteilt dem Studio ...., soweit keine Überweisung vereinbart wird, bis auf Widerruf die Berechtigung, den Beitrag per Bankeinzug monatlich abzubuchen."

In der nachfolgenden Ziffer 11 ist die Angabe der maßgeblichen Konto- und Bankdaten des Kunden vorgesehen.

Nach Ansicht des Klägers ist die Klausel rechtswidrig, da sie gegen § 307 Abs. 1 und Abs. 2 Nr. 1 BGB verstoße. Aus der Verwendung des Wortes „abzubuchen" ergebe sich aus Sicht des Kunden die Zustimmung zur Teilnahme zu dem für ihn nachteiligen Abbuchungsverfahren. Darin liege eine unangemessene Benachteiligung des Vertragspartners.

Entscheidungsgründe

Ebenso wie der Verein, der mit dem Eintreiben seiner Mitgliedsbeiträge viel Aufwand hat, hat hier das Sportstudio, das eine Vielzahl von monatlichen Kleinbeträgen von seinen Kunden bekommt, versucht, den Aufwand zu minimieren. Das Sportstudio hat das Zahlverfahren in den vorformulierten Mitgliedsverträgen aufgenommen.

Ebenso hat bereits eine Vielzahl von Vereinen vorgedruckte Beitrittserklärungen, in denen eine Einwilligung zum Bankeinzug erteilt wird. Immer weiter verbreitet bei gemeinnützigen Organisationen ist auch der Einzug von Spenden auf Basis von Bankeinzug.

Der BGH hat in dieser Entscheidung die Klausel auf Basis der „Einzugsermächtigung", nicht aber eines „Abbuchungsauftrags" für zulässig erklärt.

Aus der Entscheidung ergeben sich folgende wesentliche Konsequenzen:

Alle vorgedruckten und damit vorformulierten Texte fallen unter die Regelungen der allgemeinen Geschäftsbedingungen. Kommt es zu einer Überprüfung durch ein Gericht, trägt der Verwender das Risiko, wenn das Gericht zu dem Ergebnis kommt, dass die andere Partei unbillig benachteiligt wird.

Der BGH hat hier grundsätzlich zugestimmt, dass durch Geschäftsbedingungen vereinbart werden kann, dass Mitgliedsbeiträge durch Bankeinzug erfolgen.

Den meisten, die einen Einzug von ihrem Konto gestatten, ist jedoch nicht klar, dass wir zwei Verfahren kennen: die Einzugsermächtigung und das Abbuchungsverfahren.

Einzugsermächtigung

Bei der Einzugsermächtigung wird dem Vertragspartner das Recht erteilt, vorher bestimmte Beträge von dem Konto einzuziehen. Die Bank wird hier nur verwaltend tätig und hat mit dem eigentlichen Vorgang nichts zu tun. Sie prüft die Einzüge nicht und führt diese nur aus. Selbstverständlich darf der Berechtigte nur die Einzüge durchführen, die vorher vereinbart sind. Werden dennoch Einzüge durchgeführt, die nicht hätten erfolgen dürfen, kann der Kunde innerhalb von sechs Wochen bei seiner Bank dem Einzug widersprechen und das Geld wird zurückgebucht. Innerhalb dieser Zeit hat er also, selbst bei einem unberechtigten Einzug, keinen Nachteil.

Abbuchungsauftrag

Anders hingegen beim Abbuchungsauftrag.

Hier erteilt der Kunde seiner Bank den Auftrag, Abbuchungen auszuführen, wenn der Geschäftspartner Gelder anfordert. In diesem Fall kommt ein Vertrag zwischen Kunde und Bank zustande, mit dem die Bank direkt angewiesen wird. Zieht der Geschäftspartner einen zu hohen Betrag ein, kann der Kunde nicht bei seiner Bank widersprechen und sich das Geld zurückbuchen lassen, sondern muss gegen seinen Geschäftspartner vorgehen.

In der Praxis lässt sich der Geschäftspartner ein Briefformular unterschreiben, in das im Anschriftenfeld die Anschrift der Bank, im Betreff die Kontodaten und als Absender die Kundendaten eingetragen worden sind. Zur Kontrolle, dass der Auftrag auch wirklich erteilt ist, sendet der Geschäftspartner und nicht der Kunde das Formular an die Bank.

Die Einzugsermächtigung kennt jeder von Zeitschriftenabonnements etc. Hier geht es i. d. R. um recht kleine Beträge, sodass der Geschäftspartner zwar eine Verwaltungsvereinfachung durch den Einzug gegenüber der Rechnung und Überweisung hat. Andererseits geht er aber, selbst bei einem Widerspruch, kein großes Risiko ein.

Das Abbuchungsverfahren wird i. d. R. dort eingesetzt, wo der Geschäftspartner mit großen Beträgen in Vorkasse geht und nicht das Risiko eingehen kann, dass der Kunde nach sechs Wochen die Zahlung zurückholt und der Geschäftspartner seiner dann nicht mehr habhaft werden kann.

Beispiel:

Der Kunde, der ein ganzes Haus renovieren will, vereinbart mit dem Baumarkt, dass er nicht an der Kasse zahlen muss, sondern die Ware auf Lieferschein erhält und erteilt einen Abbuchungsauftrag.

Er nimmt Fenster, Türen etc. im Wert von 5.000,00 Euro mit. Der Lieferschein wird in der Zentrale verarbei-

tet, eine Rechnung geschrieben und der Betrag eine Woche nach der Rechnungstellung abgebucht.

Für Vereine und andere gemeinnützige Körperschaften bedeutet die Entscheidung:

Beitrittserklärungen und Erklärungen über die Zahlung von Spenden sind „allgemeine Geschäftsbedingungen". Nach dem Urteil sieht es der BGH nicht als unbillige Benachteiligung an, wenn in solchen Formularen eine Einzugsermächtigung erteilt wird.

Zur Verwaltungsvereinfachung bei den Mitgliedsbeiträgen und zur Verstetigung des Spendenaufkommens sollte von dieser Möglichkeit rege Gebrauch gemacht werden.

Spenden

So könnte das Formular ja auch die Möglichkeit enthalten, dass Spenden nicht nur ein Mal, sondern in regelmäßigen Intervallen (monatlich, quartalsweise, halbjährlich, jährlich) eingezogen werden.

Widerruf seiner Spendenzusage

Um gerichtliche Auseinandersetzungen über die verwendeten Formulare als zulässige oder unzulässige AGB zu vermeiden, sollte der Spendenbetrag vom Spender selbst eingesetzt werden, d. h., dass dieser Bereich frei bleibt und der Spender die Zahl selbst einsetzt. Damit wird dokumentiert, dass er die eigene Entscheidungsfreiheit über die Spendenhöhe hatte. Bei wiederholtem Einzug sollte der Spender darauf hingewiesen werden, dass die Einzüge bis auf Widerruf seiner Spendenzusage gegenüber der Organisation eingezogen werden.

Bei Mitgliedsbeiträgen besteht nicht das Problem, wenn dort die Beträge laut gültiger Beitragsordnung detailliert enthalten sind. Hier sollte der Hinweis erfolgen, dass die Beitragsordnung durch Beschluss der Mitgliederversammlung, des Vorstands etc. geändert werden kann, um auch beim nächsten Einzug einen abweichenden Betrag zu rechtfertigen.

Wird der Einzug widerrufen, muss der Betrag vom Mitglied auf dem üblichen Rechtsweg beigetrieben werden.

8.6 Spende und verdeckte Gewinnausschüttung

Udo Bungert

BFH v. 19.12.2007, I R 83/06 (NV)

Leitsätze

Spenden an Kirche als verdeckte Gewinnausschüttungen:

Kapitalgesellschaft

Spenden einer Kapitalgesellschaft an eine Kirchengemeinde können verdeckte Gewinnausschüttungen sein, wenn sie durch ein besonderes Näheverhältnis zwischen dem Spendenempfänger und dem Gesellschafter der spendenden Kapitalgesellschaft veranlasst sind. Ob dies der Fall ist, muss anhand aller Umstände des Einzelfalls beurteilt werden.

Sachverhalt

An einer GmbH war ein Vater mit 85 % und seine drei Söhne mit jeweils 5 % beteiligt. Über mehrere Jahre erfolgten größere Spenden, fast ausschließlich an freie evangelische Kirchengemeinden und deren Organisationen. Im ersten Streitjahr erzielte die Gesellschaft einen Gewinn von 294.000,00 DM, im zweiten Streitjahr einen Verlust von 400.000,00 DM.

Im ersten Streitjahr erfolgten Spenden von 29.000 DM, im zweiten, dem Verlustjahrn von 32.388 DM an die Kirchengemeinden.

Der Vater gehörte der freien evangelischen Kirchengemeinde an.

Das Finanzamt wertete die Spenden der beiden Jahre als verdeckte Gewinnausschüttungen und verweigerte den Betriebsausgabenabzug.

Der hiergegen gerichtete Einspruch blieb ohne Erfolg.

Die Klage wurde abgewiesen.

Auch die Revision war erfolglos.

Entscheidungsgründe

Nach § 9 Absatz 1 Nr. 2 KStG kann eine Kapitalgesellschaft Aufwendungen zur Förderung mildtätiger oder kirchlicher Zwecke tätigen. Diese Regelung steht jedoch unter dem Vorbehalt des § 8 Absatz 3 KStG, wonach derartige Aufwendungen zugleich verdeckte Gewinnausschüttungen sein können, die das Einkommen nicht mindern dürfen.

Durch das Gesellschaftsverhältnis veranlasst

Verdeckte Gewinnausschüttungen liegen dann vor, wenn sie durch das Gesellschaftsverhältnis veranlasst sind, d. h., wenn die Gesellschaft dem Gesellschafter einen Vorteil zuwendet, den sie unter sonst gleichen Umständen einem fremden Dritten nicht zuwenden würde.

Eine derartige Vorteilszuwendung kann sich nicht nur aus einem Leistungsverhältnis ergeben, das zwischen Gesellschafter und Gesellschaft besteht. Es reicht bereits aus, wenn eine dem Gesellschafter nahestehende

Person einen Vorteil erhält, ohne dass der Gesellschafter unmittelbar oder mittelbar einen Vorteil hat.

Dafür reicht allein die Identifikation des Gesellschafters mit den Zielen des Begüngstigten nicht aus.

Es müssen sonstige Anzeichen hinzukommen.

Wesentliches Kriterium für verdeckte Gewinnausschüttungen bei öffentlich-rechtlich organisierten Betrieben ist, wenn die Spenden in den Bereich der Trägerkörperschaft mehr als den Durchschnitt der Spenden an sonstige Begünstigte betragen.

Hier war das Spendenverhalten unabhängig von der wirtschaftlichen Lage von monatlich gleichmäßigen Spendenzahlungen geprägt, selbst als im zweiten Jahr, dem Verlustjahr, der wirtschaftliche Hintergrund für Spenden in dieser Größenordnung fehlte. Hätte keiner der Gesellschafter der Religionsgemeinschaft angehört, wäre ein derartiges Spendenverhalten nicht denkbar.

Damit liegen die Voraussetzungen für eine verdeckte Gewinnausschüttung vor.

Erläuterung

Auch wenn diese Entscheidung bislang noch nicht im Bundessteuerblatt veröffentlichtet ist, muss man damit rechnen, dass Betriebsprüfer und Veranlagungsbeamte sich den Bereich Spenden bei GmbHs genauer ansehen.

Als mögliche Ziele des Angriffs kommen hier nicht nur Religionsgemeinschaften, sondern bereits der Sportverein des Gesellschafters in Betracht. Unter diesem Gesichtspunkt ist zu prüfen, in welcher Größenordnung an andere Organisationen sonst noch Spenden gegeben werden und ob der Sportverein etc. nicht mehr als 50 % der Leistungen erhält.

Sind die Spenden im Rahmen des Unternehmens angreifbar, so müssten die weiteren Spenden, die der Gesellschafter privat an andere Organisationen tätigt, auf die GmbH verlagert und die „verdächtigen" Spenden von dem Gesellschafter selbst geleistet werden.

Spenden einer Kirchengemeinde dürften unter dem Gesichtspunkt der verdeckten Gewinnausschüttung unproblematisch sein, wenn die Kirchengemeinde einer der wesentlichen Auftraggeber der Gesellschaft ist, selbst wenn die Gesellschafter der Kirchengemeinde angehören.

„Verdächtige" Spenden sind bei der GmbH zu vermeiden. Der Ausgabenabzug wird verweigert und die GmbH hat einen höheren Gewinn.

Der Gesellschafter hat einen fiktiven persönlichen Zufluss, den er selbst versteuern muss.

Da die GmbH die Spende geleistet hat, kann der Gesellschafter keinen Spendenbescheinigung erhalten, die er selbst gegen die zusätzliche Einnahme setzen kann.

8.7 Spendenvortrag und Erbschaft

Udo Bungert

BFH Urteil v. 21.10.2008, X R 44/05

Leitsätze

Großspende

1. Kein Abzug des nicht verbrauchten Betrags einer Großspende durch den Erben
2. Zuwendungsentscheidung des Erblassers geht als höchstpersönlicher Umstand nicht auf den Gesamtrechtsnachfolger über.
3. Kein Vertrauensschutz

Kein Vertrauensschutz

Sachverhalt

Die verheirateten Kläger werden zusammen zur Einkommensteuer veranlagt. Der Erblasser hat sie durch Testament je zur Hälfte zu Alleinerben eingesetzt.

Zu Lebzeiten hat der Erblasser Spenden in erheblichem Umfang getätigt. Unter anderem hat er im Jahr 1998 eine „Großspende" in Höhe von 182,60 DM an eine Stiftung gezahlt.

Da der Erblasser nur über ein geringes Einkommen verfügte, konnten durch Spendenvor- und -rücktrag nur ca. 17.000 DM steuerlich bis zum Jahr 2000 im Rahmen seiner eigenen Einkommensteuererklärung zum Abzug gebracht werden.

Daher ist bei Versterben des Erblassers noch ein Betrag in Höhe von 165.000 DM über.

Diesen Betrag wollen die Erben im Streitjahr 2000 bei ihrer eigenen Einkommensteuer als vortragsfähigen Spendenabzug berücksichtigt sehen.

Das hat das Finanzamt abgelehnt.

Der Einspruch blieb erfolglos.

Das Finanzgericht wies die Klage ab.

Auch die Revision wird als unbegründet zurückgewiesen.

Entscheidungsgründe

Das Einkommensteuergesetz gewährte in § 10d nach der alten Rechtslage bis 2007 grundsätzlich die Möglichkeit, Großspenden, die nicht in vollem Umfang im Jahr der Spende steuerlich berücksichtigt werden konnten, zurück- und vorzutragen.

Dieser Vorteil soll aber nur dem Spender zugute kommen. Hier spielt der Aspekt der freiwilligen Förderung eine entscheidende Rolle. Bereits in einer älteren Entscheidung (BStBl. II 1993, S. 874) hatte der BFH darauf hingewiesen, dass die Spendenmotivation im Vordergrund stehe und insofern der Abzug ausscheide, wenn die Zuwendung für den Spender unmittelbar und ursächlich mit einem von einem Dritten gewährten Vorteil im Zusammenhang stehe.

Im hier entschiedenen Fall hätten die Kläger nicht nur die Zahlung nicht selbst geleistet, sie seien sogar an der Spende gänzlich unbeteiligt gewesen. Die Beträge entstammten nämlich nicht ihrem Vermögen. Die Kläger wollten lediglich den nicht ausgeschöpften Sonderausgabenabzug des Spenders für sich in Anspruch nehmen.

Höchstpersönliche Umstände

Die Übertragung der Abzugsmöglichkeit entspricht nicht dem Wesen des höchstpersönlichen Spendenabzugs und kann auch nicht über den Aspekt der Gesamtrechtsnachfolge gerechtfertigt werden. Höchstpersönliche Umstände, die unlösbar mit der Person des Rechtsvorgängers verbunden sind, gehen nicht nach § 45 AO auf den Rechtsnachfolger über.

Freiwillige Zuwendungsentscheidung

Die freiwillige Zuwendungsentscheidung ist ein solcher höchstpersönlicher Umstand.

Da es bislang keine Rechtsprechung zum Großspendenabzug im Gegensatz zur Übertragung vom Verlustabzug gab, kann auch kein Vertrauensschutz verlangt werden. Der Verweis auf die Vorschriften des Verlustabzugs in § 10d EStG kann auch nicht dazu führen, dass für den Spendenabzug eine Übergangesregelung in Anlehnung zum Verlustabzug gefordert werden kann.

Erläuterungen

Die Entscheidung des BFH ist konsequent im Hinblick auf die Entscheidung zum Verlustabzug. Während in der Vergangenheit die Erben die Verluste des Erblassers bei der Einkommensteuer anrechnen konnten, hat der BFH 2008 (BStBl. II 2008, S. 608) entschieden, dass der Erbe die Verluste nicht mehr geltend machen kann, da die das Vermögen mindernden Aufwendungen nicht von ihm getragen wurden und insofern auch sein Vermögen nicht belastet haben.

Wenn bereits bei Verlusten, die sich auf der Einkommensebene abspielen, die Verluste nicht mehr abgezogen werden können, ist es nur konsequent, wenn bei den Sonderausgaben, deren Abzug der Gesetzgeber immer nur beschränkt zulässt, der Abzug beim Erben insgesamt verweigert wird.

Spendenvortrag

Auch wenn das Urteil zum alten Recht ergangen ist, wird es die Spendenlandschaft entscheidend beeinflussen. Nach neuem Recht gibt es den Spendenvortrag für alle Spenden. Der Rahmen der Großspende muss gar nicht mehr erreicht werden. Alle Aussagen bezüglich der Spendenmotivation etc. gelten genauso für das neue Recht.

Gerade der dem Streit zugrunde liegende Sachverhalt zeigt, dass es älteren Spendern in ihrer Person nicht unbedingt auf die steuerlichen Vorteile ankommt. Hier hatte der Erblasser über einen Zeitraum von fünf Jahren noch nicht einmal 10 % seiner Spende steuerlich geltend machen können.

Ältere Spender, die nicht mehr aktiv im Arbeitsleben stehen, haben häufig Vermögen angesammelt, das sie zweckgerichtet einsetzen wollen, aber keine entsprechend hohen laufenden Einkünfte mehr. Diese Situation ergibt sich aus der nur teilweisen Versteuerung der Renten. Im Hinblick auf die Abgeltungssteuer (siehe hierzu Kapitel 4.11) muss überprüft werden, ob es nicht sinnvoll ist, den möglichen Spendenabzug unter

Berücksichtigung der Kapitaleinkünfte berechnen zu lassen.

Auch bei Spenden sollte aufseiten des Spenders eine Steuerplanung stattfinden.

In dem hier entschiedenen Fall wäre es sinnvoller gewesen, wenn die gut verdienenden Kinder die Spende geleistet und den Spendenabzug in voller Höhe von ihrem Einkommen geleistet hätten.

Gerade bei größeren Spenden von älteren Mitbürgern sollte die annehmende Körperschaft nicht nur die Spende dankbar annehmen, sondern auch den Spender auf mögliche Gestaltungsmöglichkeiten ansprechen.

Hier sollte aufseiten des/der Spender eine Beratung durch einen Steuerberater stattfinden, der die Vorteile berechnen kann.

Durch die Ausschöpfung steuerlicher Möglichkeiten können bei kleinerem Mitteleinsatz höhere Beträge zur Verfügung gestellt werden, sodass sowohl der empfangenden Körperschaft wie auch den Spendern und hier auch den Erben geholfen ist.

8.8 Haftung des Vorstands wegen Insolvenz

Udo Bungert

OLG Hamburg v. 05.02.2009, 6 U 216/07 nicht rechtskräftig; BeckRS 2009, 06000

Leitsätze

1. Vorstände eines eingetragenen Vereins haften nicht analog § 64 GmbHG.
2. Für die Kausalität eines nach § 42 II 2 BGB geltend gemachten Schadens ist maßgebend, welche Vermögenslage eingetreten wäre, wenn der Vereinsvorstand den Insolvenzantrag rechtzeitig gestellt hätte.

Sachverhalt

Streitig ist, ob für Vereinsvorstände die strenge Haftung von GmbH-Geschäftsführern nach § 64 GmbHG analog gilt.

8

Zahlungsunfähigkeit

Im Entscheidungsfall hat der Insolvenzverwalter eines in Insolvenz gefallenen Vereins die Vorstandsmitglieder auf Erstattung einer nach Eintritt der Zahlungsunfähigkeit veranlassten Zahlung in Anspruch genommen. Aus Sicht des Insolvenzverwalters hätte der Vorstand die Zahlungsunfähigkeit früher erkennen und den Insolvenzantrag umgehend stellen müssen.

Das Landgericht Hamburg als Vorinstanz hatte die analoge Anwendung des § 64 GmbHG als möglich angenommen und den Vorstand verurteilt.

Das OLG hat die Klage abgewiesen und die Revision zugelassen.

Entscheidungsgründe

Im Gegensatz zum Landgericht hat das OLG die analoge Anwendung des § 64 GmbHG auf Vereinsmitglieder abgelehnt.

Gemäß § 64 GmbHG haftet der Geschäftsführer für Zahlungen, die er nach Eintritt der Zahlungsunfähigkeit oder Feststellung der Überschuldung der Gesellschaft leistet.

Das Vereinsrecht ist zwar im Jahr 1999 mit der Änderung des Insolvenzrechts reformiert und um die Vorschrift des § 42 BGB an das neue Insolvenzrecht angepasst worden. Eine Regelung im Sinne des § 64 GmbHG fehlt jedoch für das Vereinsrecht.

Analogie zum GmbH-Recht

Im Gegensatz zu der Entscheidung des LG sieht das OLG aber in dem Fehlen dieser Regelung keine planwidrige Regelungslücke, die durch eine Analogie zum GmbH-Recht ausgefüllt werden müsste. Die Neufassung des § 42 sollte alleine der Klarstellung und nicht der Verschärfung der Rechtslage dienen.

Darüber hinaus sei die Interessenlage bei einem Verein und einer GmbH unterschiedlich. Durch eine Analogie würde zwar eine Regelung zum Gläubigerschutz geschaffen. Dabei würden aber die Interessen der zumeist ehrenamtlich tätigen Vereinsvorstände nicht angemessen berücksichtigt.

Schadenersatzanspruch

Verzögerte Insolvenzantragstellung

§ 42 II 2 BGB gewährt den Gläubigern einen Schadenersatzanspruch wegen einer verzögerten Insolvenzantragstellung. Ein Anspruch ergibt sich aber nur dann, wenn die verspätete Antragstellung für den Schaden kausal ist. Dies hätte der Insolvenzverwalter darlegen müssen. Der Schaden kann nur in der Differenz zwischen der Vermögenslage bei frühester Antragstellung und der Vermögenslage bei Antragstellung liegen. Aus dem Gesetz ergibt sich daher maximal ein Schadenersatzanspruch auf die Differenz für alle Gläubiger.

Da es bislang keine Urteile zu dieser Fragestellung gibt, hat das OLG die Revision zum BGH zugelassen. Der BGH hat damit die Möglichkeit, abschließend über die Frage zu entscheiden, ob für die Haftung von Vereinen eine Analogie zum GmbHG infrage kommt.

Erläuterungen

Während § 42 BGB nur die Haftung für Vermögensverluste aus der verzögerten Antragstellung festschreibt, geht § 64 GmbHG erheblich weiter und lässt die Geschäftsführer für alle Zahlungen haften, die nach Eintritt der Zahlungsunfähigkeit oder Feststellung der Überschuldung geleistet worden sind.

Bei Vereinen ist daher nur der Vermögensnachteil per Saldo, also auch unter Berücksichtigung von in der Zeit erfolgten Zuflüssen zu ersetzen, während bei der GmbH jeder erfolgte Abfluss vollständig auszugleichen ist.

Durch einen Analogie zum GmbH-Recht käme es zu einer erheblichen Haftungserweiterung für die Vorstände.

Das Urteil des OLG ist für die Praxis nur ein Zwischenschritt. Da die Revision zugelassen ist, kommt es auf jeden Fall zu einer abschließenden Entscheidung des BGH.

Wie die Entscheidung ausfällt, ist offen. Das gilt insbesondere unter dem Gesichtspunkt, dass die Entscheidungen der beiden Gerichte unterschiedlich ausgefallen sind und insofern auch keine Tendenz für die abschließende Entscheidung abzulesen ist.

Gerade weil die Vorstände von Vereinen vielfach recht „locker" mit den Formalien wie Buchhaltung, Steuererklärung und auch die Anforderungen der Liquidation, gerade bei Vermögenslosigkeit der Vereine, umgehen, besteht immer die Gefahr, dass der Insolvenzfall nicht erkannt wird.

Solange nicht abschließend festgestellt ist, dass das GmbH-Recht nicht ergänzend anzuwenden ist, müssen Vorstände damit rechnen, im Insolvenzfall verschärft in die Haftung genommen zu werden.

Daher sollten Vorstände die Liquiditäts- und Vermögenslage besonders im Auge behalten und in kritischen Situationen die gesetzlichen Vorgaben der Antragstellung streng einhalten und keine weiteren Zahlungen mehr leisten.